新 潟 県

〈 収録内容 〉

2023 年度	………… 数・英・理・社・国
2022 年度	………… 数・英・理・社・国
2021 年度	………… 数・英・理・社・国
2020 年度	………… 数・英・理・社・国 学校独自検査（筆答検査Ａ・Ｂ）
2019 年度	………… 数・英・理・社・国 学校独自検査（筆答検査Ａ・Ｂ）
平成 30 年度	………… 数・英・理・社

解答用紙・音声データ配信ページへスマホでアクセス！ ⇒

※データのダウンロードは 2024 年 3 月末日まで。
※データへのアクセスには、右記のパスワードの入力が必要となります。 ⇒ 683572
※リスニング問題については最終ページをご覧ください。

〈 各教科の受検者平均点 〉

	数 学	英 語	理 科	社 会	国 語	総合得点
2023年度	39.7	41.1	58.4	50.6	50.4	48.1
2022年度	45.4	41.3	55.6	55.2	52.0	49.9
2021年度	53.7	53.7	56.2	55.7	56.6	55.2
2020年度	45.3	59.5	57.7	55.1	59.9	55.5
2019年度	36.5	49.5	47.3	53.7	65.7	50.5
2018年度	43.5	48.4	51.4	50.6	52.8	49.3

※各100点満点。
※上記は学校独自検査を除く。

本書の特長

POINT 1　　解答は全問を掲載、解説は全問に対応！

POINT 2　　英語の長文は全訳を掲載！

POINT 3　　リスニング音声の台本、英文の和訳を完全掲載！

POINT 4　　出題傾向が一目でわかる「年度別出題分類表」は、約 10 年分を掲載！

実戦力がつく入試過去問題集

▶ 問題 …………… 実際の入試問題を見やすく再編集。
▶ 解答用紙 …… 実戦対応仕様で収録。
▶ 解答解説 …… 重要事項が太字で示された、詳しくわかりやすい解説。
　　　　　　　　※採点に便利な配点も掲載。

合格への対策、実力錬成のための内容が充実

▶ 各科目の出題傾向の分析、最新年度の出題状況の確認で、入試対策を強化！
▶ その他、志願状況、公立高校難易度一覧など、学習意欲を高める要素が満載！

解答用紙ダウンロード	解答用紙はプリントアウトしてご利用いただけます。弊社ＨＰの商品詳細ページよりダウンロードしてください。トビラのＱＲコードからアクセス可。
リスニング音声ダウンロード	英語のリスニング問題については、弊社オリジナル作成により音声を再現。弊社ＨＰの商品詳細ページで全収録年度分を配信対応しております。トビラのＱＲコードからアクセス可。
famima PRINT	原本とほぼ同じサイズの解答用紙は、全国のファミリーマートに設置しているマルチコピー機のファミマプリントで購入いただけます。※一部の店舗で取り扱いがない場合がございます。詳細はファミマプリント（http://fp.famima.com/）をご確認ください。
UD FONT	見やすく読みまちがえにくいユニバーサルデザインフォントを採用しています。

～2024年度新潟県公立高校入試の日程（予定）～

☆特色化選抜（※実施する県立高校のみ）

出　　願	2／2〜2／6　※土曜日、日曜日は除く。
↓	
面接等	2／13
↓	
内定通知発送	2／15

☆一般選抜

出　　願	2／19〜2／21
↓	
志願変更	2／27〜2／29
↓	
学力検査	3／6
↓	
学校独自検査	3／7
↓	
合格発表	3／15

※学校独自検査は新潟中央高等学校音楽科の実技検査
※募集および選抜に関する最新の情報は新潟県教育委員会のホームページなどで必ずご確認ください。

2023年度/新潟県公立高校一般選抜志願状況（全日制）

【普通科】

学校名・学科（コース）	一般選抜募集人数	志願者数	倍率
新　　　　潟　普　　通	280	340	1.21
新 潟 中 央　普　　通	194	222	1.14
（ 学 究 ）	80	64	0.80
新 潟 南　普　　通	320	414	1.29
（ 理 数 ）	40	69	1.72
新 潟 江 南　普　　通	280	438	1.56
新 潟 西　普　　通	270	284	1.05
新 潟 東　普　　通	280	323	1.15
新 潟 北　普　　通	152	100	0.65
新 潟 向 陽　普　　通	200	245	1.22
巻　普　　通	277	304	1.09
豊　栄　普　　通	77	38	0.49
新　津　普　　通	240	242	1.00
新 津 南　普　　通	160	157	0.98
白　根　普　　通	80	58	0.72
村　松　普　　通	80	44	0.55
阿 賀 黎 明　普　　通	36	9	0.25
新 発 田　普　　通	240	266	1.10
新 発 田 南　普　　通	160	203	1.26
村　上　普　　通	160	115	0.71
中　条　普　　通	78	44	0.56
阿 賀 野　普　　通	80	31	0.38
長　岡　普　　通	240	248	1.03
長 岡 大 手　普　　通	233	324	1.39
長 岡 向 陵　普　　通	200	281	1.40
正 徳 館　普　　通	40	17	0.42
見　附　普　　通	120	104	0.86
三　条　普　　通	240	266	1.10
三 条 東　普　　通	240	255	1.06
吉　田　普　　通	80	59	0.73
分　水　普　　通	80	53	0.66
加　茂　普　　通	156	182	1.16
小 千 谷　普　　通	200	207	1.03
小　出　普　　通	156	134	0.85
六 日 町　普　　通	200	199	0.99
八　海　普　　通	75	62	0.82
十 日 町　普　　通	190	192	1.01
松　代　普　　通	68	33	0.48
柏　崎　普　　通	195	178	0.91
柏 崎 常 盤　普　　通	80	81	1.01
高　田　普　　通	200	208	1.04

学校名・学科（コース）	一般選抜募集人数	志願者数	倍率
高 田 北 城　普　　通	160	183	1.14
久 比 岐　普　　通	40	22	0.55
有　恒　普　　通	40	31	0.77
糸 魚 川　普　　通	120	112	0.93
佐　渡　普　　通	200	196	0.98
羽　茂　普　　通	40	17	0.42
市 立 万 代　普　　通	200	277	1.38

【農業に関する学科】

学校名・学科（コース）	一般選抜募集人数	志願者数	倍率
新 発 田 農 業　農　　業	160	177	1.10
長 岡 農 業　農　　業	160	162	1.01
加 茂 農 林　農　　業	160	146	0.91
高 田 農 業　農　　業	160	186	1.16

【工業に関する学科】

学校名・学科（コース）	一般選抜募集人数	志願者数	倍率
新 潟 工 業　機　　械	70	63	0.90
電　気	78	60	0.76
（ 建 築 ）	40	53	1.32
（建築設備）	39	31	0.79
土　木	37	27	0.72
工 業 化 学	38	22	0.57
新 津 工 業　工業マイスター	40	30	0.75
生 産 工 学	40	20	0.50
ロボット工学	40	36	0.90
日 本 建 築	30	18	0.60
新 発 田 南 工　業	160	175	1.09
長 岡 工 業　工　　業	200	171	0.85
新 潟 県 央 工 業　工　　業	155	123	0.79
塩 沢 商 工　地域創造工学	80	46	0.57
柏 崎 工 業　工　　業	120	110	0.91
上 越 総 合 技 術　工　　業	187	217	1.16

【商業に関する学科】

学校名・学科（コース）	一般選抜募集人数	志願者数	倍率
新潟商業 総合ビジネス	141	205	1.45
情報処理	78	98	1.25
新発田商業 商業	115	116	1.00
長岡商業 総合ビジネス	146	166	1.13
三条商業 総合ビジネス	120	140	1.16
塩沢商工 商業	40	22	0.55
高田商業 総合ビジネス	120	146	1.21

【水産に関する学科】

学校名・学科（コース）	一般選抜募集人数	志願者数	倍率
海洋 水産	78	67	0.85

【家庭に関する学科】

学校名・学科（コース）	一般選抜募集人数	志願者数	倍率
新潟中央 食物	39	46	1.17
長岡大手 家政	39	56	1.43
高田北城 生活文化	40	45	1.12

【その他の専門教育を主とする学科】

学校名・学科（コース）	一般選抜募集人数	志願者数	倍率
新潟 理数	80	148	1.85
新潟中央 音楽	25	0	0.00
新潟商業 国際教養	80	85	1.06
新発田 理数	40	63	1.57
長岡 理数	77	81	1.05
国際情報 専門系	120	67	0.55
高田 理数	40	44	1.10
市立万代 英語理数	40	77	1.92

【総合学科】

学校名・学科（コース）	一般選抜募集人数	志願者数	倍率
巻総合 総合	160	191	1.19
五泉 総合	200	247	1.23
村上桜ケ丘 総合	112	122	1.08
栃尾 総合	80	70	0.87
小千谷西 総合	160	145	0.90
十日町総合 総合	158	134	0.84
柏崎総合 総合	120	128	1.06
新井 総合	116	173	1.49
糸魚川白嶺 総合	120	113	0.94
佐渡総合 総合	120	101	0.84

※ 学校名の（　）内は分校。
※ 第2志望とすることが認められている学科・コース等の志願者数と志願倍率には、第2志望として出願した者の数は含まず。

数学

●●●● 出題傾向の分析と
合格への対策 ●●●●

出題傾向とその内容

〈最新年度の出題状況〉

　今年度の出題数は，大問が5題，小問数にして23問と，大問数，小問数ともに例年並みであった。問題レベルは基礎力を見るものから，数学的処理能力，論理的思考力を見る発展問題まで，バランスよく組み合わされている。

　出題内容は，大問1が数・式，平方根，連立方程式の基本的計算問題5問を含み，不等式，円の性質と角度，箱ひげ図に関する8問の小問群，大問2は確率，証明，作図の小問群，大問3は関数のグラフを利用する問題，大問4は規則的に並んだ数の性質に関する問題，大問5は立体の線分の長さや体積を求める計量問題であった。

〈出題傾向〉

　問題の出題数は，ここ数年，小問数で25問前後が定着している。また，大問1は8問の小問群が定着している。

　出題傾向は，大問1，大問2で中学数学全般に関する基本的数学能力を問う小問群が出題され，大問3以降で総合的数学能力を問う融合問題が3題出題されている。

　大問1では数・式，平方根，方程式の計算問題を中心として，関数，平面図形・空間図形の計量問題，データの分析・箱ひげ図，標本調査などの小問群が，大問2では方程式の応用，文字式の利用，図形と関数・グラフ，作図，確率などから，少し応用力を必要とする問題が4問前後出題されている。日頃の授業や教科書の内容を着実にしっかり身につけ，これらの問題は確実に得点できるようにしよう。大問3以降では，式による証明，関数のグラフの利用，グラフの作成を含む図形と関数・グラフの融合問題，平面図形・空間図形を題材とした記述式証明と計量問題，動点問題，規則性の問題などが出題されている。

来年度の予想と対策

　近年，大問，小問数ともに減少傾向にあったが，昨年度，今年度を見ると，この問題数が定着したように思われる。また，出題傾向についても大きな変化はないと思われる。出題内容は，基礎の理解とその応用力をみる設問になり，計量領域，図形領域からバランスよく出題されるだろう。出題範囲に偏りがないため，中学数学の全領域の基礎をしっかり固める必要がある。まずは教科書の内容を完全にマスターし，苦手な単元については繰り返し学習して，早めに克服しておこう。数学は融合問題として出題されることが多いので，苦手な単元を残しておくと他にも影響がおよび，大きなマイナス材料になってしまう。

　基本的な問題を速く正確に解くことを心掛けたい。日ごろの学習でも，計算はノートに書いて，素早くかつ正確にできるように練習することが得点のアップに直結する。標準問題集にも挑戦しよう。

⇨学習のポイント
　　・過去問や問題集を使って関数のグラフの利用，空間図形への対策を立てよう。
　　・授業や学校の教材を中心に全分野の基礎力を身につけよう。

年度別出題内容の分析表　数学

※ ⬛ は出題範囲縮小の影響がみられた内容

出題内容			26年	27年	28年	29年	30年	2019年	2020年	2021年	2022年	2023年
数と式	数の性質										○	○
	数・式の計算		○	○	○	○	○	○	○	○	○	○
	因数分解											
	平方根		○	○	○	○	○	○	○	○	○	○
方程式・不等式	一次方程式		○	○	○	○	○	○	○			○
	二次方程式		○	○	○	○	○	○	○	○	○	○
	不等式											○
	方程式の応用		○	○	○	○	○	○	○			
関数	一次関数		○	○	○	○	○	○	○	○	○	○
	関数 $y = ax^2$		○	○	○	○	○	○	○	○	○	○
	比例関数			○		○	○		○			
	関数とグラフ		○	○	○					○		○
	グラフの作成											
図形	平面図形	角度	○	○	○	○	○	○	○	○	○	○
		合同・相似	○	○	○	○	○	○	○	○	○	○
		三平方の定理	○	○					○	○		
		円の性質	○			○		○		○	○	○
	空間図形	合同・相似						○	○	○	○	○
		三平方の定理	○	○			○	○			○	○
		切断										
	計量	長さ	○	○	○	○	○	○	○	○	○	○
		面積	○	○	○	○			○	○	○	
		体積	○	○	○	○	○		○	○		○
	証明		○	○		○	○	○	○	○	○	○
	作図		○	○	○			○	○	○	○	○
	動点		○									
データの活用	場合の数											
	確率		○	○	○		○	○	○	○	○	○
	資料の散らばり・代表値（箱ひげ図を含む）		○	○	○		○	○		○	○	○
	標本調査					○			○	⬛		
融合問題	図形と関数・グラフ			○	○				○			
	図形と確率											
	関数・グラフと確率											
	その他											
その他			○		○	○	○	○				○

— 新潟県公立高校 —

英語 ●●●● 出題傾向の分析と 合格への対策 ●●●●

出題傾向とその内容

〈最新年度の出題状況〉

　本年度の大問構成は，聞き取り問題1題，短い会話文と比較的長い会話文の2題，長文読解問題1題の計4題であり，昨年度と同じ構成であった。また，条件付き英作文は短い会話文と長文読解の小問の形で出題された。

　放送問題は英語の質問に対する答えを選ぶもので，短い英文を聞いて答えるもの，対話文を聞いて答えるもの，やや長めのメッセージを聞いて答えるものの3種類だった。配点は100点中30点と比重が高い。

　短い会話文問題は，会話の流れを理解して答える問題，「3行以内の英文」という条件付きの英作文が出題された。比較的長い会話文では，適語の補充・選択，日本語で答える問題，内容真偽といったさまざまな形式の小問が出題された。また，文法事項も，不定詞，動名詞，受け身など，幅広い文法事項の理解を問われた。

　長文読解問題においても，条件付き英作文を含むさまざまな形式の小問が出題された。小問は，選択形式と記述形式があるが，記述形式で解答を求める出題が多い。また，英文の質・量ともに標準的な難易度だと思われる。

〈出題傾向〉

　昨年度とは大問構成や出題の傾向などは変わってないように見える。

　放送問題は分量・難易度ともに平均的なものである。配点の比重が高いので，対策は必須であろう。

　会話問題と長文読解問題では，ともに広い範囲の基本的な文法事項が問われている。問題文をきちんと理解しているかを問う問題も多い。会話問題と長文読解の小問で出題された条件付き英作文は，いずれもテーマが与えられ，それに沿った形で英文を書くような問題だった。

　全般的な傾向として，日本語や英語で解答する記述形式の出題が多い。

来年度の予想と対策

　来年度も，傾向に根本的な変化はないものと思われる。

　さまざまな形式の小問が出題されるが，配点が高いこともあり，やはり記述式の問題がカギとなろう。英語の知識は当然だが，日本語でまとめる力も要求されているため，質問の主旨を捉えて日本語で的確に表現できるようにしておきたい。また英作文においては，難解な表現をする必要はなく，平易な文でミスなく考えを伝える練習をしておきたい。

　語句や文法の知識は，教科書レベルの学習で対応できる。日頃からよく復習をしておきたい。

⇨学習のポイント
- ・教科書で学習した知識を確かなものにして，それを用いた英作文に慣れておこう。
- ・難しいものでなくてよいので，いろいろな読解問題に挑戦しよう。記述問題はとくに念入りに。

年度別出題内容の分析表　英語

※ ▨ は出題範囲縮小の影響がみられた内容

分類		出題内容	26年	27年	28年	29年	30年	2019年	2020年	2021年	2022年	2023年
設問形式	リスニング	絵・図・表・グラフなどを用いた問題	○	○	○	○	○	○	○	○	○	○
		適文の挿入										
		英語の質問に答える問題	○	○	○	○	○	○	○	○	○	○
		英語によるメモ・要約文の完成										
		日本語で答える問題										
		書き取り										
	語い	単語の発音										
		文の区切り・強勢										
		語句の問題										
	読解	語句補充・選択（読解）	○	○	○	○	○	○	○	○	○	○
		文の挿入・文の並べ換え	○	○	○	○	○	○	○	○	○	○
		語句の解釈・指示語	○	○	○	○	○	○	○	○	○	○
		英問英答（選択・記述）	○	○	○	○	○	○	○	○	○	○
		日本語で答える問題	○	○	○	○	○	○	○	○	○	○
		内容真偽	○	○	○	○	○	○	○	○	○	○
		絵・図・表・グラフなどを用いた問題										
		広告・メール・メモ・手紙・要約文などを用いた問題										○
	文法	語句補充・選択（文法）										
		語形変化	○	○	○	○	○	○	○	○	○	
		語句の並べ換え	○	○	○	○	○	○	○	○	○	○
		言い換え・書き換え										
		英文和訳										
		和文英訳										
		自由・条件英作文	○	○	○	○	○	○	○	○	○	○
文法事項		現在・過去・未来と進行形	○	○	○	○	○	○	○	○	○	○
		助動詞			○	○	○	○	○	○	○	○
		名詞・冠詞・代名詞				○	○					
		形容詞・副詞		○								
		不定詞	○	○	○			○	○	○	○	○
		動名詞	○	○				○	○	○	○	○
		文の構造（目的語と補語）		○								○
		比較	○					○	○	○	○	○
		受け身					○		○			
		現在完了	○							○	○	○
		付加疑問文										
		間接疑問文									○	○
		前置詞						○				
		接続詞							○	○	○	○
		分詞の形容詞的用法	○	○						○	○	
		関係代名詞	○		○			○	○	○	○	○
		感嘆文										
		仮定法										○

― 新潟県公立高校 ―

理科

●●●● 出題傾向の分析と 合格への対策 ●●●●

📖 出題傾向とその内容

〈最新年度の出題状況〉

　大問は8題であった。エネルギーの変換，光の屈折，溶解度，発熱反応・吸熱反応，電離と化学式，顕微鏡操作・体細胞分裂，呼吸と血液，木星型惑星，火山岩などで，基礎・基本が試された。電熱線の発熱量の実験はグラフ化と規則性の考察，鏡に映る像の作図による考察，ダニエル電池は金属のイオン化傾向・プロペラが逆回転した理由・セロハンのはたらき，ふ入りの葉の光合成の実験はエタノールの扱い及び対照実験で文章記述，透明半球を用いた太陽の観察は記録の方法の文章記述と南中高度・時刻，気象要素のグラフなど探究の過程重視で，判断力や科学的思考力・表現力が試された。

〈出題傾向〉

　毎年，教科書の物理・化学・生物・地学の各分野からほぼ均等に出題される。大問の内容は，一つのテーマについて，探究の道すじを重視した実験や観察が設定され，実験・観察の操作，実験計画，実験・観察データや資料について考察する問題が多く，応用問題の出題もある。出題形式は，語句・文章記述，化学反応式・金属やイオンの化学式，作図や図解，グラフ化，計算問題など多岐にわたる。

| 物理的領域 | 大問の中心は，5年は光の屈折と鏡の反射による像，回路の電圧と電流と抵抗・電力・熱量，4年は並列・直列回路の電圧と電流と抵抗・電力，浮力の実験・水圧，3年は回路の電圧と電流と抵抗・電力，2年は直列・並列回路の電力，動滑車の仕事の原理・仕事率であった。

| 化学的領域 | 大問の中心は，5年はダニエル電池・金属のイオン化傾向，発熱・吸熱反応，4年は蒸留実験・グラフ化・沸点・密度での考察，物質の区別，3年はMgの燃焼・グラフ化・質量の比，炭酸水素ナトリウムの熱分解，2年は中和実験とイオンの変化，気体の発生とその性質であった。

| 生物的領域 | 大問の中心は，5年は対照実験によるふ入りの葉の光合成，体細胞分裂・顕微鏡操作，4年はメンデルの実験で探究の過程重視，脊椎動物の進化，刺激と反応，3年は有性生殖と無性生殖，刺激と反応，2年は植物の体のつくりと分類，生態系の炭素の循環，食物連鎖であった。

| 地学的領域 | 大問の中心は，5年は透明半球による太陽の動きの記録，4年は雲のでき方・上空で雲が発生した露点，月の動きと見え方・月食，3年は金星の動きと見え方・惑星・太陽，天気図と気象データから観測地点の特定，2年は前線，春の天気，かぎ層と柱状図，示準化石であった。

📖 来年度の予想と対策

　実験・観察を扱った問題を中心に，基礎的理解力と並んで，図やグラフを書かせたり，実験・科学現象の理由や実験・観察の考察を記述させたりして，科学的思考力・判断力・表現力を試す問題の出題が予想される。また，複数単元の総合問題も予想される。教科書の発展応用問題も予想される。

　教科書を丁寧に復習し，基礎的な用語は正しく理解し押さえておこう。日頃の授業では，探究の過程を意識して，実験や観察に積極的に参加しよう。実験装置は図を描き，実験・観察結果は図や表，グラフ化などで分かり易く表現し，記録しよう。考察は結果に基づいて自分で文章を書く習慣を身につけよう。資料から情報を読み取る学習では，身近に発生している現象と重ねあわせて考察しよう。

⇨**学習のポイント**
- ・過去問題を多く解き，「何を問われるのか，どんな答え方をすればよいのか」を把握しておこう。
- ・教科書の図，表，応用発展，資料が全てテスト範囲。中学理科の全体を総合的に理解しよう。

年度別出題内容の分析表　理科

※★印は大問の中心となった単元／▨は出題範囲縮小の影響がみられた内容

出題内容			26年	27年	28年	29年	30年	2019年	2020年	2021年	2022年	2023年
第一分野	第1学年	身のまわりの物質とその性質		○						○	★	
		気体の発生とその性質	○	○	○		○	○	★	○		
		水溶液	★	○	○	○	○					○
		状態変化						★			★	
		力のはたらき(2力のつり合いを含む)		★		○	○	○		○		
		光と音				★						★
	第2学年	物質の成り立ち	○					★		★	○	○
		化学変化, 酸化と還元, 発熱・吸熱反応	○		★	○				○		★
		化学変化と物質の質量	★	★	○	★		★	○	★		
		電流(電力, 熱量, 静電気, 放電, 放射線を含む)	★	★	★	★	★	★	★	★	★	★
		電流と磁界	★									
	第3学年	水溶液とイオン, 原子の成り立ちとイオン	○	○			★	○	○			○
		酸・アルカリとイオン, 中和と塩			★	○		○	★		○	
		化学変化と電池, 金属イオン		★				○	★	○		★
		力のつり合いと合成・分解(水圧, 浮力を含む)	○			★	○				★	
		力と物体の運動(慣性の法則を含む)					○	★	○	○		
		力学的エネルギー, 仕事とエネルギー	○		★		★		★	★		
		エネルギーとその変換, エネルギー資源	○							▨	○	○
第二分野	第1学年	生物の観察と分類のしかた				○						
		植物の特徴と分類					○		★	○	○	
		動物の特徴と分類			★							
		身近な地形や地層, 岩石の観察										
		火山活動と火成岩	○		○	★				○		
		地震と地球内部のはたらき										
		地層の重なりと過去の様子	★		★		★		★	○		
	第2学年	生物と細胞(顕微鏡観察のしかたを含む)	○									○
		植物の体のつくりとはたらき		★				★	○			★
		動物の体のつくりとはたらき	★		★	★	★			★	○	○
		気象要素の観測, 大気圧と圧力		○	★				○	○	○	
		天気の変化		★	○			★	★	★	★	
		日本の気象		○					○			
	第3学年	生物の成長と生殖			★		○			★		★
		遺伝の規則性と遺伝子		★			★				★	
		生物の種類の多様性と進化									★	
		天体の動きと地球の自転・公転	○	○				★				★
		太陽系と恒星, 月や金星の運動と見え方	★	★		★	★	○		★	★	○
		自然界のつり合い	★						★	▨		
自然の環境調査と環境保全, 自然災害										▨		
科学技術の発展, 様々な物質とその利用							○	○		▨	○	
探究の過程を重視した出題			○	○	○	○	○	○	○	○	○	○

―新潟県公立高校―

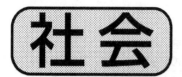 出題傾向の分析と
合格への対策

出題傾向とその内容

〈最新年度の出題状況〉

　本年度の出題数は，大問6題，小問39題である。解答形式は語句記入が7題，記号選択が25題出題されている。短文記述問題が7題出題されている。大問数は，日本・世界地理各1題，歴史2題，公民2題となっており，小問数は各分野のバランスがとれていると言える。

　各設問は基礎的な事項に関するものがほとんどであるが，短文記述の設問もあり，応用力も要求されている。また，写真や統計などの資料を使用した問題も多く出題されている。

　地理的分野では，各種の地図や雨温図等のグラフや表・写真などを用いて，諸地域の地形・気候・資源・貿易・産業等の特色を問う出題となっている。

　歴史的分野では，生徒の調べ学習を題材とし，写真・説明文・略年表などが用いられ，古代から現代までの歴史の流れや各時代の特色を問う出題となっている。

　公民的分野では，グラフ・表・模式図を多用し，基本的人権・政治の仕組み・経済一般・国際社会等に関する幅広い内容を問う出題となっている。また，環境問題で大問1題を構成している。

〈出題傾向〉

　地理的分野では，地形図や地図・表・雨温図などの読み取りを通して，日本や世界の諸地域の特色，地形・気候や産業などを問う問題が出題されている。

　歴史的分野では，文化財の写真や説明文などを用いて，古代から現代までの政治・社会・経済・外交・文化などについて浅く幅広く問う出題となっている。世界史の問題は1題だけであった。

　公民的分野では，基本的人権・政治の仕組み・裁判・経済一般・国際社会など，幅広く基礎的事項の確認をする出題となっている。

来年度の予想と対策

　来年度も今年度と同じ大問6題が予想され，内容も基本的なものが中心となるであろう。また，短文記述が例年出題されるので，基礎的な用語については正確に漢字で書けるようにし，要領よくまとめられるような練習をしておこう。

　地理的分野では，諸地域の地形・気候・産業等の特色を地図や統計資料と関連させて学習しておくことが大切である。歴史的分野では，年表を使って歴史的事項の順序について正確につかみ，図版等を使用して各時代の政治や文化の特色などを区別できるようにしておくことが大切である。また，世界史との関連も確認しておこう。公民的分野では，政治や経済の基本的なしくみをよく理解し，グラフや図などの資料も確認しておくことが大切である。また，ニュースなどにも目を配っておこう。

　全体として難易度の低い問題が多いので，問題練習を繰り返しておけば，高得点も可能である。そして，普段の授業にしっかり取り組むことが何よりも大切である。

⇨学習のポイント
> ・地理的分野では，各種の地図の見方に慣れ，統計資料を正確に読みとる力をつけよう！
> ・歴史的分野では，教科書で基本的事項を整理し，歴史の流れを理解しておこう！
> ・公民的分野では，政治・経済の基本を理解し，ニュースの今日的問題と結びつけよう！

年度別出題内容の分析表　社会

※ ▨▨▨ は出題範囲縮小の影響がみられた内容

出題内容			26年	27年	28年	29年	30年	2019年	2020年	2021年	2022年	2023年
地理的分野	日本	地形図の見方		○	○	○	○	○		○	○	○
		日本の国土・地形・気候	○	○	○	○	○	○	○	○	○	○
		人口・都市	○			○	○		○			○
		農林水産業	○				○	○	○	○		○
		工業	○		○			○		○	○	○
		交通・通信									○	
		資源・エネルギー							○			
		貿易									○	
	世界	人々のくらし・宗教		○		○	○	○		○	○	○
		地形・気候	○	○	○	○	○	○				
		人口・都市	○							○		
		産業				○	○	○	○			○
		交通・貿易	○	○	○		○	○		○	○	
		資源・エネルギー							○		○	○
	地理総合											
歴史的分野	日本史-時代別	旧石器時代から弥生時代										
		古墳時代から平安時代	○	○	○	○	○	○		○	○	○
		鎌倉・室町時代	○	○	○	○	○	○	○	○	○	○
		安土桃山・江戸時代	○	○	○	○	○	○	○	○	○	○
		明治時代から現代		○	○	○	○	○	○	○	○	○
	日本史-テーマ別	政治・法律	○	○	○	○	○	○	○	○	○	○
		経済・社会・技術	○	○	○	○	○	○	○	○	○	○
		文化・宗教・教育	○	○	○	○	○	○	○	○	○	○
		外交	○	○	○	○	○	○	○	○		○
	世界史	政治・社会・経済史	○			○	○	○	○	○		○
		文化史							○			
		世界史総合								○		
	歴史総合											
公民的分野		憲法・基本的人権	○	○	○			○	○	○	○	○
		国の政治の仕組み・裁判	○	○			○			○	○	○
		民主主義										
		地方自治			○		○	○				
		国民生活・社会保障			○	○			○	○	○	
		経済一般	○	○	○	○	○	○	○	○	○	○
		財政・消費生活	○	○	○	○	○	○	○	○	○	
		公害・環境問題	○									○
		国際社会との関わり	○	○	○		○	○	○	▨	○	○
時事問題												
その他								○				

 ●●●● 出題傾向の分析と
合格への対策 ●●●●

 出題傾向とその内容

〈最新年度の出題状況〉

　本年度の大問は4題。知識問題が2題と，古文・現代文の読解問題が1題ずつ出題された。

　[一]は，漢字の読みと書き取り。紛らわしい漢字や書き誤りやすい漢字が出題されている。

　[二]は，語句，文法。文法は，品詞・用法について出題された。

　[三]は，古文が部分訳とともに出された。仮名遣い，口語訳などの他，内容について60字以内で書く記述問題も出題されている。

　[四]は論説文で，さまざまな形式の問題が出題された。記述問題は60字以内，120字以内の2問。同じ著書の別の部分が示され，その文章と本文の内容と関連させて説明する問題が，特に難しかった。

〈出題傾向〉

　知識，読解力，表現力と，幅広い国語力が求められている。

　本年度は，現代文の読解問題は論説文1題であった。長めの記述問題が出題され，複数の文章の内容を正確に読み取る力と，読み取った内容を端的にまとめる力が求められた。

　古文は，部分訳とともに出題された。仮名遣いや選択問題にとどまらず，深い読解力が必要となる記述問題が出題されている。

　知識問題は，漢字の読み書きで1題，語句・文法で1題である。会話文を示し，意味に対応する語句を選ぶ問題も出題されている。

　課題作文は出題されていないが，その分記述問題が多く，表現力が試されている。

来年度の予想と対策

　中学校で学習した国語全般にわたる出題が予想される。したがって，日ごろから，教科書や授業を中心とした学習をきちんと積み重ねておくことが大切である。

　現代文の読解問題は，説明的文章，文学的文章のいずれについても対応できるようにしておくこと。説明的文章の読解では，接続語や指示語に注意しながら，段落相互の関係を正しくとらえられるようにしたい。さらに，文章の内容や筆者の考える理由を簡潔にまとめる練習もしよう。文学的文章は，随筆からの出題が多いので，読み慣れておきたい。

　古文は歴史的仮名遣い，古語の意味などの基本的な知識を身につけることはもちろん，著名な作品にふれる機会を多くして，内容を読み取る練習をしよう。

　漢字の練習の他，語句や文法についてもしっかり学習しておきたい。熟語の意味や組み立て，用言の活用，品詞・用法などに重点をおこう。

⇨**学習のポイント**
- ・過去問を解いて，出題形式に慣れよう。
- ・段落要旨などを端的にまとめる練習をしよう。
- ・教科書を使って，漢字，文法，語句の知識を身につけよう。

年度別出題内容の分析表　国語

※ □ は出題範囲縮小の影響がみられた内容

	出題内容	26年	27年	28年	29年	30年	2019年	2020年	2021年	2022年	2023年
内容の分類	主題・表題	○				○					
	大意・要旨	○	○	○	○	○					
	情景・心情	○	○		○		○	○		○	○
	内容吟味	○	○	○	○	○	○	○	○	○	○
	文脈把握		○	○	○	○	○	○	○	○	
	段落・文章構成										
	指示語の問題		○	○	○	○			○		
	接続語の問題	○	○	○	○	○	○	○	○		
	脱文・脱語補充			○	○	○	○	○	○	○	○
	漢字の読み書き	○	○	○	○	○	○	○	○	○	○
	筆順・画数・部首										
	語句の意味	○	○	○	○						
	同義語・対義語										
	熟語		○		○		○	○		○	○
	ことわざ・慣用句										
	仮名遣い	○	○	○	○		○	○	○	○	○
	短文作成										
	作文(自由・課題)										
	その他										
	文と文節								○	○	
	品詞・用法	○	○	○	○	○	○	○	○	○	○
	敬語・その他								○		
	古文の口語訳	○	○	○	○	○	○	○	○	○	○
	表現技法・形式	○								○	
	文学史										
	書写								▨		
問題文の種類	論説文・説明文	○	○	○	○	○	○	○	○	○	○
	記録文・報告文										
	小説・物語・伝記										
	随筆・紀行・日記	○	○	○	○	○	○				
	詩										
	和歌(短歌)			○						○	
	俳句・川柳							○		○	
	古文	○	○	○	○	○	○	○	○	○	○
	漢文・漢詩										
	会話・議論・発表										
	聞き取り										

新潟県公立高校難易度一覧

目安となる偏差値	公立高校名
75 ～ 73	
72 ～ 70	新潟(理数) 新潟
69 ～ 67	新潟南(理数)
66 ～ 64	長岡(理数) 高田(理数)，新潟南
63 ～ 61	新発田(理数)，高田，長岡 三条，新潟中央(学究)
60 ～ 58	国際情報(専門系)，新発田，囲万代(英語理数) 高田北城，新潟江南 長岡大手，巻
57 ～ 55	柏崎，新津 長岡向陵，囲万代 新潟中央
54 ～ 51	三条東，新発田南 高田北城(生活文化)，新潟商業(国際教養) 新潟商業(総合ビジネス／情報処理)，六日町 新井(総合)，佐渡，新潟中央(食物)
50 ～ 47	五泉(総合)，長岡大手(家政) 加茂，新発田商業(商業)，長岡工業(工業)，新潟中央(音楽)，村上 糸魚川，小千谷，柏崎常盤，十日町，長岡農業(農業)，新潟西 新発田南(工業)，高田商業(総合ビジネス)，長岡商業(情総合ビジネス)，見附
46 ～ 43	上越総合技術(工業)，新潟工業(機械／電気／建築／建築設備／土木／工業化学)，新潟東 柏崎総合(総合)，高田農業(農業) 柏崎工業(工業)，小出，三条商業(総合ビジネス)，新発田農業(農業)
42 ～ 38	十日町総合(総合)，新津南，村上桜ケ丘(総合) 糸魚川白嶺(総合)，加茂農林(農業)，佐渡総合(総合)，新津工業(工業マイスター／生産工学／ロボット工学／日本建築)，巻総合(総合) 小千谷西(総合)，海洋(水産)，久比岐，新潟県央工業(工業)，新潟向陽，分水，有恒 栃尾(総合)，新潟北，八海，吉田 塩沢商工(商業)，正徳館
37 ～	塩沢商工(地域創造工学)，中条 阿賀野，阿賀黎明，羽茂 白根，豊栄，松代，村松

* ( )内は学科・コースを示します。特に示していないものは普通科(普通・一般コース)，または全学科(全コース)を表します。囲は市立を表します。

* データが不足している高校，または学科・コースなどにつきましては掲載していない場合があります。

* 公立高校の入学者は，「学力検査の得点」のほかに，「調査書点」や「面接点」などが大きく加味されて選抜されます。上記の内容は想定した目安ですので，ご注意ください。

* 公立高校入学者の選抜方法や制度は変更される場合があります。また，統廃合による閉校や学校名の変更，学科の変更などが行われる場合もあります。教育委員会などの関係機関が発表する最新の情報を確認してください。

不安という人なつっこい怪物。

曽我部恵一｜ミュージシャン

受験を前に不安を抱えている人も多いのではないでしょうか。今回はミュージシャンであり，３人の子どもたちを育てるシングルファーザーでもある曽我部恵一さんにご自身のお子さんに対して思うことをまじえながら，"不安"について思うことを聞いた。

曽我部恵一
'90年代初頭よりサニーデイ・サービスのヴォーカリスト／ギタリストとして活動を始める。2004年，自主レーベルROSE RECORDSを設立し，インディペンデント／DIYを基軸とした活動を開始する。以後，サニーデイ・サービス／ソロと並行し，プロデュース・楽曲提供・映画音楽・CM音楽・執筆・俳優など，形態にとらわれない表現を続ける。

—— 子どもの人生を途中まで一緒に生きてやろうっていうのが，何だかおこがましいような気がしてしまう。

　子どもが志望校に受かったらそれは喜ばしいことだし，落ちたら落ちたで仕方がない。基本的に僕は子どもにこの学校に行ってほしいとか調べたことがない。長女が高校や大学を受験した時は，彼女自身が行きたい学校を選んで，自分で申し込んで，受かったからそこに通った。子どもに「こういう生き方が幸せなんだよ」っていうのを教えようとは全く思わないし，勝手につかむっていうか，勝手に探すだろうなと思っているかな。

　僕は子どもより自分の方が大事。子どもに興味が無いんじゃないかと言われたら，本当に無いのかもしれない。子どもと仲良いし，好きだけど，やっぱり自分の幸せの方が大事。自分の方が大事っていうのは，あなたの人生の面倒は見られないですよって意味でね。あなたの人生はあなたにしか生きられない。自分の人生って，設計して実際動かせるのは自分しかいないから，自分のことを責任持ってやるのがみんなにとっての幸せなんだと思う。

　うちの子にはこの学校に入ってもらわないと困るんですって言っても，だいたい親は途中で死ぬから子どもの将来って最後まで見られないでしょう。顔を合わせている時，あのご飯がうまかったとか，風呂入るねとか，こんなテレビやってたよ，とかっていう表面的な会話はしても，子どもの性格とか一緒にいない時の子どもの表情とか本当にちゃんとは知らないんじゃないかな。子どもの人生を途中まで一緒に生きてやろうっていうのが，何だかおこがましいような気がしてしまう。

—— 不安も自分の能力の一部だって思う。

　一生懸命何かをやってる人，僕らみたいな芸能をやっている人もそうだけど，みんな常に不安を抱えて生きていると思う。僕も自分のコンサートの前はすごく不安だし，それが解消されることはない。もっと自分に自信を持てるように練習して不安を軽減させようとするけど，無くなるということは絶対にない。アマチュアの時はなんとなくライブをやって，なんとなく人前で歌っていたから，不安はなかったけど，今はすごく不安。それは，お金をもらっているからというプロフェッショナルな気持ちや，お客さんを満足させないとというエンターテイナーとしての意地なのだろうけど，本質的な部分は"このステージに立つほど自分の能力があるのだろうか"っていう不安だから，そこは受験をする中学生と同じかもしれない。

これは不安を抱えながらぶつかるしかない。それで，ぶつかってみた結果，ライブがイマイチだった時は，僕は今でも人生終わったなって気持ちになる。だから，不安を抱えている人に対して不安を解消するための言葉を僕はかけることができない。受験生の中には高校受験に失敗したら人生終わると思ってる人もいるだろうし，僕は一つのステージを失敗したら人生終わると思ってる。物理的に終わらなくても，その人の中では終わる。それに対して「人生終わらないよ」っていうのは勝手すぎる意見。僕たちの中では一回の失敗でそれは終わっちゃうんだ。でも，失敗しても相変わらずまた明日はあるし，明後日もある。生きていかなきゃいけない。失敗を繰り返していくことで，人生は続くってことがわかってくる。子どもたちの中には，そこで人生を本当に終わらそうっていう人が出てくるかもしれないけど，それは大間違い。同じような失敗は生きてるうちに何度もあって，大人になっている人は失敗を忘れたり，見ないようにしたりするのをただ単に繰り返して生きてるだけなんだと思う。失敗したからこそできるものがあるから，僕は失敗するっていうことは良いことだと思う。挫折が多い方が絶対良い。若い頃に挫折とか苦い経験っていうのはもう財産だから。

　例えば，「雨が降ってきたから，カフェに入った。そしたら偶然友達と会って嬉しかった」。これって，雨が降る，晴れるとか，天気みたいなものどうしようもないことに身を委ねて，自然に乗っかっていったら，結局はいい出来事があったということ。僕は，無理せずにそういう風に生きていきたいなと思う。失敗しても，それが何かにつながっていくから，失敗したことをねじ曲げて成功に持っていく必要はないんじゃないかな。

　不安を感じてそれに打ち勝つ自信がないのなら，逃げたらいい。無理して努力することが一番すごいとも思わない。人間，普通に生きると70年とか80年とか生きるわけで，逃げてもどこかで絶対勝負しなきゃいけない瞬間っていうのがあるから，その時にちゃんと勝負すればいいんじゃないかな。受験がどうなるか，受かるだろうか，落ちるだろうか，その不安を抱えている人は，少なからず，勝負に立ち向かっていってるから不安を抱えているわけで。それは素晴らしいこと。不安っていうのは自分の中の形のない何かで自分の中の一つの要素だから，不安も自分の能力の一部だって思う。不安を抱えたまま勝負に挑むのもいいし，努力して不安を軽減させて挑むのもいい。または，不安が大きいから勝負をやめてもいいし，あくまでも全部自分の中のものだから。そう思えば，わけのわからない不安に押しつぶされるってことはないんじゃないかな。

ダウンロードコンテンツのご利用方法

※弊社 HP 内の各書籍ページより，解答用紙などのデータダウンロードが可能です。

※巻頭「収録内容」ページの下部 QR コードを読み取ると，書籍ページにアクセスが出来ます。(**Step 4** からスタート)

Step 1 東京学参 HP（https://www.gakusan.co.jp/）にアクセス

Step 2 下へスクロール『フリーワード検索』に書籍名を入力

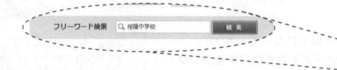

Step 3 検索結果から購入された書籍の表紙画像をクリックし，書籍ページにアクセス

Step 4 書籍ページ内の表紙画像下にある『ダウンロードページ』を
クリックし，ダウンロードページにアクセス

Step 5 巻頭「収録内容」ページの下部に記載されている
パスワードを入力し，『送信』をクリック

解答用紙・+αデータ配信ページへスマホでアクセス！ ⇒

※データのダウンロードは 2024 年 3 月末日まで。
※データへのアクセスには，右記のパスワードの入力が必要となります。⇒ ●●●●●●

Step 6 使用したいコンテンツをクリック

※ PC ではマウス操作で保存が可能です。

新潟県公立高等学校

2023年度

★★★★★★★★★★★★★★★★★★★★★★

入 試 問 題

●くわしい解説……37ページ

＜数学＞   時間　50分　満点　100点

〔1〕 次の(1)～(8)の問いに答えなさい。

(1) $7-(-3)-3$ を計算しなさい。

(2) $2(3a-2b)-4(2a-3b)$ を計算しなさい。

(3) $(-6ab)^2 \div 4ab^2$ を計算しなさい。

(4) 連立方程式 $\begin{cases} x+3y=21 \\ 2x-y=7 \end{cases}$ を解きなさい。

(5) $\sqrt{45}-\sqrt{5}+\dfrac{10}{\sqrt{5}}$ を計算しなさい。

(6) 130人の生徒が1人 a 円ずつ出して，1つ b 円の花束を5つと，1本150円のボールペンを5本買って代金を払うと，おつりがあった。このとき，数量の関係を不等式で表しなさい。

(7) 右の図のように，円Oの周上に円周を9等分する9つの点A，B，C，D，E，F，G，H，Iがある。線分ADと線分BFの交点をJとするとき，∠x の大きさを答えなさい。

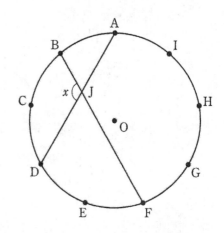

(8) 右の図は，ある家庭で購入した卵40個の重さを1個ずつはかり，ヒストグラムに表したものである。このヒストグラムに対応する箱ひげ図として正しいものを，次のページのア～エから1つ選び，その符号を書きなさい。ただし，階級は52g以上54g未満のように，2gごとの区間に区切っている。

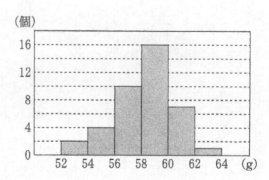

ア
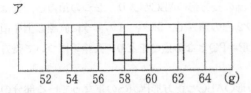

イ
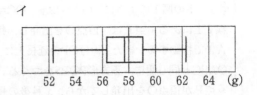

ウ
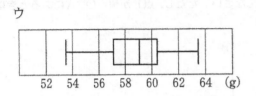

エ
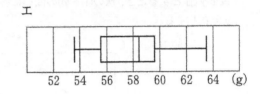

〔2〕　次の(1)～(3)の問いに答えなさい。

(1)　1から6までの目のついた1つのさいころを2回投げるとき，1回目に出る目の数を a，2回目に出る目の数を b とする。このとき，$\dfrac{24}{a+b}$ が整数になる確率を求めなさい。

(2)　下の図のように，AD∥BCの台形ABCDがあり，∠BCD＝∠BDCである。対角線BD上に，∠DBA＝∠BCEとなる点Eをとるとき，AB＝ECであることを証明しなさい。

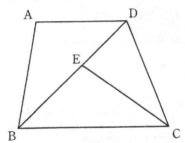

(3)　下の図のように，平行な2直線 ℓ，m と点Aがある。点Aを通り，2直線 ℓ，m の両方に接する円の中心を，定規とコンパスを用いて，作図によってすべて求め，それらの点に●をつけなさい。ただし，作図は解答用紙に行い，作図に使った線は消さないで残しておくこと。

ℓ ————————————————————————

A ●

m ————————————————————————

〔３〕　下の図１のように，OA＝12㎝，OC＝6㎝の長方形OABCがあり，2つの頂点O，Aは直線ℓ上にある。点Pは，頂点Oを出発し，毎秒2㎝の速さで，図2，3のように直線ℓ上を頂点Aまで移動する。また，線分OPの延長上に，OP＝PQとなる点Qをとり，直線ℓについて長方形OABCと同じ側に，正方形PQRSをつくる。

　点Pが頂点Oを出発してから，x秒後の長方形OABCと正方形PQRSの重なっている部分の面積をy㎠とするとき，次の(1)～(4)の問いに答えなさい。ただし，点Pが頂点O，Aにあるときは，$y=0$とする。

図1

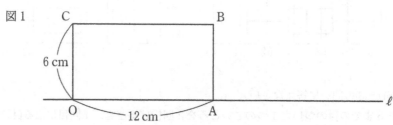

図2

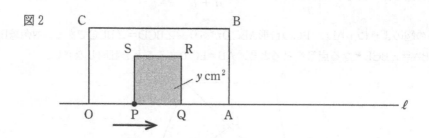

図3

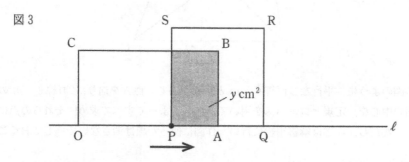

(1)　$x=2$のとき，yの値を答えなさい。

(2)　次の①，②について，yをxの式で表しなさい。

　①　$0 \leqq x \leqq 3$　のとき

　②　$3 \leqq x \leqq 6$　のとき

(3)　$0 \leqq x \leqq 6$のとき，xとyの関係を表すグラフをかきなさい。

(4)　$y=20$となるxの値をすべて求めなさい。

〔4〕　箱の中に，数字を書いた10枚のカード⓪，①，②，③，④，⑤，⑥，⑦，⑧，⑨が入っている。これらのカードを使い，次の手順Ⅰ〜Ⅲに従って，下のような記録用紙に数を記入していく。このとき，あとの(1)，(2)の問いに答えなさい。

手順

Ⅰ　箱の中から1枚のカードを取り出して，そのカードに書かれている数字を，記録用紙の1番目の欄に記入し，カードを箱の中に戻す。

Ⅱ　箱の中からもう一度1枚のカードを取り出して，そのカードに書かれている数字を，記録用紙の2番目の欄に記入し，カードを箱の中に戻す。

Ⅲ　次に，記録用紙の $(n-2)$ 番目の欄の数と $(n-1)$ 番目の欄の数の和を求め，その一の位の数を n 番目の欄に記入する。ただし，n は3以上18以下の自然数とする。

記録用紙

1番目	2番目	3番目	4番目	5番目	6番目	…	16番目	17番目	18番目

---

(1)　次の文は，手順Ⅰ〜Ⅲに従って，記録用紙に数を記入するときの例について述べたものである。このとき，文中の　ア　〜　ウ　に当てはまる数を，それぞれ答えなさい。

例えば，手順Ⅰで②のカード，手順Ⅱで③のカードを取り出したときには，下のように，記録用紙の1番目の欄には2，2番目の欄には3を記入する。このとき，16番目の欄に記入する数は　ア　，17番目の欄に記入する数は　イ　，18番目の欄に記入する数は　ウ　となる。

1番目	2番目	3番目	4番目	5番目	6番目	…	16番目	17番目	18番目
2	3	5	8	3	1	…	ア	イ	ウ

---

(2)　手順Ⅰ，Ⅱで取り出したカードに書かれている数字と，手順Ⅲで記録用紙に記入する数に，どのような関係があるかを調べるために，次のページの表1，2を作った。

表1は，手順Ⅰで⓪〜⑨のいずれか1枚のカードを取り出し，手順Ⅱで⑤のカードを取り出したときのそれぞれの場合について，1番目の欄の数を小さい順に並べ替えてまとめたものである。また，表2は，手順Ⅰで⓪〜⑨のいずれか1枚のカードを取り出し，手順Ⅱで⑥のカードを取り出したときのそれぞれの場合について，1番目の欄の数を小さい順に並べ替えてまとめたものである。このとき，あとの①，②の問いに答えなさい。

表1

1番目	2番目	…	16番目	17番目	18番目
0	5	…	0	5	5
1	5	…	7	5	2
2	5	…	4	5	9
3	5	…	1	5	6
4	5	…	8	5	3
5	5	…	5	5	0
6	5	…	2	5	7
7	5	…	9	5	4
8	5	…	6	5	1
9	5	…	3	5	8

表2

1番目	2番目	…	16番目	17番目	18番目
0	6	…	0	2	2
1	6	…	7	2	9
2	6	…	4	2	6
3	6	…	1	2	3
4	6	…	8	2	0
5	6	…	5	2	7
6	6	…	2	2	4
7	6	…	9	2	1
8	6	…	6	2	8
9	6	…	3	2	5

① 手順Ⅱで 5 , 6 以外のカードを取り出しても，17番目の欄の数は，1番目の欄の数に関係なく，2番目の欄の数によって決まる。このことを証明しなさい。

② 手順Ⅰで x のカード，手順Ⅱで 4 のカードを取り出したとき，18番目の欄の数が1になった。このとき，x の値を求めなさい。

〔5〕 下の図のような立体ABC−DEFがあり，四角形ABEDは，BA＝5㎝，BE＝10㎝の長方形であり，△ABCと△DEFは正三角形である。また，辺BEと辺CFは平行であり，CF＝5㎝である。点Cから辺BEに引いた垂線と辺BEとの交点をPとするとき，次の⑴〜⑶の問いに答えなさい。

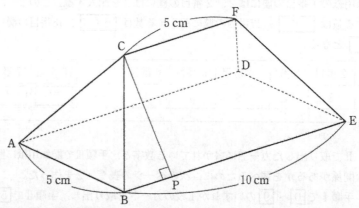

⑴ 線分CPの長さを答えなさい。

⑵ 5点C，A，B，E，Dを結んでできる四角すいの体積を求めなさい。

⑶ 4点A，B，C，Fを結んでできる三角すいの体積を求めなさい。

＜英語＞　　時間　50分　　満点　100点

〔1〕　放送を聞いて, 次の(1)〜(3)の問いに答えなさい。

(1)　これから英文を読み, それについての質問をします。それぞれの質問に対する答えとして最も適当なものを, 次のア〜エから一つずつ選び, その符号を書きなさい。

1　ア 　　イ 　　ウ 　　エ

2　ア　35 minutes.　　　　　イ　40 minutes.
　　ウ　45 minutes.　　　　　エ　50 minutes.

3　ア　On Monday.　　　　　イ　On Wednesday.
　　ウ　On Saturday.　　　　　エ　On Sunday.

4　ア　She wants to study about foreign countries.
　　イ　She wants to be an English teacher in Japan.
　　ウ　She wants to live and work in the U.S.
　　エ　She wants to write interesting books.

(2)　これから英語で対話を行い, それについての質問をします。それぞれの質問に対する答えとして最も適当なものを, 次のア〜エから一つずつ選び, その符号を書きなさい。

1　ア　Yes, he will.　　　　　イ　No, he won't.
　　ウ　Yes, he did.　　　　　エ　No, he didn't.

2　ア　Kate's sister.　　　　　イ　Kate's friend.
　　ウ　Takumi's sister.　　　　エ　Takumi's friend.

3　ア　He will walk.　　　　　イ　He will go by taxi.
　　ウ　He will go by bus.　　　エ　He will go by bike.

4　ア　Because she knew about the musicians well.
　　イ　Because the musicians' sound was beautiful.
　　ウ　Because she likes musicians who practiced a lot.
　　エ　Because the musicians looked like her.

(3)　これから, あなたのクラスの英語の授業で, アメリカのバーナード中学校 (Barnard Junior High School)に留学していたマキ(Maki)が, 英語のスピーチをします。そのスピーチについて, 二つの質問をします。それぞれの質問に対する答えを, 3語以上の英文で書きなさい。

〔2〕　あなたは桜高校 (Sakura High School) の生徒です。来月, ブラウン高校 (Brown High School) の生徒が桜高校を訪問します。あなたとブラウン高校のピーター (Peter) は,

そのときに行う交流活動について，事前の希望アンケートの結果をまとめたグラフを見ながら，オンライン上で打合せをしています。次の【グラフ】と，あなたとピーターの【会話】を読んで，下の⑴～⑶の問いに答えなさい。ただし，【会話】の＊＊＊の部分には，あなたの名前が書かれているものとします。

【グラフ】

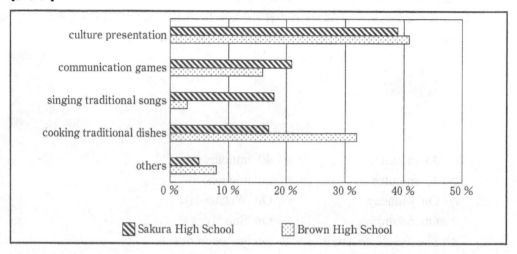

（注）communication　コミュニケーション

【会話】

Peter:	The result was different between our schools.
＊＊＊:	Yes. I was surprised that only a few students from your school are interested in ▢. Anyway, in both schools, (a), so let's do it.
Peter:	I agree. I think we can do one more activity. <u>What should we do?</u>
＊＊＊:	(b)
Peter:	That may be a good idea.

⑴　【会話】の ▢ の中に入る最も適当なものを，次のア～エから一つ選び，その符号を書きなさい。

ア　culture presentation
イ　communication games
ウ　singing traditional songs
エ　cooking traditional dishes

⑵　【会話】の流れが自然になるように，aの（ ）に当てはまる内容を，1行以内の英語で書きなさい。

⑶　【会話】の下線部分の質問に対するあなたの答えを，【会話】のbの（ ）の中に，3行以内の英文で書きなさい。なお，【グラフ】を踏まえて，具体的な理由も含めて書くこと。

〔3〕 次の英文を読んで，あとの(1)～(6)の問いに答えなさい。

Luis is a junior high school student from Mexico. He is staying with a family in Niigata. Now he is talking with Keita, the father of the family, in the home vegetable garden.

Keita: Luis, let's plant tomatoes in the garden together. Do you like tomatoes?

Luis: Yes. In Mexico, we use tomatoes for many dishes. I'll cook some dishes for you tomorrow.

Keita: Great! First, let's plant tomatoes and then, plant some marigolds near them.

Luis: Marigolds? They are very popular in Mexico. We use the flowers in a traditional festival in November.

Keita: What kind of festival is it?

Luis: We decorate graves with a lot of marigolds. We believe that our ancestors come back (A) the strong smell of marigolds.

Keita: It's like Japanese *obon*. We also believe our ancestors come back and we offer some flowers to them. We have the event in summer.

Luis: Wow, I thought your culture and our culture were different, but we have the same kind of traditional event. _BHow interesting! By the way, why do you plant marigolds near tomatoes?

Keita: Good question! The marigolds _C│me, make, help│ a safe vegetable garden.

Luis: Really? Why do marigolds do such a thing?

Keita: Again, the reason is their strong smell. Insects which eat tomato leaves don't like the smell, so ┌ D ┐.

Luis: Great! We don't have to use agricultural chemicals.

Keita: Right. I want to choose safe ways for the environment when I plant vegetables. (E) marigolds is one good way.

Luis: I see. _FCan you tell me another example?

Keita: Yes, of course. For example, can you see the flowers over there? They are called *renge-sou* in Japanese. They will be natural fertilizers.

Luis: Amazing! I want to learn more about such ways. What should I do?

Keita: Well, _G│you, I, if, were│, I would ask people who know about them very well.

Luis: That's a good idea. Can you introduce such people to me?

Keita: OK, some of my friends are farmers, so I'll ask them.

Luis: Thank you! At school, I'll start a research project with my classmates next month. It may be interesting to do research about eco-friendly ways to plant vegetables.

Keita: That will be an interesting research topic. I think my friends will help you a lot. Some of them also have machines which use less energy. You may also be interested in them.

Luis: Sounds interesting!　Thank you.

Keita: You're welcome.　Do your best in your research project.

Luis: I will.　Can I find new eco-friendly ways?

Keita: It's not so easy, but I believe you can do it in the future if you work hard.

Luis: I hope so.　My teacher told us that some human activities damage the environment.　I think it is important for us to make the situation better.

Keita: That's right.　Humans have been developing the civilization by using nature, but if we keep using things in nature, we will destroy the environment.

Luis: Yes.　We should look for ways to live with nature.

（注）plant ～　～を植える　　marigold　マリーゴールド（花の名前）　　decorate ～　～を飾りつける
grave 墓　　ancestor 先祖　　smell におい　　*obon* お盆　　offer ～　～を供える
insect 昆虫　　agricultural chemical 農薬　　*renge-sou* れんげ草（花の名前）
natural fertilizer 天然肥料　　eco-friendly 環境にやさしい　　civilization 文明
destroy ～　～を破壊する

(1) 文中のA，Eの（　）の中に入る最も適当なものを，次のア〜エからそれぞれ一つずつ選び，その符号を書きなさい。

A　ア　according to　　イ　because of　　ウ　instead of　　エ　such as

E　ア　Use　　　　　　イ　Uses　　　　　　ウ　Used　　　　　　エ　Using

(2) 下線部分Bについて，ルイス（Luis）がそのように感じた理由を，具体的に日本語で書きなさい。

(3) 文中のC，Gの [　] の中の語を，それぞれ正しい順序に並べ替えて書きなさい。

(4) 文中のDの [　] の中に入る最も適当なものを，次のア〜エから一つ選び，その符号を書きなさい。

ア　they like to stay on the flowers

イ　they fly near the flowers

ウ　they don't come to eat tomato leaves

エ　they aren't damaged by tomato leaves

(5) 下線部分Fについて，ルイスが教えてほしいと言っているのは，何についての例か。具体的に日本語で書きなさい。

(6) 本文の内容に合っているものを，あとのア〜オから二つ選び，その符号を書きなさい。

ア　Tomatoes are very popular in Mexico and they are put on graves during the festival in November.

イ　Both people in Mexico and people in Japan believe that their ancestors come back in summer.

ウ　Keita believes it is good to use safe ways for the environment when he plants vegetables.

エ　Luis wants to meet some of Keita's friends to learn how to make delicious vegetables.

オ　Luis learned from his teacher that humans damage the environment through some activities.

〔4〕 次の英文を読んで，あとの(1)~(6)の問いに答えなさい。

Hikari is a high school student. She likes English and she enjoys communicating with her American friend, Fred. One day, she sent an e-mail to him.

【E-mail from Hikari to Fred】

Hello, Fred. How are you? I'm enjoying my high school life, but I have _Aa big question now, and I want your opinion.

Today, my friend, Yuri, and I talked about our future. Now I'm interested in art history and I want to study about it after I finish high school. When I said so to Yuri, she asked me, "Will you be a teacher or a researcher in the future?" I said, "I have no idea about my future job now. I just want to study about art history because I'm interested in it." Yuri was really surprised to hear my answer. She decided her goal first before she decided what she would study.

Fred, you want to be a doctor and you are studying hard to achieve your goal, right? Should I decide my future job before I decide what to study?

【E-mail from Fred to Hikari】

Thank you for your e-mail, Hikari. I'm doing well.

Your question is difficult. Now I'm studying to achieve my goal, but I will keep studying after I become a doctor. And I also enjoy studying subjects which are not related to my dream. For example, in the U.S., many schools have drama classes. Most students will not be actors, but drama class is very popular. I like it. I think we can improve some skills through drama classes. For example, we sometimes make our own stories. My drama teacher says we can be good at creating something new through this activity. Also, now I can talk more clearly than before.

My brother studies math at university, but he is taking a music class, too. He says he can learn good teamwork in the class. You should study your favorite subjects. You can improve some skills by doing so.

Hikari thought Fred's opinion was interesting. She also likes music though she won't be a musician. "If [B] through learning, I'll be happy," she thought.

One week later, Fred introduced a website article to Hikari. It was an article for students written by a university professor.

【The website article】

You may think like this. "Why do I have to study this subject? I don't like it. It isn't related to my goal." I can understand your feelings, but is it really a good idea to study only your favorite things?

Let me tell you about _C <u>one good example, Florence Nightingale</u>. She is one of the most famous nurses in the world. She tried to make clean hospitals. She needed to show that it was important to make clean environments to save people's lives. She had the knowledge of math and statistics. By using that knowledge, she created her original graphs and showed that dirty environments would threaten people's lives.

Do you understand what this story means? You don't know what will be useful in the future. For example, in the future, you may find problems you want to solve. Then, some knowledge may help you. Or you can create something new by using that knowledge. You may not use it in the future, but it will be so fun to learn something new. Enjoy learning a lot of things. By doing so, you can broaden your world.

My father was a science teacher. He is 75 years old, but now, he is studying classic literature at university. He says he is so happy to learn something new.

" D ," Hikari thought. " _E <u>I'll write an e-mail to Fred tonight.</u>"

(注) achieve ~　~を達成する　　be related to ~　~と関連する　　skill　技能
clearly　はっきりと　　take ~ class　~の授業を受ける　　teamwork　チームワーク
article　記事　professor　教授　knowledge　知識　statistics　統計学　graph　グラフ
threaten ~　~をおびやかす　　broaden ~　~を広げる　　classic literature　古典文学

(1) 下線部分Aについて，その内容を，具体的に日本語で書きなさい。

(2) 文中のBの □ に当てはまる内容を，4語以上の英語で書きなさい。

(3) 下線部分Cについて，フローレンス・ナイチンゲール (Florence Nightingale) の例で，記事の筆者が最も伝えたいことを表している1文を，本文から探して抜き出しなさい。

(4) 文中のDの □ の中に入る最も適当なものを，次のア～エから一つ選び，その符号を書きなさい。

ア　People have different reasons for learning
イ　We should study for our dreams
ウ　There is only one reason for learning
エ　It is important to learn useful things

(5) あとの①～③の問いに対する答えを，それぞれ3語以上の英文で書きなさい。

① Has Hikari already decided her future job?

② How did Yuri decide what she would study?

③ In the drama class at Fred's school, what do students do to be good at creating something new?

⑹　下線部分Eについて，ヒカリ（Hikari）になったつもりで，フレッド（Fred）に対するメール
を，解答用紙の "Hello, Fred. Thank you for your e-mail and the interesting article."
に続けて，□ の中に，4行以内の英文で書きなさい。

＜理科＞　　時間　50分　　満点　100点

〔1〕　あとの⑴〜⑹の問いに答えなさい。

⑴　ヒトの呼吸のしくみと血液のはたらきについて述べた文として，最も適当なものを，次のア〜エから一つ選び，その符号を書きなさい。

ア　血液中の二酸化炭素は，肺胞から毛細血管に排出される。

イ　肺では，動脈血が静脈血に変わる。

ウ　酸素は，血液によって全身の細胞に運ばれる。

エ　空気を吸うときは，ろっ骨が上がり，横隔膜も上がる。

⑵　右の表は，太陽系の惑星A〜Dについて，それぞれの惑星の半径と密度をまとめたものである。木星型惑星の組合せとして，最も適当なものを，次のア〜カから一つ選び，その符号を書きなさい。なお，半径は，地球を1とした場合の値である。

惑星	A	B	C	D
半径（地球＝1）	0.38	11.21	9.45	0.53
密度〔g/cm³〕	5.43	1.33	0.69	3.93

ア　〔A，B〕　　イ　〔A，C，D〕　　ウ　〔A，D〕

エ　〔B，C〕　　オ　〔B，C，D〕　　カ　〔C，D〕

⑶　右の図は，火力発電のしくみを模式的に表したものである。火力発電では，化石燃料の燃焼により，高温・高圧の水蒸気をつくり，タービンを回して発電が行われており，この過程でエネルギーが変換されている。火力発電において，エネルギーが変換される順に，次のア〜エを並べ替え，その符号を書きなさい。

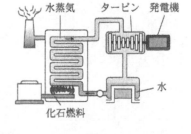

ア　運動エネルギー　　イ　化学エネルギー

ウ　電気エネルギー　　エ　熱エネルギー

⑷　60℃の水300gが入っているビーカーに，硝酸カリウム200gを入れ，よくかき混ぜたところ，全部溶けた。この水溶液の温度をゆっくりと下げていくと，結晶が出てきた。水溶液の温度を20℃まで下げたとき，出てくる結晶の質量は何gか。求めなさい。ただし，20℃の水100gに溶ける硝酸カリウムの質量は32gとする。

⑸　右の図は，火山岩をルーペで観察して，スケッチしたものである。火山岩は，図のように，比較的大きな鉱物と，aのような小さな粒の部分からできていた。このとき，火山岩のでき方について述べた次のページの文中の X ， Y に当てはまる語句の組合せとして，最も適当なものを，次のページのア〜エから一つ選び，その符号を書きなさい。

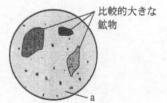

比較的大きな鉱物

a

　　火山岩は，マグマが地表や地表付近で　X　冷えてできるので，ほとんどの鉱物は大
きな結晶にならず，図中のaのような　Y　という組織ができる。

ア〔X　急に，　　　Y　石基〕　　イ〔X　急に，　　　Y　斑晶〕
ウ〔X　ゆっくりと，Y　石基〕　　エ〔X　ゆっくりと，Y　斑晶〕

(6)　右の図は，新潟市におけるあ
る年の6月10日の気象観測の結
果をまとめたものである。図中
のa〜cの折れ線は，気温，湿
度，気圧のいずれかの気象要素
を表している。a〜cに当ては
まる気象要素の組合せとして，
最も適当なものを，次のア〜カ
から一つ選び，その符号を書き
なさい。

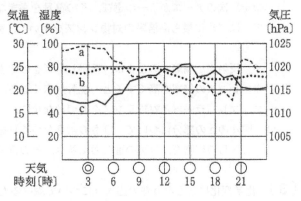

ア〔a　気温，b　湿度，c　気圧〕　　イ〔a　気温，b　気圧，c　湿度〕
ウ〔a　湿度，b　気温，c　気圧〕　　エ〔a　湿度，b　気圧，c　気温〕
オ〔a　気圧，b　気温，c　湿度〕　　カ〔a　気圧，b　湿度，c　気温〕

〔2〕　植物の根の成長を調べるために，タマネギの根を用いて，次の実験1，2を行った。この実験
に関して，あとの(1)，(2)の問いに答えなさい。

実験1　次の Ⅰ，Ⅱ の手順で，タマネギの根の
　　　　観察を行った。
　　　　Ⅰ　図1のように，タマネギを発根させ
　　　　た。発根させた根のうちの1本に，図2
　　　　のように，先端から等間隔で5つの印を
　　　　つけた。
　　　　Ⅱ　Ⅰで根に印をつけたタマネギを，ビーカーに入れた水につけ
　　　　て，3日間成長させた。その後，印の間隔がどのように変化し
　　　　たかを観察した。
実験2　タマネギの根の先端部分を切り取ってプレパラートをつくり，
　　　　図3の顕微鏡で観察した。

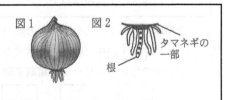

(1)　実験1について，3日後の根の印の間隔は，どのようになっているか。最も適当なものを，
次のア〜エから一つ選び，その符号を書きなさい。

(2) 実験2について，図4は，できたプレパラートを顕微鏡で
観察して，スケッチしたものである。図中のA〜Dは，細胞
分裂の過程におけるいろいろな段階の細胞である。このこと
に関して，次の①〜③の問いに答えなさい。

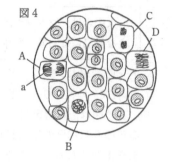

図4

① 顕微鏡の使い方について述べた文として，最も適当なも
のを，次のア〜エから一つ選び，その符号を書きなさい。

　ア　はじめに最も高倍率の対物レンズを用いて，観察をす
　　る。

　イ　反射鏡を調節するときは，接眼レンズをのぞきながら行う。

　ウ　レンズの倍率を高くすると，視野が広くなる。

　エ　プレパラートと対物レンズを近づけながら，ピントを合わせる。

② 図4のaの部分について，ひものようなつくりを何というか。その用語を書きなさい。

③ A〜Dの細胞を，分裂の進む順に並べ，その符号を書きなさい。

〔3〕 化学変化にともなう熱の出入りについて調べるために，次の実験を行った。この実験に関
して，あとの(1)〜(3)の問いに答えなさい。

> 実験　右の図のように，ビーカーに鉄粉5gと活
> 性炭2gを入れて混ぜた後，質量パーセント
> 濃度が5％の食塩水を2cm³加え，ガラス棒
> でかき混ぜながら，温度計で温度を測定する
> と，温度の上昇が確認できた。

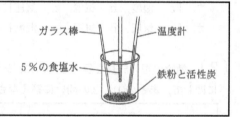

(1) 食塩水について，次の①，②の問いに答えなさい。

① 次の X の中に物質の化学式を， Y , Z の中にイオンの化学式を書き入れて，水
溶液中の塩化ナトリウムの電離を表す式を完成させなさい。

$$X \rightarrow Y + Z$$

② 質量パーセント濃度が5％の食塩水を40gつくるとき，必要な食塩と水の質量はそれぞれ
何gか。求めなさい。

(2) 化学変化が起こるときには，熱の出入りがともなう。このことについて，次の①，②の問い
に答えなさい。

① 化学変化のうち，熱を周囲に放出し，温度が上がる反応を何というか。その用語を書きな
さい。

② 化学変化には，熱を周囲から吸収し，温度が下がる反応もある。温度が下がる反応が起こ
る物質や水溶液の組合せとして，最も適当なものを，次のア〜エから一つ選び，その符号を
書きなさい。

　ア　マグネシウムと酸素

　イ　硫酸と水酸化バリウム水溶液

　ウ　水酸化ナトリウム水溶液と塩酸

　エ　炭酸水素ナトリウムとクエン酸水溶液

(3)　寒いときにあたたまるために使うカイロは，この実験と同じ化学変化を利用している。カイロを持つ手があたたまるのは，カイロから手に熱が伝わるためである。このような熱の伝わり方を何というか。その用語を書きなさい。

〔4〕　健一さんは，太陽の動きを調べるため，透明半球を用いて，太陽の観察を行うことにした。夏のある日に新潟県のある地点で，右の図のように，厚紙に透明半球を置いたときにできる円の中心をOとし，方位を定めて，透明半球を固定した。午前9時から午後3時まで1時間おきに，太

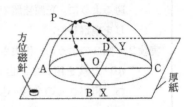

陽の位置を透明半球上に油性ペンで印をつけて記録した。また，太陽が南中した時刻に，太陽の位置を透明半球上に印をつけて記録し，この点をPとした。記録した太陽の位置をなめらかに結んで，透明半球のふちまで延長して曲線XYをつくった。このことに関して，あとの(1)～(6)の問いに答えなさい。なお，図中のA～Dは，それぞれOから見た東西南北のいずれかの方向にある円周上の点である。

(1)　Oから見て，東の方向にある点として，最も適当なものを，図中のA～Dから一つ選び，その符号を書きなさい。

(2)　太陽などの天体は，時間の経過とともにその位置を変えているように見える。このような，地球の自転による天体の見かけの動きを何というか。その用語を書きなさい。

(3)　太陽の位置を透明半球上に油性ペンで印をつけて記録するとき，どのように印をつければよいか。「油性ペンの先端の影」という語句を用いて書きなさい。

(4)　太陽の南中高度を表す角として，最も適当なものを，次のア～カから一つ選び，その符号を書きなさい。
　　ア　∠ACP　　イ　∠AOP　　ウ　∠BOP　　エ　∠BPD　　オ　∠COP　　カ　∠DOP

(5)　透明半球上につくった曲線XYについて，午前9時の点から午後3時の点までの長さと，午前9時の点からPまでの長さをはかると，それぞれ12cm，5.5cmであった。観察を行った日の太陽が南中した時刻として，最も適当なものを，次のア～エから一つ選び，その符号を書きなさい。
　　ア　午前11時45分
　　イ　午前11時51分
　　ウ　午前11時57分
　　エ　午後0時3分

(6)　健一さんが観察を行った地点と，緯度は同じで，経度が異なる日本のある地点で，同じ日に太陽の観察を行った場合，太陽が南中する時刻と太陽の南中高度は，健一さんが観察を行った地点と比べてどのようになるか。最も適当なものを，次のア～エから一つ選び，その符号を書きなさい。
　　ア　太陽が南中する時刻も太陽の南中高度も，ともに異なる。
　　イ　太陽が南中する時刻は異なるが，太陽の南中高度は同じになる。
　　ウ　太陽が南中する時刻は同じになるが，太陽の南中高度は異なる。
　　エ　太陽が南中する時刻も太陽の南中高度も，ともに同じになる。

〔5〕 光の進み方について調べるために，次の実験1，2を行った。この実験に関して，下の(1)
〜(4)の問いに答えなさい。

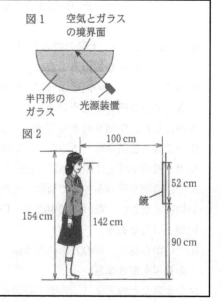

実験1　図1のように，半円形のガラスの中心を光が
　　　　通るように，光源装置で光を当てて，光の道す
　　　　じを観察した。

実験2　図2のように，和実さんは，床に垂直な壁に
　　　　かけた鏡を用いて，自分の像を観察した。な
　　　　お，和実さんの全身の長さは154cm，目の位置
　　　　は床から142cm，鏡の縦方向の長さは52cm，鏡
　　　　の下端の位置は床から90cm，和実さんと鏡との
　　　　距離は100cmとする。

(1) 実験1について，光の進み方を表したものとして，最も適当
　なものを，図3のア〜エから一つ選び，その符号を書きなさ
　い。

(2) 実験1について，光がガラスから空気へ進むときの入射角
　を大きくしていくと，全反射が起きた。このような光の性質
　を利用しているものとして，最も適当なものを，次のア〜エか
　ら一つ選び，その符号を書きなさい。

　ア　エックス線写真　　イ　けい光灯　　ウ　光ファイバー　　エ　虫眼鏡

(3) 実験2について，和実さんから見える自分の像として，最も適当なものを，次のア〜エから
　一つ選び，その符号を書きなさい。

ア 　　イ 　　ウ 　　エ

(4) 次の文は，実験2において，和実さんが全身の像を観察するために必要な鏡の長さと，その
　鏡を設置する位置について述べたものである。文中の ［ X ］，［ Y ］ に当てはまる値を，それ
　ぞれ求めなさい。ただし，和実さんと鏡との距離は変えないものとする。

　　　和実さんが全身の像を観察するためには，縦方向の長さが少なくとも ［ X ］ cmの鏡を
　　用意し，その鏡の下端が床から ［ Y ］ cmの位置になるように設置すればよい。

〔6〕　電池のしくみを調べるために，次の実験1，2を行った。この実験に関して，あとの(1)〜(3)の問いに答えなさい。

実験1　図1のように，硫酸銅水溶液と銅板が入った袋状のセロハンを，硫酸亜鉛水溶液と亜鉛板が入ったビーカーの中に入れた。銅板と亜鉛板を，それぞれ導線でモーターとつないだところ，プロペラが回転した。

実験2　図2のように，硫酸マグネシウム水溶液とマグネシウム板が入った袋状のセロハンを，硫酸銅水溶液と銅板が入ったビーカーの中に入れた。マグネシウム板と銅板を，それぞれ導線でモーターとつないだところ，プロペラが実験1とは逆に回転した。

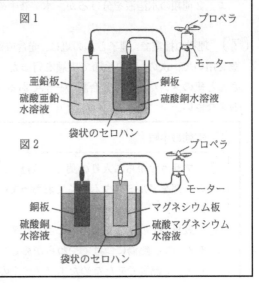

(1)　実験1について，次の①，②の問いに答えなさい。

①　銅，亜鉛の化学式を，それぞれ書きなさい。

②　水溶液に入っている銅板と亜鉛板のそれぞれに起こる変化について述べた文として，最も適当なものを，次のア〜エから一つ選び，その符号を書きなさい。

ア　銅板も亜鉛板も，ともに溶け出す。

イ　銅板は溶け出し，亜鉛板は表面に物質が付着する。

ウ　銅板は表面に物質が付着し，亜鉛板は溶け出す。

エ　銅板も亜鉛板も，ともに表面に物質が付着する。

(2)　次の文は，実験2において，プロペラが実験1とは逆に回転した理由を説明したものである。文中の　X　〜　Z　に当てはまる語句の組合せとして，最も適当なものを，下のア〜カから一つ選び，その符号を書きなさい。

> 　実験1では　X　が一極になり，モーターに電流が流れたが，　Y　の方が陽イオンになりやすく，実験2では　Z　が一極になり，モーターに電流が流れたから。

ア　〔X　亜鉛板，　Y　銅に比べてマグネシウム，　Z　銅板　　　　　　　　〕

イ　〔X　亜鉛板，　Y　銅に比べてマグネシウム，　Z　マグネシウム板〕

ウ　〔X　亜鉛板，　Y　マグネシウムに比べて銅，　Z　銅板　　　　　　　　〕

エ　〔X　亜鉛板，　Y　マグネシウムに比べて銅，　Z　マグネシウム板〕

オ　〔X　銅板，　　Y　銅に比べてマグネシウム，　Z　マグネシウム板〕

カ　〔X　銅板，　　Y　マグネシウムに比べて銅，　Z　マグネシウム板〕

(3)　実験1，2で用いた袋状のセロハンのはたらきについて述べた文として，最も適当なものを，あとのア〜エから一つ選び，その符号を書きなさい。

ア　2種類の水溶液を分けて，水溶液中のイオンが通過できないようにする。

イ　2種類の水溶液を分けて，水溶液中の陽イオンだけが通過できないようにする。

ウ　2種類の水溶液を分けるが，水溶液中のイオンは通過できるようにする。

エ　2種類の水溶液を分けるが，水溶液中の陽イオンだけは通過できるようにする。

〔7〕　理科の授業で，理子さんの班は，光合成が行われるときの条件を調べるために，アサガオの葉を用いて，次の I の手順で実験を行った。 II はこの実験の結果であり，III は実験後の理子さんと班のメンバーによる会話の一部である。 I ～ III に関して，次のページの(1)～(3)の問いに答えなさい。

I　実験の手順

① アサガオからふ入りの葉を一枚選び，図1のように，葉の一部をアルミニウムはくでおおって，暗いところに一晩置いた。

② 翌日，①の葉に光を十分に当てた後，アルミニウムはくをとって，熱湯につけてやわらかくした。やわらかくした葉を，a熱湯であたためたエタノールの中に入れて脱色した。

③ エタノールから取り出した葉を水洗いしてから，ヨウ素溶液にひたして，葉の色の変化を観察した。なお，図2のように，葉の，アルミニウムはくでおおわなかった緑色の部分をA，アルミニウムはくでおおわなかったふの部分をB，アルミニウムはくでおおっていた緑色の部分をC，アルミニウムはくでおおっていたふの部分をDとした。

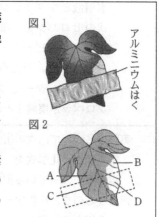

図1

図2

II　実験の結果

・　Aの部分は，青紫色に変化した。

・　B，C，Dの部分は，変化が見られなかった。

III　実験後の会話の一部

理子さん

Aの部分とBの部分の結果を比べると，　X　がわかりますね。

そうですね。他にも，Aの部分とCの部分の結果を比べると，　Y　がわかりますね。Aの部分とDの部分とではどうでしょうか。

高子さん

太郎さん

Aの部分とDの部分の結果を比べても，どの条件が結果に影響したのかわかりません。これは b対照実験とは言えません。

次は，光合成が葉の細胞の中のどこで行われているかを調べてみましょう。

高子さん

(1)　下線部分aについて，エタノールをあたためる際，熱湯を用いるのはなぜか。その理由を書きなさい。

(2)　$\boxed{X}$，$\boxed{Y}$　に最もよく当てはまるものを，次のア〜カからそれぞれ一つずつ選び，その符号を書きなさい。

ア　光合成は，葉の緑色の部分で行われていること

イ　光合成は，葉のふの部分で行われていること

ウ　光合成は，葉緑体と呼ばれる部分で行われていること

エ　光合成には，二酸化炭素が必要であること

オ　光合成には，暗いところに一晩置くことが必要であること

カ　光合成には，葉に光を当てる必要があること

(3)　下線部分bについて，対照実験とはどのような実験か。「条件」という語句を用いて書きなさい。

〔8〕　電熱線から発生する熱による水の温度の上昇について調べるために，電気抵抗が2Ωの電熱線を用いて，次の実験1〜3を行った。この実験に関して，あとの(1)〜(5)の問いに答えなさい。ただし，電熱線から発生する熱は，すべて水の温度の上昇に使われたものとする。

実験1　右の図のように，電源装置，スイッチ，電流計，電圧計，電熱線を用いて回路をつくり，水140cm³（140g）を入れた断熱容器に，電熱線，温度計，ガラス棒を入れた。

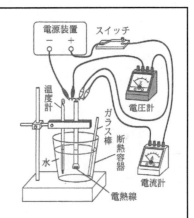

断熱容器内の水の温度が，室温と同じ16.0℃になるまで放置した後，スイッチを入れて，電圧計が2.0Vを示すように電源装置を調節して電流を流した。ガラス棒で，静かに水をかきまぜながら，断熱容器内の水の温度を，スイッチを入れてから1分ごとに4分間測定した。

実験2　実験1と同じ手順で，電圧計が4.0Vを示すように電源装置を調節して，断熱容器内の水の温度を測定した。

実験3　実験1と同じ手順で，電圧計が6.0Vを示すように電源装置を調節して，断熱容器内の水の温度を測定した。

下の表は，実験1〜3の結果をまとめたものである。

電圧〔V〕	2.0V					4.0V					6.0V				
電流を流した時間〔分〕	0	1	2	3	4	0	1	2	3	4	0	1	2	3	4
水の温度〔℃〕	16.0	16.2	16.4	16.6	16.8	16.0	16.8	17.6	18.4	19.2	16.0	17.8	19.6	21.4	23.2
水の上昇温度〔℃〕	0.0	0.2	0.4	0.6	0.8	0.0	0.8	1.6	2.4	3.2	0.0	1.8	3.6	5.4	7.2

(1)　実験1について，電流計は何Aを示すか。求めなさい。

(2)　実験2について，電熱線が消費する電力は何Wか。求めなさい。

⑶　次の文は，実験１，２において，電熱線で発生する熱量について述べたものである。文中の
　　X に当てはまる語句として，最も適当なものを，下のア～エから一つ選び，その符号を書き
　　なさい。

　　　実験２で電流を１分間流したときに電熱線で発生する熱量は，実験１で電流を　X
　　流したときに電熱線で発生する熱量と同じになる。

　　ア　１分間　　イ　２分間　　ウ　３分間　　エ　４分間

⑷　実験３について，表をもとにして，電流を流した時間と水の上昇温度の関係を表すグラフを
　　かきなさい。

⑸　実験１～３について，電流を流した時間と水の上昇温度には，どのような関係があるか。「電
　　力」という語句を用いて書きなさい。

＜社会＞　　時間　50分　　満点　100点

〔1〕　次の地図1，2を見て，あとの(1)～(5)の問いに答えなさい。なお，地図1は，東京からの距離と方位を正しく示しており，地図中の緯線は赤道を基準として，また，経線は本初子午線を基準として，いずれも30度間隔で表している。

地図1　　　　　　　　地図2

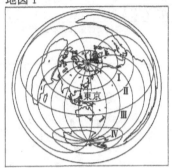

(1)　地図1中のⅠ～Ⅳで示した緯線のうち，赤道を示すものはどれか。Ⅰ～Ⅳから一つ選び，その符号を書きなさい。

(2)　地図2中の地点A～Dのうち，東京から見た方位がほぼ西の地点として，最も適当なものを一つ選び，その符号を書きなさい。

(3)　地図2で示したアンデス山脈の高地に暮らす人々の衣服について，その写真と説明として，最も適当なものを，次のア～エから一つ選び，その符号を書きなさい。

ア	イ	ウ	エ

5mほどの長い1枚の布を，体に巻きつけて着用する衣服	中央に開けた穴から，頭を出して着用する毛織物の衣服	厳しい寒さから身を守る，動物の毛皮でつくられた衣服	強い日ざしや砂あらしから身を守る，長袖で裾が長い衣服

(4)　地図2で示したノルウェーについて述べた次の文中の　X　，　Y　に当てはまる語句の組合せとして，最も適当なものを，下のア～エから一つ選び，その符号を書きなさい。

> この国の西岸には，　X　によって削られた奥深い湾が連続する海岸線がみられる。また，緯度の高い地域では，　Y　には白夜となる時期がある。

ア　〔X　川，　Y　夏〕　　イ　〔X　川，　Y　冬〕
ウ　〔X　氷河，Y　夏〕　　エ　〔X　氷河，Y　冬〕

(5) 次の表は，地図2で示したブラジル，ドイツ，南アフリカ共和国，マレーシアについて，それぞれの国の人口密度，一人当たり国民総所得，主要輸出品の輸出額の割合を示したものであり，表中のa～dは，これらの四つの国のいずれかである。このうち，a，cに当てはまる国名を，それぞれ書きなさい。

| | 人口密度（人/km²） | 一人当たり国民総所得（ドル） | 主要輸出品の輸出額の割合(%) | | |
			第1位	第2位	第3位
a	233	47,186	機械類(28.7)	自動車(14.8)	医薬品（7.3）
b	102	10,209	機械類(43.4)	石油製品（6.1）	パーム油（4.2）
c	49	4,999	白金族(12.6)	自動車（9.8）	金(非貨幣用)（7.9）
d	25	6,667	大豆(13.7)	鉄鉱石(12.3)	原油（9.4）

（「世界国勢図会」2022/23年版による）

〔2〕　右の地図を見て，あとの(1)～(4)の問いに答えなさい。

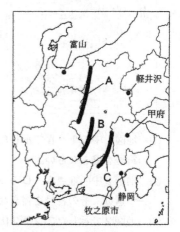

(1) 地図中のA～Cは，それぞれ，山脈を示したものである。A～Cに当てはまる山脈の名称の組合せとして，正しいものを，次のア～カから一つ選び，その符号を書きなさい。

ア　〔A　赤石山脈，B　木曽山脈，C　飛騨山脈〕
イ　〔A　赤石山脈，B　飛騨山脈，C　木曽山脈〕
ウ　〔A　木曽山脈，B　飛騨山脈，C　赤石山脈〕
エ　〔A　木曽山脈，B　赤石山脈，C　飛騨山脈〕
オ　〔A　飛騨山脈，B　木曽山脈，C　赤石山脈〕
カ　〔A　飛騨山脈，B　赤石山脈，C　木曽山脈〕

(2) 次の表は，石川県，長野県，岐阜県，愛知県の，それぞれの県の昼夜間人口比率，米の産出額，野菜の産出額，果実の産出額，製造品出荷額等を示したものであり，表中のa～dは，これらの四つの県のいずれかである。このうち，a，dに当てはまる県名の組合せとして，最も適当なものを，下のア～エから一つ選び，その符号を書きなさい。ただし，昼夜間人口比率とは，昼間人口を夜間人口で割り，100をかけたものである。

	昼夜間人口比率（%）	米の産出額（億円）	野菜の産出額（億円）	果実の産出額（億円）	製造品出荷額等（億円）
a	96.1	229	323	55	59,896
b	99.8	473	818	743	62,194
c	101.4	298	1,010	190	481,864
d	100.2	299	97	34	30,478

（「データでみる県勢」2022年版による）

ア　〔a　長野県，d　石川県〕
イ　〔a　長野県，d　愛知県〕
ウ　〔a　岐阜県，d　石川県〕
エ　〔a　岐阜県，d　愛知県〕

(3) 次のページの地形図は，地図中の牧之原市の郊外を表す2万5千分の1の地形図である。この地形図を見て，あとの①，②の問いに答えなさい。

（国土地理院 1：25,000 地形図「相良（さがら）」より作成）

① 地形図中の地図記号∴は，茶畑を示している。地形図から，茶畑は，主にどのようなところに分布していると読みとることができるか。最も適当なものを，次のア～エから一つ選び，その符号を書きなさい。

　ア　山地　　　イ　台地　　　ウ　低地　　　エ　海岸

② 地形図中の地点 X と地点 Y の標高差は約何mか。最も適当なものを，次のア～エから一つ選び，その符号を書きなさい。

　ア　約20m　　　イ　約40m　　　ウ　約60m　　　エ　約80m

(4)　次のア～エのグラフは，気象観測地点である富山，軽井沢，甲府，静岡のいずれかの月降水量と月平均気温を表したものである。このうち，富山に当てはまるものを，ア～エから一つ選び，その符号を書きなさい。また，そのように判断した理由を，「日本海」，「季節風」の二つの語句を用いて書きなさい。なお，棒グラフは月降水量を，折れ線グラフは月平均気温を表している。

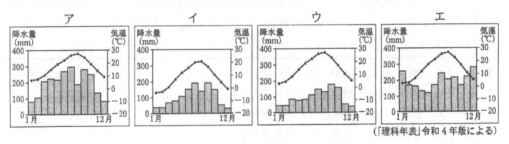

（「理科年表」令和４年版による）

〔３〕　社会科の授業で，A～Dの四つの班に分かれて，時代ごとの社会のようすについて調べ，発表を行うことにした。次の資料は，班ごとに作成した発表資料の一部である。これらの資料を見て，次のページの(1)～(4)の問いに答えなさい。

A班の資料　　　　B班の資料　　　　C班の資料　　　　D班の資料

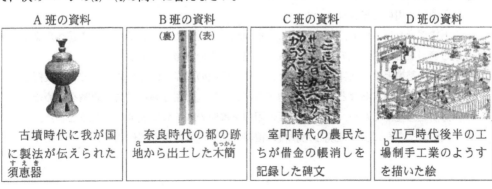

古墳時代に我が国に製法が伝えられた須恵（すえき）器　｜　a 奈良時代の都の跡地から出土した木簡（もっかん）　｜　室町時代の農民たちが借金の帳消しを記録した碑文　｜　b 江戸時代後半の工場制手工業のようすを描いた絵

(1) A班の資料について，須恵器の製法は，中国や朝鮮半島から我が国に移り住んだ人々によって伝えられた。こうした人々を何というか。その用語を書きなさい。

(2) B班の資料について，次の①，②の問いに答えなさい。

① 次の文は，この木簡に記されている文字を書き出したものであり，この木簡は，地方の特産品が税として納められた際に，荷札として使われたものであることがわかった。文中の X に当てはまる語句として，最も適当なものを，下のア～エから一つ選び，その符号を書きなさい。

| （表）伊豆国賀茂郡三島郷戸主占部久須理戸占部広庭 X 麁堅魚拾壹斤 |
| （裏）拾両　　員十連三節　　天平十八年十月 |

（注）麁堅魚：カツオの加工品

ア　租

イ　調

ウ　庸

エ　年貢

② 下線部分aについて，この時代につくられた，天皇や貴族，民衆の和歌をおさめた，現存する我が国最古の歌集を何というか。その名称を書きなさい。

(3) 次の文は，C班の資料の背景について述べたものである。文中の X ～ Z に当てはまる語句の組合せとして，最も適当なものを，下のア～カから一つ選び，その符号を書きなさい。

農村では，農民たちが X と呼ばれる自治的な組織をつくった。15世紀になると，近畿地方を中心として，団結した農民たちが土倉や Y などをおそい，借金の帳消しを求める Z を起こすようになった。

ア　〔X　惣，　　Y　酒屋，Z　土一揆〕

イ　〔X　惣　　　Y　酒屋，Z　打ちこわし〕

ウ　〔X　惣，　　Y　馬借，Z　土一揆〕

エ　〔X　五人組，Y　酒屋，Z　打ちこわし〕

オ　〔X　五人組，Y　馬借，Z　土一揆〕

カ　〔X　五人組，Y　馬借，Z　打ちこわし〕

(4) D班の資料について，次の①，②の問いに答えなさい。

① D班の資料にみられる工場制手工業とは，どのように製品を生産するしくみか。「工場」という語句を用いて書きなさい。

② 下線部分bについて，この時代に，水野忠邦が行った政治改革について述べた文として，最も適当なものを，次のア～エから一つ選び，その符号を書きなさい。

ア　裁判の基準となる法律を定めるとともに，庶民の意見を聞くために目安箱を設置した。

イ　朱子学を重視するなど学問を奨励するとともに，極端な動物愛護の政策を進めた。

ウ　海防を強化するため，江戸や大阪の周辺を幕府の直接の支配地にしようとした。

エ　天明のききんにより荒廃した農村の復興を図り，ききんや凶作に備えて米を蓄えさせた。

〔4〕　右の略年表を見て，あとの⑴～⑹の
問いに答えなさい。

年代	我が国のできごと
1858	日米修好通商条約が結ばれる。
1868	戊辰戦争が始まる。
1872	a　　が発布される。
1877	西南戦争が起こる。
1889	大日本帝国憲法が発布される。
1927	金融恐慌が起こる。
1956	国際連合に加盟する。
1979	国際人権規約を批准する。

（年代の欄には A が1858〜1868、B が1889〜1927、C が1956〜1979、また b が1877、c が1927 に付されている）

⑴　次のX～Zは，年表中のAの時期ので
きごとである。年代の古い順に並べたも
のとして，正しいものを，下のア～カか
ら一つ選び，その符号を書きなさい。

X　大政奉還が行われる。

Y　四国連合艦隊が下関を砲撃する。

Z　薩長同盟が成立する。

ア　X→Y→Z　　イ　X→Z→Y

ウ　Y→X→Z　　エ　Y→Z→X

オ　Z→X→Y　　カ　Z→Y→X

⑵　右の写真は，　a　の発布をうけて設立された学校の校舎であ
る。　a　に当てはまる法令の名称を書きなさい。

⑶　次の表は，下線部分bの【できごと】の【背景・原因】，【結果・
影響】をまとめたものである。表中の　X　，　Y　に当てはまる
文として，最も適当なものを，下のア～オからそれぞれ一つずつ選
び，その符号を書きなさい。

【背景・原因】	→	【できごと】	→	【結果・影響】
X		西南戦争が起こる。		Y

ア　自由民権運動が全国に広まった。

イ　政府の改革により士族の特権がうばわれた。

ウ　版籍奉還や地租改正などの政策が行われた。

エ　日比谷焼き打ち事件などの暴動が起こった。

オ　尊王攘夷運動が盛んになった。

⑷　次の文は，年表中のBの時期に，我が国で高まった社会運動や民主主義思想について述べた
ものである。文中の　X　，　Y　に当てはまる人物の名前の組合せとして，最も適当なもの
を，下のア～エから一つ選び，その符号を書きなさい。

　　女性の社会的差別からの解放を目指す　X　らは，女性のための雑誌を発刊するな
ど，女性の地位を高めようとする運動を進めた。また，政治学者の　Y　は，政治の目
的を一般民衆の幸福や利益に置き，大日本帝国憲法の枠内で，政治に民衆の考えを反映す
ることを主張した。

ア　〔X　平塚らいてう，Y　吉野作造〕　　イ　〔X　平塚らいてう，Y　美濃部達吉〕

ウ　〔X　津田梅子，　　Y　吉野作造〕　　エ　〔X　津田梅子，　　Y　美濃部達吉〕

⑸　下線部分cについて，資料Ⅰ（次のページ）は，預金を引き出すために，銀行に殺到する人々
のようすを示したものであり，資料Ⅱ（次のページ）は，裏が印刷されていない紙幣を示した
ものである。政府が，資料Ⅱで示している紙幣を印刷した理由を，資料Ⅰと関連づけて書きな

さい。

資料Ⅰ　　　　　　　資料Ⅱ

(6)　年表中のCの時期のできごととして，正しいものはどれか。次のア〜エから一つ選び，その符号を書きなさい。

ア　ベルリンの壁が崩壊する。　　イ　アジア・アフリカ会議が開催される。
ウ　朝鮮戦争が始まる。　　　　　エ　日本と中国の国交が正常化する。

〔5〕　中学校3年生のあるクラスの社会科の授業では，次のA〜Dのテーマについて学習を行うことにした。これらのテーマについて，あとの⑴〜⑷の問いに答えなさい。

テーマ
A　日本国憲法について　　　　　　B　国会，内閣，裁判所について
C　経済と企業の活動について　　　　D　国際連合について

⑴　Aのテーマについて，次の①，②の問いに答えなさい。

①　日本国憲法で国民に保障される自由権のうち，「経済活動の自由」に当てはまるものとして，最も適当なものを，次のア〜エから一つ選び，その符号を書きなさい。

ア　自分の興味のあることを学ぶことができる。
イ　自分の支持する候補者に投票することができる。
ウ　自分の信じたい宗教を信仰することができる。
エ　自分の住みたい場所に住むことができる。

②　次の日本国憲法の条文について，文中の　X　，　Y　に当てはまる語句の組合せとして，最も適当なものを，下のア〜エから一つ選び，その符号を書きなさい。

この憲法の改正は，各議院の総議員の　X　の賛成で，国会が，これを発議し，国民に提案してその承認を経なければならない。この承認には，特別の国民投票又は国会の定める選挙の際行はれる投票において，その　Y　の賛成を必要とする。

ア　〔X　三分の二以上，Y　三分の二以上〕　　イ　〔X　三分の二以上，Y　過半数〕
ウ　〔X　四分の三以上，Y　三分の二以上〕　　エ　〔X　四分の三以上，Y　過半数〕

⑵　Bのテーマについて，次の①〜③の問いに答えなさい。

①　右の図は，国会，内閣，裁判所が互いに抑制し合い，均衡を保っていることを表したものである。図中の矢印aは裁判所が内閣に対して持つ権限，矢印bは国会が裁判所に対して持つ権限を，それぞれ示している。a，bに当てはまるものの組合せとして，最も適当なものを，次のペー

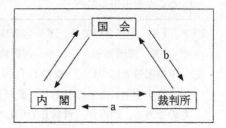

ジのア〜エから一つ選び，その符号を書きなさい。

ア　〔a　違憲審査，　　　　　b　弾劾裁判所の設置　　　　〕

イ　〔a　違憲審査，　　　　　b　下級裁判所裁判官の任命〕

ウ　〔a　内閣不信任の決議，　b　弾劾裁判所の設置　　　　〕

エ　〔a　内閣不信任の決議，　b　下級裁判所裁判官の任命〕

② 国会は，法律案や予算の審議などの役割を十分に果たすために，証人を呼んで証言させる証人喚問を行ったり，政府に記録の提出を求めたりする権限を持っている。この権限を何というか。その用語を書きなさい。

③ 裁判所で行われる刑事裁判について述べた文として，最も適当なものを，次のア〜エから一つ選び，その符号を書きなさい。

ア　訴えた人が原告，訴えられた人が被告となって，裁判が行われる。

イ　当事者どうしの話し合いにより，争いが解決する場合がある。

ウ　被告人が弁護人を依頼できないときは，国が弁護人を用意する。

エ　個人と個人の間に起こる，法的な紛争の解決を図る裁判である。

(3)　Cのテーマについて，次の①〜③の問いに答えなさい。

① 我が国には，株式会社の形態をとって事業を進める企業が多くある。株式会社における，株主の権利について，「議決」，「配当」の二つの語句を用いて，50字以内で書きなさい。

② 右のグラフは，我が国の経済における中小企業と大企業の割合を示したものであり，グラフ中のX〜Zは，企業数，従業員数，売上高のいずれかである。X〜Zに当てはまるものの組合せとして，最も適当なものを，次のア〜カから一つ選び，その符号を書きなさい。なお，売上高は非一次産業のものである。

（「中小企業白書」2022年版より作成）

ア　〔X　企業数，　　Y　従業員数，Z　売上高　〕

イ　〔X　企業数，　　Y　売上高，　Z　従業員数〕

ウ　〔X　従業員数，Y　企業数，　Z　売上高　〕

エ　〔X　従業員数，Y　売上高，　Z　企業数　〕

オ　〔X　売上高，　Y　企業数，　Z　従業員数〕

カ　〔X　売上高，　Y　従業員数，Z　企業数　〕

③ 次の資料は，公正かつ自由な競争を促進し，消費者の利益を確保するために，昭和22 (1947)年に制定された法律の第1条である。この法律の運用に当たる機関を何というか。その名称を書きなさい。

第1条　この法律は，私的独占，不当な取引制限及び不公正な取引方法を禁止し，事業支配力の過度の集中を防止して，……（略）……一般消費者の利益を確保するとともに，国民経済の民主的で健全な発達を促進することを目的とする。

(4)　Dのテーマについて，次のページの①〜③の問いに答えなさい。

①　下の表は，国際連合の安全保障理事会における，国際平和の維持に関する，ある重要な議題についての投票結果を示したものであり，この議題は決定されなかった。この議題が決定されなかったのはなぜか。その理由を書きなさい。

	国の数	内　訳	
		常任理事国	非常任理事国
賛成	13か国	4か国	9か国
反対	1か国	1か国	な　し
棄権	1か国	な　し	1か国

②　下のグラフは，国際連合の通常予算の分担率について，アメリカ，中国，ドイツ，日本の推移を示したものであり，グラフ中のア～エは，これらの四つの国のいずれかである。このうち，日本に当てはまるものを，ア～エから一つ選び，その符号を書きなさい。なお，国際連合の通常予算は，加盟国全体で合意された分担率に応じて，各加盟国が支払う分担金によってまかなわれている。

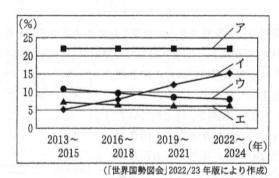

（「世界国勢図会」2022/23 年版により作成）

③　主に発展途上国で，医療や感染症対策などの活動に取り組んでいる国際連合の専門機関の略称として，最も適当なものを，次のア～エから一つ選び，その符号を書きなさい。
ア　APEC　　イ　PKO　　ウ　UNESCO　　エ　WHO

〔6〕　あるクラスの社会科の授業では，「地球温暖化対策」について，テーマを決めて調べることにした。あとの資料Ⅰ～資料Ⅴは，「温室効果ガスの削減」をテーマに選んだNさんが集めたものの一部である。このことについて，次のページの(1)，(2)の問いに答えなさい。

（資料Ⅳ，資料Ⅴは次のページにあります。）

資料Ⅰ　世界の年平均気温の推移

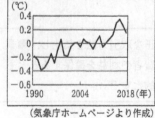

（気象庁ホームページより作成）

資料Ⅱ　世界の二酸化炭素排出量の推移

（国際エネルギー機関ホームページより作成）

資料Ⅲ　新潟県における温室効果ガスの排出量と吸収量及び今後の目標

（「新潟県地球温暖化対策地域推進計画2017―2030」より作成）

資料Ⅳ　脱炭素化の取組にあたり企業が最も重視する要素

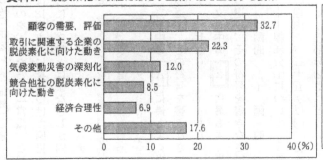

顧客の需要，評価　32.7
取引に関連する企業の脱炭素化に向けた動き　22.3
気候変動災害の深刻化　12.0
競合他社の脱炭素化に向けた動き　8.5
経済合理性　6.9
その他　17.6

（令和4年度「年次経済財政報告」より作成）

資料Ⅴ　「COOL CHOICE」について

「COOL　CHOICE」は，CO_2など の温室効果ガスの排出量削減のため に，脱炭素社会づくりに貢献する 「製品への買換え」，「サービスの利 用」，「ライフスタイルの選択」な ど，日々の生活の中で，あらゆる 「賢い選択」をしていこうという取組 です。

（環境省ホームページより作成）

（注）　資料Ⅰは，各年の平均気温と基準値（1991年から2020年の平均気温）の差の変化。

　　　資料Ⅱは，エネルギー関連の二酸化炭素排出量の推移。

　　　資料Ⅲは，温室効果ガスの排出量と吸収源対策による吸収量を，二酸化炭素に換算して数値化した 値。

(1)　**資料Ⅰと資料Ⅱ**について，Nさんは，世界の地球温暖化対策を説明するために，次のA〜C のカードを作成した。A〜Cのカードを，年代の古いものから順に並べ，その符号を書きなさ い。

カードA

京都議定書
　先進国に温室効果ガスの 排出量の削減を義務付け

カードB

地球サミット
　気候変動枠組条約・生物 多様性条約の調印

カードC

パリ協定
　世界の平均気温上昇を産業革命以 前に比べ2℃未満に抑制

(2)　Nさんは，**資料Ⅲ〜資料Ⅴ**から読みとったことをもとに，温室効果ガスの削減について考察 し，次の発表原稿を作成した。この原稿について，下の①，②の問いに答えなさい。

　我が国の政府は，2020年10月に，2050年までに脱炭素社会の実現を目指すことを宣言し ました。**資料Ⅲ**によると，新潟県も，2050年までに温室効果ガスの排出量を実質ゼロにす ることを目指しています。温室効果ガスの削減は，とても大きな課題であり，国や地方公 共団体の取組だけでは解決できません。生産活動の中心である企業や，私たち消費者の役 割も重要です。**資料Ⅳと資料Ⅴ**から，　X　ことが企業の脱炭素化の推進につながると 考えました。一人一人の行動は着実に結果へとつながっていきます。私も，自分にできる ことを考えながら，現在のライフスタイルを見直していきたいと思います。

①　文中の下線部分とはどのようなことか。**資料Ⅲ**から読みとることができることをもとに書 きなさい。

②　文中の　X　に当てはまる内容を，「企業」，「消費者」の二つの語句を用いて，55字以内 で書きなさい。

定観念」あるいは「偏見」と言い換えられる。それが社会にまで広がったものを、私たちは「常識」と呼ぶ。だが、アインシュタインも常識とは18歳までに身につけた偏見のコレクションと指摘したと言われるように、常識とはまなざしが固定化したものにほかならない。

（ハナムラ　チカヒロ「まなざしの革命」による）

（注）　アイデンティティ＝自己が他と区別されて、ほかならぬ自分であると感じられるときの、その感覚や意識をいう語。

　　　アインシュタイン＝ドイツ生まれの理論物理学者。

（一）　文章中の　Ａ　に最もよく当てはまる言葉を、次のア〜エから一つ選び、その符号を書きなさい。

　ア　なぜなら　イ　もし　ウ　ところで　エ　むしろ

（二）　文章中の　ａ　に最もよく当てはまる言葉を、次のア〜エから一つ選び、その符号を書きなさい。

　ア　受動的　イ　画一的　ウ　表面的　エ　積極的

（三）　━━線部分⑴について、筆者がこのように述べるのはなぜか。その理由を、三十五字以内で書きなさい。

（四）　━━線部分⑵とはどういうことか。六十字以内で書きなさい。

（五）　━━線部分⑶について、筆者がこのように述べるのはなぜか。その理由として最も適当なものを、次のア〜エから一つ選び、その符号を書きなさい。

　ア　相手の認識を改めるよりも、自分の見方が間違っていると素直に認める方が、私たちには容易いから。

　イ　自分の認識を改めるよりも、自分に都合のよい方向に物事の解釈を変える方が、私たちには容易いから。

　ウ　相手の認識を改めるよりも、相手の意見に合わせて自由に発想を変えていく方が、私たちには容易いから。

　エ　自分の認識を改めるよりも、自分の都合に合わせて相手の考えを変えていく方が、私たちには容易いから。

（六）　次のⅡの文章は、Ⅰの文章と同じ著書の一部である。━━線部分とはどういうことか。ⅠとⅡの文章を踏まえ、百二十字以内で書きなさい。

Ⅱ
　混乱が大きくなればなるほど、社会では次の常識を巡る「まなざしの戦い」が始まる。そこには、さまざまな力が巧みに私たちのまなざしをデザインしようと仕掛けており、どの見方もそれらしく見えるようにプレゼンテーションされる。そんな観点からインターネットを注意深く眺めると、多様な見方が並べられていることに気づくだろう。

　その中には科学的でないものも溢れているし、客観性を装いながら根拠のなさそうなものもたくさん見られる。しかし私たちがこれまで当たり前としてきた社会の仕組みや科学的な常識を覆すような情報や証拠も共有され始めているのだ。それらの全てが妥当性を欠いた説明であるとは必ずしも言い切れないように思える。一方で、あまりにもたくさんの情報に溢れ、そのどれもが正反対を主張する中、今や何が事実で何が正解なのかの判断は簡単には下せなくなっている。そんなときこそ、改めてもう一度、「常識とは何か」について確認する必要があるだろう。

持っているのは相手だと思っている。自分は他者の意見を受け入れ、その違いにも寛容で、自由に発想を変えられると信じている。だから、私たちはこれまで以上にますます自分のまなざしを固定しがちだ。自分の見方が間違っていると改めるよりも、自分の見方は間違っていないことを確認する方向に物事の解釈を変更する方が私たちには ［Ａ］ 柔軟 容易（たやす）い。

しかし、何とかしてようやく自分の認識を変えることができたとしても、また次から次へと深刻な事態が続くような状況に陥るとどうだろうか。今度は、私たちは自ら進んで(2)まなざしを固定化することを選ぶのである。答えが定まらない不安定な状態は、私たちに大きな苦痛を強いる。その不安の激流に流されてしまわないように、何か答えを決めてそこから動きたくない気持ちが強まるのだ。だから状況が厳しくなるほど、自分の都合の悪いものは視界から追いやって、自分が見たい部分や一度信じたことにだけ目を向けがちになる。そんな状態を繰り返しているうちに、私たちのまなざしはもう変えられないほど固定化してしまう。

(3)こうして一度信じ込んでしまうと、その物事の別の側面を見せられても、私たちにはそれが事実には見えない。いくら妥当性がある理屈が並べられても、自分の信念に合わないものを間違っているとする方が、私たちには容易い。自分の見方を正当化してくれる情報や理屈、権威を追い求めるようになると、それがまた自分の見方をますます強めていく。そして次第に自分と反対の見解や立場を突きつける相手を敵視したり、見下したりする態度を示すようになる。

小さい頃から教育されてきた知識、長年にわたって社会で信じられてきた概念、多くの人が口にする情報。それらは繰り返し唱えられるものほど私たちの中に強く刻まれ、それはいつしか自分自身の信念や考え、感覚として自分の無意識に深く入り込んでいく。自らが固く信じて疑わない見方、つまり私たちのまなざしが固定化した状態は「固

普段、私たちは自分の見方を変えたいと思っていない。私たちが見方を変えるのは、自分にとって都合の悪いことが起こったときだ。社会や他者や物事との関係の中で自分にとって不都合な状況が生じたときに、私たちはそれを何とか切り抜けるために見方を変えようとする。アイデアに行き詰まったとき、人間関係がうまくいかないとき、日々の生活で困ったことが生じたとき。そしてその物事がどうにも変えられないとき、経験や知識の範囲で私たちは見方を変えようとする。だがその場合に私たちが変えるのは自分自身への認識で

はなく、［ａ］な物事の解釈であることが多い。

物事の解釈を変えることもそう簡単なことではないのだが、それは自分の欲求に合わせて都合よく見方を変える場合が多い。そこでの見方を方向づける欲求そのものは自分の深い部分で固定化しており、それには気づかない。私たちは物事の解釈を変更することで、日常の問題であれば何とか乗り切れるかもしれない。だが、深刻な事態が起こったときには、それだけではうまくいかなくなる。生死にまつわるようなこと、自分のアイデンティティの危機、混乱した状況や先行きの全く見えない社会不安。(1)そんな場合に私たちは根本的な見方を変える必要性に迫られる。

そもそも、見方を変えるのはそう簡単なことではない。これまで長い時間をかけて培ってきた自分の根幹に関わることほど、見方を急に変えるのは難しい。それにはとてもエネルギーと努力が必要になるのだ。特に社会に大きな変化が訪れるときや、答えのない深刻な問いが自分に突きつけられ、根本から見方を変えねばならない状況になるほど

前がつけられているものが多く、一条天皇は、「いなか
へじ」という名前の笙の笛を所有していました。

ハルコ　「いなかへじ」という笛について調べたら、この名前
は、「いいえ、替えるつもりはない」という意味の「い
な替へじ」という言葉が由来になっていることがわかり
ました。

ナツキ　それは面白いですね。どんなものとも交換したくない
ほど、素晴らしい笛だったということでしょう。

アキラ　なるほど。この場面で、この笛の名前を持ち出した宮
の御前は、とても機転が利く人ですね。

フユミ　作者も、この笛の名前を知っていたから、宮の御前が
言った「いなかへじ」という言葉に、二つの意味が掛け
られていることをすぐに理解できたのですね。

(一)　～～～線部分の「なほ」を現代かなづかいに直し、すべてひらがな
で書きなさい。

(二)　――線部分(1)の「隆円に給へ」の意味として最も適当なものを、
次のア～エから一つ選び、その符号を書きなさい。
　ア　隆円にお申しつけください。
　イ　隆円にお与えください。
　ウ　隆円にお聞かせください。
　エ　隆円にお返しください。

(三)　――線部分(2)の「ことごとをのたまふ」は、誰の動作か。最も適
当なものを、次のア～エから一つ選び、その符号を書きなさい。
　ア　淑景舎の女御　　　イ　僧都の君
　ウ　宮の御前　　　　　エ　作者

(四)　――線部分(3)の「あまたたび聞えたまふ」には、誰の、どのよう
な気持ちが表れているか。最も適当なものを、次のア～エから一つ
選び、その符号を書きなさい。
　ア　宮の御前の、淑景舎の女御からの返事を待ちわびる気持ち。
　イ　僧都の君の、宮の御前からの返事をありがたく思う気持ち。
　ウ　宮の御前の、僧都の君からの返事を潔くあきらめる気持ち。
　エ　僧都の君の、淑景舎の女御からの返事を強く求める気持ち。

(五)　――線部分(4)の「いみじうをかしきことぞ限りなき」について、
作者は、どのようなことに対して素晴らしいと感じているのか。六
十字以内で書きなさい。

(六)　――線部分(5)の「この御笛の名、僧都の君もえ知りたまはざりけ
れ」とはどういうことか。最も適当なものを、次のア～エから一つ
選び、その符号を書きなさい。
　ア　故殿がくださった笛の名前を、僧都の君だけが知っていたとい
うこと。
　イ　故殿がくださった笛の名前を、僧都の君は知らされていなかっ
たということ。
　ウ　上が所有している笛の名前を、僧都の君は知らなかったという
こと。
　エ　上が所有している笛の名前を、僧都の君が誰にも知らせなかっ
たということ。

(四)　あとのⅠ、Ⅱの文章を読んで、(一)～(六)の問いに答えなさい。

Ⅰ　私たちの多くは自分のまなざしが固定化しているとは思っていな
い。自分は人と比べて柔軟な視点を持っており、頑固なまなざしを

書きなさい。

ノゾミ　国語の授業で「　Ａ　」という言葉の意味を調べるために辞書を引いてみたら、「最も興味深いところ」という意味があることがわかりました。

ツバサ　私は、「　Ａ　」という意味だと思っていましたが、「物事の終わりの段階」という言葉は知っていました。この言葉の本来の意味を知って、とても驚きました。

ノゾミ　この言葉の他にも、本来の意味とは異なる使い方をしている言葉があるかもしれません。今度、一緒に調べてみましょう。

ア　幕開け　イ　転機　ウ　佳境　エ　大詰め

〔三〕　次のＡの文章は、清少納言の『枕草子』の一部で、作者が目にした、「淑景舎の女御」とその兄の「僧都の君」、二人の姉である「宮の御前」による、笛をめぐるやりとりについて記したものである。また、Ｂの文章は、Ａの文章について調べた四人の生徒と先生の会話である。この二つの文章を読んで、㈠〜㈥の問いに答えなさい。

Ａ

淑景舎（しげいしゃ）などわたりたまひて、御物語（お話ヲナサル）のついでに、「まろがもと（コチラニオイデニナッテ）にいとをかしげなる笙（さう）の笛こそあれ。故殿（ことの）の得させたまへりし（クダサッタモノデス）」とのたまふ（オッシャルト）を、僧都の君（そうづのきみ）「それは（1）隆円（りゅうゑん）に給（たま）へ。おのが（私ノ）もとにめ

でたき琴（きん）はべり。それにかへさせたまへ」と申したまふ（ナサルノヲ）を聞きも入れたまはで（ナサラナイデ）、（2）ことごと（他ノコト）をのたまふに、いらへさせたてまつらむ（オ返事ヲイタダコウ）と（3）あまたたび聞えたまふに（何度モ申シ上ゲナサルガ）、なほ物ものたまはねば、宮の御前の、「いなかへじとおぼしたるものを（思ッテイラッシャルノニ）」とのたまはせたる御けしき（ゴ様子）の、（4）いみじうをかしきことぞ限りなき。（5）この御笛の名、僧都の君もえ知りたまはざりければ、ただうらめしうおぼいためる（思ッテイラッシャッタヨウダ）。

これは職（しき）の御曹司（みざうし）におはしまししほどの事なめり（デアルヨウダ）。上（うへ）の御前（オ手元）に（注）笛ガゴザイマシテ、ソノ名前デアル笛の「いなかへじ」といふ御笛の候（さぶら）ふ名なり。

㈩　淑景舎＝淑景舎の女御。女御は天皇に仕える女官の名称。
　故殿＝藤原道隆。淑景舎の女御、僧都の君、宮の御前の父。
　隆円＝僧都の君。僧都は僧官の名称。
　宮の御前＝中宮定子。中宮は皇后の別称。
　御前＝中宮定子。
　職の御曹司＝中宮関係の事務をとる役所内の建物。
　上＝天皇。ここでは宮の御前の夫である一条天皇を指す。

Ｂ

先生　宮中にある楽器には、「無名（むみょう）」という名前の和琴（わごん）など、楽器としては珍しい名前の琵琶（びわ）や「塩釜（しおがま）」という名前の

〈国語〉

時間 五〇分 満点 一〇〇点

〔一〕 次の(一)、(二)の問いに答えなさい。

(一) 次の1～5について、──線をつけた漢字の部分の読みがなを書きなさい。

1 わずかな時間を惜しんで練習する。

2 若葉の緑が目に鮮やかだ。

3 目標の数値に到達する。

4 新製品の開発に貢献する。

5 喫緊の課題に対応する。

(二) 次の1～5について、──線をつけたカタカナの部分に当てはまる漢字を書きなさい。

1 大きく息をスう。

2 風のイキオいが次第に弱まる。

3 電力のセツゲンに努める。

4 セイミツな機械を製造する。

5 複数の文化のルイジ点に着目する。

〔二〕 次の(一)～(五)の問いに答えなさい。

(一) 次の文中の「控える」と同じ意味で使われている「控える」がある文を、あとのア～エから一つ選び、その符号を書きなさい。

> 説明の要点をノートに控える。

ア 大切な打ち合わせを明日に控える。

イ 宿泊する施設の電話番号を控える。

ウ 出演の時間まで、ステージの裏で控える。

エ 気温が高いので、屋外での運動を控える。

(二) 次の文中の「乗車」と構成が同じ熟語を、あとのア～エから一つ選び、その符号を書きなさい。

> 停留所でバスに乗車する。

ア 往復 イ 過程 ウ 作文 エ 選択

(三) 次の文中の「ついに」と同じ品詞であるものを、あとのア～エの──線部分から一つ選び、その符号を書きなさい。

> 長い年月を経て、ついに作品が完成した。

ア 月の輪郭がはっきり見える。

イ 街灯の光が道を明るく照らす。

ウ 机の上をきれいに片付ける。

エ 大きな池で魚がゆったり泳ぐ。

(四) 次の文中の「話し」と活用形が同じ動詞を、あとのア～エの──線部分から一つ選び、その符号を書きなさい。

> 友人と夏休みの思い出について話した。

ア 地図を見れば、駅までの経路がわかる。

イ 春が来ると、雪が溶けて草木が芽吹く。

ウ 今度の週末は、図書館に行こうと思う。

エ 窓を開けて、部屋の空気を入れ換える。

(五) 次のページの会話文の二つの A に共通して当てはまる言葉として、最も適当なものを、あとのア～エから一つ選び、その符号を

2023年度

解 答 と 解 説

《2023年度の配点は解答用紙集に掲載してあります。》

＜数学解答＞

〔1〕　(1)　7　　(2)　$-2a+8b$　　(3)　$9a$　　(4)　$x=6,\ y=5$　　(5)　$4\sqrt{5}$

　　　(6)　$130a>5b+750$　　(7)　$\angle x=120$度　　(8)　ア

〔2〕　(1)　(例)さいころの目の出方は全部で36通りある。図1

　　　$2\leqq a+b\leqq12$であり，このうち，$a+b$が24の約数と

　　　なるのは，17通りある。　よって，求める確率は$\dfrac{17}{36}$

　　　(2)　解説参照　　(3)　右図2

a \ b	1	2	3	4	5	6
1	②	③	④	5	⑥	7
2	③	④	5	⑥	7	⑧
3	④	5	⑥	7	⑧	9
4	5	⑥	7	⑧	9	10
5	⑥	7	⑧	9	10	11
6	7	⑧	9	10	11	⑫

〔3〕　(1)　$y=16$　　(2)　①　$y=4x^2$

　　　②　$y=-12x+72$　　(3)　右図3

　　　(4)　(例)$0\leqq x\leqq3$のとき，$4x^2=20$を解いて，

　　　$x=\pm\sqrt{5}$　　$0\leqq x\leqq3$から，$x=\sqrt{5}$　　$3\leqq x\leqq6$のとき，

　　　$-12x+72=20$を解いて，$x=\dfrac{13}{3}$　これは，$3\leqq x\leqq6$

　　　を満たす。よって，$x=\sqrt{5},\ \dfrac{13}{3}$

図2

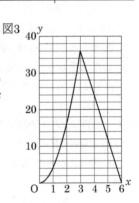

〔4〕　(1)　ア　4　　イ　1　　ウ　5　　(2)　①　解説

　　　参照　　②　(例)$7x+7\times4=7(x+4)$の一の位が1になればよ

　　　い。これを満たすxは9に限る。

〔5〕　(1)　$\dfrac{5\sqrt{3}}{2}$cm　　(2)　(例)点Cから辺ADに引いた垂線と辺AD

　　　との交点をQとすると，△CPQはCP＝CQの二等辺三角形であ

　　　り，PQ＝AB＝5(cm)　　線分PQの中点をMとすると，線分CMが

　　　求める四角すいの高さになる。∠CMP＝90°より，CM²＝CP²－

　　　PM²＝$\dfrac{50}{4}$　　CM＝$\dfrac{5\sqrt{2}}{2}$(cm)　　よって，求める体積は，$\dfrac{1}{3}\times5\times$

　　　$10\times\dfrac{5\sqrt{2}}{2}=\dfrac{125\sqrt{2}}{3}$(cm³)　　(3)　(例)辺ABの中点をNとする

　　　と，求める三角すいの体積は，$\dfrac{1}{3}\times(\triangle CFN$の面積$)\times AB=\dfrac{1}{3}\times$

　　　$\dfrac{1}{2}\times CF\times CM\times5=\dfrac{125\sqrt{2}}{12}$(cm³)

＜数学解説＞

〔1〕　(数・式の計算，連立方程式，平方根，不等式，円の性質と角度，データの活用)

　　(1)　$7-(-3)-3=7+3-3=7$

　　(2)　$2(3a-2b)-4(2a-3b)=6a-4b-8a+12b=-2a+8b$

　　(3)　$(-6ab)^2\div4ab^2=36a^2b^2\div4ab^2=\dfrac{36a^2b^2}{4ab^2}=9a$

　　(4)　$x+3y=21\cdots$①，$2x-y=7\cdots$②とする。①×2－②より，$7y=35$　$y=5$　これを，①に代入

　　　して，$x+3\times5=21$　$x+15=21$　$x=6$

(5) $\sqrt{45}-\sqrt{5}+\dfrac{10}{\sqrt{5}}=\sqrt{3^2\times5}-\sqrt{5}+\dfrac{10\times\sqrt{5}}{\sqrt{5}\times\sqrt{5}}=3\sqrt{5}-\sqrt{5}+\dfrac{10\sqrt{5}}{5}=3\sqrt{5}-\sqrt{5}+2\sqrt{5}=4\sqrt{5}$

(6) 花束5つとボールペン5本の代金は，$b\times5+150\times5=5b+750$(円) と表される。これが，支払った金額，$130\times a=130a$(円) より小さいから，不等号＞を用いて，$130a>5b+750$

(7) 点Bと点Dを結ぶ。**中心角と円周角の関係**により，$\angle ADB=\dfrac{1}{2}\angle AOB=\dfrac{1}{2}\times\dfrac{360°}{9}=\dfrac{1}{2}\times40°=$ 20° **等しい弧に対する円周角は等しい**から，$\angle DBF=20°\times2=40°$ △BDJで，内角の和は180°だから，$\angle x=180°-(20°+40°)=120°$

(8) ヒストグラムより，第1四分位数は，軽い方から10番目と11番目の値の平均だから，56g以上58g未満，第2四分位数(中央値)は，20番目と21番目の値の平均だから，58g以上60g未満，第3四分位数は，30番目と31番目の値の平均だから，58g以上60g未満である。これらを満たす箱ひげ図はアである。

〔2〕 (確率，証明，作図)

(1) 24を素因数分解すると，$24=2^3\times3$ より，$a+b$ の値が 2，3，4，6，8，12のとき，$\dfrac{24}{a+b}$ は整数になる。よって，右図より，求める確率は $\dfrac{17}{36}$

$a\backslash b$	1	2	3	4	5	6
1	②	③	④	5	⑥	7
2	③	④	5	⑥	7	⑧
3	④	5	⑥	7	⑧	9
4	5	⑥	7	⑧	9	10
5	⑥	7	⑧	9	10	11
6	7	⑧	9	10	11	⑫

(2) (例)△ABDと△ECBにおいて，仮定より，$\angle DBA=\angle BCE$ …① △BCDは $\angle BCD=\angle BDC$ の二等辺三角形であるから，$BD=CB$ …② AD//BCより，$\angle ADB=\angle EBC$ …③ ①，②，③より，1辺とその両端の角がそれぞれ等しいから，△ABD≡△ECB よって，AB=EC

(3) 点Aを通り，2直線 ℓ，m に垂直な直線を引く。次に，2直線 ℓ，m と平行であり，距離が等しい直線 n を引く。直線 ℓ と直線 n の距離をコンパスでとり，点Aを中心とした円をかく。この円と直線 n との交点が，点Aを通り2直線 ℓ，m の両方に接する円の中心である。

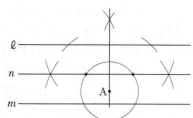

〔3〕 (関数のグラフの利用)

(1) $PQ=OP=2\times2=4$(cm) より，正方形PQRSの1辺の長さは4cmである。重なっている部分の面積は正方形PQRSの面積に等しいから，$y=4^2=16$

(2) ① $0\leqq x\leqq3$ のとき，重なっている部分の面積は正方形PQRSの面積に等しい。$PQ=OP=2\times x=2x$(cm) より，$y=(2x)^2=4x^2$

② $3\leqq x\leqq6$ のとき，線分BCと線分PSとの交点をTとすると，重なっている部分の面積は長方形ABTPの面積に等しい。$AP=OA-OP=12-2x$(cm) より，$y=AP\times AB=(12-2x)\times6=-12x+72$

(3) $0\leqq x\leqq3$ のとき，点(0，0)，(3，36)を通る放物線。$3\leqq x\leqq6$ のとき，点(3，36)，(6，0)を結ぶ線分となる。

(4) $0\leqq x\leqq3$ のとき，$y=4x^2$ に $y=20$ を代入して，$4x^2=20$ これを解いて，$x=\pm\sqrt{5}$ 条件より，$x=\sqrt{5}$ $3\leqq x\leqq6$ のとき，$y=-12x+72$ に $y=20$ を代入して，$-12x+72=20$ これを解いて，$x=\dfrac{13}{3}$ これは条件を満たす。よって，$x=\sqrt{5}$，$\dfrac{13}{3}$

〔4〕（規則性）

(1) 1番目から，2，3，5，8，3，1，4，5，9，4，3，7，0，7，7，4，1，5，…となるから，16番目の数は$_\text{ア}$4，17番目の数は$_\text{イ}$1，18番目の数は$_\text{ウ}$5である。

(2) ①　(例)1番目の欄の数をa，2番目の欄の数をbとし，10の倍数を取り除きながら17番目まで順に書き出すと，a，b，$a+b$，$a+2b$，$2a+3b$，$3a+5b$，$5a+8b$，$8a+3b$，$3a+b$，$a+4b$，$4a+5b$，$5a+9b$，$9a+4b$，$4a+3b$，$3a+7b$，$7a$，$7b$(17番目)　したがって，17番目の欄の数は，1番目の欄の数に関係なく，2番目の欄の数によって決まる。

② 16番目の数は$7x$，17番目の数は，$7\times4=28$より，8なので，$7x+8$の一の位の数が1になればよい。これを満たすxは9である。

〔5〕（空間図形，線分の長さ，体積）

(1) 点Fから辺BEに垂線FRを引くと，四角形CPRFは長方形なので，△BPCと△ERFは，直角三角形の斜辺と他の1辺が等しいから，△BPC≡△ERF　よって，BP＝(BE−CF)÷2＝(10−5)÷2＝$\dfrac{5}{2}$(cm)　△BPCで，三平方の定理により，CP²＝BC²−BP²＝5²−$\left(\dfrac{5}{2}\right)^2$＝$\dfrac{75}{4}$　CP＞0より，CP＝$\dfrac{\sqrt{75}}{2}$＝$\dfrac{5\sqrt{3}}{2}$(cm)

(2) 点Cから辺ADに垂線CQを引くと，△CPQはCP＝CQの二等辺三角形だから，線分PQの中点をMとすると，CM⊥PQであり，CM⊥(面ABED)である。△CMPで，三平方の定理により，CM²＝CP²−PM²＝$\left(\dfrac{5\sqrt{3}}{2}\right)^2$−$\left(\dfrac{5}{2}\right)^2$＝$\dfrac{25}{2}$　CM＞0より，CM＝$\dfrac{5\sqrt{2}}{2}$(cm)　よって，求める体積は，$\dfrac{1}{3}$×(四角形ABED)×CM＝$\dfrac{1}{3}$×(5×10)×$\dfrac{5\sqrt{2}}{2}$＝$\dfrac{125\sqrt{2}}{3}$(cm³)

(3) △ABCは正三角形より，辺ABの中点をNとすると，AB⊥CNであり，AB⊥(面CFN)である。よって，求める体積は，立体A−CFNの体積と立体B−CFNの体積の和に等しいから，$\dfrac{1}{3}$×△CFN×AN＋$\dfrac{1}{3}$×△CFN×BN＝$\dfrac{1}{3}$×△CFN×(AN＋BN)＝$\dfrac{1}{3}$×△CFN×AB＝$\dfrac{1}{3}$×$\left(\dfrac{1}{2}×5×\dfrac{5\sqrt{2}}{2}\right)$×5＝$\dfrac{125\sqrt{2}}{12}$(cm³)

＜英語解答＞

〔1〕 (1) 1 イ 2 ア 3 ウ 4 ウ　(2) 1 イ 2 ウ 3 エ 4 イ
(3) 1 (例)Yes, she was. 2 (例)It starts in August.

〔2〕 (1) ウ　(2) (例)culture presentation is the most popular
(3) (例)How about cooking? It's more popular than other activities in your school. Let's enjoy traditional dishes of each country.

〔3〕 (1) A イ　E エ　(2) (例)日本の文化と自分たちの文化は異なると思っていたのに，同じような種類の伝統行事があったから。　(3) C help me make　G if I were you　(4) ウ　(5) (例)野菜を植えるときに，環境にとって安全な方法の例。　(6) ウ，オ

〔4〕 (1) (例)何を学ぶかを決める前に，自分の将来の仕事を決めるべきかということ。
(2) (例)I can improve my skills　(3) You don't know what will be useful in the future.　(4) ア　(5) ① (例)No, she hasn't.　② (例)She decided her goal first.　③ (例)They sometimes make their own stories.

(6) (例)Hello, Fred. Thank you for your e-mail and the interesting article. You helped me a lot. I decided to follow my heart. Though I don't know what I will do in the future, I can learn something important through art history. Your friend, Hikari

＜英語解説＞

〔1〕 (リスニング)

放送台本の和訳は，45ページに掲載。

〔2〕 (会話文：語句補充・選択，自由・条件英作文，動名詞，比較)

【グラフ】

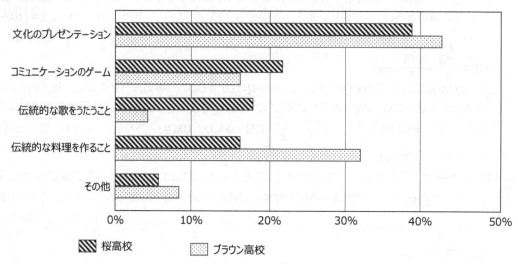

【会話】

ピーター： 結果は私たちの学校の間で異なっているね。

＊＊＊： そうだね。きみの学校では 伝統的な歌をうたうこと に興味を持っている生徒がほんの少数であることに驚いた。とにかく両校ともに a(文化のプレゼンテーションが一番人気だ)から，それをやろうか。

ピーター： そうだね。もう１つ活動ができると思うけれども，何をすべきかな？

＊＊＊： b(料理はどうかな？ きみの学校では他の活動よりも人気があるから。それぞれの国の伝統料理を楽しもうよ。)

ピーター： それはいいアイデアかもしれない。

(1) ア 文化のプレゼンテーション イ コミュニケーションのゲーム ウ 伝統的な歌をうたうこと(○) エ 伝統的な料理を作ること 空欄の文は，「きみの学校では____に興味を持っている生徒がほんの少数であることに驚いた」という意味で，問題のグラフを見ると，ピーターのブラウン高校では，singing traditional songs(伝統的な歌をうたうこと)を選んだ生徒が少数であることから選択肢ではウが適当。

(2) (例)Anyway, in both schools, (culture presentation is the most popular), so let's do it. 空欄の文は，「両校ともに(a)だから，それをやろう」なので，解答例ではグラ

フを参照して「文化のプレゼンテーションが一番人気がある」としている。

(3)　(例)How about cooking? It's more popular than other activities in your school. Let's enjoy traditional dishes of each country.　問題文に指示された事項を確認して解答文を作成したい。解答例では，始めの文 How about~で「料理」を提案して，次に It's more~で「人気があるから」と理由を示し，最後にLet's enjoy~で「楽しもうよ」と誘っている形式でまとめている。解答例の最初の文の cooking は動名詞形で「料理をすること」。

〔3〕　(会話文：語句補充・選択，日本語で答える問題，内容真偽，語句の並べ換え，動名詞，文の構造，受け身，接続詞，不定詞，前置詞)

(全訳)　ルイスはメキシコ出身の中学生です。彼は新潟で，ある家族のところに滞在しています。今，彼はその家族の父親であるケイタと家庭菜園で話をしています。

ケイタ：ルイス，一緒に庭にトマトを植えましょう。トマトは好きですか？

ルイス：はい。メキシコではトマトを多くの料理に使います。明日はあなたのために何か料理を作ります。

ケイタ：いいですね！　まずトマトを植えて，それからその近くにマリーゴールドを植えましょう。

ルイス：マリーゴールド？　それはメキシコではよく使われます。11月の伝統的なお祭りで花を使います。

ケイタ：どんなお祭りですか？

ルイス：私たちはたくさんのマリーゴールドでお墓を飾ります。私たちは，マリーゴールドの強いにおい$_A$(のために)，私たちの先祖が戻ってくると信じています。

ケイタ：日本のお盆みたいですね。私たちも先祖が戻ってくることを信じていて，彼らに花を供えます。私たちは，夏にその行事を行います。

ルイス：わあ，私はあなたたちの文化と私たちの文化は違うと思っていましたが，私たちには同じような種類の伝統行事がありますね。$_B$なんて面白いのでしょう！　ところで，なぜトマトの近くにマリーゴールドを植えるのですか？

ケイタ：いい質問ですね！　マリーゴールドは私が安全な家庭菜園を作るのを$_C$手助けしてくれます。

ルイス：本当ですか？　マリーゴールドはなぜそのようなことをするのでしょう？

ケイタ：やはり，理由はそれらのにおいが強いことです。トマトの葉を食べる虫はそのにおいが嫌いなので，$_D$トマトの葉を食べに来ません。

ルイス：すごい！　農薬を使う必要はありませんね。

ケイタ：その通りですね。野菜を植えるときは，環境に安全な方法を選びたいです。マリーゴールドを$_E$(使用すること)は良い方法の1つです。

ルイス：わかりました。$_F$別の例を教えていただけますか？

ケイタ：はい，もちろんです。たとえば，向こうに花が見えますか？　日本語ではレンゲソウと呼ばれています。それらは天然肥料になります。

ルイス：すごいですね！　そういった方法をもっと知りたいです。私は何をするべきですか？

ケイタ：そうですね，$_G$仮に私があなただったら，それについてとてもよく知っている人々に聞きますね。

ルイス：それはいい考えですね。そういう人々を紹介してもらえますか？

ケイタ：わかりました，私の友達には農家の人もいるので，彼らに頼んでみます。

ルイス：ありがとう！　来月学校で，クラスメートと一緒に研究プロジェクトを始めます。環境に

優しい野菜の植え方について，研究してみるのも面白いかもしれません。

ケイタ：それはおもしろそうな研究テーマですね。私の友達があなたをよく助けてくれると思いま
　　　　す。友達の中には，エネルギー消費が少ない機械を持っている人もいます。あなたも興味
　　　　があるかもしれません。

ルイス：面白そうですね！　ありがとう。

ケイタ：どういたしまして。研究プロジェクトを頑張ってください。

ルイス：そうします。私は環境に優しい新しい方法を見つけることができるでしょうか？

ケイタ：それほど簡単ではないですが，頑張れば将来それができると，私は信じています。

ルイス：そうだといいですね。私の先生は，人間の活動の中には環境に悪影響を及ぼしているもの
　　　　があると言いました。私はその状況をよりよくすることが，私たちにとって大切なことだ
　　　　と思います。

ケイタ：そうですね。人間は自然を利用して文明を発展させてきていますが，自然のものを使い続
　　　　けると私たちは環境を破壊してしまうでしょう。

ルイス：はい。私たちは自然とともに生きる方法を探すべきです。

(1)　A　ア によると　イ のために(○)　ウ の代わりに　エ のような　空欄の文は
「マリーゴールドの強いにおい(A)，私たちの先祖が戻ると信じている」となるので，文脈から
空欄にはイ(because of)が適当。　E　ア Useの現在形(原形)　イ Useの三人称単数形
ウ Useの過去形(過去分詞形)　エ Useの現在分詞形　空欄Eには use が入るが，空欄の
文にはすでに動詞 is があるので，空欄では use を動詞以外の用法で使う。ここでは動名詞の
Using(使用すること)として Using marigold～「マリーゴールドを使用することは～」と
すれば意味が通る。

(2)　(例)日本の文化と自分たちの文化は異なると思っていたのに，同じような種類の伝統行事が
あったから。　下線部で「なんて面白い！」と言っているが，これはその直前の文 Wow, I
thought～を受けてのことなので，この文の内容を参考に解答文を作成したい。

(3)　C　The marigolds help me make a safe vegetable garden.　ここでは help A
B の形で，A＝me(目的語)で B＝make(動詞の原形)として意味は「私が安全な家庭菜園を作
るのを手助けしてくれる」となる。　G　Well, if I were you, I would ask people who
know about them very well.　空欄のある文は仮定法過去の形式になっている。仮定法過
去の形は，＜If＋主語＋動詞の過去形～，主語＋would／should／could＋動詞の原形～＞と
なる。ここで動詞の過去形は be 動詞であれば were を使う。仮定法過去では，現実にないこ
とを表現する時に使い，この文では「仮に私があなただったら～(If I were you～)」となる。

(4)　ア それらは花の上に留まるのが好きだ　イ それらは花の近くを飛ぶ　ウ それらは
トマトの葉を食べに来ない(○)　エ それらはトマトの葉によって傷つかない　空欄は，「ト
マトの葉を食べる虫はそのにおいが嫌いなので」に続くので，文脈からウが適当。選択肢ウの
to stay は不定詞で「留まること」。また，選択肢エの～aren't damaged by～は受け身の表
現を使っている。

(5)　(例)野菜を植えるときに，環境にとって安全な方法の例。　下線のある文の前のケイタの発
話 Right. I want～には，「野菜を植えるときは，環境に安全な方法を選びたい」と言い一例
として「マリーゴールドを使う」とある。これを受けて下線部の文では「別の例を知りたい」と
言っている。

(6)　ア メキシコではトマトは非常に人気があり，11月のお祭りの時には，トマトがお墓の上に
置かれる。　イ メキシコの人々も日本の人々も，夏になると先祖が戻ってくると信じている。

ウ　ケイタは，野菜を植えるときは環境に安全な方法を使うことが良いことだと信じている。
（〇）　エ　ルイスは，おいしい野菜の作り方を学ぶために，ケイタの何人かの友達に会いたい。
オ　ルイスは，人間が何らかの活動を通じて環境に悪影響を与えていることを，彼の先生から学
んだ。（〇）　問題本文の第13番目のケイタの発話第2文 I want to〜には「野菜を植えるときは，
環境に安全な方法を選びたい」と言っていることから，選択肢ウが適当。また，問題本文最後か
ら第3番目のルイスの発話第2文 My teacher told〜には，「私の先生は，人間の活動が環境に
悪影響を及ぼすと言った」とあるので，選択肢オが適当。

〔4〕　（長文読解：広告・メール・メモ・手紙・要約文などを用いた問題，語句補充・選択，文の挿
　　　　入，英問英答，自由・条件英作文，助動詞，動名詞，現在完了，間接疑問，不定詞，現在・過
　　　　去・未来と進行形）
（全訳）　ヒカリは高校生です。彼女は英語が好きで，アメリカ人の友人フレッドとのコミュニケー
ションを楽しんでいます。ある日，彼女は彼にメールを送りました。
【ヒカリからフレッドへの E メール】
　こんにちは，フレッド。元気ですか？　私は高校生活を楽しんでいますが，今A大きな疑問があ
るので，あなたの意見がほしいのです。
　今日，友達のユリと私は将来について話し合いました。今は美術史に興味があり，高校を卒業し
たら美術史を勉強したいと思っています。私がユリにそう言うと，彼女は私に「将来は教師か研究
者になるの？」と尋ねました。私は「今は将来の仕事については何も考えていない。美術史に興味
を持っているから，美術史について勉強したいだけなの」と言いました。ユリは私の答えを聞いて
本当に驚きました。彼女は何を勉強するかを決める前に，まず目標を決めました。
　フレッド，あなたは医者になりたいと思っていて，その目標を達成するために一生懸命勉強して
いますね？　何を学ぶかを決める前に，将来の仕事を決めたほうがよいでしょうか？

【フレッドからヒカリへの E メール】
　ヒカリ，Eメールをありがとう。ぼくは元気です。
　あなたの質問は難しいですね。今は目標を達成するために勉強していますが，医師になってから
も勉強を続けます。また，自分の夢に関係のない科目を勉強することも楽しいです。たとえば，米
国では多くの学校で演劇の授業が行われています。ほとんどの生徒は俳優にはなりませんが，演劇
の授業はとても人気があります。ぼくはそれを気に入っています。演劇の授業を通じて何かの技能
を向上させることができると思います。たとえば，時々私たちは自分たちで物語を作ることがあ
ります。私の演劇の先生は，私たちはこの活動を通じて，何か新しいものを生み出すことが得意に
なることができるのだと言いました。また，今では私は以前よりもはっきりと話せるようになりま
した。
　私の兄は大学で数学を勉強していますが，音楽の授業も受けています。この授業では良いチーム
ワークを学ぶことができると彼は言います。あなたは好きな科目を勉強すればいいのです。そうす
ることで何かの技能を向上させることができます。

　ヒカリはフレッドの意見がおもしろいと思いました。彼女はミュージシャンにはなりませんが，
音楽も好きです。「もし学ぶことを通じてB自分の技能を向上させることができるなら，私はうれ
しい」と彼女は考えました。
　1週間後，フレッドはウェブサイトの記事をヒカリに紹介しました。大学教授によって書かれた

学生向けの記事でした。

【ウェブサイトの記事】
　みなさんはこのように考えるかもしれません。「なぜこの科目を勉強しなければならないのか？好きではないのに。自分の目標とは関係ないのに」気持ちはわかりますが，好きなことだけを勉強するのが本当に良い考えなのでしょうか？
　_Cフローレンス・ナイチンゲールというふさわしい一例について，みなさんにお話しましょう。彼女は世界で最も有名な看護師の一人です。彼女は清潔な病院を作ろうと努力しました。彼女は，人々の命を救うためには，清潔な環境を作ることが重要だと示す必要がありました。彼女は数学と統計学の知識を持っていました。その知識を利用し，彼女は独自のグラフを作成して，汚れた環境が人々の生命をおびやかすことを示しました。
　この話が何を意味するのかが分かりますか？　将来何が役立つか，みなさんにはわかりません。たとえば，将来，解決したい問題が見つかるかもしれません。そうすれば，いくつかの知識がみなさんを手助けするかもしれません。または，その知識を使って何か新しいものを生み出すことができます。将来的にみなさんはそれを使わないかもしれませんが，何か新しいことを学ぶのはとても楽しいことでしょう。多くを学ぶことを楽しんでください。そうすることでみなさんの世界を広げることができます。
　私の父は理科の教師でした。父は75歳ですが，現在は大学で古典文学を勉強しています。新しいことを学ぶことができて，とてもうれしいと父は言います。

　_D人々には学ぶためのさまざまな理由がある のだ，とヒカリは思いました。「_E今夜フレッドにメールを書こう」

(1)　(例)何を学ぶかを決める前に，自分の将来の仕事を決めるべきかということ。　下線部は「大きな疑問」なので，解答はこの「疑問」を具体的に記述する。ヒカリからフレッドへのメールの第2段落 Today, my friend～には，「大きな疑問」の背景が書かれてあり，「疑問」自体はこのメールの最後の文 Should I decide～(何を学ぶかを決める前に，将来の仕事を決めたほうがいいのか？)に書かれていると考えられるので，この文を参考に解答を書きたい。

(2)　(例)I can improve my skills　空欄の文は「もし学習を通じて　B　ならばうれしい」となる。空欄の前のフレッドからヒカリへのメールで言いたいことは，「興味のあるテーマを学ぶことで，何かの技能を向上させることができる」だと考えられ，空欄の文の2つ前の文 Hikari thought Fred's～にあるように，ヒカリはフレッドのこの考え方に共感した。解答例ではこの点に注目して，フレッドからヒカリへのメールの最後の文 You can improve～(好きな科目を勉強することで何かの技能を向上できる)を参考に文を作成している。

(3)　You don't know what will be useful in the future.　ウェブサイトの記事の第2段落 Let me tell～ではナイチンゲールが何をしたのかを具体的に述べ，第3段落の最初の文 Do you understand～では，「この話の意味は理解しているか？」と問いかけている。そして次の文 You don't know～ではこの意味を説明していることから，文脈からこの文がナイチンゲールの例で記事の筆者が最も伝えたいことだと考えられる。

(4)　ア　人々には学ぶためのさまざまな理由がある(○)　　イ　私たちは夢のために勉強すべきだ　　ウ　学ぶ理由はただ一つ　　エ　役に立つことを学ぶことが重要だ　文脈からアが適当。

(5)　①　(例)No, she hasn't.　(問題文と正答例訳)ヒカリは彼女の将来の仕事をすでに決めていますか？　いいえ，決めていません。　問題本文は，「何を学ぶかを決める前に，将来の仕事

を決めたほうがいいのか？」というテーマで書かれていて，ヒカリは将来の仕事を決めないまま，美術史を勉強しようとしている状況だと考えられる。問題文は Has~? という現在完了の疑問文なので Yes/No で答える。　②　(例)She decided her goal first.　(問題文と正答例訳)ユリは何を勉強するべきかどのように決めましたか？　彼女は初めに目標を決めました。ヒカリとユリの会話は，ヒカリからフレッドへのメールの第2段落 Today, my friend~ にあり，この段落の最後の文 She decided her~ に「彼女は何を勉強するかを決める前に，まず目標を決めた」とあるので，正答例のような内容が適当。　③　(例)They sometimes make their own stories.　(問題文と正答例訳)フレッドの学校の演劇の授業では，新しいものを作り出すことが得意になるために，生徒は何をしますか？　生徒たちは時々自分たち自身の物語を作ります。演劇の授業の具体的な様子は，フレッドからヒカリへのメールの第2段落第8文 For example, we~ と第9文 My drama teacher~ にあり，ここでは，「時々私たちは物語を作る。この活動を通して何か新しいものを生み出すことが得意になる」とあることから，正答例では第8文を参考に解答文を作成している。

(6)　(例)(Hello, Fred./Thank you for your e-mail and the interesting article.)／You helped me a lot. I decided to follow my heart. Though I don't know what I will do in the future, I can learn something important through art history.／(Your friend, Hikari)　(解答例訳)こんにちは，フレッド。／メールと興味深い記事をありがとう。／とても助かりました。私は自分の心に従うことにしました。将来何をするかは分かりませんが，美術史を通じて私は何か大切なことを学ぶことができます。／あなたの友達，ヒカリ

2023年度英語　放送による聞き取り検査

〔放送台本〕
〔1〕
(1)　1　When it stops raining, you sometimes see it in the sky.
　　　　Question: What is this?

　　2　Brian has to leave home at seven fifteen. Now it is six forty.
　　　　Question: How many minutes does he have before he leaves?

　　3　Nancy is a student from Australia and stays at Miki's house. She practices judo every Monday and Wednesday. On Saturday, she learns how to make Japanese foods from Miki. On Sunday, she usually meets her friends.
　　　　Question: When does Nancy cook with Miki?

　　4　Natsumi likes English. Her English teacher talks about his experiences in foreign countries. His stories are interesting. Natsumi studies English hard because she wants to live in the U.S. and get a job there in the future. She also reads many books to learn about foreign cultures.
　　　　Question: What does Natsumi want to do in the future?

〔英文の訳〕

1 雨が止むと，あなたはときどき空にそれを見ます。

質問：これは何ですか？

ア カタツムリ ⑦ 虹 ウ レインコート エ 長ぐつ

2 ブライアンは7時15分に家を出なければなりません。今は6時40分です。

質問：彼が出発するまで何分ありますか？

⑦ 35分 イ 40分 ウ 45分 エ 50分

3 ナンシーはオーストラリアからの生徒で，ミキの家に滞在しています。彼女は毎週月曜日と水曜日に柔道を練習します。土曜日には，彼女はミキから日本食の作り方を学びます。日曜日には，彼女はたいてい友達と会います。

質問：ナンシーはいつミキと一緒に料理をしますか？

ア 月曜日 イ 水曜日 ⑦ 土曜日 エ 日曜日

4 ナツミは英語が好きです。彼女の英語の先生は，外国での経験について話します。彼(先生)の話は興味深いです。ナツミは英語を一生懸命勉強しています，なぜなら彼女は将来アメリカに住んで，そこで仕事につきたいからです。また彼女は，外国の文化について学ぶために多くの本を読みます。

質問：ナツミは将来何をしたいですか？

ア 彼女は外国について勉強したい。 イ 彼女は日本で英語の教師になりたい。

⑦ 彼女はアメリカに住んで働きたい。 エ 彼女は面白い本を書きたい。

〔放送台本〕

(2) 1 A: You should bring an umbrella today, Jack.

B: I don't need it. It'll rain at night, but I can come back before it starts raining.

A: Oh, I see.

Question: Will Jack bring an umbrella today?

2 A: Hi, Kate. I need your help. Do you have free time tomorrow?

B: Sure, Takumi. How can I help you?

A: Can you go shopping with me? My sister will leave Japan and go to Canada next week. I want to give her something, but I don't know what to buy.

B: OK, I'll think about it. I'll also ask my friend. She may give me some good ideas.

Question: Who will get a present from Takumi?

3 A: Excuse me, could you tell me how to get to the Art Museum?

B: Well, you can find it if you go straight, but it will take one hour if you walk from here. If you take a taxi, it will take about 15 minutes.

A: Oh, but it will be expensive. Can I go there by bus?

B: Yes, I'll check when the next bus will come. … Oh, it will come in 40 minutes. Maybe you should go there by bike. You can use one from the shop over there if you pay 500 yen.

A: That's the best way. Thank you!

Question: How will the man go to the Art Museum?

4　A: How was the concert, Lucy?

　　B: I really liked it.　I didn't know about the musicians, but I loved their beautiful sound.　Thank you for taking me to the concert.

　　A: You're welcome.　Their music was wonderful, right?　However, I hear that some of them didn't like practicing when they were children.

　　B: Wow, they are like me!　I have been practicing the piano for many years, but I didn't like the piano when I was a child.

　　Question: Why did Lucy like the concert?

〔英文の訳〕

1　A：今日は傘を持っていったほうがいいよ，ジャック。

　　B：必要ないよ。夜には雨が降るけれども，雨が降り始める前に戻ってこられるよ。

　　A：ああ，わかった。

　　質問：ジャックは今日，傘を持ってきますか？

　　ア　はい，彼は持っていくでしょう。　　　⑦　いいえ，彼は持っていかないでしょう。

　　ウ　はい，彼は持っていきました。　　　　エ　いいえ，彼は持っていきませんでした。

2　A：こんにちは，ケイト。あなたに助けてほしいの。明日，時間は空いている？

　　B：そうね，タクミ。どんな用なの？

　　A：一緒に買い物に行ってくれない？　私の姉[妹]は来週日本を発ってカナダに行くの。彼女に何かあげたいのだけれども，何を買えばいいのかわからなくて。

　　B：わかった，考えてみる。友だちにも聞いてみる。彼女は私に良いアイデアをくれるかもしれない。

　　質問：タクミからプレゼントをもらうのは誰ですか？

　　ア　ケイトの姉妹　　イ　ケイトの友だち　　⑦　タクミの姉妹　　エ　タクミの友だち

3　A：すみません，美術館への行き方を教えていただけますか？

　　B：そうですね，まっすぐ行けば見つかりますが，ここから歩くと1時間かかります。タクシーを使うならば15分ぐらいかかります。

　　A：ああ，でもお金はかかりますね。バスでそこへ行けますか？

　　B：はい，次のバスがいつ来るか調べてみます。…ああ，あと40分できます。たぶん，自転車でそこへ行ったほうがいいかもしれません。500円払えば，むこうの店で一台使えます。

　　A：それが一番の方法です。ありがとう！

　　質問：その男性はどうやって美術館に行きますか？

　　ア　彼は歩く。　イ　彼はタクシーで行く。　ウ　彼はバスで行く　　㊀　彼は自転車で行く

4　A：コンサートはどうでしたか，ルーシー？

　　B：とても気に入りました。私はそのミュージシャンのことは知りませんでしたが，彼らの美しい音をとても気に入りました。コンサートに連れて行ってくれてありがとう。

　　A：どういたしまして。彼らの音楽は素晴らしかったですよね？　けれども，彼らの中には子どもの頃練習が嫌いだった人もいると聞きます。

　　B：うわー，彼らは私に似ていますね！　私は長年ピアノを練習していますが，子どもの頃はピアノが好きではありませんでした。

　　質問：ルーシーはなぜコンサートが気に入ったのですか？

　　ア　彼女はミュージシャンのことをよく知っていたから。　イ　ミュージシャンの音が美しかったから。（○）　ウ　彼女はたくさん練習したミュージシャンが好きだから。　エ　ミュージシャンが彼女に似ていたから。

〔放送台本〕

(3)　　Hello, everyone. I studied at Barnard Junior High School in America for one year. The culture was so different and I was really surprised. For example, many students don't walk to school. Their fathers or mothers take them to school by car or they use a school bus. Another different thing is the beginning of a new school year. Do you think all schools in America start in September? I thought so, but Barnard Junior High School starts in August. I enjoyed learning about a different culture.

　　Question:　1　Was Maki surprised to learn about American culture?
　　　　　　　　2　When does a new school year start at Barnard Junior High School?

〔英文の訳〕

　こんにちは，みなさん。私はアメリカのバーナード中学校で1年間勉強しました。文化があまりにも違うので，私は本当に驚きました。たとえば，多くの生徒は学校に歩いて行きません。父親や母親が車で彼らを学校に連れて行ったり，彼らはスクールバスを利用したりします。もうひとつ違うのは，新学期の始まりです。みなさんは，アメリカのすべての学校は9月に始まると思いますか？　私はそう思っていましたが，バーナード中学校は8月に始まります。異文化について学ぶことができて楽しかったです。

　質問1　マキはアメリカ文化について知って驚きましたか？
　　　　(例)Yes, she was.　（はい。彼女は驚きました。）
　質問2　バーナード中学校の新学期はいつ始まりますか？
　　　　(例)It starts in August.　（それは8月に始まります。）

＜理科解答＞

〔1〕　(1)　ウ　　(2)　エ　　(3)　(イ)→(エ)→(ア)→(ウ)　　(4)　104g　　(5)　ア
　　　(6)　エ

〔2〕　(1)　ア　　(2)　①　イ　　②　染色体　　③　(B)→(D)→(A)→(C)

〔3〕　(1)　①　X　NaCl　　Y　Na$^+$　　Z　Cl$^-$　　②　(食塩)2g　　(水)38g
　　　(2)　①　発熱反応　　②　エ　　(3)　伝導[熱伝導]

〔4〕　(1)　B　　(2)　日周運動　　(3)　(例)油性ペンの先端の影が，円の中心にくるようにして印をつける。　　(4)　イ　　(5)　ア　　(6)　イ

〔5〕　(1)　ア　　(2)　ウ　　(3)　エ　　(4)　X　77cm　　Y　71cm

〔6〕　(1)　①　銅　Cu　　亜鉛　Zn　　②　ウ
　　　(2)　イ　　(3)　ウ

〔7〕　(1)　(例)エタノールは引火しやすいから。
　　　(2)　X　ア　　Y　カ　　(3)　(例)調べたい条件以外の条件を同じにして行う実験。

〔8〕　(1)　1A　　(2)　8W　　(3)　エ　　(4)　右図
　　　(5)　(例)電力が一定のとき，水の上昇温度は，電流を流した時間に比例する。

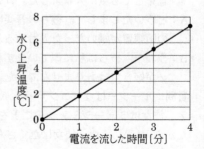

＜理科解説＞

〔1〕　（動物の体のつくりとはたらき：ヒトの呼吸のしくみと血液のはたらき，太陽系と恒星：木星型
　　　惑星，エネルギーとその変換，水溶液：溶解度，火山活動と火成岩：火山岩，気象要素の観測）

(1)　正答は，「ウの酸素は血液によって全身の細胞に運ばれる。」である。細胞呼吸でできた二酸
　　化炭素は，血液にとけこんで肺に運ばれて肺胞内に出され，息をはくときに体外に出される。肺
　　では，静脈血が動脈血に変わる。空気を吸うときは，ろっ骨が上がり，横隔膜が下がる。

(2)　太陽系の惑星のうち木星型惑星は，木星，土星，天王星，海王星である。木星型惑星は地球
　　より半径が大きく，大部分が水素やヘリウムのような軽い物質からできているため，密度は地球
　　の5.51g/cm³よりはるかに小さい。よって，Bの木星とCの土星，である。

(3)　火力発電のしくみは，化石燃料の燃焼により，高温・高圧の水蒸気をつくり，タービンを回
　　して発電が行われている。この過程で，化学エネルギー，熱エネルギー，運動エネルギー，電気
　　エネルギーの順でエネルギーが変換される。

(4)　硝酸カリウム水溶液の20℃における溶解度は32〔g/水100g〕であるため，20℃の水300gに溶
　　かすことができる硝酸カリウムの質量は，32〔g〕×3＝96〔g〕である。60℃の水300gに硝酸カリ
　　ウム200gが溶けている場合，水溶液の温度を20℃まで下げたとき出てくる結晶の質量は，200
　　〔g〕－96〔g〕＝104〔g〕，である。

(5)　火山岩は，マグマが地表や地表付近で急に冷えてできるので，ほとんどの鉱物は大きな結晶
　　にならず，比較的大きな鉱物である斑晶をとり囲んでいる図中のaのような石基という組織がで
　　きる。

(6)　6時から21時まで，天気は晴れと快晴であり，高気圧におおわれて，気圧の変化が少ないと
　　考えられるため，気圧の観測値のデータはbである。1日中晴れているので，空気1m³中の水蒸気
　　量はほぼ一定と考えられる。気温が上昇すると飽和水蒸気量が大きくなるため，正午頃気温が上
　　昇すると湿度は下がる。よって，cは気温の測定データであり，aは湿度の測定データである。

〔2〕　（生物の成長と生殖：タマネギの根の体細胞分裂の観察・染色体，生物と細胞：顕微鏡操作）

(1)　図2のタマネギの根の先端近くには生長点があり，体細胞分裂が行われ，細胞が2つに分かれ
　　て数をふやし，さらにそれらの細胞が体積を大きくすることで長くのびている。よって，図2の
　　根の印の部分は，3日後には根の先端部分が長くのびてアのようになっている。

(2)　①　正しい顕微鏡操作は，1．視野を明るくする。対物レンズをもっとも低倍率のものにし，
　　接眼レンズをのぞきながら，反射鏡としぼりを調節する。2．対物レンズとプレパラートを近づ
　　ける。プレパラートをステージにのせ，横から見ながら調節ねじを回して，プレパラートと対物
　　レンズとの間をできるだけ近づける。3．ピントを合わせる。プレパラートと対物レンズを離す
　　方向に調節ねじをゆっくりまわしてピントを合わせる。4．高倍率にしてくわしく観察する。高
　　倍率の対物レンズに変えると視野がせまく暗くなるので，しぼりを調節して見やすい明るさにす
　　る。　②　体細胞分裂が起こっている図4のAの細胞の中に見える，ひものようなつくりを染色
　　体という。　③　A～Dの細胞を分裂の進む順に並べると，〔B〕分裂がはじまると，核の形は見
　　えなくなる。染色体は2本ずつくっついたまま太くなり，はっきり見えるようになる。〔D〕染色体
　　が細胞の中央部分に集まる。〔A〕2本ずつくっついていた染色体が1本ずつに分かれ，それぞれが
　　細胞の両端に移動する。〔C〕細胞の両端に2つの核ができはじめ，細胞質も2つに分かれはじめる。

〔3〕　（化学変化：発熱反応・吸熱反応，水溶液：濃度，水溶液とイオン：電離，物質の成り立ち：
　　　化学式，原子の成り立ちとイオン：イオンの化学式）

(1)　①　水溶液中の塩化ナトリウムの電離を表す式は，$NaCl \rightarrow Na^+ + Cl^-$，である。　②　質量パーセント濃度が5％の食塩水を40gつくるとき，必要な食塩の質量は，$40[g] \times 0.05 = 2[g]$，であり，必要な水の質量は，$40[g] - 2[g] = 38[g]$，である。

(2)　①　化学変化のとき，熱を周囲に放出し，温度が上がる反応を**発熱反応**という。　②　化学変化のとき，周囲の熱を吸収したために，まわりの温度が下がる反応を**吸熱反応**といい，**炭酸水素ナトリウムとクエン酸水溶液との反応**がその例で，簡易冷却パックをつくることができる。

(3)　カイロをもつ手があたたまるのは，**伝導(熱伝導)**により，カイロから手に熱が伝わるためである。

〔4〕　(天体の動きと地球の自転・公転：透明半球による太陽の動きの記録)

(1)　Pは太陽が南中した時刻の位置であるから，Aが南の方向にある点である。よって，東の方向にある点はBである。

(2)　地球の自転による天体のみかけの動きを**日周運動**という。

(3)　油性ペンの先端の影が，**透明半球の円の中心にくるようにして印をつける**。これは，透明半球を天球と見立てたとき円の中心Oにいる観測者から見える太陽の位置に印をつけたのと同じことになる。

(4)　太陽が南中した時刻の位置であるPのときの太陽の高度が**南中高度**であるため，太陽の南中高度を表す角は∠AOPである

(5)　曲線XYの長さと時刻の時間間隔は比例するため，午前9時からx時間後に南中したとすると，$12[cm] : 5.5[cm] = (15[時間] - 9[時間]) : x[時間]$である。よって，$x[時間] = 2.75[時間] = 2[時間]45[分]$である。よって，太陽が南中した時刻は午前11時45分である。

(6)　日本では，東経135°の地点で太陽が南中する時刻を正午(12時)と決めている。太陽は地球の自転によって，東から西へ動いて見える。したがって，**経度が異なり東にある地点ほど太陽が早く南中する**。緯度が同じ地点では太陽の南中高度は同じである。

〔5〕　(光と音：光の屈折と反射・鏡にうつる像の作図による考察)

(1)　光が**ガラスから空気へ進むときは，屈折角は入射角より大きくなる**ためアが正しい。

(2)　全反射を利用しているものは，**光ファイバー**である。

(3)　目の位置は床から142cmであり，鏡の上端の位置も床から142cmであるため，鏡に和美さんから見える自分の像の上端は目の位置である。鏡の下端の位置は床から90cmである。**鏡の下端で反射して和美さんから見える自分の像の下端は，入射角と反射角が等しいように作図すると，床から38cm(＝90cm－52cm)の和美さんのスカートの下端である**。よって，エが正しい。

(4)　鏡の下端で反射して和美さんの像の下端の足が見えるには，入射角と反射角が等しいように作図すると，**鏡の下端が目の位置から床までの142cmの半分の71cmであることが必要**である。よって，鏡の下端は床から71cmの位置になるように設置する。鏡の上端で反射して和美さんの像の上端の頭が見えるには，入射角と反射角が等しいように作図すると，**鏡の上端が目の位置から頭までの12cmの半分の6cmであることが必要**である。よって，鏡の縦方向の大きさは，$154[cm] - 71[cm] - 6[cm] = 77[cm]$，である。

〔6〕　(化学変化と電池：ダニエル電池・金属のイオン・イオン化傾向，水溶液とイオン，原子の成り立ちとイオン，物質の成り立ち：化学式)

(1)　①　銅や亜鉛などの金属や炭素などは，1種類の原子がたくさん集まってできているので，

その元素記号で表す。銅の化学式はCu，亜鉛の化学式はZnである。　②　図1は，ダニエル電池である。ダニエル電池の特徴は，セロハンで2種類の電解質の水溶液を仕切っているという点である。亜鉛板を硫酸亜鉛水溶液に，銅板を硫酸銅水溶液にひたし，導線でつないだつくりになっている。セロハンにはとても小さな穴が開いていて，水溶液中の陽イオンと陰イオンはこの穴を通りぬけることができる。ダニエル電池では，**イオン化傾向（イオンへのなりやすさ）の大きい亜鉛原子Zn**が水溶液中に亜鉛イオンZn^{2+}となってとけ出し，亜鉛板に残った電子は導線を通って銅板へ移動し電流が流れる。水溶液中の銅イオンCu^{2+}は銅板に達した電子を受けとって銅原子Cuになる。電流が流れているときの電子が移動する向きは－極から＋極の向きであり，電流の向きは＋極から－極である。よって，（－極）$Zn \rightarrow Zn^{2+} + 2e^{-}$，（＋極）$Cu^{2+} + 2e^{-} \rightarrow Cu$，である。電流が流れてプロペラが回転しているときに起きている化学変化は，ウ「亜鉛が溶け出し，銅板は表面に物質（銅の金属）が付着する。」である。

(2)　実験2において，プロペラが実験1とは逆回転した理由は，実験1では亜鉛版が－極になり，モーターに電流が流れたが，**銅に比べてマグネシウムの方がイオン化傾向が大きいため陽イオンになりやすく，実験2ではマグネシウム板が－極になり**，電子が流れる向きが実験1とは逆向きになったため，モーターに実験1とは逆向きの電流が流れて，逆回転した。

(3)　袋状のセロハンのはたらきは，「2種類の水溶液を分けるが，水溶液中のイオンは通過できるようにする。」そのことにより，陽イオンと陰イオンによる**電気的なかたより**ができないようにして，電池のはたらきが低下しないようにしている。

〔7〕　**（植物の体のつくりとはたらき：対照実験による光合成の実験）**

(1)　エタノールをあたためる際，熱湯を用いる理由は，**エタノールは引火しやすいからである。**

(2)　アサガオのふ入りの葉の，Aは「葉緑体がある」緑色の部分であり，Bは「葉緑体がない」ふの部分である。そのほかの条件は同じである。アサガオのふ入りの葉に光を十分に当てると，Aの部分は，青紫色に変化しデンプンができたことがわかり，Bの部分は変化しなかったことから，**光合成は葉の緑色の部分で行われている**ことがわかる。次に緑色の部分であるAには光を十分に当て，緑色の部分であるCはアルミはくでおおい光を当てなかった。そのほかの条件は同じである。AにはデンプンができてCにはデンプンができなかったことから，光合成には，**葉に光を当てる必要がある**ことがわかる。

(3)　対照実験とは調べたい条件以外の条件を同じにして行う実験である。

〔8〕　**（電流：回路の電圧と電流と抵抗・電力・熱量・グラフ化と規則性の考察）**

(1)　実験1で電流計を流れる**電流〔A〕** $= \dfrac{2.0〔V〕}{2〔\Omega〕} = 1〔A〕$である。

(2)　実験2で電熱線が消費する**電力〔W〕** $= 4.0〔V〕 \times \dfrac{4.0〔V〕}{2〔\Omega〕} = 8〔W〕$である。

(3)　実験1で電熱線が消費する**電力〔W〕** $= 2.0〔V〕 \times \dfrac{2.0〔V〕}{2〔\Omega〕} = 2〔W〕$である。実験2で電流を1分間流したときに電熱線で発生する**熱量〔J〕** $= 8〔W〕 \times 60〔s〕 = 480〔J〕$である。実験2で電流を1分間流したときに発生する熱量と同じ熱量にするためには，**実験1の場合は実験2の電力の$\dfrac{1}{4}$であるため，4分間電流を流す**必要がある。

(4)　表より，（電流を流した時間〔分〕，水の上昇温度〔℃〕）を求めると，（0〔分〕，0〔℃〕），（1〔分〕，1.8〔℃〕），（2〔分〕，3.6〔℃〕），（3〔分〕，5.4〔℃〕），（4〔分〕，7.2〔℃〕）となる。各点（・）をグラフに記入する。ものさしの辺の上下に点（・）が同じぐらい散らばるように，直線を引く。

(5) 電熱線が消費する電力〔W〕＝V〔V〕×$\dfrac{V〔V〕}{R〔\Omega〕}$ より，抵抗値は一定であるため，**電圧を一定に
すると，電熱線が消費する電力は一定になる。**実験1〜3の各実験で，設定した電圧が異なるため，電熱線が消費する電力は異なるが，一定である。よって，**(4)**のグラフから，「**電力が一定
のとき，水の上昇温度は，電流を流した時間に比例する。**」と考察できる。

＜社会解答＞

〔1〕 (1) Ⅱ (2) C (3) イ (4) ウ (5) a ドイツ c 南アフリカ共和国
〔2〕 (1) オ (2) ウ (3) ① イ ② ウ
　　 (4) (符号) エ (理由) (例)日本海から吹く水蒸気を含んだ季節風により，冬は雪
などが降る日が多くなるため，冬の降水量が増えているから。
〔3〕 (1) 渡来人 (2) ① イ ② 万葉集 (3) ア (4) ① (例)働き手を工場
に集め，分業により製品を生産するしくみ。 ② ウ
〔4〕 (1) エ (2) 学制 (3) X イ Y ア (4) ア (5) (例)多くの人々
が預金を引き出して紙幣が不足したため，政府は急いで大量の紙幣を用意する必要があっ
たから。 (6) エ
〔5〕 (1) ① エ ② イ (2) ① ア ② 国政調査権 ③ ウ
　　 (3) ① (例)株主総会において議決に参加したり，会社の利益の一部を配当として受け
取ったりする権利を持っている。 ② カ ③ 公正取引委員会 (4) ① (例)拒
否権を持つ常任理事国が反対したから。 ② ウ ③ エ
〔6〕 (1) (B)→(A)→(C) (2) ① (例)排出量と吸収量を等しくすること。
② (例)企業は顧客の需要や評価を重視する傾向にあるため，消費者が脱炭素社会づくり
に貢献する製品やサービスを選択する

＜社会解説＞

〔1〕 (地理的分野―世界地理―地形・人々のくらし・資源・貿易)
(1) 緯度0度の緯線を**赤道**という。赤道は，インドネシア・南アメリカ大陸北部・アフリカ大陸
中央部を通る。地図1上の緯線のⅡである。
(2) 地図1は**正距方位図**のため，東京からの距離と方角が正しく示されている。西は左である。
地図2では，Cが当てはまる。
(3) **アンデス山脈**の高地で暮らす人々の民族衣装は，アルパカなどの毛皮でつくった毛織物の衣
服である。写真のイが当てはまる。
(4) ノルウェーの西側には，氷河の活動によってつくられた，**フィヨルド**の地形が見られる。夏
には日が沈まない**白夜**となる時期がある。
(5) a 問題の4国のうち，最も一人当たりの**国民総所得**が大きいのは，先進国である**ドイツ**であ
る。 c かつては金・ダイヤモンドなど**鉱産資源**の輸出が多かったが，現在ではそれに加えて，
機械類・自動車など機械工業製品の輸出が増えたのが，**南アフリカ共和国**である。

〔2〕 (地理的分野―日本地理―地形・人口・工業・農林水産業・地形図の見方・気候)

（1）　飛騨山脈とは，富山県・岐阜県・長野県・新潟県の4県にまたがる山脈である。地図上のA
　　である。木曽山脈とは，長野県に存在する山脈である。地図上のBである。赤石山脈とは，長野
　　県・山梨県・静岡県の3県にまたがる山脈である。地図上のCである。中部地方にある，上記の
　　三つの山脈を総称して日本アルプスという。

（2）　地価の安い周辺の県に居住している人が，愛知県・石川県など大都市を持つ県に集中してい
　　る事業所や大学等に，通勤・通学して来るために，これらの県では，夜間人口よりも昼間人口が
　　多くなる。よって表のc・dが愛知県・石川県である。この2県のうち製造品出荷額が多いのは，
　　製造品出荷額が全国一多い愛知県である。cが愛知県，dが石川県である。残る2県のうち，米の
　　産出額が多い方が長野県であり，少ない方が岐阜県である。したがって，正しい組み合わせは，
　　ウである。

（3）　①　日本の茶の生産量全国第1位は静岡県である。牧之原・磐田原・愛鷹山・小笠山山麓・
　　安倍川・大井川・天竜川流域の山間部などをはじめとする二十を超えるお茶の産地がある。高地
　　や台地で日当たりが良く温暖で，水はけのよい土地が，茶の生産に適している。　②　この地形
　　図の縮尺は25,000分の1なので，等高線は標高差10mごとに引かれている。XとYの間には，等高
　　線は6本あり，標高差は約60mであることがわかる。

（4）　（符号）　四つの雨温図のうち，夏に比べ冬の方が降水量が多いのは，エだけであり，エが富
　　山県である。　（理由）　冬にシベリア気団から吹く北西の季節風が日本海を渡って水蒸気を含ん
　　だ風となり，日本海側の県では，雪などが降る日が多くなるため，冬の降水量が増えているから
　　である。上記のような趣旨のことを簡潔に記せばよい。

〔3〕　（歴史的分野―日本史時代別―古墳時代から平安時代・鎌倉時代から室町時代・安土桃山時代
　　　から江戸時代，―日本史テーマ別―技術史・政治史・文化史・社会史・経済史・法律史）

（1）　中国大陸及び朝鮮半島から日本に移住し，様々な技術を伝えた人々を渡来人という。特に4
　　世紀から7世紀頃の古墳時代に渡来した人々を指していうことが多い。

（2）　①　諸国の産物（絹・海産物など）を納めたものが調である。大宝律令では，人頭税として課
　　せられ，庸とともに都まで運ばれ国家の財源となった。納められる調には，写真のような木簡が
　　添えられた。　②　奈良時代の中期に，大伴家持らが編纂したのが万葉集である。漢字の音を借
　　りて国語の音を表記する万葉仮名を用いているのが特徴である。万葉集には，天皇から庶民まで
　　の歌が収録された。

（3）　室町時代に，生産力の向上によって実力を蓄えた農民たちは団結して，惣という自治組織を
　　つくった。惣では代表者を定め，農民みずから寄合を開いて掟をつくった。この当時は酒屋が高
　　利貸しを行っており，庶民を苦しめていた。この時期には土一揆が起こり，当時土民と呼ばれた
　　庶民が，高利貸し業者を襲って借金の帳消しを要求した。また，幕府に対して徳政令の発布を要
　　求することが頻発した。正しい組み合わせは，アである。

（4）　①　機械などの生産手段を有する資本家が，多数の手工業者を仕事場に集め，分業で生産に
　　従事させる形態を工場制手工業という。工場制手工業は，マニュファクチュアともいう。上記の
　　ような趣旨を簡潔に述べればよい。　②　アは，享保の改革で8代将軍徳川吉宗が行ったことで
　　ある。イは，5代将軍徳川綱吉が行った生類憐みの令等についての説明である。エは，ききんや
　　凶作に備えて米を蓄えさせた囲米についての説明である。寛政の改革で老中松平定信が行った政
　　策である。ア・イ・エのどれも別の時代の政策についての説明であり，ウが正しい。天保の改革
　　で老中水野忠邦が行ったこの政策は，上知令（上地令）と呼ばれる。

〔4〕　(歴史的分野—日本史時代別−安土桃山時代から江戸時代・明治時代から現代, —日本史テー
　　マ別−外交史・政治史・教育史・社会史・文化史・経済史, —世界史−政治史)

(1)　X　15代将軍徳川慶喜により, 天皇家に政権を返上する**大政奉還**が行われたのは, 1867年で
　　ある。　Y　1864年に, イギリス・フランス・アメリカ・オランダの四国連合艦隊が長州藩の**下
　　関砲台**を攻撃した。　Z　坂本龍馬の仲介により, 長い間犬猿の仲であった**薩摩**と**長州**のあいだ
　　に**薩長同盟**が結ばれたのは, 1866年である。したがって, この三つを年代の古い順にならべる
　　と, Y→Z→Xとなる。正答は, エである。

(2)　日本における**国民皆学**の学校教育制度の基本として, 1872年に政府が発した法令が, **学制**で
　　ある。しかし, 当初の**就学率**は30%に満たなかった。

(3)　X　政府の改革により, 士族の様々な特権が奪われ, 西日本各地で**士族の反乱**が相次いで起
　　こった。　Y　最大で最後の士族の反乱である西南戦争が敗北に終わって, 反乱の不可能なこと
　　を悟り, 言論により政府を批判する**自由民権運動**が展開された。

(4)　X　明治末期の1911年に**青鞜社**を結成して, 女性解放活動を展開したのは**平塚らいてう**であ
　　る。青鞜社の機関誌『青鞜』の巻頭言「**元始, 女性は実に太陽であった**」は覚えておくべきであ
　　る。　Y　大日本帝国憲法の枠内で, 民意に基づいて政治を進め, 民衆の福利を実現することが
　　望ましいという「**民本主義**」を提唱したのが, 東京帝国大学で教壇に立つ**吉野作造**である。吉野
　　作造は, **大正デモクラシー**の理論的リーダーの一人となった。正しい組み合わせは, アである。

(5)　多くの人々が銀行から預金を引き出す**取り付け騒ぎ**が頻発して紙幣が不足したため, 政府は
　　銀行を救済するために, 急いで大量の紙幣を用意する必要があった。そのため, 裏が印刷されて
　　いない紙幣を発行した。上記のような趣旨を要領よくまとめ解答すればよい。

(6)　ア　ベルリンの壁が崩壊したのは, 1989年である。　イ　アジア・アフリカ会議が開催され
　　たのは, 1955年である。　ウ　朝鮮戦争が始まったのは, 1950年である。ア・イ・ウのどれも
　　別の時期のできごとである。Cの時期に起こったのは, エの**日中国交正常化**である。1972年に**日
　　中共同声明**を発表して, 国交を正常化した日本国と中華人民共和国は, その6年後, **日中平和友
　　好条約**を結んだ。

〔5〕　(公民的分野—基本的人権・国の政治の仕組み・裁判・経済一般・国際社会との関わり)

(1)　①　アは, 「**学問の自由**」であり, 日本国憲法第23条に規定されている。これは「**精神の自由**」
　　である。イは, 憲法第19条に規定されている「**思想及び良心の自由**」であり, これも「**精神の自
　　由**」である。ウは, 憲法20条に規定されている「**信教の自由**」である。これも「**精神の自由**」で
　　ある。エは, 「**居住, 移転の自由**」であり, これが「**経済活動の自由**」である。　②　憲法第96
　　条に以下のように規定されている。「この憲法の改正は, 各議院の総議員の**三分の二以上**の賛成
　　で, 国会が, これを発議し, 国民に提案してその承認を経なければならない。この承認には, 特
　　別の**国民投票**又は国会の定める選挙の際行はれる投票において, その**過半数**の賛成を必要とす
　　る。」したがって, 正しい組み合わせは, イである。

(2)　①　法律, 命令, 規則又は処分が憲法に適合するかしないかを決定するのは裁判所の権限で
　　あり, **違憲審査権**という。**最高裁判所**は終審裁判所として, その権限を有し, 「**憲法の番人**」と
　　呼ばれる。一方, 憲法第64条に「国会は, 罷免の訴追を受けた裁判官を裁判するため, 両議院
　　の議員で組織する**弾劾裁判所**を設ける。」と規定されている。正しい組み合わせは, アである。
　　②　憲法第62条に「両議院は, 各々国政に関する調査を行い, これに関して, 証人の出頭及び
　　証言並びに記録の提出を要求することができる。」という規定がある。これを国会の**国政調査権**
　　という。　③　ア・イ・エは, どれも**民事裁判**の説明である。ウが, **刑事裁判**の説明であり, こ

れを国選弁護人という。

(3)　①　株主は，株主総会において経営方針や役員等を議決する権利を持ち，経営によって得た利潤の一部を配当金として受け取る権利を持つ。上記のような趣旨を50字以内にまとめて解答する。　②　売上高では，中小企業と大企業の割合は，ほぼ五分五分である。従業員数では，中小企業が約70％，大企業が約30％である。企業数では中小企業が99％以上である。したがって，正しい組み合わせは，カである。　③　1947年に施行された独占禁止法の目的は，公正かつ自由な競争を促進し，事業者が自主的な判断で自由に活動できるようにし，消費者が不当に高い価格で商品を購入しなくてよいようにすることである。独占禁止法の規制を実現する組織として，公正取引委員会が設けられている。

(4)　①　国際連合の安全保障理事会では，アメリカ・ロシア・中国・イギリス・フランスの常任理事国5国のうち1国でも反対すれば，その議案は否決される。常任理事国は拒否権を持っていることになり，この議案も常任理事国が1国反対したから否決されたのである。　②　国連通常予算分担率では，アメリカが群を抜いた第一位であり，第二位が中国，第三位が日本である。しかし，日本の分担率は，近年減少が続いている。ウが，日本である。　③　ア　アジアや環太平洋地域における多国間経済協力を進めるための組織が，1989年に創設されたAPEC(アジア太平洋経済協力)である。　イ　地域紛争で停戦を維持したり，紛争拡大を防止したり，公正な選挙を確保するための活動が，国際連合のPKO(平和維持活動)である。　ウ　諸国民の教育・科学・文化の協力と交流を通じて，国際平和と人類の福祉の促進を目的とした国際連合の専門機関が，UNESCO(国連教育科学文化機関)である。　エ　国際連合の専門機関であり，全ての人々が可能な最高の健康水準に到達することを目的として1948年に設立されたのが，WHO(世界保健機関)である。

〔6〕　(公民的分野—環境問題)

(1)　A　1997年に京都市で開かれた地球温暖化防止会議で，京都議定書が採択された。議定書では，先進工業国に温室効果ガスの排出量を削減することを義務づけ，2008年から2012年における目標を初めて数値で定めた。　B　地球サミットは，地球環境の保全のための具体的な方策を得ることを目的として，1992年にブラジルにおいて開催された。　C　地球温暖化防止会議で，2015年に採択されたのがパリ協定である。パリ協定では，発展途上国も対象とする国際的な枠組みが定められ，世界の平均気温上昇を産業革命前と比較して，2℃より低く抑えることが目標とされた。したがって年代の古い順に並べると，(B)→(A)→(C)となる。

(2)　①　温室効果ガスの排出量と吸収量を等しくすること，もしくは，排出量よりも吸収量の方を多くすることで，温室効果ガスの排出量を実質ゼロにすることができる。　②　資料Ⅳを見て，企業は顧客の需要や評価を一番に重視することを指摘する。そのため，資料Ⅴを参考に，消費者が脱炭素社会づくりに貢献する製品やサービスを選択すれば，企業の脱炭素化の推進につながることを結論とし，あわせて55字以内でまとめる。

＜国語解答＞
〔一〕　(一)　1　お(しむ)　2　あざ(やか)　3　とうたつ　4　こうけん　5　きっきん
　　　　(二)　1　吸(う)　2　勢(い)　3　節減　4　精密　5　類似
〔二〕　(一)　イ　(二)　ウ　(三)　ア　(四)　エ　(五)　ウ

〔三〕　（一）なお　（二）イ　（三）ア　（四）エ　（五）（例）宮の御前が，上の所
　　　有する笛の名前に掛けて，笛を交換するつもりはないという淑景舎の女御の気持ちを，
　　　僧都の君に伝えたこと。　（六）ウ

〔四〕　（一）エ　（二）ウ　（三）（例）物事の解釈を変更するだけでは，深刻な事態を乗り
　　　切ることができないから。　（四）（例）自分が見たい部分や一度信じたことにだけ，繰
　　　り返し目を向けているうちに，自分の見方を固く信じて疑わないようになること。
　　　（五）イ　（六）（例）深刻な事態が続くと，私たちの見方は固定化し，自分の見方を
　　　正当化してくれる情報を求めるようになるので，多くの情報の中から何が正解かを判断
　　　するためには，自分が信じる常識とは固定観念にほかならないものであると，改めて確
　　　認する必要があるということ。

＜国語解説＞

〔一〕　（知識－漢字の読み書き）
　（一）　1　「惜」には「セキ・お(しい)・お(しむ)」という読みがある。　2　「鮮」の音読みは「セ
　　ン」で，「鮮明」「新鮮」などの熟語を作る。　3　「到達」は，物事が進んであるところまで行き
　　つくこと。　4　「貢献」は，あることのために力を尽くし，役に立つこと。　5　「喫緊」は，
　　大切で解決が急がれること。
　（二）　1　「呼吸」の「呼」は息をはくこと，「吸」は息をすうことである。　2　「勢」の下の部分
　　は「力」である。　3　「節減」は，使う量を切り詰めてへらすこと。　4　「精密」は，細かい
　　ところまで行き届いて正確な様子。　5　「類似」の「似」を，形の似ている「以」としない。

〔二〕　（知識―語句の意味，熟語，品詞・用法）
　（一）　「ノートに控える」の「控える」は，書き留めるという意味。ア「明日に控える」は時間的
　　に近くにある，イ「電話番号を控える」は書き留める，ウ「ステージの裏で控える」は待機す
　　る，エ「運動を控える」は少なめにするということなので，イが正解。
　（二）　「乗車」は後の漢字が前の漢字の目的や対象を表すもの，ア「往復」は対になる意味の漢字
　　の組み合わせ，イ「過程」は前の漢字が後の漢字を修飾するもの，ウ「作文」は後の漢字が前の
　　漢字の目的や対象を表すもの，エ「選択」は似た意味の漢字の組み合わせなので，ウが正解。
　（三）　「ついに」は副詞。ア「はっきり」は副詞，イ「明るく」は形容詞「明るい」の連用形，ウ
　　「きれいに」は形容動詞「きれいだ」の連用形，エ「大きな」は連体詞なので，アが正解である。
　（四）　「話した」は連用形。ア「見れば」は仮定形，イ「来ると」は終止形，ウ「行こう」は未然
　　形，エ「開けて」は連用形なので，エが正解となる。
　（五）　選択肢のうち，「最も興味深いところ」という意味をもつものはウ「佳境」である。ア「幕
　　開け」は物事が始まること，イ「転機」はこれまでの状況と変わるきっかけ，エ「大詰め」は物
　　事の最終段階という意味の言葉である。

〔三〕　（古文―情景・心情，内容吟味，仮名遣い，古文の口語訳）
〈口語訳〉　淑景舎の女御がこちらにおいでになって，お話をなさる折に，「私のところにとても趣
のある笙の笛があります。故殿がくださったものです」とおっしゃると，僧都の君（隆円）が，「そ
れは隆円にお与えください。私のところに立派な琴がございます。それと取り替えてください。」
と申しなさるのを（淑景舎の女御が）聞き入れもなさらないで，他のことをおっしゃるのに，（僧都

の君は)お返事をいただこうと何度も申し上げなさるが，やはり(淑景舎の女御は)物もおっしゃらないので，宮の御前が「いなかへじ(＝いいえ，替えるつもりはない)と思っていらっしゃるのに」とおっしゃったご様子が，たいそう素晴らしかったことが限りないほどである。この(いなかへじという)御笛の名は，僧都の君もご存じなかったので，ただ恨めしいと思っていらっしゃったようだ。これは(宮の御前が)職の御曹司にいらっしゃったころのことであるようだ。一条天皇の御手元に「いなかへじ」という御笛がございまして，その名前である。

(一)　語頭にない「ほ」を「お」に直して「なお」とする。

(二)　僧都の君(隆円)が淑景舎の女御の笛を欲しがっている場面であるから，「給へ」はイの「**お与えください**」という意味である。

(三)　僧都の君が話しかけているのを聞き入れずに話題を変えたのは，ア「**淑景舎の女御**」である。

(四)　傍線部(3)の主語は**僧都の君**であり，淑景舎の女御が話題を変えても，何度も笛のことを言っている様子を示している。これは，どうしても**淑景舎の女御から承諾の返事をもらおうという心情**の表れなので，エが正解。他の選択肢は，人物関係や心情を誤って捉えている。

(五)　「宮の御前の，『**いなかへじとおぼしたるものを**』とのたまはせたる御けしき」をもとに，上(一条天皇)が所有する笛の名が「いなかへじ」であること，淑景舎の女御は笛を交換するつもりがないこと，宮の御前が，淑景舎の女御の気持ちを，僧都の君に伝えたこと，の3点を入れて60字以内で書く

(六)　「この御笛の名」は，**上が所有していた笛の「いなかへじ」という名**を指す。副詞の「え」は後に否定を表す語をともなって「……できない」という意味を表すので，「え知りたまはざりけれ」は「お知りになることができなかった」「**ご存じなかった**」という意味になる。正解はウ。「故殿がくださった笛の名前」は，ここでは話題になっていないので，アとイは不適当。アは「知っていた」も誤りである。エの説明では，僧都の君だけが笛の名を知っていたことになるため，本文と合わない。

〔四〕　(論説文－内容吟味，脱文・脱語補充)

(一)　文脈から，前の「自分の見方を変えること」と後の「相手や物事を変えること」を比べると，後の方を選びたいという気持ちが読み取れるので，エ「**むしろ**」が当てはまる。

(二)　次の段落に「物事の解釈」は「見方」の一部であることが示され，「見方を方向づける欲求そのものは自分の深い部分で固定化しており」とある。ここから，「欲求―深い部分」「物事の解釈―表面的」という対比が読み取れるので，ウが正解となる。

(三)　傍線部(1)の少し前の「深刻な事態がおこったときには，それだけではうまくいかなくなる」をもとに，「それ」が「物事の解釈を変更すること」を指していることを踏まえて35字以内で書く。

(四)　傍線部(2)の段落の後半に，「自分の都合の悪いものは視界から追いやって，**自分が見たい部分や一度信じたことにだけ目を向けがちになる。そんな状態を繰り返している**うちに，私たちのまなざしはもう変えられないほど固定化してしまう」とある。また，最終段落から「**まなざしが固定化した状態**」とは「**自らが固く信じて疑わない見方**」であることが読み取れる。この内容を60字以内で書く。

(五)　傍線部(3)の二つ前の段落の「**自分の見方が間違っていると改めるよりも，自分の見方は間違っていないことを確認する方向に物事の解釈を変更する方が私たちには容易い。**」と合致するイが正解。アとウの説明は，逆の内容である。本文は，自分の見方を改めることと物事の解釈を

変更することを比べており，「相手の考え方を変えていく」ことについては述べていないので，エは不適当である。

（六）　Ⅱの文章の波線部の「そんなとき」は「**混乱が大きく，多くの情報が溢れていて何が事実で何が正解なのかの判断が難しいとき**」を指している。混乱が大きいということを，Ⅰの文章では「**深刻な事態が続くような状況**」と表現し，そこでは私たちは「**まなざしを固定化する**」ことを選び，「**自分の見方を正当化してくれる情報や理屈，権威を追い求めるようになる**」と説明している。そして，見方が固定化した状態である**固定観念**や偏見が社会にまで広がったものを「**常識**」としている。これを踏まえると，波線部の「『**常識とは何か**』について確認する」は，常識が固定観念であることを確認するということになる。「どういうことか。」という問いなので，「～ということ。」という形で答えるのが望ましい。

新潟県公立高等学校

2022年度

★★★★★★★★★★★★★★★★★★★★★

入試問題

2022年度

●くわしい解説 …… 37 ページ

＜数学＞　　時間　50分　　満点　100点

［1］　次の(1)～(8)の問いに答えなさい。

(1)　2－11＋5　を計算しなさい。

(2)　$3(a-3b)-4(-a+2b)$　を計算しなさい。

(3)　$8a^2b^3÷(-2ab)^2$　を計算しなさい。

(4)　$\sqrt{6}×2\sqrt{3}-5\sqrt{2}$　を計算しなさい。

(5)　2次方程式　$x^2-5x-6=0$　を解きなさい。

(6)　2点（－1，1），（2，7）を通る直線の式を答えなさい。

(7)　右の図のように，円Oの円周上に4つの点A，
　　B，C，Dがあり，線分BDは円Oの直径である。
　　∠ABD＝33°，∠COD＝46°であるとき，∠xの
　　大きさを答えなさい。

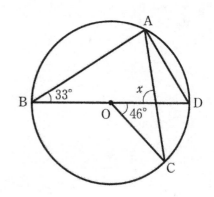

(8)　下の図は，ある中学校の2年A組，B組，C組それぞれ生徒35人の，ハンドボール投げの記
　　録を箱ひげ図に表したものである。このとき，ハンドボール投げの記録について，図から読み
　　取れることとして正しいものを，次のページのア～オからすべて選び，その符号を書きなさい。

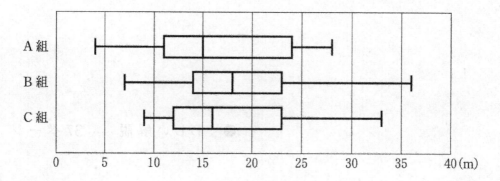

ア　A組，B組，C組のいずれの組にも，30mを上回った生徒がいる。

イ　A組とB組を比べると，四分位範囲はB組の方が大きい。

ウ　B組とC組を比べると，範囲はB組の方が大きい。

エ　A組は，10m以上15m以下の生徒の人数より，15m以上20m以下の生徒の人数の方が多い。

オ　C組には，25m以下だった生徒が27人以上いる。

〔2〕　次の(1)~(3)の問いに答えなさい。

(1)　$\sqrt{56n}$ が自然数となるような，最も小さい自然数 n を求めなさい。

(2)　箱の中に，数字を書いた6枚のカード①，②，③，③，④，④が入っている。これらをよくかき混ぜてから，2枚のカードを同時に取り出すとき，少なくとも1枚のカードに奇数が書かれている確率を求めなさい。

(3)　右の図のように，線分ABと点Pがある。線分AB上にあり，PQ＋QB＝ABとなる点Qを，定規とコンパスを用いて作図しなさい。ただし，作図は解答用紙に行い，作図に使った線は消さないで残しておくこと。

P.

A ———————————— B

〔3〕　モーター付きの2台の模型のボートがあり，それぞれボートA，ボートBとする。この2台のボートを流れのない水面に並べて浮かべ，同時にスタートさせ，ゴールまで200mを走らせた。ただし，2台のボートは，それぞれ一直線上を走ったものとする。

ボートがスタートしてから x 秒間に進んだ距離を y m とする。右の図1は，ボートAについて x と y の関係をグラフに表したものであり，$0 \leqq x \leqq 14$ では放物線，$14 \leqq x \leqq a$ では直線である。また，図2は，ボートBについて x と y の関係をグラフに表したものであり，$0 \leqq x \leqq 20$ では放物線，$20 \leqq x \leqq b$ では直線である。このとき，次の(1)~(4)の問いに答えなさい。

(1)　ボートAについて，$0 \leqq x \leqq 14$ のとき，y を x の式で表しなさい。

(2)　ボートAについて，スタートして14秒後からゴールするまでの速さは毎秒何mか，答えなさい。

(3)　図1のグラフ中の a の値を求めなさい。

図1

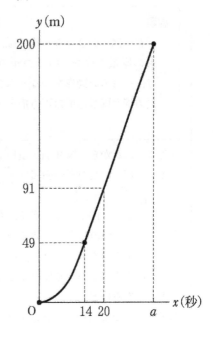

⑷　次の文は，2台のボートを走らせた結果について述
　べたものである。このとき，文中の　ア　～　ウ　に
　当てはまる記号または値を，それぞれ答えなさい。た
　だし，記号は，AまたはBのいずれかとする。

> 先にゴールしたのはボート　ア　であり，
> ボート　イ　の　ウ　秒前にゴールした。

図2

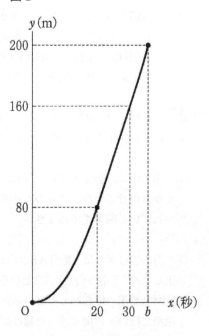

〔4〕　次の文は，ある中学校の数学の授業での課題と，その授業での先生と生徒の会話の一部で
　ある。この文を読んで，あとの(1)〜(5)の問いに答えなさい。

課題

　　右の図1のような，縦9cm，横16cmの長方
　形の厚紙1枚を，いくつかの図形に切り分
　け，それらの図形をつなぎ合わせて，図1の
　長方形と同じ面積の正方形を1つ作る。

図1

16 cm

9 cm

先生：　これから，縦9cm，横16cmの長方形の厚紙を配ります。

ミキ：　図1の長方形の面積は　ア　cm²だから，これと同じ面積の正方形の1辺の長さは
　　　　イ　cmです。

リク：　私は，図1の長方形を，右の図2のよう
　　　　にⅠ5つの長方形に切り分け，それらの長
　　　　方形をつなぎ合わせて，次のページの図3
　　　　のように正方形を作りました。

ミキ：　なるほど。

ユイ：　ほかに切り分ける方法はないのでしょう
　　　　か。

図2

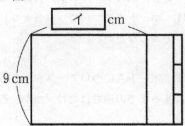

イ　cm

9 cm

先生：　それでは，切り分ける図形の個数を最も
少なくすることを考えてみましょう。ま
ず，右の図4のように，∠RPQが直角で斜
辺QRの長さを16cmとし，頂点Pから斜辺
QRに引いた垂線と斜辺QRとの交点をH
とするとき，線分QHの長さが9cmである
△PQRを考えます。このとき，辺PQの長
さを求めてみましょう。

コウ：　Ⅱ△PQRと△HQPが相似なので，
辺PQの長さは　ウ　cmです。

先生：　そのとおりです。さて，図1の長方形と
図4の△PQRを見て，何か気づくことは
ありますか。

リク：　長方形の横の長さと，△PQRの斜辺QR
の長さは，どちらも16cmです。

ミキ：　私も同じことに気づきました。そこで，
図1の長方形と合同な長方形の頂点を，
図5のように，左上から反時計回りにA，
B，C，Dとしました。そして，図6のよ
うに，長方形の辺BCと△PQRの斜辺QR
を重ねた図をかきました。

先生：　ミキさんがかいた図6を利用して，長方
形AQRDを，3つの図形に切り分けるこ
とを考えてみましょう。

ユイ：　右下の図7のように，線分ADと線分RP
の延長との交点をEとすると，Ⅲ線分PQ
の長さと線分ERの長さは等しくなりま
す。

コウ：　それなら，長方形AQRDを線分PQと
線分ERで3つの図形に切り分け，それら
の図形をつなぎ合わせると，図1の長方形
と同じ面積の正方形を1つ作ることができ
ます。

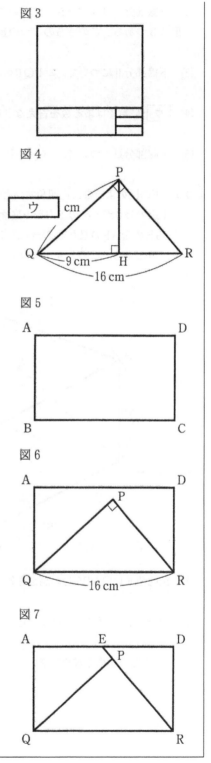

図3

図4

ウ　cm

9cm
16cm

図5

A　　　　D

B　　　　C

図6

A　　　　D
P
Q　　16cm　　R

図7

A　　E　　D
P
Q　　　　R

(1) 　ア　，　イ　に当てはまる数を，それぞれ答えなさい。

(2) 下線部分Ⅰ（4ページ）について，切り分けた5つの長方形のうち，最も面積の小さい長方形は3つある。このうちの1つの長方形の面積を答えなさい。

(3) 下線部分Ⅱについて，△PQR∽△HQPであることを証明しなさい。

(4) 　ウ　に当てはまる数を答えなさい。

(5) 下線部分Ⅲについて，PQ＝ERであることを証明しなさい。

〔5〕 下の図のような，正四角すいと直方体を合わせてできた立体がある。正四角すいOABCDは，1辺の長さが4cmの正方形を底面とし，OA＝OB＝OC＝OD＝3cmであり，直方体ABCD－EFGHの辺AEの長さは2cmである。また，直線OE，OGと平面ABCDとの交点を，それぞれP，Qとする。このとき，次の(1)～(3)の問いに答えなさい。

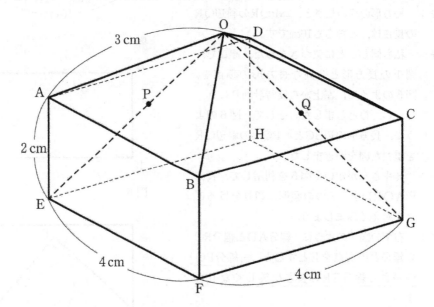

(1) 正四角すいOABCDの高さを答えなさい。

(2) 線分PQの長さを求めなさい。

(3) △PFQの面積を求めなさい。

＜英語＞ 時間　50分　満点　100点

〔１〕　放送を聞いて，次の(1)～(3)の問いに答えなさい。

(1)　これから英文を読み，それについての質問をします。それぞれの質問に対する答えとして最も適当なものを，次のア～エから一つずつ選び，その符号を書きなさい。

1　ア　A mirror.　　イ　A pencil.　　ウ　A shirt.　　エ　A table.

2　ア　Two people.　　　　　　　　イ　Three people.
　　ウ　Six people.　　　　　　　　エ　Nine people.

3　ア　Hiroko and her father.　　イ　Hiroko and her brother.
　　ウ　Hiroko's father and mother.　　エ　Hiroko's father and brother.

4　ア　By bike.　　イ　By car.　　ウ　By bus.　　エ　By train.

(2)　これから英語で対話を行い，それについての質問をします。それぞれの質問に対する答えとして最も適当なものを，次のア～エから一つずつ選び，その符号を書きなさい。

1　ア　Yes, they do.　　　　　　イ　No, they don't.
　　ウ　Yes, they did.　　　　　　エ　No, they didn't.

2　ア　On Saturday morning.　　イ　On Saturday afternoon.
　　ウ　On Sunday morning.　　　エ　On Sunday afternoon.

3　ア　At 9:00.　　イ　At 9:10.　　ウ　At 9:40.　　エ　At 10:00.

4
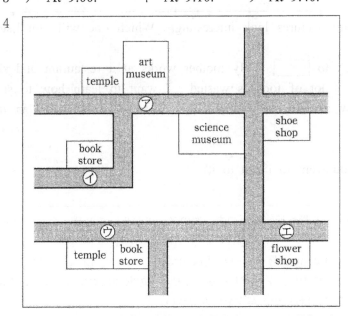

(3)　これから，英語部の先生が生徒に，留学生のメアリー（Mary）の歓迎会の連絡をします。その連絡について，二つの質問をします。それぞれの質問に対する答えを，3語以上の英文で書きなさい。

〔2〕　次の英文は，地球規模の社会問題を扱った高校生向けの講演会（lecture）の【案内】の一部と，それについて，あなたとオリバー（Oliver）が話をしている【会話】です。【案内】と【会話】を読んで，下の(1)，(2)の問いに答えなさい。ただし，【会話】の＊＊＊の部分には，あなたの名前が書かれているものとします。

【案内】

Lecture A: Safe Water for Everyone
About 2,200,000,000 people cannot drink clean and safe water, and many of them become sick. Safe water is necessary for their healthy lives.

Lecture B: Studying at School
About 1,600,000,000 children do not go to school. Many of them hope to learn how to read, write, or calculate, and improve their lives.

Lecture C: Don't Waste Food
About 2,000,000,000 people cannot eat enough food, but more than 30% of the world's food is wasted. How can we stop wasting food?

Lecture D: Forests Will Be Lost
By 2030, 60% of the Amazon rainforest may be lost. Then, many animals and plants living there will lose their home.

(注)　clean　きれいな　　healthy　健康的な　　calculate　計算する　　by～　～までには
the Amazon rainforest　アマゾンの熱帯雨林

【会話】

＊＊＊ : Wow, all the lectures look interesting. Which one will you listen to?

Oliver : I will listen to ☐. My mother works at a restaurant and she often says a lot of food is wasted. I want to learn how to stop that. How about you? Which lecture are you interested in the most?

＊＊＊ : (a)

Oliver : Why do you want to listen to it?

＊＊＊ : (b)

(1)　【会話】の ☐ の中に入る最も適当なものを，次のア〜エから一つ選び，その符号を書きなさい。

ア　Lecture A　　　イ　Lecture B　　　ウ　Lecture C　　　エ　Lecture D

(2)　【会話】のa，bの（　）の中に，それぞれ直前のオリバーの質問に対するあなたの答えを，aは3語以上の英文で，bは3行以内の英文で書きなさい。

〔3〕　次の英文を読んで，あとの(1)〜(6)の問いに答えなさい。

Ruri is a junior high school student. Jane is from Canada, and she is studying science at university in Japan. Jane is staying at Ruri's house. They are talking at a park.

Jane: Look, a swallow is flying.

Ruri: Oh, that swallow is flying low. Well, if my grandmother were here, she would say, "Go home before it rains." She really loves superstitions.

Jane: Ruri, your grandmother may be right. It will rain when a swallow flies low.

Ruri: What?

Jane: I read it in a science book. Swallows eat insects. Before it starts raining, insects cannot fly high because of humidity. To eat those (A) insects, swallows also fly low.

Ruri: Wow, B| interesting, story, an, what |! That's not a superstition.

Jane: Your grandmother may know other useful stories.

Ruri: Yes, I will ask her.

Jane: I know another interesting story. Ruri, what will you do if your little brother hits his foot on a table leg and starts crying?

Ruri: Well, I think I will say, "Are you OK?" and touch his foot with my hand.

Jane: You are a good sister. But do you think it reduces pain?

Ruri: No. It is a superstition, right?

Jane: Ruri, some scientists say it's not a superstition. By touching an aching body part, you can reduce pain. I heard this story from my teacher.

Ruri: Really? That's amazing!

Jane: C<u>Those stories</u> are two examples of things humans have learned from experience. They have (D) those things to their children. Some people may think they are superstitions, but some of them are true. By doing scientific research, we can know many things.

Ruri: Great! Science is very interesting.

Jane: Yes. Well, if you like science, I want you to remember one thing. Science isn't perfect.

Ruri: | E | You have just said we can know many things by doing scientific research.

Jane: Yes. Science is useful and can tell us a lot of things. However, it is very difficult to know what is really true.

Ruri: Can you give me an example?

Jane: For example, in the past, many scientists believed all dinosaurs died out. But now, some scientists say some dinosaurs survived. Like this example, scientists sometimes have different theories about something.

Ruri: I see. Science is useful, but it is difficult to know true things.

Jane: Yes. It's difficult even for scientists to know true things. "Why does it happen?" "Is it really true?" Scientists always have such questions and do research.　For a long time, _Fthose people have been developing science.

Ruri: How can I become such a person?

Jane: You should always think a lot and try to find questions from your daily life.　When you have a question, think how to study about it and do research.　Also, it is important to read a lot of science books.　You are still a junior high school student, but there are many things you can do.

Ruri: OK, I will try.　And I will study science in the future like you!

Jane: I'm _G| to, that, hear, happy |.　I'm sure you can enjoy learning science more.

(注) swallow ツバメ　low 低く　superstition 迷信　insect 昆虫　high 高く
humidity 湿気　hit ~ on… ~を…にぶつける　foot 足　table leg テーブルの脚
reduce ~ ~を減らす　pain 痛み　aching 痛む　scientific 科学的な
perfect 完璧な　die out 死に絶える　theory 学説　develop ~ ~を発達させる

(1) 文中のA，Dの（　）の中に入る最も適当な語を，次のア～エからそれぞれ一つずつ選び，その符号を書きなさい。

A　ア fly　　イ flies　　ウ flew　　エ flying

D　ア heard　　イ lost　　ウ taught　　エ understood

(2) 文中のB，Gの　□　の中の語を，それぞれ正しい順序に並べ替えて書きなさい。

(3) 下線部分Cについて，その具体的な内容を，本文から二つ探して，それぞれ英文1文で抜き出しなさい。

(4) 文中のEの　□　の中に入る最も適当なものを，次のア～エから一つ選び，その符号を書きなさい。

ア　Why do you remember it?

イ　What do you mean?

ウ　I'll never forget it.

エ　I'm sure you are right.

(5) 下線部分Fについて，その内容を，具体的に日本語で書きなさい。

(6) 本文の内容に合っているものを，次のア～オから一つ選び，その符号を書きなさい。

ア　Ruri doesn't think people should believe superstitions because they are not useful.

イ　Jane knows a lot of interesting stories about science because she has learned them from her grandmother.

ウ　Jane thinks scientists can always know what is really true and don't have different theories.

エ　Ruri wants to study science though Jane has told her that it is difficult even for scientists to know true things.

オ　Jane thinks junior high school students are so young that they cannot do research.

〔4〕 次の英文を読んで，あとの(1)～(6)の問いに答えなさい。

Mike is from America and he studied about Japanese culture at university in Japan. Now he is an ALT at Hikari High School. He puts his "Question Box" on the table in front of the teachers' room. Students can put letters into it when they have questions. They ask him about America, how to learn English, and so on. Mike likes his "Question Box" because it is a good way to communicate with students.

One day in October, he got two long letters. One letter was from Kana, a girl in the English club. The other letter was from Leo, a student from France.

【The letter from Kana】

Hello, Mike. I'm Kana. Do you know Leo, a student from France? He has been in our class for two months. He is kind and everyone likes him. But now, I am worrying about him a little.

He doesn't speak Japanese well and sometimes cannot understand our Japanese. But ₐthat is not the problem. We can communicate with him in English. He is a great English speaker and we learn a lot from him. Last month, he looked very happy when he talked with us. But these days, he doesn't look so happy when we talk to him. Why does he look like that?

Well, sometimes we cannot understand Leo's English because he talks very fast and uses difficult words. Also it is difficult for us to express everything in English. Is it making him disappointed? If we improve our English, will he be happy?

When I ask him, "Are you OK?", he always says he is OK. But if he has any trouble, I want to help him. Mike, can you guess what ᵦhis problem is? Please give me some advice and help us become good friends.

【The letter from Leo】

Hello, Mike. I'm Leo. I came to Japan in August. I'm writing this letter because you may be the only person who can understand my feelings.

I cannot speak Japanese well, so my classmates talk to me in English. They may think that all foreign people speak great English. My English may be better than theirs, but I'm not a great English speaker. I love talking with my classmates but sometimes I feel as if my classmates talk to me only because they want to practice English.

I came to Japan to learn Japanese. I study Japanese every day, and have learned some words. If my classmates speak slowly, I can understand their Japanese a little. But they try to say everything in English.

I know English is our common language. We can communicate with each other in English though it is not the language we usually speak. In the future, my classmates and I can share ideas with people in the world by using English. That's wonderful, but now, I want to communicate with my classmates in Japanese. I cannot improve my Japanese if I don't use it at school.

　Mike, should I tell my classmates my feelings? I know they are trying to be kind to me, and I don't want to hurt their feelings. What would you do if you were me?

　Mike remembered his university days. He really understood their feelings. He thought, "Some friends talked to me in English to help me. They were good friends and thanks to them, I enjoyed life in Japan. But I wanted to ☐ C and improve my Japanese. Leo, I had the same wish."

　However, Mike didn't worry too much. He said to himself, "Sometimes it is difficult to communicate with other people, but both Kana and Leo ☐ D . They will be good friends." Mike started to write letters to them.

（注）　～and so on　～など　　communicate　意思を伝え合う　　disappointed　がっかりする
　　　　feel as if～　まるで～であるかのように感じる　　only because～　ただ～だから
　　　　slowly　ゆっくりと　　common　共通の　　thanks to～　～のおかげで　　wish　願い
　　　　say to himself　彼自身の心の中で考える

(1)　下線部分Aについて，その内容を，具体的に日本語で書きなさい。

(2)　次の英文は，下線部分Bについてのカナ (Kana) の考えをまとめたものです。X，Yの[　]の中に入るものの組合せとして，最も適当なものを，下のア～エから一つ選び，その符号を書きなさい。

　　　Leo [　X　] because [　Y　].

	X	Y
ア	isn't happy when he talks with us	our English is not as good as Leo's
イ	isn't happy when he talks with us	we talk to him in English
ウ	cannot improve his Japanese	our English is not as good as Leo's
エ	cannot improve his Japanese	we talk to him in English

(3)　文中のCの☐に当てはまる内容を，5語以上の英語で書きなさい。

(4)　文中のDの☐の中に入る最も適当なものを，次のア～エから一つ選び，その符号を書きなさい。

　ア　practice English very hard
　イ　enjoy talking in Japanese
　ウ　tell their true feelings with each other
　エ　think about each other

(5)　次の①～③の問いに対する答えを，それぞれ３語以上の英文で書きなさい。

①　Can students ask Mike questions by putting letters into his "Question Box"?

②　Why is Kana worrying about Leo these days?

③　According to Leo, what can Leo and his classmates do in the future by using English?

(6)　あなたが，カナとレオ（Leo）の２人から，マイク（Mike）先生への手紙と同じ内容の手紙をもらったとしたら，どのような返事を書きますか。返事を書く相手として，カナかレオのどちらかを選び，解答用紙の〔　〕の中に，Kana か Leo を書き，それに続けて，　　の中に，４行以内の英文で返事を書きなさい。ただし，＊＊＊の部分には，あなたの名前が書かれているものとします。

＜理科＞

時間 50分　満点 100点

〔1〕 次の(1)～(6)の問いに答えなさい。

(1) ある地層の石灰岩の層に，サンゴの化石が含まれていた。この石灰岩の層は，どのような環境のもとで堆積したと考えられるか。最も適当なものを，次のア～エから一つ選び，その符号を書きなさい。

　ア　深くてつめたい海　　イ　深くてあたたかい海
　ウ　浅くてつめたい海　　エ　浅くてあたたかい海

(2) シダ植物とコケ植物について述べた文として，最も適当なものを，次のア～エから一つ選び，その符号を書きなさい。

　ア　シダ植物は，種子をつくる。　　イ　シダ植物には，維管束がある。
　ウ　コケ植物は，光合成をしない。　　エ　コケ植物には，根・茎・葉の区別がある。

(3) 放射線について述べた文として，最も適当なものを，次のア～エから一つ選び，その符号を書きなさい。

　ア　放射能とは，放射性物質が，放射線を出す能力である。
　イ　γ線は，アルミニウムなどのうすい金属板を通りぬけることができない。
　ウ　放射線は，人間が人工的につくるもので，自然界には存在しない。
　エ　放射線の人体に対する影響を表す単位は，ジュール（記号 J）である。

(4) 水，硫黄，酸化銅，炭酸水素ナトリウムのうち，2種類の原子でできている物質の組合せとして，最も適当なものを，次のア～エから一つ選び，その符号を書きなさい。

　ア　〔水，硫黄〕　　　　　　　　イ　〔硫黄，炭酸水素ナトリウム〕
　ウ　〔酸化銅，炭酸水素ナトリウム〕　　エ　〔水，酸化銅〕

(5) 右の図の粉末A～Cは，砂糖，食塩，デンプンのいずれかである。これらの粉末を区別するために，それぞれ0.5 gを，20℃の水10cm³に入れてかきまぜたときの変化や，燃焼さじにとってガスバーナーで加熱したときの変化を観察する実験を行った。次の表は，この実験の結果をまとめたものである。粉末A～Cの名称の組合せとして，最も適当なものを，下のア～カから一つ選び，その符号を書きなさい。

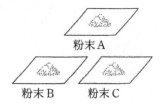

粉末A

粉末B　　　粉末C

	粉末A	粉末B	粉末C
水に入れてかきまぜたときの変化	溶けた	溶けた	溶けずに残った
ガスバーナーで加熱したときの変化	変化が見られなかった	黒くこげた	黒くこげた

　ア　〔A　砂糖，B　食塩，C　デンプン〕　　イ　〔A　砂糖，B　デンプン，C　食塩〕
　ウ　〔A　食塩，B　砂糖，C　デンプン〕　　エ　〔A　食塩，B　デンプン，C　砂糖〕
　オ　〔A　デンプン，B　砂糖，C　食塩〕　　カ　〔A　デンプン，B　食塩，C　砂糖〕

(6) 右の図のように，スライドガラスに塩化ナトリウム水溶液をしみこませたろ紙をのせ，その上に，中央に鉛筆で線を引いた赤色のリトマス紙を置いた。このリトマス紙の中央の線上に，ある水溶液を1滴落とすと，中央部に青色のしみができた。次に，ろ紙の両端をクリップでとめ，このクリップに電源装置をつなぎ，電圧を加えて電流を流した。リトマス紙の中央の線上に落とした水溶液と，電流を流したあとのリトマス紙のようすの組合せとして，最も適当なものを，次のア〜エから一つ選び，その符号を書きなさい。

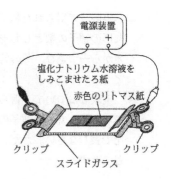

	リトマス紙の中央の線上に落とした水溶液	電流を流したあとのリトマス紙のようす
ア	塩酸	中央部の青色のしみが陽極側に広がった
イ	塩酸	中央部の青色のしみが陰極側に広がった
ウ	水酸化ナトリウム水溶液	中央部の青色のしみが陽極側に広がった
エ	水酸化ナトリウム水溶液	中央部の青色のしみが陰極側に広がった

〔2〕 遺伝の規則性について調べるために，エンドウの種子を用いて，次の実験1〜3を行った。この実験に関して，下の(1)〜(4)の問いに答えなさい。

実験1　丸形のエンドウの種子を育て，自家受粉させたところ，丸形としわ形の両方の種子（子）ができた。

実験2　実験1で得られたエンドウの種子（子）の中から，I 丸形の種子とII しわ形の種子を1つずつ選んでそれぞれ育て，かけ合わせたところ，できた種子（孫）はすべて丸形になった。

実験3　実験1で得られたエンドウの種子（子）のうち，実験2で選んだものとは異なる，丸形の種子としわ形の種子を1つずつ選んでそれぞれ育て，かけ合わせたところ，丸形としわ形の両方の種子（孫）ができ，その数の比は1：1であった。

(1) 次の文は，受粉について述べたものである。文中の $\boxed{\text{X}}$，$\boxed{\text{Y}}$ に最もよく当てはまる用語をそれぞれ書きなさい。

めしべの先端にある $\boxed{\text{X}}$ に，$\boxed{\text{Y}}$ がつくことを受粉という。

(2) 実験1について，エンドウの種子の形の丸形としわ形のように，どちらか一方の形質しか現れない2つの形質どうしを何というか。その用語を書きなさい。

(3) 実験2について，次の①，②の問いに答えなさい。

① 種子の形を丸形にする遺伝子をA，しわ形にする遺伝子をaで表すとき，下線部分Iの丸形の種子の遺伝子の組合せと，下線部分IIのしわ形の種子の遺伝子の組合せとして，最も適当なものを，次のア〜ウからそれぞれ一つずつ選び，その符号を書きなさい。

ア　AA　イ　Aa　ウ　aa

② 実験2で得られた種子（孫）をすべて育て，それぞれ自家受粉させてできる種子における，丸形の種子の数としわ形の種子の数の比はどのようになるか。最も適当なものを，次のア〜オから一つ選び，その符号を書きなさい。

ア　1：1　　イ　1：2　　ウ　1：3　　エ　2：1　　オ　3：1

(4) 実験3について，得られた種子（孫）をすべて育て，それぞれ自家受粉させてできる種子における，丸形の種子の数としわ形の種子の数の比はどのようになるか。最も簡単な整数の比で表しなさい。ただし，1つのエンドウの個体にできる種子の総数は，すべて同じであるものとする。

〔3〕　理科の授業で，花子さんの班は，浮力についての実験を行い，レポートを作成することになった。次の Ⅰ は，花子さんの班が作成中のレポートの一部である。また，Ⅱ は実験中の花子さんと班のメンバーによる会話の一部である。Ⅰ，Ⅱ に関して，あとの(1)〜(4)の問いに答えなさい。

Ⅰ　作成中のレポートの一部

〔目的〕　物体にはたらく浮力の大きさと，物体の水中に沈んでいる部分の体積の関係を調べる。

〔準備〕　密閉できる円筒形の容器，おもり，糸，ばねばかり，水を入れたビーカー

〔方法〕　①　密閉できる円筒形の容器におもりを入れ，その容器を，糸でばねばかりにつるし，重さを測定した。

②　右の図のように，①で重さを測定した，おもりを入れた容器を，ゆっくりとビーカーに触れないようにして水中に沈めていき，容器の下半分を水中に沈めたときの，ばねばかりが示す値を読んだ。

③　②と同じ手順で，容器の全体を水中に沈めたときの，ばねばかりが示す値を読んだ。

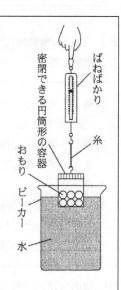

〔結果〕　①，②，③の値を，実験の結果として次の表にまとめた。

①の値	②の値	③の値
0.95 N	0.73 N	

Ⅱ　実験中の会話の一部

花子さん：浮力の大きさは，容器の水中に沈んでいる部分の体積に関係がありそうですね。

太郎さん：浮力の大きさは　　X　　になると考えられます。容器の下半分を沈めたときの②の値から考えて，容器の全体を沈めたときの③の値は　　Y　　Nになると予想できます。

では，容器の全体を沈めてみます。
③の値は，予想通り　Y　Nになりました。

良子さん

浮力について調べてみたら，浮力は沈めた物体の重さには
関係しないということが書かれていました。

花子さん

今回の実験では，そのことは確かめることができませんね。

太郎さん

Z　，同様の実験をすれば，そのことを確かめること
ができます。では，やってみましょう。

良子さん

(1)　X　に最もよく当てはまるものを，次のア～カから一つ選び，その符号を書きなさい。

ア　①の値　　　　　　イ　②の値　　　　　　ウ　①の値の半分

エ　②の値の半分　　　オ　①の値と②の値の和　　カ　①の値と②の値の差

(2)　Y　に当てはまる値を求めなさい。

(3)　Z　に最もよく当てはまるものを，次のア～エから一つ選び，その符号を書きなさい。

ア　容器を変えずに，容器の中のおもりの数を増やして

イ　容器を大きくして，容器の中のおもりの数を変えないで

ウ　容器を小さくして，容器の中のおもりの数を増やして

エ　おもりを入れた容器を，さらに深く沈めるようにして

(4)　この実験で用いた密閉できる円筒形の容器の下面の面積は，$8.0cm^2$である。容器の下半分を
水中に沈めたとき，容器の下面にはたらく水圧の大きさは何Paか。求めなさい。

〔4〕　空気中の水蒸気の変化について，次の(1)～(3)の問いに答えなさい。

(1)　次の文は，空気中の水蒸気が水滴に変わるしくみについて述べたものである。文中の　X　，
Y　に当てはまる語句の組合せとして，最も適当なものを，下のア～エから一つ選び，その符
号を書きなさい。

地表面からの高度が上がるほど，それより上にある空気の重さが　X　ため，気圧が
低くなる。このため，地表付近の空気は上昇すると　Y　，気温が下がる。気温が下が
ると，空気が含むことのできる水蒸気量が小さくなり，空気中の水蒸気は凝結して，水滴
になる。

ア　〔X　小さくなる，　Y　圧縮され〕　　イ　〔X　小さくなる，　Y　膨張し〕

ウ　〔X　大きくなる，　Y　圧縮され〕　　エ　〔X　大きくなる，　Y　膨張し〕

(2)　$1m^3$の空気が含むことのできる水蒸気の最大質量を何というか。その用語を書きなさい。

(3)　地表から50mの高さにある気温20℃の空気が上昇し，地表からの高さが950mの地点で雲が
できはじめた。次のページの図は，気温と水蒸気量の関係を表したものであり，曲線は，$1m^3$
の空気が含むことのできる水蒸気の最大質量を示している。この図をもとにして，次の①，②

の問いに答えなさい。ただし，上昇する空気
の温度は，100mにつき1.0℃下がるものとし，
空気１m³中に含まれる水蒸気量は，上昇し
ても変わらないものとする。

① この空気の露点は何℃か。求めなさい。

② この空気が地表から50mの高さにあった
ときの湿度はおよそ何％か。最も適当なも
のを，次のア～オから一つ選び，その符号
を書きなさい。

ア　58%　　イ　62%　　ウ　66%

エ　70%　　オ　74%

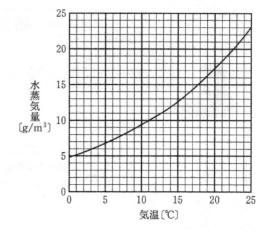

〔5〕　セキツイ動物について，次の(1)，(2)の問いに答えなさい。

(1) セキツイ動物の５つのグループについて，それぞれの化石が発見される地層の年代をもとに
考えたとき，地球上に出現した年代が古いものから順に並べたものとして，最も適当なものを，
次のア～エから一つ選び，その符号を書きなさい。

ア　魚類　→　ハチュウ類　→　両生類　　　　→　鳥類　　　　→　ホニュウ類

イ　魚類　→　ハチュウ類　→　両生類　　　　→　ホニュウ類　→　鳥類

ウ　魚類　→　両生類　　　→　ハチュウ類　→　鳥類　　　　→　ホニュウ類

エ　魚類　→　両生類　　　→　ハチュウ類　→　ホニュウ類　→　鳥類

(2) 図１は，ヒト，イヌ，コウモリの
前あしの骨格を，図２は，シマウマ
とライオンの目の向きを，それぞれ
模式的に表したものである。このこ
とに関して，次の①，②の問いに答
えなさい。

図１

ヒト　イヌ　コウモリ

図２

シマウマ　　ライオン

① 次の文は，ヒト，イヌ，コウモリの前あしの骨格を比較して考えられることについて述べ
たものである。文中の　X ，　Y　に最もよく当てはまる用語をそれぞれ書きなさい。

ヒト，イヌ，コウモリの前あしの骨格を比較してみると，形が異なっていても，基本
的なつくりが共通していることがわかる。形やはたらきが異なっていても，もとは同じ
器官であったと考えられる器官のことを　 X 　といい，生物のからだが長い年月をか
けて世代を重ねる間に変化してきたことの証拠であると考えられている。この変化を
　 Y 　という。

② シマウマとライオンでは，目の向きに違いがある。ライオンの視野の広さと，物体を立体
的に見ることのできる範囲は，シマウマと比較して，どのような違いがあるか。「目の向き」
という語句を用いて書きなさい。

〔6〕　健太さんは，理科の授業で月の満ち欠けに興味を
もったので，月を観察することにした。ある年の9月21日
午後7時頃に，新潟県のある場所で観察したところ，満月
が見えた。右の図は，地球の北極側から見たときの地球，
月，太陽の位置関係を模式的に表したものである。このこ
とに関して，あとの(1)~(5)の問いに答えなさい。

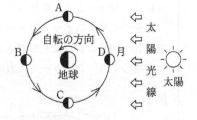

(1)　満月のときの月の位置として，最も適当なものを，図中のA~Dから一つ選び，その符号を
書きなさい。

(2)　9月21日午後7時頃に，健太さんから見えた月の方向として，最も適当なものを，次のア~
エから一つ選び，その符号を書きなさい。

　　　ア　東の空　　イ　西の空　　ウ　南の空　　エ　北の空

(3)　8日後の9月29日に，同じ場所で月を観察したとき，見える月の形の名称として，最も適当
なものを，次のア~エから一つ選び，その符号を書きなさい。

　　　ア　満月　　イ　下弦の月　　ウ　三日月　　エ　上弦の月

(4)　次の文は，月の見え方と，その理由を説明したものである。文中の　X　，　Y　に当てはま
る語句の組合せとして，最も適当なものを，下のア~エから一つ選び，その符号を書きなさい。

> 　月を毎日同じ時刻に観察すると，日がたつにつれ，月は地球から見える形を変えながら，
> 見える方向を　X　へ移していく。これは，　Y　しているためである。

　　　ア　〔X　東から西，Y　地球が自転〕　　イ　〔X　東から西，Y　月が公転〕
　　　ウ　〔X　西から東，Y　地球が自転〕　　エ　〔X　西から東，Y　月が公転〕

(5)　令和3年5月26日に，月食により，日本の各地で月が欠けたように見えた。月食とは，月が
地球の影に入る現象である。月が地球の影に入るのは，地球，月，太陽の位置がどのようなと
きか。書きなさい。

〔7〕　電流とそのはたらきを調べるために，電熱線a，電気抵抗30Ωの電熱線b，電気抵抗10Ωの
電熱線cを用いて，次の実験1~3を行った。この実験に関して，下の(1)~(4)に答えなさい。

> 実験1　図1の端子Pと端子Qに，図2の電熱線aをつないで回路をつくり，スイッチを入
> 　れて，電圧計が3.0Vを示すように電源装置を調節したところ，電流計の針が図3のように
> 　なった。

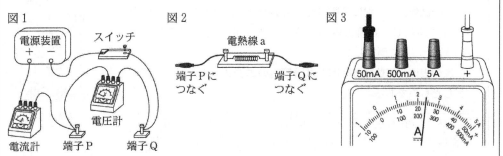

実験2　図4のように電熱線bを2つつないだものを，図1の端子Pと端子Qにつないで回路をつくり，スイッチを入れて，電圧計が3.0Vを示すように電源装置を調節した。

実験3　図5のように電熱線cを2つつないだものを，図1の端子Pと端子Qにつないで回路をつくり，スイッチを入れて，電圧計が3.0Vを示すように電源装置を調節した。

図4　　　　　　　　　電熱線b　　　　　　　　図5

(1)　実験1について，次の①，②の問いに答えなさい。

①　電熱線aを流れる電流は何mAか。書きなさい。

②　電熱線aの電気抵抗は何Ωか。求めなさい。

(2)　実験2について，電流計は何mAを示すか。求めなさい。

(3)　実験3について，2つの電熱線cが消費する電力の合計は何Wか。求めなさい。

(4)　次のア～エの，電熱線b，電熱線c，電熱線bと電熱線cをつないだもののいずれかを，図1の端子Pと端子Qにつないで回路をつくり，スイッチを入れて，電圧計が3.0Vを示すように電源装置を調節し，電流計の示す値を測定した。このとき，ア～エを，電流計の示す値が大きいものから順に並べ，その符号を書きなさい。

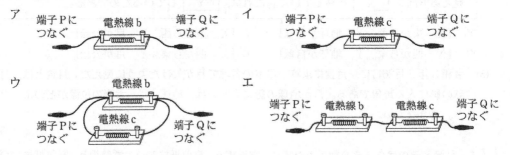

［8］　エタノールの沸点と，水とエタノールの混合物を加熱して取り出した液体を調べるために，次の実験1，2を行った。この実験に関して，あとの(1)，(2)の問いに答えなさい。

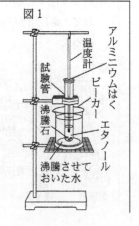

実験1　図1のように，試験管に沸騰石を3個入れてから，エタノールを試験管の5分の1ほどまで入れ，アルミニウムはくでふたをした。

この試験管を，別に沸騰させておいた水の入ったビーカーの中に入れて加熱し，試験管内のエタノールの温度を，温度計で30秒（0.5分）ごとに測定した。

次の表は，加熱した時間と試験管内のエタノールの温度の関係を表したものである。

加熱した時間〔分〕	0	0.5	1.0	1.5	2.0	2.5	3.0	3.5	4.0	4.5
温度〔℃〕	25	40	62	75	77	78	78	78	78	78

実験2　水17.0cm³とエタノール3.0cm³をはかりとって，質量を測定したところ，それぞれ17.00ｇ，2.37ｇであった。

次に，水17.0cm³とエタノール3.0cm³の混合物をつくり，図2のように，この混合物と3個の沸騰石を丸底フラスコに入れ，弱い火で加熱して少しずつ気体に変化させた。丸底フラスコ内の気体の温度を測定しながら，気体が冷やされてガラス管から出てきた液体を，試験管Aに体積が約3cm³になるまで集めた。

その後，試験管Aを試験管Bと交換し，試験管Bに体積が約3cm³になるまで液体を集めた。さらに，試験管Bを試験管Cと交換し，試験管Cに体積が約3cm³になるまで液体を集めた。

右の表は，試験管A～Cのそれぞれに液体が集まりはじめたときの，丸底フラスコ内の気体の温度をまとめたものである。

図2

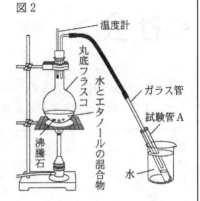

試験管A	試験管B	試験管C
72 ℃	86 ℃	92 ℃

(1)　実験1について，次の①，②の問いに答えなさい。

①　表をもとにして，加熱した時間と温度の関係を表すグラフをかきなさい。

②　エタノールの沸点は何℃か。書きなさい。また，そのように判断した理由を書きなさい。

(2)　実験2について，次の①～③の問いに答えなさい。

①　エタノールの密度は何ｇ/cm³か。求めなさい。

②　この実験のように，液体を沸騰させて得られた気体を冷やし，再び液体を得る操作を何というか。その用語を書きなさい。

③　試験管A～Cに集めた液体を，同じ体積ずつはかりとり，質量を比較した。このときの試験管Aからはかりとった液体について述べた文として，最も適当なものを，次のア～エから一つ選び，その符号を書きなさい。

ア　水が多く含まれているため，質量が最も小さい。

イ　水が多く含まれているため，質量が最も大きい。

ウ　エタノールが多く含まれているため，質量が最も小さい。

エ　エタノールが多く含まれているため，質量が最も大きい。

＜社会＞　時間 50分　満点 100点

〔1〕 次の地図を見て，あとの(1)～(5)の問いに答えなさい。なお，地図中の緯線は赤道を基準として，また，経線は本初子午線を基準として，いずれも30度間隔で表している。

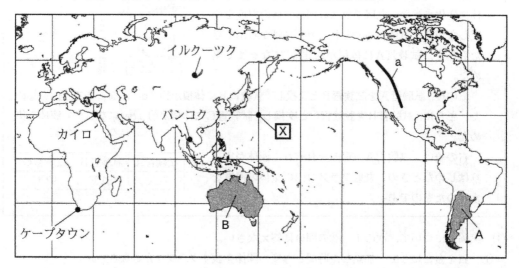

(1) 地図中のaは，山脈を示したものである。この山脈の名称として，正しいものを，次のア～エから一つ選び，その符号を書きなさい。

　　ア　ロッキー山脈　　イ　アンデス山脈　　ウ　ヒマラヤ山脈　　エ　ウラル山脈

(2) 地図中に示した地点Ｘの位置の，緯度と経度を書きなさい。ただし地点Ｘは，地図中に示した緯線と経線が交わった場所である。

(3) 次のア～エのグラフは，地図中に示したケープタウン，カイロ，バンコク，イルクーツクのいずれかの月降水量と月平均気温を表したものである。このうち，バンコクに当てはまるものを，ア～エから一つ選び，その符号を書きなさい。なお，棒グラフは月降水量を，折れ線グラフは月平均気温を表している。

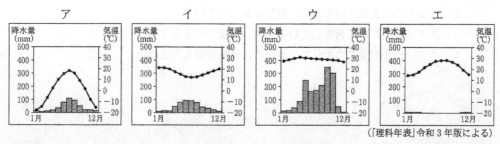

（「理科年表」令和３年版による）

(4) 地図中に示した国Ａについて述べた文として，最も適当なものを，次のア～エから一つ選び，その符号を書きなさい。

　　ア　燃料となる石炭などの資源にめぐまれ，世界で最初に産業革命が始まった。

　　イ　ギニア湾を臨む南部は年間を通じて高温湿潤で，カカオの生産が盛んに行われている。

ウ　シリコンバレーとよばれる地域に，情報技術産業などの企業が集まっている。

エ　パンパとよばれる草原で，小麦の栽培や牛の放牧が大規模に行われている。

(5)　右の表は，地図中に示した国Bの，1969年と2019年における輸出相手国のうち，輸出額の多い順に上位6か国を示しており，1969年に比べて2019年では，アジア州の国が1か国から4か国に増加している。その理由を，「工業化」，「鉱産資源」の語句を用いて書きなさい。

	国Bの輸出相手国	
	1969年	2019年
第1位	日　本	中　国
第2位	アメリカ	日　本
第3位	イギリス	韓　国
第4位	ニュージーランド	イギリス
第5位	フランス	アメリカ
第6位	イタリア	インド

（「国際連合貿易統計年鑑(1969)」，国際連合ホームページより作成）

〔2〕　右の地図を見て，次の(1)~(4)の問いに答えなさい。

輪島市

P

(1)　地図中の⬭で囲まれた地域には，岬と湾がくり返す入り組んだ海岸が見られる。このような地形を何というか。その用語を書きなさい。

(2)　地図中の地点Pは，空港の位置を示している。この空港の貨物輸送について述べた次の文中の X ， Y に当てはまる語句の組合せとして，最も適当なものを，下のア～エから一つ選び，その符号を書きなさい。

> 地点Pの空港は，現在，我が国の港や空港の中で，輸出入総額が最大の X である。この空港は，主に Y を輸送するために利用されている。

ア〔X　中部国際空港，　Y　自動車などの重くてかさばる貨物　　　〕

イ〔X　中部国際空港，　Y　電子部品などの軽くて価値の高い貨物〕

ウ〔X　成田国際空港，　Y　自動車などの重くてかさばる貨物　　　〕

エ〔X　成田国際空港，　Y　電子部品などの軽くて価値の高い貨物〕

(3)　次の表は，秋田県，群馬県，静岡県，福島県，山梨県の，それぞれの県の人口密度，米の産出額，野菜の産出額，果実の産出額，製造品出荷額等を示したものである。この表を見て，下の①，②の問いに答えなさい。

①　表中のaに当てはまる県名を書きなさい。

②　地図中の▨で示した部分は，表中の福島県の人口密度について，次のページの区分

	人口密度 （人/km²）	米の産出額 （億円）	野菜の産出額 （億円）	果実の産出額 （億円）	製造品出荷額等 （億円）
a	468.5	194	643	298	176,639
b	83.0	1,036	308	72	13,496
c	181.6	63	112	629	26,121
d	305.3	166	983	83	92,011
福島県	133.9	798	488	255	52,812

（「データでみる県勢」2021年版による）

にしたがって作図したものである。同じよう
に，表中の県cの人口密度について，右の区分
にしたがって，解答用紙の地図中に作図しなさ
い。

区分：人口密度（人/km²）	
350人以上	
250人以上350人未満	
150人以上250人未満	
150人未満	

(4) 次の地形図は，地図中の輪島市の市街地を表す
2万5千分の1の地形図である。なお，地形図中
の A で示した地図記号🏛は，「美術館」を示している。この地形図を見て，次の①，②の問
いに答えなさい。

① この地形図について述べた文とし
て，最も適当なものを，次のア～エか
ら一つ選び，その符号を書きなさい。
ア A 「美術館」がある地点の標高
は，80mである。
イ A 「美術館」から B 「図書館」
までの直線の長さを測ったところ，
約5cmであったので，実際の直線距
離は約5kmである。
ウ 「河井町」付近は，広葉樹林が広
がっている。
エ 「高等学校」は，「市役所」から見て，東の方位にある。

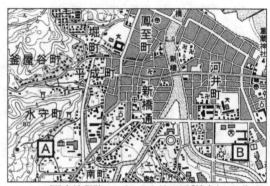

（国土地理院 1：25,000 地形図「輪島」より作成）

② A 「美術館」には，輪島市でつくられている伝統的工芸品が展示されている。輪島市で
つくられている伝統的工芸品として，最も適当なものを，次のア～エから一つ選び，その符
号を書きなさい。
ア 鉄器　　イ 将棋の駒　　ウ 漆器　　エ たんす

〔3〕 社会科の授業で，A～Dの四つの班に分かれて，時代ごとの社会のようすや文化について
調べ，発表を行うことにした。次の資料は，班ごとに作成した発表資料の一部である。これらの
資料を見て，あとの(1)～(4)の問いに答えなさい。

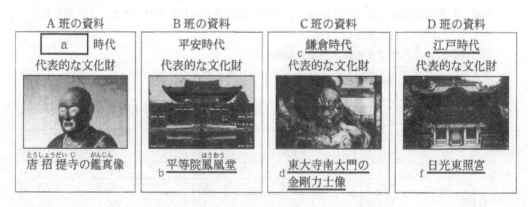

(1) A班の資料について，a に当てはまる時代の名称を書きなさい。

(2)　B班の資料中の下線部分bについて，この文化財と最も関係の深いできごとを，次のア～エから一つ選び，その符号を書きなさい。

ア　宋にわたった栄西が，座禅によってさとりを開こうとする禅宗を我が国に伝えた。

イ　念仏をとなえ，極楽浄土に生まれ変わることを願う浄土信仰（浄土の教え）が広まった。

ウ　唐にわたった空海が，真言宗を我が国に伝え，山奥の寺での修行を重視した。

エ　朝廷が，仏教の力によって国を守ろうとして，国ごとに国分寺と国分尼寺を建てた。

(3)　C班の資料について，次の①，②の問いに答えなさい。

①　下線部分cについて，この時代に，北条泰時は御成敗式目を制定した。この法令を制定した目的を，「慣習」，「公正」の二つの語句を用いて書きなさい。

②　下線部分dについて，この文化財をつくった人物の名前として，最も適当なものを，次のア～エから一つ選び，その符号を書きなさい。

ア　運慶　　イ　雪舟　　ウ　一遍　　エ　道元

(4)　D班の資料について，次の①～③の問いに答えなさい。

①　下線部分eについて，この時代の農業について述べた次の文中の　X ， Y に当てはまる語句の組合せとして，最も適当なものを，下のア～エから一つ選び，その符号を書きなさい。

> 　江戸時代になると，幕府や藩が新田開発を進めたため，耕地面積が　X　した。また，進んだ農業技術が各地に伝わり，右の絵で示している　Y　などの農具が使われるようになった。

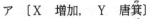

ア　〔X　増加，　Y　唐箕〕

イ　〔X　増加，　Y　千歯こき〕

ウ　〔X　減少，　Y　唐箕〕

エ　〔X　減少，　Y　千歯こき〕

②　下線部分eについて，次のX～Zは，この時代に起きたできごとである。年代の古い順に並べたものとして，正しいものを，下のア～カから一つ選び，その符号を書きなさい。

X　桜田門外の変が起こった。

Y　日米和親条約が結ばれた。

Z　幕府が異国船（外国船）打払令を出した。

ア　X→Y→Z　　イ　X→Z→Y

ウ　Y→X→Z　　エ　Y→Z→X

オ　Z→X→Y　　カ　Z→Y→X

③　下線部分fについて，この文化財を建てた徳川家光は，大名に対して，領地と江戸に一年おきに住むことを命じた。この制度を何というか。その用語を書きなさい。

〔**4**〕　中学校3年生のNさんは，我が国の近現代の歴史の授業で関心をもった次のA～Dのテーマについて，調べ学習を行った。これらのテーマについて，下の(1)～(4)の問いに答えなさい。

テーマA：近代と現代では，我が国の政治のしくみにどのような違いがあるのだろうか。	テーマB：我が国の近代産業はどのように発展したのだろうか。
テーマC：大正時代から昭和時代初期にかけての我が国の政治や社会の特徴は何だろうか。	テーマD：我が国は，国際社会の動向から，どのような影響を受けてきたのだろうか。

(1)　テーマAについて，次の文は，Nさんが近代と現代の我が国の地方政治のしくみの違いを調べてまとめたものである。文中の X に当てはまる用語を書きなさい。また， Y に当てはまる数字を書きなさい。

> 明治時代，新政府は中央集権国家をつくることをめざし，1871年に X を実施した。これにより，新政府から派遣された府知事や県令（県知事）が政治を行うことになった。現代では，都道府県知事は住民による直接選挙で選ばれ，満 Y 歳以上の者が被選挙権を有することが定められている。

(2)　テーマBについて調べると，明治時代に，政府が近代産業の育成をめざして，殖産興業政策を進めたことがわかった。この政策の内容を，「欧米」，「官営」の二つの語句を用いて書きなさい。

(3)　テーマCについて，次の①，②の問いに答えなさい。

①　大正時代の我が国の政治について調べると，民主主義が強くとなえられていたことがわかった。次のア～ウは，大正時代に我が国で起きたできごとについて述べたものである。大正時代に起きたできごとを，年代の古いものから順に並べ，その符号を書きなさい。

ア　加藤高明内閣のもとで，選挙制度が改正された。
イ　護憲運動が起こり，桂太郎内閣が総辞職した。
ウ　米騒動をしずめるために，政府が軍隊を出動させた。

②　大正時代から昭和時代初期にかけての我が国の社会のようすについて調べると，メディアが発達し，文化が大衆の間に広まったことがわかった。大正時代から昭和時代初期にかけてのメディアの発達について述べた文として，最も適当なものを，次のア～エから一つ選び，その符号を書きなさい。

ア　テレビ放送が始まり，映像による情報伝達が可能になった。
イ　パソコンやインターネットが普及し，社会の情報化が進んだ。
ウ　ラジオ放送が始まり，国内外のできごとが音声で伝えられるようになった。
エ　新聞や雑誌の発行が始まり，欧米の思想などが紹介されるようになった。

(4)　テーマDについて，次のページの表は，Nさんが，1973年に我が国で始まった石油危機について調べ，その【できごと】の【背景・原因】及び【結果・影響】をまとめたものである。表中の X ～ Z に当てはまる語句の組合せとして，最も適当なものを，あとのア～カから一つ選び，その符号を書きなさい。

ア　〔X　中東，　　　Y　上昇，　Z　中国　　〕

イ　〔X　中東，　　　Y　上昇，　Z　アメリカ〕

ウ　〔X　中東，　　　Y　下落，　Z　中国　　〕

エ　〔X　朝鮮半島，　Y　上昇，　Z　アメリカ〕

オ　〔X　朝鮮半島，　Y　下落，　Z　中国　　〕

カ　〔X　朝鮮半島，　Y　下落，　Z　アメリカ〕

```
【背景・原因】
・　 X  で戦争が始まった。
         ↓
【できごと】
・　石油危機が始まった。
         ↓
【結果・影響】
・　品不足により物価が  Y  
　した。
・　不況(不景気)になった。
・　省エネルギー技術の開発などが
　進み，工業製品の輸出が拡大し，
　1980年代には，  Z  など
　との間で貿易摩擦が激化した。
```

[5]　中学校3年生のあるクラスの社会科の授業では，次のA～Dのテーマについて学習を行うことにした。これらのテーマについて，あとの(1)～(4)の問いに答えなさい。

```
テーマ
A　人権の尊重と日本国憲法について　　B　民主政治と政治参加について
C　財政の役割と課題について　　　　　D　国際社会のしくみについて
```

(1)　Aのテーマについて，次の①，②の問いに答えなさい。

①　次の資料は，1989年に国際連合で採択され，我が国では1994年に批准された条約の一部である。この条約を何というか。その名称を書きなさい。

```
　締約国は，自己の意見を形成する能力のある児童がその児童に影響を及ぼすすべての
事項について自由に自己の意見を表明する権利を確保する。
```

②　日本国憲法は，国民の自由と権利を保障する一方，国民が自由と権利を濫用することを禁止し，公共の福祉のために利用する責任があることを定めている。次の表は，日本国憲法で保障された基本的人権と，その基本的人権が公共の福祉により制限される例を示したものである。表中の　X　に当てはまる語句として，最も適当なものを，下のア～エから一つ選び，その符号を書きなさい。

基本的人権	公共の福祉により制限される例
X	他人の名誉を傷つける行為の禁止
職業選択の自由	医師免許を持たない者の医療行為の禁止
財産権	不備な建築の禁止

ア　生存権　　イ　請求権　　ウ　身体の自由　　エ　表現の自由

(2)　Bのテーマについて，次の①～③の問いに答えなさい。

①　国民が選挙で選んだ代表者が集まり，複雑な物事について話し合いなどによって決定する

しくみを何というか。最も適当なものを，次のア～エから一つ選び，その符号を書きなさい。

ア　議会制民主主義　　イ　立憲主義　　ウ　多党制　　エ　三審制

② 衆議院議員選挙は，小選挙区制と比例代表制を組み合わせて行われる。このうち，比例代表制では，得票数に応じてドント式で各政党に議席が配分される。比例代表制の選挙が行われ，定数が6人の選挙区で，結果が右の表のようになった場合，a～dのそれぞれの政党に配分される議席数を書きなさい。

政党名	得票数（万票）
a	78
b	72
c	30
d	18

③ 次の表は，国会における，ある予算案の審議の結果を示したものである。このような審議の結果となった場合，日本国憲法では，予算の議決についてどのように規定しているか。「国会の議決」という語句を用いて書きなさい。

日　付	予算案の審議の結果
2月27日	・　衆議院予算委員会で予算案を可決した。 ・　衆議院本会議で予算案を可決した。
3月27日	・　参議院予算委員会で予算案を否決した。 ・　参議院本会議で予算案を否決した。 ・　両院協議会が開かれたが，意見が一致しなかった。

(3) Cのテーマについて，次の資料は，財政の主な役割についてまとめたものである。この資料を見て，下の①～③の問いに答えなさい。

　財政の主な役割は三つある。

・民間企業だけでは十分に供給できない，社会資本や公共サービスを供給することなどにより，資源の配分を調整する。

・a直接税について累進課税の方法をとったり，社会保障政策の充実をはかったりすることなどにより，所得の格差を調整する。

・　X　　のときは，公共事業などへのb歳出を減らしたり，増税したりすることで，企業や家計の経済活動を　Y　　ことをめざすなど，景気の安定化をはかる。

---

① 下線部分aについて，我が国の主な税のうち，直接税であるものを，次のア～オから一つ選び，その符号を書きなさい。

ア　揮発油税　　イ　消費税　　ウ　関税　　エ　相続税　　オ　入湯税

② 文中の　X　，　Y　に当てはまる語句の組合せとして，最も適当なものを，次のア～エから一つ選び，その符号を書きなさい。

ア　〔X　好況（好景気），　Y　活発にする〕　　　イ　〔X　好況（好景気），　Y　おさえる〕
ウ　〔X　不況（不景気），　Y　活発にする〕　　　エ　〔X　不況（不景気），　Y　おさえる〕

③ 下線部分bについて，次のページのグラフは，我が国の平成22 (2010) 年度及び令和2 (2020) 年度の，一般会計歳出の内訳の割合を示したものである。グラフ中のア～エは，公共事業関係費，国債費，社会保障関係費，防衛関係費のいずれかである。このうち，社会保障関係費はどれか。ア～エから一つ選び，その符号を書きなさい。

地方交付税交付金　　文教及び科学振興費

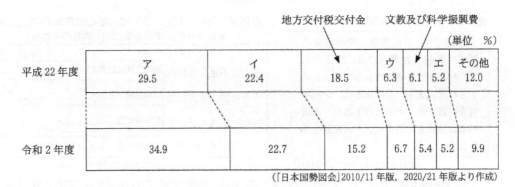

（単位　％）

	ア	イ	地方交付税交付金	ウ	文教及び科学振興費	エ	その他
平成22年度	29.5	22.4	18.5	6.3	6.1	5.2	12.0
令和2年度	34.9	22.7	15.2	6.7	5.4	5.2	9.9

（「日本国勢図会」2010/11年版，2020/21年版より作成）

(4)　Dのテーマについて，次の①，②の問いに答えなさい。

①　世界の平和と安全を維持する役割を果たしている国際連合は，紛争が起こった地域において，停戦や選挙を監視するなどの活動を行っている。この活動を何というか。その用語を書きなさい。

②　現在の国際社会では，特定の地域でいくつかの国々がまとまりをつくり，経済などの分野で協力関係を強めようとする動きが進んでいる。このうち，右の地図中の　　　　　で示した国のみによって構成されているまとまりとして，正しいものを，次のア〜エから一つ選び，その符号を書きなさい。

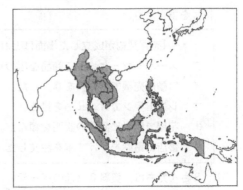

ア　APEC　　イ　AU
ウ　ASEAN　エ　NAFTA

〔6〕　あるクラスの社会科の授業では，「大人になるとできること」について，テーマを決めて調べることにした。次の**資料Ⅰ〜資料Ⅳ**（**資料Ⅲ**・**資料Ⅳ**は次のページ）は，「契約を結ぶこと」をテーマに選んだSさんたちの班が集めたものの一部である。このことについて，あとの(1)，(2)の問いに答えなさい。

資料Ⅰ　契約が成立するしくみ

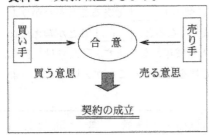

資料Ⅱ　「18，19歳」，「20〜24歳」の年度別消費生活相談件数（平均値）

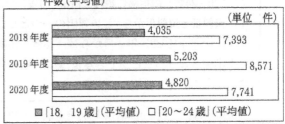

（国民生活センターホームページより作成）

資料Ⅲ 未成年者の契約について

> 民法では，未成年者が親の同意を得ずに契約した場合には，原則として，契約を取り消すことができると規定されています。この規定は，未成年者を保護するためのものであり，未成年者の消費者被害を抑止する役割を果たしています。

（総務省ホームページより作成）

資料Ⅳ 「18，19歳」，「20～24歳」の悪質な手口による被害の消費生活相談件数（2020年度の平均値）

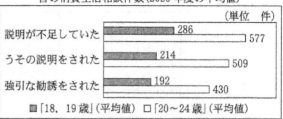

（国民生活センターホームページより作成）

（注）**資料Ⅱ**と**資料Ⅳ**の「18，19歳」（平均値）は，18歳，19歳の相談件数の合計を2で割った値。「20～24歳」（平均値）は，20歳から24歳までの相談件数の合計を5で割った値。

(1) 前のページの**資料Ⅰ**について，Sさんたちは，契約が成立するしくみについて説明するために，下のカードを作成した。カード中のア～オは，売買に関する様々な場面について述べた文である。このうち，売買契約が成立した場面として正しいものを，ア～オから二つ選び，その符号を書きなさい。

> 　　　　【売買契約が成立した場面はどれか】
> ア　スーパーマーケットで商品を店の買い物かごに入れた。
> イ　自動販売機で飲み物を購入した。
> ウ　レストランでメニューを見た。
> エ　花屋で店員に商品の説明を頼んだ。
> オ　書店に電話をかけて本を注文した。

(2) Sさんたちは，**資料Ⅱ**（前のページ）～**資料Ⅳ**から読みとったことをもとに，契約に関する課題について考察し，次の発表原稿を作成した。文中の　X　に当てはまる語句として正しいものを，下のア～エから一つ選び，その符号を書きなさい。また，　Y　に当てはまる内容を，「保護」という語句を用いて，40字以内で書きなさい。

> 　　私たちは，成年になると自分の意思で自由に契約を結ぶことができるようになります。社会では毎日たくさんの契約が結ばれていますが，一方で，契約をめぐって様々な消費者被害が起こっています。**資料Ⅱ**から，未成年の「18，19歳」と成年の「20～24歳」の年度別消費生活相談件数（平均値）を比較すると，2018年度から2020年度までのすべての年度で，「20～24歳」の相談件数は，「18，19歳」の相談件数の　X　であることがわかります。**資料Ⅲ**と**資料Ⅳ**から，この要因の一つとして，成年になると，　Y　ことが考えられます。令和4（2022）年4月からは，18歳，19歳の人も成年となります。私たちは，自立した消費者になることができるように，契約の重要性を認識することが大切だと思います。

ア　0.5倍未満　　イ　0.5倍以上1.0倍未満　　ウ　1.0倍以上1.5倍未満　　エ　1.5倍以上

現は、そのような出現を促した自己の変化とともにある。

だが、もう一つ人が風景と出会うときがある。それは、人間が「風景─とともに─あること」を自覚したときである。人生が風景とともにあるということを知るとき、人の生きているということが風景のうちにあるということを知るときである。そのとき人間は風景に出会う。風景について考えるということは、そのような体験の契機に出会うということである。風景についての考察を深めるということは、「風景─とともに─あること」としての人間の自己理解を深めることを意味している。風景について深く思索することは、〜自己の存在を深く思索する〜ことと同じである。

(2)　わたしは、「人間は風景を選択するのではなく、風景と出会う」と表現するのである。

風景との出会いに感動があるというとき、「感動」とは、心が風景に感じて動かされることである。「感性」の「感」もまた、「動かされる」ということである。動かされるのは心であるが、動かすものは心の外にある。外界からの刺激によって心が動かされる。その刺激によって成立するのが空間の相貌の立ち現れであり、風景である。

(3)　風景は、人間の外的環境と身体との出会いによって出現するのである。身体と環境のどちらが欠けても風景は出現しない。

わたしたちは風景と出会う。とすると、わたしたちは、特別な機会に風景と出会っているように思うかもしれない。確かに、わたしたちは毎日沖縄の紺碧の海に出会っているわけではないし、窓外に雲上の富士山に出会っているわけでもない。 [a] 、わたしたちは、生まれたときから風景のなかにあるのではないか。眠りにつくまで風景を見ているのではないか。その生を終えるまで風景とともにあるのではないか。その通りである。わたしたちの人生は、風景とともに始まり、風景とともにあり、風景とともに終わる。人間にとって存在するとは、「風景とともにある」ということである。

(桑子　敏雄「生命と風景の哲学」による)

（注）　相貌＝物事のようす。

(一)　──線部分(1)とは何か。具体的に述べている一文を、Ⅰの文章中から三十字以内で抜き出し、そのはじめと終わりの五字をそれぞれ書きなさい。

(二)　文章中の [A] に最もよく当てはまる言葉を、次のア〜エから一つ選び、その符号を書きなさい。

(三)　ア　具体的　　イ　概念的　　ウ　経験的　　エ　効率的

──線部分(2)について、筆者がこのように考えるのはなぜか。その説明として最も適当なものを、次のア〜エから一つ選び、その符号を書きなさい。

ア　風景は、人間の主体的な行動によって必然的に姿を現すものであり、自ら出会いを求めに行く積極性が必要だから。

イ　風景は、自らの意志で行為を選択してその姿を現すものであり、人間がその出現を待ち続けるしかないから。

ウ　風景は、時間や場所によって異なる姿で立ち現れるものであり、人間が行為として選択できるものではないから。

エ　風景は、人間が特定の行為を選択することによって出現するものではなく、あらかじめ与えられたものだから。

(四)　──線部分(3)とはどういうことか。六十字以内で書きなさい。

(五)　文章中の [a] に最もよく当てはまる言葉を、次のア〜エから一つ選び、その符号を書きなさい。

ア　たとえば　　イ　つまり　　ウ　だから　　エ　しかし

(六)　次のⅡの文章は、Ⅰの文章と同じ著書の一部である。〜〜〜線部分について、筆者がこのように考えるのはなぜか。ⅠとⅡの文章を踏まえ、百二十字以内で書きなさい。

Ⅱ

見慣れた風景への出会いがどうして起きるかといえば、そのような風景に遭遇している自己の変化とともに風景が立ち現れるからである。健康なときには気にもとめなかった庭の花の様子が新鮮な生命力を宿していることに気づくときや、病気から回復して眺めた山の姿の落ち着きに対する感動など、風景の出

イ　竜に会いたいと強く願う人がいたが、竜は姿を現してくれなかったという話が、中国の故事にあったということ。

ウ　竜が会いたいと強く願う人がいたが、その人は竜を恐れて逃げ出したという話が、中国の故事にあったということ。

エ　竜に会いたいと強く願う人がいて、竜がその人のために姿を見せたという話が、中国の故事にあったということ。

(六)　——線部分(5)の「思ひ量りもなく」とは、具体的にどういうことか。四十字以内で書きなさい。

[四]　次のI、IIの文章を読んで、(一)〜(六)の問いに答えなさい。

I　人は人生のなかで(1)風景と出会う。「出会う」、「遭遇する」というのは、一つの出来事である。「出会う」という出来事は、人間という存在を理解するのに不可欠な要素である。すなわち、人間が存在するときに、そして、自己が存在するということを了解するときに、その了解の契機となっているということである。ここで「了解する」というのは、たんに　A　に理解するということではない。あるいは、なにか現象から推論によって結論として獲得するということでもない。わたしたちが自己の存在を了解するとは、まず、自己の存在を感じること、実感することである。「自分という存在がこの世界に存在している、生きている」と感じ、また、そのことを意識することである。自己の存在を了解するということが、自己の存在の本質的契機である。風景との出会いは、そのような契機を提供する。

人間の存在は「与えられていること（所与）」と「選ぶこと（選択）」と、その間に広がる「出会うこと（遭遇）」の領域によって構成されている。

わたしたち人間は、人間としての身体をもって世界を知覚している。身体は、三次元の空間的存在であり、身体そのものは、さらにより大きな空間のうちにある。したがって、身体とは、二重の意味で空間的存在である。空間が身体に対して、また、身体に属する感覚器官に対して感覚的に立ち現れるとき、そこに風景が出現する。風景とは、身体という空間的存在に立ち現れる空間の相貌である。相貌の出現をわたしは「出会い」すなわち、遭遇の一つと考えるのである。

たしかに、わたしたちは、ある風景を見るために行為を選択することができる。紺碧（こんぺき）の海を眺めるために沖縄に行くことができる。「風景を見に行く行為を選択する」という意味で、わたしたちは行為を選択することができる。だから、風景を見ることは、選択の領域にあるようにみえるかもしれない。

人間は風景を見に行くことを選択することができる。ここで選択されるのは、見に行くという行為である。では、沖縄に行き、海岸の風景を見ることができたとき、見えた風景は選択されたのであろうか。わたしは、沖縄の海岸に海を見るために旅行を選択した。そして、海岸に立つことを選択した。そのとき、海は見えたのである。海は、わたしの視覚にその空間の相貌を示した。その時、その場所で、海はわたしにその姿を見せた。「海はその姿を見せた」というのは、行為の表現ではない。海は行為を選択することができないからである。それにもかかわらず、海がその姿を見せたから、わたしには海が見えたのである。海を見ようと目を開けることは行為であるが、目を開けたわたしの視覚に広がった海は、わたしにその姿を見せた。わたしが海を別の時間に、また別の場所で見たとすれば、わたしには違った風景が立ち現れたであろう。このことを、

B

殿下＝敬称。ここでは藤原忠通を指す。

法性寺殿下＝内大臣藤原忠通<ruby>内大臣藤原忠通<rt>ないだいじんふじわらのただみち</rt></ruby>＝内大臣藤原忠通。

判者＝歌合などで作品の優劣を判定する人。

せ、判者が批評し、その優劣を競う遊戯。

朝臣＝敬称。

先生　　忠通の邸宅で行われた歌合は、判者が二人いるという珍
　　　しい形式で、その判者は、俊頼と基俊でした。

ナツコ　俊頼の和歌は、会いたい人に会えない気持ちを詠んだ和
　　　歌ですね。ところで、どうして基俊は、「たつ」を鶴だと
　　　思い込んだのでしょうか。

アキオ　私も気になったので調べてみたら、平安時代は、仮名を
　　　書くときには濁点をつけないから、「たつ」は「たつ（竜）」
　　　とも「たづ（鶴）」とも読めることがわかりました。

ナツコ　確かに、鶴を詠んだ和歌は多いですが、竜を詠んだ和歌
　　　はあまり見ません。

ハルカ　俊頼が書いた判の詞について調べたら、俊頼は、中国の
　　　故事を踏まえて、竜を和歌に詠んだことがわかりました。
　　　珍しさを尊重する俊頼と伝統を重んじる基俊の態度の違い
　　　がはっきり現れていて面白いですね。

アキオ　基俊は博識の人だったそうですが、この故事のことは忘
　　　れていたのでしょうか。

先生　　実は、この文章の続きの部分で俊恵は、基俊について、
　　　「(5)思ひ量りもなく人の事を難ずる癖」があったので、失敗
　　　も多かったと語っています。

ハルカ　これは現代にも通じることですね。

（注）　思ひ量り＝深く考えをめぐらすこと。

(一)　～～～線部分の「思ふ」の読みを、すべてひらがなで書きなさい。た
　　だし、現代かなづかいでない部分は、現代かなづかいに改めるこ
　　と。

(二)　──線部分(1)の「口惜しや」の意味として最も適当なものを、次
　　のア～エから一つ選び、その符号を書きなさい。
　ア　あなたの姿を見ることができてうれしいなあ。
　イ　あなたが姿を見せてくれないとは残念だなあ。
　ウ　あなたの姿を見ることができたら安心だなあ。
　エ　あなたが姿を見せてくれないのは心配だなあ。

(三)　──線部分(2)の「雲井に住む事やはある」には、基俊のどのよう
　　な気持ちが表れているか。最も適当なものを、次のア～エから一つ
　　選び、その符号を書きなさい。
　ア　鶴が雲の中に住むはずがないと非難する気持ち。
　イ　鶴は雲の高さまで飛べるのかと感心する気持ち。
　ウ　鶴は雲の中に住むに違いないと納得する気持ち。
　エ　鶴が雲を越えるという表現に難色を示す気持ち。

(四)　──線部分(3)の「其の座には詞も加へず」とはどういうことか。
　　二十字以内で書きなさい。

(五)　──線部分(4)の「かれがために現はれて見えたりし事の侍る」と
　　はどういうことか。最も適当なものを、次のア～エから一つ選び、
　　その符号を書きなさい。
　ア　竜が会いたいと強く願う人がいて、その人が竜に会いに来てくれ
　　たという話が、中国の故事にあったということ。
　イ　竜が会いたいと書かなかった人がいて、その人が竜に会いに来て
　　くれたという話が、中国の故事にあったということ。

［二］

当てはまる言葉を、あとのア〜エから一つ選び、その符号を書きなさい。

【説明】　手紙の書き出しは、その季節を表す文から始め、次に相手の安否を気づかう言葉を述べます。主文の後にも結びのあいさつを述べ、頭語に対応した結語で締めくくり、日付と署名、宛名を添えます。

拝啓
春風の心地よい季節になりました。[A]
さて、このたびは私の入学祝いにすてきな腕時計をお贈りくださいましてありがとうございました。文字盤が見やすくてとても気に入りました。叔母様からいただいた腕時計とともに、これからの時間を大切に過ごして参ります。
なかなか遊びにうかがえませんが、またお会いできる日を楽しみにしています。まだ肌寒く感じる日もありますので、風邪などひかないよう、お気を付けください。

敬具

令和四年四月十日

新潟　栄子　様

山田　正太

ア　学校生活は毎日とても楽しいです。
イ　もうすぐ暑い夏がやって参ります。
ウ　お元気でお過ごしのことと存じます。
エ　お礼をお伝えしたくて筆をとりました。

［三］　次のAの文章は、鴨長明（かものちょうめい）の「無名抄」の一部で、源俊頼（みなもとのとしより）と藤原基俊（ふじわらのもととし）の歌合（うたあわせ）での出来事について、長明の和歌の師である俊恵（しゅんえ）が語ったことを記したものである。また、Bの文章は、Aの文章について調べた三人の生徒と先生の会話である。この二つの文章を読んで、(一)〜(六)の問いに答えなさい。

A

法性寺殿（ほっしょうじどの）にて歌合ありけるに、俊頼・基俊、二人判者（はんじゃ）にて、作者ノ名ヲ隠シテソノ場デ勝負ヲ判定シタ 名を隠して当座に判じけるに、俊頼の歌に、

(1) 口惜しや雲井隠れに棲むたつも 見エタトイウノニ 思ふ人には 見えけるものを

是（これ）を基俊、鶴（たづ）と心得て、「田鶴は沢にこそ棲め、(2)雲井に住む事やはある」と難じて、負になしてける。されど俊頼、(3)其（そ）の座には詞（ことば） スムガ も加へず。其の時殿下、「今夜（こよひ）の判の詞、おの〳〵書きて オッシャッタ 差シ出セ 参らせよ」と仰（おほ）せられける時、俊頼朝臣（あそん）、「これ鶴にはあらず、中国ノ誰ソレトイッタ人ガ 竜（たつ）なり。彼のなにがしとかやが、竜を見むと思へる心ざしの深かりけるによりて、(4)かれがために現はれて見えたりし事の侍（はべ）るを、よめるなり」と書きたりけり。

（注）　源俊頼＝平安時代の歌人。　藤原基俊＝平安時代の歌人。
歌合＝左右に分けた歌人の詠んだ和歌を左右一首ずつ出して組み合わせ

〈国語〉

時間 五〇分 満点 一〇〇点

〔一〕

次の(一)、(二)の問いに答えなさい。

(一) 次の1～5について、――線をつけた漢字の部分の読みがなを書きなさい。

1 美しい絵に心を奪われる。

2 空に白い雲が漂う。

3 登場人物の心理を描写する。

4 抑揚をつけて話す。

5 商品を棚に陳列する。

(二) 次の1～5について、――線をつけたカタカナの部分に当てはまる漢字を書きなさい。

1 氷をコマかく砕く。

2 実験をココロみる。

3 友人の意見にキョウメイする。

4 生徒総会にギアンを提出する。

5 仕上げのダンカイに入る。

〔二〕

(一) 次の(一)～(五)の問いに答えなさい。

次の文と、文節の数が同じ文を、あとのア～エから一つ選び、その符号を書きなさい。

休日に図書館で本を借りる。

ア 虫の音に秋の気配を感じる。

イ こまやかな配慮に感謝する。

ウ あの山の向こうに海がある。

エ 風が入るように窓を開ける。

(二) 次の文中の「眺望」と同じ意味で「望」が使われている熟語を、あとのア～エの――線部分から一つ選び、その符号を書きなさい。

山頂には素晴らしい眺望が広がる。

ア 今後の展望について語る。 イ 待望の夏休みが訪れる。

ウ 大会への出場を希望する。 エ 同僚からの信望を得る。

(三) 次の文中の「ない」と同じ品詞であるものを、あとのア～エの――線部分から一つ選び、その符号を書きなさい。

森の中はとても静かで物音ひとつ聞こえない。

ア 次の目的地はそれほど遠くない。

イ 姉からの手紙がまだ届かない。

ウ この素材は摩擦が少ない。

エ 私はその本を読んだことがない。

(四) 次の俳句に詠まれている季節と同じ季節の情景を詠んだ俳句を、あとのア～エから一つ選び、その符号を書きなさい。

若葉して家ありしとも見えぬかな 正岡 子規

ア 山茶花の散りしく月夜つづきけり 山口 青邨

イ 鳥渡る空の広さとなりにけり 石塚 友二

ウ 山国の星をうつして水ぬるむ 吉野 義子

エ 噴水のしぶきけり四方に風の街 石田 波郷

(五) 次の【説明】にしたがって手紙を書く場合に、 A に最もよく

2022年度

解 答 と 解 説

《2022年度の配点は解答用紙集に掲載してあります。》

＜数学解答＞

〔1〕 (1) -4　　(2) $7a-17b$　　(3) $2b$　　(4) $\sqrt{2}$　　(5) $x=6,\ -1$

　　(6) $y=2x+3$　　(7) $\angle x=80$度　　(8) ウ, オ

〔2〕 (1) （例）$56=2^3\times7$であるので,
求める自然数は, $n=2\times7=14$
答　$n=14$　　(2) （例）3と書いた
カードを③, ③, 4と書いたカード
を④, ④とおく。カードの取り出
し方は, 全部で15通りあり, このうち, 少なくとも1枚
は奇数が含まれるのは12通りある。よって, 求める確率
は, $\dfrac{12}{15}=\dfrac{4}{5}$　　答　$\dfrac{4}{5}$　　(3) 右図

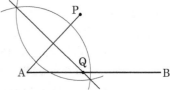

〔3〕 (1) $y=\dfrac{1}{4}x^2$　　(2) 毎秒7m　　(3) （例）ボートAの,
スタートして14秒後からゴールするまでのyをxの式で
表すと, $y=7x-49$　$y=200$のとき, $a=\dfrac{249}{7}$　　答　$a=\dfrac{249}{7}$

　　(4) ア　B　　イ　A　　ウ　$\dfrac{4}{7}$

〔4〕 (1) ア　144　　イ　12　　(2) 3cm^2　　(3) 解説参照　　(4) 12　　(5) 解説参照

〔5〕 (1) 1cm　　(2) （例）線分PQ, EGの中点をそれぞれM, Nとおく。PQ//EG, OM=1cm,
MN=2cmであるから, PQ：EG=1：3　また, EG=$4\sqrt{2}$cm　よって, PQ=$\dfrac{4\sqrt{2}}{3}$cm

答　$\dfrac{4\sqrt{2}}{3}$cm　　(3) （例）△FPQはFP=FQの二等辺三角形で, PQを底辺とすると高さ
はMFである。△MNFにおいて, $MF^2=MN^2+NF^2=12$　MF=$2\sqrt{3}$cm　よって, △PFQ
の面積は, $\dfrac{1}{2}\times\dfrac{4\sqrt{2}}{3}\times2\sqrt{3}=\dfrac{4\sqrt{6}}{3}\text{cm}^2$　　答　$\dfrac{4\sqrt{6}}{3}(\text{cm}^2)$

＜数学解説＞

〔1〕 （数・式の計算, 平方根, 2次方程式, 直線の式, 円の性質と角度, 箱ひげ図）

(1) $2-11+5=(2+5)-11=7-11=-4$

(2) $3(a-3b)-4(-a+2b)=3a-9b+4a-8b=7a-17b$

(3) $8a^2b^3\div(-2ab)^2=8a^2b^3\div4a^2b^2=\dfrac{8a^2b^3}{4a^2b^2}=2b$

(4) $\sqrt{6}\times2\sqrt{3}-5\sqrt{2}=2\times\sqrt{2\times3}\times\sqrt{3}-5\sqrt{2}=6\sqrt{2}-5\sqrt{2}=\sqrt{2}$

(5) $x^2-5x-6=0$　$(x-6)(x+1)=0$　よって, $x=6,-1$

(6) 傾きは, $\dfrac{7-1}{2-(-1)}=2$より, 直線の式を$y=2x+b$とおいて, 点$(-1,\ 1)$を通るから, $x=-1$,
$y=1$を代入すると, $1=2\times(-1)+b$　$b=3$　よって, $y=2x+3$

(7)　線分ACと線分BDとの交点をEとする。∠BOC＝180°－46°＝134°　中心角と円周角の関係
により，∠BAC＝134°×$\frac{1}{2}$＝67°　△ABEで，内角の大きさの和は180°だから，∠x＝180°－
(33°＋67°)＝80°

(8)　ア　A組の最大値は30m未満である。　イ　四分位範囲は，(第3四分位数)－(第1四分位数)
で求められるから，A組の四分位範囲はおよそ13m，B組の四分位範囲はおよそ9mである。
ウ　範囲は，(最大値)－(最小値)で求められるから，B組の範囲はおよそ29m，C組の範囲はお
よそ24mである。　エ　A組について，第1四分位数が10m以上，第2四分位数が15m，第3四分
位数が20m以上なので，10m以上15m以下の生徒は8人以上であり，15m以上20m未満の生徒は
8人以下である。　オ　C組について，第3四分位数(27番目の値)が25m未満なので，25m以下の
生徒は27人以上いる。

〔2〕　(平方根の性質，確率，作図)

(1)　56を素因数分解すると，56＝2^3×7より，n＝(2×7)×k^2(kは自然数)と表されるとき，$\sqrt{56n}$
は自然数となる。このとき，$\sqrt{56n}$＝$\sqrt{56×(2×7)×k^2}$＝28kより，k＝1のとき，nは最も小さく
なり，その値はn＝(2×7)×1^2＝14

(2)　2枚の3を③，③，2枚の4を④，④
と区別し，樹形図で表すと，右の図の
ようになる。取り出し方は15通りあり，
このうち，少なくとも1枚のカードに奇
数が書かれている場合は12通り。よって，求める確率は，$\frac{12}{15}$＝$\frac{4}{5}$

(3)　AB＝AQ＋QB＝PQ＋QBより，AQ＝PQ　よって，線分APの垂直二等分線と線分ABとの交
点をQとすればよい。

〔3〕　(関数のグラフの利用)

(1)　y＝ax^2(a＞0)とおいて，x＝14，y＝49を代入すると，49＝a×14^2　a＝$\frac{1}{4}$　よって，y＝$\frac{1}{4}x^2$

(2)　20－14＝6(秒間)で，91－49＝42(m)進むから，42÷6＝7より，毎秒7m

(3)　14≦x≦aのときのyをxの式で表す。傾きは7より，y＝7x＋cとおいて，点(14，49)を通るか
ら，x＝14，y＝49を代入すると，49＝7×14＋c　c＝－49　よって，y＝7x－49　これにy＝200
を代入して，200＝7x－49　7x＝249　x＝$\frac{249}{7}$　よって，a＝$\frac{249}{7}$

(4)　ボートBについて，20≦x≦bのときのyをxの式で表す。傾きは，$\frac{160-80}{30-20}$＝8より，y＝8x＋d
とおいて，点(20，80)を通るから，x＝20，y＝80を代入すると，80＝8×20＋d　d＝－80　よ
って，y＝8x－80　これにy＝200を代入して，200＝8x－80　8x＝280　x＝35　よって，b＝35
$\frac{249}{7}$＝35.5…より，先にゴールしたのはボート$_ア$Bであり，ボート$_イ$Aの$\frac{249}{7}$－35＝$_ウ\frac{4}{7}$(秒前)に
ゴールした。

〔4〕　(平面図形，面積，線分の長さ，相似，証明)

(1)　縦9cm，横16cmの長方形だから，面積は，9×16＝$_ア$144
(cm²)　正方形の1辺の長さを$a$cmとすると，a^2＝144　a＞0
より，a＝$_イ$12(cm)

(2)　右の図より，縦1cm，横3cmの長方形だから，面積は，
1×3＝3(cm²)

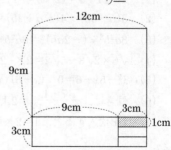

(3)　(例)△PQRと△HQPにおいて，∠QPR＝∠QHP＝90°…①　∠PQR＝∠HQP…②　①，②より，2組の角がそれぞれ等しいから，△PQR∽△HQP

(4)　△PQR∽△HQPより，PQ：HQ＝RQ：PQ　PQ：9＝16：PQ　PQ²＝144　PQ＞0より，PQ＝12(cm)

(5)　(例)　点Hは，図4と同じ点とする。△PQHと△ERDにおいて，QH＝RD…①　∠PHQ＝∠EDR＝90°…②　∠QPH＝∠PRHだから，∠PQH＝90°−∠QPH＝90°−∠PRH＝∠ERD…③　①，②，③より，1組の辺とその両端の角がそれぞれ等しいので，△PQH≡△ERD　よって，PQ＝ER

〔5〕　(空間図形，線分の長さ，面積)

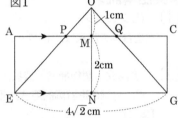
図1

(1)　線分ACの中点をMとすると，OMが正四角すいOABCDの高さとなる。△ABCは，直角二等辺三角形だから，AB：AC＝1：$\sqrt{2}$　4：AC＝1：$\sqrt{2}$　AC＝$4\sqrt{2}$(cm)　△OAMで，三平方の定理により，OM²＝OA²−AM²＝3²−$(2\sqrt{2})^2$＝9−8＝1　OM＞0より，OM＝1(cm)

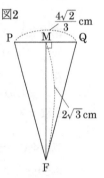
図2

(2)　右の図1のような断面を考える。線分EGの中点をNとすると，PQ//EGなので，PM：EN＝OM：ON＝1：(1＋2)＝1：3　よって，PQ＝2PM＝$2\times\dfrac{EN}{3}＝\dfrac{EG}{3}＝\dfrac{4\sqrt{2}}{3}$(cm)

(3)　△PFQはFP＝FQの二等辺三角形なので，PQを底辺するとMFが高さとなる。△FMNで，三平方の定理により，MF²＝MN²＋NF²＝2²＋$(2\sqrt{2})^2$＝12　MF＞0より，MF＝$\sqrt{12}$＝$2\sqrt{3}$(cm)　よって，面積は，△PFQ＝$\dfrac{1}{2}\times$PQ$\times$MF＝$\dfrac{1}{2}\times\dfrac{4\sqrt{2}}{3}\times2\sqrt{3}＝\dfrac{4\sqrt{6}}{3}$(cm²)

＜英語解答＞

〔1〕　(1)　1　ア　2　ウ　3　エ　4　ウ　(2)　1　イ　2　エ　3　エ　4　ウ
　　　(3)　1　(例)No, they won't.　2　(例)She wants to take pictures with them.

〔2〕　(1)　ウ　(2)　a　(例)I'm interested in Lecture B the most.　b　(例)Because I want to help children who hope to study at school. To find good ways to help them, I should know their problems.

〔3〕　(1)　A　エ　D　ウ　(2)　B　what an interesting story　G　happy to hear that　(3)　It will rain when a swallow flies low. ／ By touching an aching body part, you can reduce pain.　(4)　イ　(5)　(例)「それはなぜ起こるのか」「それは本当に正しいか」というような疑問をいつも持ち，研究をする人々。
　　　(6)　エ

〔4〕　(1)　(例)レオは日本語をうまく話せず，ときどきカナたちの日本語を理解できないこと。
　　　(2)　ア　(3)　(例)talk with them in Japanese　(4)　エ
　　　(5)　①　(例)Yes, they can.　②　(例)Because he doesn't look so happy when Kana and her classmates talk to him.　③　(例)They can share ideas with people in the world.　(6)　(例1)Hello,〔Kana〕. I'm ＊＊＊. Why don't you ask him what he really wants? For example, he may like

talking in Japanese because he is studying in Japan. You are kind, so you can help him better. (例2)Hello, [Leo]. I'm ＊＊＊. Your classmates will understand you if you tell them your true feelings. When I had an experience like yours and told my friends my feelings, we became better friends.

＜英語解説＞

〔1〕　（リスニング）

　　放送台本の和訳は，45ページに掲載。

〔2〕　（会話文：語句補充・選択，英問英答，条件英作文，現在・過去・未来と進行形，不定詞，比較，分詞の形容詞的用法，受け身）

【案内】

講演会A：だれに対しても安全な水	講演会B：学校で学習すること
約22億人が清潔で安全な水を飲むことができず，その多くが病気になっています。彼らの健康的な生活には安全な水が必要です。	約16億人の子供たちが学校に通っていません。彼らの多くは，読み方，書き方や，計算の仕方を学び，彼らの生活を改善したいと望んでいます。
講演会C：食べ物を無駄にしないこと	講演会D：森林は失われるだろう
約20億人が十分な食料を食べることができませんが，世界の食料の30パーセント以上が無駄にされています。どうすれば食べ物の無駄をなくすことができますか？	2030年までに，アマゾンの熱帯雨林の60パーセントが失われる可能性があります。そうなると，そこに住む多くの動植物が生きる場所を失うことになります。

【会話】

＊＊＊：　うわー，全部の講演会が面白そうだ。きみはどれを聴く？

オリバー：　レクチャーC を聞こうかな。母はレストランで働いていて，たくさんの食べ物が無駄にされているとよく言っている。それをなくすための方法を学びたい。君はどう？どの講演会に一番興味があるの？

＊＊＊：　a（講演会Bに一番興味がある。）

オリバー：　なぜきみはそれを聞きたいの？

＊＊＊：　（学校で勉強することを望む子供たちを助けたいから。子供たちを助ける良い方法を見つけるためには，子供たちの問題を知る必要がある。）

（1）　ア　講演会A　　イ　講演会B　　ウ　講演会C（○）　　エ　講演会D　　空欄のあとの文では「たくさんの食べ物が無駄にされて，それをなくす方法を学びたい」とあるのでウ（講演会C）が適当。

（2）　a　（例）I'm interested in Lecture B the most.　　b　（例）Because I want

to help children who hope to study at school.　To find good ways to help them, I should know their problems.　（例訳）　a　講演会Bに一番興味がある。
b　学校で勉強することを望む子供たちを助けたいから。子供たちを助ける良い方法を見つけるためには，子供たちの問題を知る必要がある。　　bの解答例の文のwho hope to～のwhoは関係代名詞で，直前childrenを説明し「学校で学びたい子供たち」となる。

〔3〕　(会話文：語句選択：補充，条件付き英作文，語句の並べ換え，日本語で答える問題，内容真偽，語句の解釈，指示語，文の挿入，語形変化，不定詞，現在完了，間接疑問文，現在・過去・未来と進行形，動名詞，関係代名詞)

(全訳)　ルリは中学生です。ジェーンはカナダ出身で，日本の大学で科学を勉強しています。ジェーンはルリの家に滞在しています。彼女たちは公園で話しています。

ジェーン：見て，ツバメが飛んでいる。

ルリ　　：ああ，あのツバメは低く飛んでいる。そうね，私のおばあさんがここにいたら，「雨が降る前に家に帰りなさい」と言うと思う。おばあさんは迷信が大好きだから。

ジェーン：ルリ，あなたのおばあさんは正しいかもしれない。ツバメが低く飛ぶと雨が降るよ。

ルリ　　：どういうこと？

ジェーン：私は科学の本で読んだの。ツバメは昆虫を食べる。雨が降り始める前は，湿気のために昆虫は高く飛ぶことができない。A(飛んでいる)昆虫を食べるためには，ツバメも低く飛ぶの。

ルリ　　：うわー，B なんて面白い話なのね ！それは迷信ではないのね。

ジェーン：あなたのおばあさんは，他の役に立つ話を知っているかもしれないよ。

ルリ　　：そうね，おばあさんに聞いてみる。

ジェーン：別の面白い話を知っているよ。ルリ，弟がテーブルの脚に足をぶつけて泣き出したら，どうする？

ルリ　　：そうね，「大丈夫？」と言って，手で弟の足に触れると思う。

ジェーン：あなたはいいお姉さんね。けれども，それは痛みを軽くすると思う？

ルリ　　：いいえ。迷信だよね？

ジェーン：ルリ，迷信ではないと言う科学者もいる。痛む体の部分に触れることで，痛みを減らすことができる。この話は先生から聞いたの。

ルリ　　：本当に？　それはすごい！

ジェーン：C これらの話は，人間が経験から学んだ2つの事例なの。彼らはそれらのことを子供たちにD(教えた)。迷信だと思う人がいるかもしれないけど，いくつかは本当のこと。科学的な研究をすることで，私たちは多くのことを知ることができるの。

ルリ　　：すてきね！　科学はとても興味深いものだね。

ジェーン：そう。ええと，あなたが科学を好きなら，一つ覚えてもらいたいことがある。科学は完璧ではないということ。

ルリ　　：E どういう意味？ 　科学的な研究を行うことで，私たちは多くのことを知ることができると，さっき言ったよね。

ジェーン：ええ。科学は役に立つし，私たちに多くのことを教えてくれる。けれども，何が本当に真実かを知ることはとても困難なの。

ルリ　　：例を教えてくれる？

ジェーン：たとえば，過去には，多くの科学者がすべての恐竜が死に絶えたと信じていた。けれど

　　　　　も今，一部の科学者はいくつかの恐竜が生き残ったと言っている。この例のように，科学者は時々何かについて異なる学説を持っているの。

ルリ　　　：なるほど。科学は役に立つけれども，本当のことを知るのは難しいということね。

ジェーン：そう。科学者でさえ，真実を知ることは困難なのね。「なぜそれが起こるのか？」「それは本当に正しいのか？」科学者はそのような疑問をいつも持って，研究をしている。長い間，F それらの人々 は科学を発展させてきている。

ルリ　　　：どうすればそのような人になれるのかな？

ジェーン：いつもよく考えて，日常生活から疑問を見つけようとするべきね。疑問があるときは，それについてどのように勉強し，研究するかを考える。また，たくさんの科学の本を読むことも重要だね。あなたはまだ中学生だけれど，できることはたくさんある。

ルリ　　　：わかった，やってみる。そして，あなたのように将来科学を勉強する！

ジェーン：私は G それを聞いてうれしい 。科学をもっと楽しく学べると思う。

(1)　A　ア　fly の現在形　イ　fly の現在形三人称単数　ウ　fly の過去形　エ　fly の ing 形（〇）　空欄Aに fly を入れ「それらの飛ぶ昆虫」という意味にするには，flying として insects を「飛んでいる」と説明する形容詞的用法が適当。　D　ア　聞いた　イ　失った　ウ　教えた（〇）エ　理解した　空欄Dの文は，「人々は経験から学んだことを子供たちに〜」という意味になるので空欄にはウが適当。空欄の直前に have があり現在完了形と考えられるので，teach の過去分詞形 taught とする。

(2)　B　what an interesting story（なんと興味深い話なんだろう）　四角Bの後には感嘆符！があることから，四角内の文は感嘆文となるように並べ換える。What＋a(an)＋形容詞＋名詞！の順番にしたい。　G　happy to hear that（それを聞いてうれしい）　四角Gの前は I'm（I am）とあって動詞があるので hear は to を合わせて不定詞として文を構成する。この不定詞は「〜して」という意味で副詞的な働きがある。

(3)　It will rain when a swallow flies low.　By touching an aching body part, you can reduce pain.　下線部の文は「これらの話は，人間が経験から学んだ2つの事例」を意味している。下線の文の前に提示された例は，「つばめが低く飛べば雨になる」と「痛い部分に触れると痛みが減る」だと考えられる。この二つを表す英文を問題本文から選びたい。解答例では，問題本文第3番目のジェーンの発話第2文 I will rain〜と，第13番目のジェーンの発話第2文 By touching an 〜を選んでいる。touching は動名詞形で「さわること」。

(4)　ア　なぜあなたはそれを覚えていますか？　イ　どのような意味ですか？（〇）　ウ　私はそれを決して忘れません。　エ　あなたが正しいと確信しています。　空欄Eの前後の文の意味に合うような文を選択したい。各選択肢の文の意味からするとイが適当。

(5)　（例）「それはなぜ起こるのか」「それは本当に正しいか」というような疑問をいつも持ち，研究をする人々。下線部Fの those people は scientists（科学者たち）のことだと考えられ，下線部の直前では科学者は「『なぜそれが起こるのか？』『それは本当に正しいか？』という疑問を持ち研究している」とあるので，ここから解答の文を作成する。

(6)　ア　迷信は役に立たないので，ルリは人々が迷信を信じるべきだとは考えていない。　イ　ジェーンは彼女の祖母から科学を学んだので，科学について多くの興味深い話を知っている。　ウ　ジェーンは，科学者は何が本当に真実であるかを常に知ることができ，異なる学説を持っていないと考えている。　エ　ジェーンは科学者でさえ本当のことを知るのは難しいとルリに言ったが，ルリは科学を勉強したいと思っている。（〇）　オ　中学生では若すぎるので研究することはできないと，ジェーンは考えている。　問題本文の第23文のジェーンの発話最初の

　　文 Yes. It's difficult ～でジェーンは,「科学者でさえ, 真実を知ることは困難だ」と言って
　　いるのに対し, 第26文のルリの発話 OK. I will ～では「将来科学を勉強したい」と言ってい
　　ることから, 選択肢エが適当。選択肢エの has told は現在完了形。

〔4〕　(長文読解, 手紙文：日本語で答える問題, 語句補充・選択, 条件英作文, 自由英作文, 英問
　　　英答, 比較, 動名詞, 現在・過去・未来と進行形, 接続詞, 助動詞)
(全訳)　マイクはアメリカ出身で, 日本の大学で日本文化について学びました。現在, ヒカリ高校
のALTです。彼は職員室の前のテーブルに「質問箱」を置いています。生徒は質問があるときに手
紙を入れることができます。生徒たちはマイクにアメリカについて, 英語を学ぶ方法などについて
尋ねます。マイクは「質問箱」が気に入っています, なぜなら, それは学生と意思を伝え合う良い
方法だからです。
　　10月のある日, 彼は2通の長い手紙を受け取りました。ある手紙は, 英語クラブの女の子, カナ
からのものでした。もう一つの手紙は, フランスからの生徒のレオからのものでした。
【カナからの手紙】
　　こんにちは, マイク先生。カナです。フランスからの生徒, レオを知っていますか？　彼は私た
ちのクラスに2カ月間います。彼は親切で, 誰もが彼を好きです。でも今は少し彼が心配です。
　　彼は日本語をうまく話せず, 時々私たちの日本語が理解できません。しかし, Aそれは問題では
ありません。私たちは彼と英語で意思を伝え合うことができます。彼は素晴らしい英語を話し, 私
たちは彼から多くのことを学びます。先月, 彼は私たちと話をしたとき, とても楽しそうに見えま
した。けれども最近, 私たちが彼と話すとき, 彼はそれほど楽しそうに見えません。なぜ彼はその
ように見えるのですか？
　　そうですね, レオは英語をとても速く話して難しい言葉を使っているので, 私たちは理解できな
いことがあります。また, 私たちにとってすべてを英語で表現することは難しいのです。これが彼
をがっかりさせていますか？　私たちが英語を上達させたら, 彼は楽しくなるでしょうか？
　　彼に「大丈夫？」と聞くと, いつも大丈夫と言います。しかし, 困っていたら助けたいのです。
マイク先生, 何がB彼の問題なのかわかりますか？　アドバイスをお願いします, そして良い友達
になるために私たちを助けてください。
【レオからの手紙】
　　こんにちは, マイク先生。レオです。私は8月に日本に来ました。私の気持ちを理解できるのは
先生だけかもしれないので, この手紙を書いています。
　　私は日本語がうまく話せないので, クラスメートは英語で話しかけてくれます。彼らはすべての
外国人が素晴らしい英語を話すと思うかもしれません。私の英語は彼らのよりいいかもしれません
が, 私は英語がうまくはありません。私はクラスメートと話すのが大好きですが, まるで英語を練
習したいという理由だけで, クラスメートが私に話しかけているように時々感じることがあります。
　　私は日本語を学ぶために日本に来ました。私は毎日日本語を勉強し, いくつかの単語を学びまし
た。クラスメートがゆっくり話すと, 日本語が少しわかります。しかし, 彼らはすべてを英語で言
おうとします。
　　私は英語が私たちの共通言語であることを知っています。私たちが普段話す言語ではありません
が, 英語で意思を伝え合うことができます。将来的には, クラスメートと私は英語を使って世界中
の人々とアイデアを共有できるようになります。素晴らしいことですが, 今はクラスメートと日本
語で意思を伝え合いたいと思っています。学校で日本語を使わないと日本語が上達しません。
　　マイク先生, クラスメートに私の気持ちを伝えるべきですか？　彼らが私に親切にしようとして

いることを，私は知っています，そして私は彼らの気持ちを傷つけたくありません。もしあなたが私だったらどうしますか？

　マイクは大学時代を思い出しました。マイクは彼らの気持ちを本当に理解していました。「何人かの友人が私を助けるために，英語で私に話しかけた。彼らは良い友達で，彼らのおかげで私は日本での生活を楽しんだ。しかし，私は_C彼らと日本語で話し，日本語を上達させたいと思った。レオ，私も同じ願いを持っていた。」と彼は考えました。

　しかし，マイクはあまり心配していませんでした。「他の人と意思を伝え合うことは難しいこともあるけれども，カナとレオは_Dお互いを考え合っている。彼らは良い友達になるだろう」と彼自身の心の中で考えました。マイクは彼らに手紙を書き始めました。

(1)　(例)レオは日本語をうまく話せず，ときどきカナたちの日本語を理解できないこと。下線部はその直前の文He doesn't speak ～を指していると考えられるので，この文から解答を作成する。

(2)　(正答文)Leo(isn't happy when he talks with us) because (our English is not as good as Leo's).　ア　X　彼が私たちと話をするとき楽しくない　Y　私たちの英語がレオの英語ほどうまくない(○)　イ　X　彼が私たちと話しをするとき楽しくない　Y　私たちは彼と英語で話す。　ウ　X　彼の日本語を上達させられない　Y　私たちの英語がレオの英語ほどうまくない　エ　X　彼の日本語を上達させられない　Y　私たちは彼と英語で話す。　カナが思っている下線部Bの his problem とは，カナの手紙の第2段落第6文 But these days, ～にある「私たちが彼と話すとき，彼はそれほど楽しそうに見えない」ことだと考えれらる。また，その原因はカナの手紙の第3段落第2文 Also it is ～にある「私たちはすべてを英語で表現することが難しい」ことだと考えられることから，選択肢アが適当。

(3)　(例)talk with them in Japanese (日本語で彼らと話す)　空欄Cの後のand improve my ～では，「そして私の日本語を上達させたい」とあることから，空欄にはレオが考えている上達の方法が入ると考えられる。この方法はレオの手紙の第4段落第4文 That's wonderful, but ～にあり，「クラスメートと日本語で意思を伝え合って日本語を上達させたい」なのでこの文を参考に解答文を作成する。

(4)　ア　英語を一生懸命練習する　イ　日本語で話すことを楽しむ　ウ　お互いに本当の気持ちを伝える　エ　お互いについて考える(○)　カナの手紙とレオの手紙の内容からすると，お互いのことを考えていることがわかるので，選択肢エが適当。選択肢イの talkingは「話すこと」という動名詞。

(5)　①　(質問)生徒はマイクの「質問箱」に手紙を入れてマイクに質問ができますか？　(例)Yes, they can.　(例訳)はい，できます。　問題本文の最初の説明文の最初の段落第3文 He puts his ～には，「生徒は質問があるとき質問箱に手紙を入れることができる」とある部分を参照。問題文は Can ～?という疑問文なので yes/no で答える。　②　(質問)最近，なぜカナはレオを心配しているのですか？　(例)Because he doesn't look so happy when Kana and her classmates talk to him.　(例訳)カナとクラスメートが彼に話しかけるとき，彼はそれほど楽しそうに見えないからです。　カナの手紙第2段落第6文 But these days ～には「最近，私たちが彼と話すとき，彼はそれほど楽しそうに見えない」とあり，カナが心配している理由だと考えられるので，この文を参考に解答文を作成する。この問題本文は一人称で書かれているが，解答は三人称となるところに注意したい。また，問題文はWhy ～?なので，解答文は Because から始めたい。　③　(質問)レオによると，レオと彼のクラスメートは英語を使って将来何ができるでしょうか？　(例)They can share ideas with people in the world.　(例訳)彼らは世界中の人々とアイデアを共有できます。　レオの手紙第4段落第3文 In the future, ～には「将来的に，クラスメートと私は英語を使って世界中の人々とアイデアを共有できるようになる」とあり，この文を参考に解答文を作成する。この解答文も三人称で書く。

(6)　(解答例訳)こんにちは，【かな】。私は＊＊＊です。彼が本当にしてほしいことを彼に聞いてみませんか？　たとえば，彼は日本で勉強しているので，日本語で話すのが好きかもしれません。あなたは親切なので，彼をより良く助けることができます。　(解答例訳)こんにちは，【Leo】。私は＊＊＊です。あなたが彼らにあなたの本当の気持ちを話せば，あなたのクラスメートはあなたを理解するでしょう。私があなたのような経験があり，友達に私の気持ちを話したとき，私たちはより良い友達になりました。

2022年度英語　放送による聞き取り検査

〔放送台本〕

〔1〕

(1)　1　When you want to see your face, you use this.
　　　　Question: What is this?

　　2　There are nine people in the park. Four of them are playing basketball. Two of them are playing soccer. Three of them are talking under the tree.
　　　　Question: How many people are playing sports in the park?

　　3　Hiroko is cleaning her room. Her father is cooking dinner. Her brother is helping him. Her mother is writing a letter in her room.
　　　　Question: Who are cooking dinner?

　　4　Steve usually goes to the library by bike. Last Sunday, his mother wanted to read some books too, so they went there by car. Today, he went there by bus because it rained a lot. He left the library before noon, and he went to a big book store in the next town by train.
　　　　Question: How did Steve go to the library today?

〔英文の訳〕

1　あなたはあなたの顔を見たいときにこれを使います。
　　質問：これは何ですか？
　　⑦　鏡　　イ　エンピツ　　ウ　シャツ　　エ　テーブル

2　公園には9人がいます。彼らのうち4人はバスケットボールをしています。彼らのうち2人はサッカーをしています。彼らのうち3人は木の下で話をしています。
　　質問：公園で何人がスポーツをしていますか？
　　ア　二人　　イ　三人　　⑦　六人　　エ　九人

3　ヒロコは彼女の部屋を掃除しています。彼女の父は夕食を作っています。彼女の兄弟は彼を助けています。彼女の母は自分の部屋で手紙を書いています。

質問：誰が夕食を作っていますか？

ア　ヒロコと彼女の父　　イ　ヒロコと彼女の兄弟　　ウ　ヒロコの父と母

㋤　ヒロコの父と兄弟

4　スティーブはいつも自転車で図書館に行きます。先週の日曜日，彼の母も何か本を読みたがっていたので，車でそこに行きました。今日はたくさん雨が降っていたので，バスでそこへ行きました。彼は正午前に図書館を出て，電車で隣の町の大きな本屋へ行きました。

質問：スティーブは今日どのように図書館に行きましたか？

ア　自転車で　　イ　自動車で　　㋤　バスで　　エ　電車で

〔放送台本〕

(2)　1　A:　Do we need an English dictionary today?

　　　　B:　We have no English class today. But we have a Japanese class, so we need a Japanese dictionary.

　　　　A:　OK.

　　　　Question: Do they need an English dictionary today?

　　　2　A:　Hi, Maki. Let's go to the movies on Saturday.

　　　　B:　I'm going to go to my friend's house on Saturday morning. I'm also going to go to a swimming school in the afternoon.

　　　　A:　How about on Sunday?

　　　　B:　Well, I'm going to have a tennis game but I will come home before 11:30. Would you like to go in the afternoon?

　　　　A:　Sounds good!

　　　　Question: When will they go to the movies?

　　　3　A:　Let's go now! We have only 20 minutes before the train leaves.

　　　　B:　Don't worry. Look at my watch. It's still 9:00. We need only 10 minutes to go to the station.

　　　　A:　Oh, your watch has stopped. Look at my watch. It's already 9:40.

　　　　B:　Oh, no!

　　　　Question: What time does the train leave?

　　　4　A:　Excuse me, where is the art museum? My friend said it is next to a temple, but this is a book store, right?

　　　　B:　Oh, yes. The art museum is next to another temple.

　　　　A:　Oh, really? Can you tell me how to go to the art museum?

　　　　B:　Sure. Go straight, and turn left when you see a flower shop. Then, turn left when you see a shoe shop and a science museum. Walk for about 3 minutes, and you'll see the art museum.

　　　　A:　OK, thank you!

　　　　Question: Where are the two people talking now?

〔英文の訳〕

1　A：今日は英語の辞書が必要かな？

　　B：今日は英語の授業はないよ。けれども，日本語の授業があるから，日本語の辞書が必要だよ。

　　A：わかった。

　　質問：今日彼らは英語の辞書が必要ですか？

　　ア　はい，必要です。　　①　いいえ，必要ありません。　　ウ　はい，必要でした。

　　エ　いいえ，必要ありませんでした。

2　A：こんにちは，マキ。土曜日に映画を見に行こうよ。

　　B：土曜日の午前中に友達の家に行く予定。午後にはスイミング・スクールに行く予定なの。

　　A：日曜日はどう？

　　B：えーと，テニスの試合があるけど，11時30分前に帰宅する予定。午後に行くのはどうかな？

　　A：いいね！

　　質問：彼らはいつ映画に行きますか？

　　ア　土曜日の午前中　　　イ　土曜日の午後　　　ウ　日曜日の午前中　　　①　日曜日の午後

3　A：今行こうよ！　電車が出るまであと20分しかない。

　　B：心配ないよ。私の時計を見て。まだ9時だよ。駅まで行くのに10分しかかからないよ。

　　A：ああ，あなたの時計は止まっている。私の時計を見て。もう9時40分だ。

　　B：ああ，なんてことだ！

　　質問：電車は何時に出発しますか？

　　ア　9時に　　イ　9時10分に　　ウ　9時40分に　　①　10時に

4　A：すみません，美術館はどこですか？　友達がお寺の隣だと言っていましたが，ここは本屋ですよね？

　　B：ああ，そうですね。美術館は別のお寺の隣にあります。

　　A：ああ，本当に？　美術館への行き方を私に教えてくれませんか。

　　B：もちろんです。まっすぐ進み，花屋が見えたら左に曲がります。次に，靴屋と科学博物館が見えたら左に曲がります。だいたい3分歩くと美術館が見えます。

　　A：わかりました，ありがとうございます！

　　質問：二人は今どこで話しているのですか？

　　解答：ウ

〔放送台本〕

(3)　　Hello, everyone. I'm going to talk about the welcome party for Mary. We have been planning the party on September 24. However, on September 24, she can't come because she is going to have some activities for students from foreign countries. So, let's have the party on September 21. Well, we have already decided to sing some English songs. Mary wants to take pictures with us at the party. Do you have other ideas?

　　Question:　1　Will the students have the welcome party on September 24?

　　　　　　　2　What does Mary want to do with the students at the party?

〔英文の訳〕

　みなさん，こんにちは。メアリーの歓迎会についてお話します。9月24日に歓迎会を予定しています。けれども，9月24日は海外からの学生向けの活動があるため，彼女は来られません。だから，9月21日に歓迎会を開きましょう。さて，私たちはすでにいくつか英語の歌をうたうと決めています。メアリーは歓迎会で私たちと一緒に写真を撮りたいと思っています。他にアイデアはありますか？

質問：　1　生徒は9月24日に歓迎会を実施しますか？

　　　（例）No, they won't.　（いいえ，彼らは実施しません。）

　　　2　メアリーは歓迎会で生徒たちと何をしたいですか？

　　　（例）She wants to take pictures with them.　（彼女は彼らと一緒に写真を撮りたい。）

＜理科解答＞

〔1〕　(1)　エ　　(2)　イ　　(3)　ア　　(4)　エ　　(5)　ウ　　(6)　ウ

〔2〕　(1)　X　柱頭　　Y　花粉　　(2)　対立形質　　(3)　①　丸形の種子の遺伝子の組合せ　ア　　しわ形の種子の遺伝子の組合せ　ウ　　②　オ

　　　(4)　丸形の種子の数：しわ形の種子の数＝3：5

〔3〕　(1)　カ　　(2)　0.51 N　　(3)　ア　　(4)　275 Pa

〔4〕　(1)　イ　　(2)　飽和水蒸気量　　(3)　①　11℃　　②　ア

〔5〕　(1)　エ　　(2)　①　X　相同器官　　Y　進化　　②　(例)目の向きが前向きであるため，シマウマと比較して，視野がせまいが，物体を立体的に見ることのできる範囲が広いという違いがある。

〔6〕　(1)　B　　(2)　ア　　(3)　イ　　(4)　エ

　　　(5)　(例)太陽，地球，月の順で，3つの天体が一直線上に並んだとき。

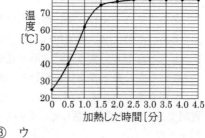

〔7〕　(1)　①　24 mA　　②　125Ω　　(2)　200mA

　　　(3)　0.45 W　　(4)　(ウ)→(イ)→(ア)→(エ)

〔8〕　(1)　①　右図　　②　沸点　78℃

　　　理由　(例)沸騰している間は，温度が一定であるため。　　(2)　①　0.79 g/cm³　　②　蒸留　　③　ウ

＜理科解説＞

〔1〕　(地層の重なりと過去の様子，植物の分類，科学技術の発展，物質の成り立ち：原子・分子，身のまわりの物質とその性質：有機物と無機物，酸・アルカリとイオン)

(1)　サンゴ礁をつくるサンゴは，あたたかく浅い海にすんでいる。生物にはある限られた環境でしか生存できないものがいて，これらの化石から地層ができた当時の環境が推定できる。このような化石を示相化石という。

(2)　シダ植物には維管束があり，胞子でふえ，種子はつくらない。コケ植物には維管束がなく，根・茎・葉の区別がない。コケ植物の体の細胞にも葉緑体があり，光合成によってデンプンなどの栄養分をつくって生活している。

(3)　放射能とは，放射性物質が，放射線を出す能力であり，その単位はベクレル(記号Bq)である。放射性物質の原子核は不安定で，別の原子核に自然に変わっていく。これを原子核の壊変(崩壊)といい，このときに放射線がでる。放射線は人工的につくるものだけでなく，自然界に存在する。放射線には，物質を通りぬける性質(透過性)や物質を変質させる性質があり，現代社会ではこれらの性質を利用している。γ線は，アルミニウムなどのうすい金属板を通りぬけること

ができる。一度に多量の放射線を浴びると健康被害を生じることがあり，**人体に対する影響を表す単位は，シーベルト(記号Sv)**である。

(4)　それぞれの物質の化学式をかくと，水はH_2O，硫黄はS，酸化銅はCuO，炭酸水素ナトリウムは$NaHCO_3$，である。よって，**2種類の原子でできている物質は，水と酸化銅**である。

(5)　砂糖，食塩，デンプンのうち，**水に溶けない物質はデンプン**であり，粉末Cはデンプンである。砂糖と食塩のうち，ガスバーナーで加熱したとき，**黒くこげる物質は炭素をふくむ有機物の砂糖**であり，粉末Bは砂糖である。**ガスバーナーで加熱しても変化が見られないのは無機物の食塩**であり，粉末Aは食塩である。

(6)　塩化ナトリウム水溶液は，中性である。赤いリトマス紙を青色に変えたある水溶液は，アルカリの水酸化ナトリウム水溶液である。水酸化ナトリウムの電離を化学式とイオン式を用いて表すと，$NaOH \rightarrow Na^+ + OH^-$，より，**水酸化物イオンは陰イオンであるため，陽極に移動する**。よって，中央部の青色のしみは陽極に広がる。

〔2〕　(遺伝の規則性と遺伝子：探究の過程を重視したメンデルの実験の考察)

(1)　めしべの先端にある柱頭に花粉がつくことを受粉という。

(2)　エンドウの種子の丸形としわ形のように，どちらか一方の形質しか現れない2つの形質どうしを**対立形質**という。

(3)　①　実験1で丸形のエンドウの種子を自家受粉させたところ，子の代では丸形としわ形の両方の種子が得られたことから，**親の遺伝子はAaであり，Aは丸形にする顕性形質の遺伝子，aはしわ形にする潜性形質の遺伝子**を表す。よって，自家受粉(AaとAaのかけ合わせ)でできる，**子の遺伝子の組み合わせは，AA：Aa：aa ＝ 1：2：1**，であるため，しわ形の種子の遺伝子の組み合わせはaaであり，丸形の種子の遺伝子の組み合わせはAAとAaである。実験2で，丸形の種子としわ形の種子をかけ合わせたとき，できた種子(孫)がすべて丸形になる場合の**実験2で使われた子の遺伝子の組み合わせは，丸形の種子はAA，しわ形の種子はaa，**である。

②　①より，実験2で得られた種子(孫)はAAとaaのかけ合わせであるため，**すべてAaの遺伝子をもつ丸形の種子**であり，自家受粉させると，AA：Aa：aa ＝ 1：2：1，となり，**丸形の種子の数：しわ形の種子の数 ＝ 3：1**，である。

(4)　実験1で得られた丸形の種子(子)の遺伝子の組み合わせはAAとAaである。このうち，実験2で使われた丸形の種子の遺伝子はAAであるため，**実験3で使われた丸形の種子の遺伝子(子)はAa**である。実験3では丸形種子Aaとしわ形種子aaのかけ合わせによりできた種子の遺伝子(孫)は，Aa：aa ＝ 1：1，により，丸形の種子の数：しわ形の種子の数 ＝ 1：1，であった。Aaの遺伝子をもつ丸形の種子を育て，自家受粉させると，AA：Aa：aa ＝ 1：2：1，となり，丸形の種子の数：しわ形の種子の数 ＝ 3：1，である。よって，**Aaの遺伝子をもつ丸形の種子を育て，自家受粉させて，得られた種子の総数を4N個とすると丸形の種子が3N個でき，しわ形の種子はN個できる**。aaの遺伝子をもつしわ形の種子を育て，自家受粉させて，得られた種子の総数を4N個とすると，すべてしわ形の種子で，4N個である。以上から，**丸形の種子の数：しわ形の種子の数 ＝ 3N：(1＋4)N ＝ 3：5**，である。

〔3〕　(力と圧力：浮力の実験と発展実験の設定・水圧)

(1)　容器の下半分を水中に沈めたときの，ばねばかりが示す値である②の値は，おもりを入れた容器の重さである①の値から，おもりを入れた容器にはたらく浮力を引いた値である。よって，**このときの浮力の大きさは，①の値と②の値の差**である。

(2)　問(1)より，容器の下半分を水中に沈めたときの浮力の大きさ[N]＝0.95[N]－0.73[N]＝0.22[N]である。容器の全体を水中に沈めたときの浮力の大きさは0.44Nであるから，ばねばかりが示す③の値[N]＝0.95[N]－0.44[N]＝0.51[N]である。

(3)　浮力は沈めた物体の重さには関係しないことを確かめるには，容器を変えずに，容器の中のおもりの数を増やして，同様の実験をし，浮力の大きさを求めると，物体の重さには関係しないで一定になることから，確かめることができる。

(4)　容器の下半分を水中に沈めたとき，容器の下面にはたらく水圧の大きさ[Pa]＝$\dfrac{0.22[N]}{0.0008[m^2]}$＝275[N/m²]＝275[Pa]である。

〔4〕　(天気の変化：雲のでき方・上空での雲の発生と露点・飽和水蒸気量・湿度)

(1)　地表面からの高度が上がるほど，それより上にある空気の重さが小さくなるため，気圧が低くなる。このため，地上付近の空気は上昇すると膨張し，気温が下がると，空気が含むことのできる水蒸気量が小さくなり，空気中の水蒸気は凝結して，水滴になる。

(2)　1m³の空気が含むことのできる水蒸気の最大質量を飽和水蒸気量という。

(3)　①　上昇する空気の温度は100mにつき1.0℃下がるため，地表から50mの高さにある気温20℃の空気は，900m上昇すると，9℃下がり，11℃になる。地表からの高さが950mの地点で気温が11℃になったときに空気中の水蒸気が凝結して水滴となり，雲が発生したので，露点は11℃である。　②　地表から50mの高さにあった時の気温は20℃であったため，飽和水蒸気量は17.3[g/m³]である。空気の上昇により，気温が下がり，露点の11℃に達し水滴ができ始めたときの飽和水蒸気量は10[g/m³]であり，それが地表から50mの高さにあった時の空気1m³中に含まれていた水蒸気量である。よって，湿度[%]＝10[g/m³]÷17.3[g/m³]×100≒58[%]，である。

〔5〕　(動物の分類と生物の進化：セキツイ動物の進化，動物の体のつくりとはたらき：刺激と反応)

(1)　魚類から最初の両生類が出現した。やがて，両生類のあるものから，陸上の乾燥にたえられるしくみをもつ，ハチュウ類が出願し，ハチュウ類からホニュウ類が出現した。そして，羽毛恐竜のようなハチュウ類から鳥類が出現したと考えられている。よって，セキツイ動物の5つのグループについて地球上に出現した年代が古いものから順に並べると，魚類→両生類→ハチュウ類→ホニュウ類→鳥類である。

(2)　①　ヒト，イヌ，コウモリの前あしの骨格を比較してみると，形が異なっていても，基本的なつくりが共通していることがわかる。形やはたらきが異なっていても，もとは同じ器官であったと考えられる器官のことを相同器官といい，生物のからだが長い年月をかけて世代を重ねる間に変化してきたことの証拠であると考えられている。この変化を進化という。　②　シマウマとライオンでは，目の向きに違いがある。ライオンは目の向きが前向きであるため，シマウマと比較して，視野がせまいが，物体を立体的に見ることのできる範囲が広いという違いがある。

〔6〕　(太陽系と恒星：月の動きと見え方・月食)

(1)　図より，地球が夜のとき，月のかがやいて見える部分全体が見える満月のときの月の位置はBである。

(2)　地球の自転により，午後6時が日没であり，満月の南中は真夜中の12時である。午後7時は日没から1時間で，約15°自転した位置にあるため，東の空に見える。

(3)　図のように，月は地球のまわりを約1か月かけて反時計回りに公転しているため，8日後には，

満月からCの半月の下弦の月へと形が変わる。下弦の月は地球上の観測者からは左側が光って見える。

(4) 同じ時刻に見た月が，日がたつにつれて，**西から東へと1日に約12°ずつ動いて見える**のは，月が地球のまわりを**公転**しているためである。

(5) **月食**により，月が地球の影に入るのは，**太陽，地球，月**の順で，3つの天体が一直線上に並んだときである。

〔7〕 (電流：回路の電圧と電流と抵抗・電力)

(1) ① 図1より電流計を図2の最大電流が50mAの−端子につないでいるので，電熱線aを流れる電流は24mAである。 ② 電熱線aの電気抵抗$[\Omega] = \dfrac{3.0[V]}{0.024[A]} = 125[\Omega]$である。

(2) 電熱線bを2つつないだ**並列回路の合成抵抗**をR_{2b}とすると，$\dfrac{1}{R_{2b}[\Omega]} = \dfrac{1}{30[\Omega]} + \dfrac{1}{30[\Omega]} = \dfrac{2}{30[\Omega]}$，$R_{2b} = 15[\Omega]$である。よって，電流計を流れる電流$[A] = \dfrac{V[V]}{R_{2b}[\Omega]} = \dfrac{3.0[V]}{15[\Omega]} = 0.2[A] = 200[mA]$である。

(3) 電熱線cを2つつないだ直列回路の合成抵抗$[\Omega] = 10[\Omega] + 10[\Omega] = 20[\Omega]$である。よって，2つの電熱線cが**消費する電力**$[W] = 3.0[V] \times \dfrac{3.0[V]}{20[\Omega]} = 0.45[W]$である。

(4) 最も大きい電流が流れるのは，並列回路の**ウ**である。並列回路の場合は，**電熱線bに加わる電圧＝電熱線cに加わる電圧＝全体に加わる電圧＝3.0[V]**であるため，**電流計が示す値＝電熱線bを流れる電流＋電熱線cを流れる電流**，である。直列回路エの合成抵抗＝電熱線bの抵抗＋電熱線cの抵抗，である。オームの法則より，**抵抗が小さいほど大きい電流が流れる**ため，電流計の示す値の大きい順は，**ウ→イ→ア→エ**である。数値で比較すると，アの電熱線bの場合の電流計を流れる電流$[A] = \dfrac{3.0[V]}{30[\Omega]} = 0.1[A]$，イの電熱線cの場合の電流計を流れる電流$[A] = \dfrac{3.0[V]}{10[\Omega]} = 0.3[A]$，ウの並列回路の場合の電流計を流れる電流$[A] = 0.1[A] + 0.3[A] = 0.4[A]$，エの直列回路の場合の電流計を流れる電流$[A] = \dfrac{3.0[V]}{10[\Omega] + 30[\Omega]} = 0.075[A]$である。

〔8〕 (状態変化：蒸留実験・グラフ化・沸点・密度による考察，身のまわりの物質とその性質：密度)

(1) ① 解答欄のグラフに，(加熱した時間[分]，温度[℃])の各点，(0, 25)(0.5, 40)(1.0, 62)(1.5, 75)(2.0, 77)(2.5, 78)(3.0, 78)(3.5, 78)(4.0, 78)(4.5, 78)を記入する。加熱開始から2.5分まで，原点を通り，各点の最も近くを通るなめらかな曲線をかく。2.5分から4.5分までは，78℃の一定の直線をかく。 ② エタノールの**沸点は78℃**である。そのように判断した理由は，**沸騰している間は，温度が一定である**ためである。

(2) ① エタノールの密度$[g/cm^3] = 2.37[g] \div 3.0[cm^3] = 0.79[g/cm^3]$，である。 ② 液体を沸騰させて得られた気体を冷やし，再び液体を得る操作を**蒸留**という。 ③ 最初に集めた液体が入っている試験管Aは，**エタノールの沸点に最も近い気体をとり出している**ため，A，B，Cの3本の試験管のうち，**最も多くエタノールが含まれている**。エタノールの密度は$0.79[g/cm^3]$であり，水の密度は$1.00[g/cm^3]$より，**エタノールの密度のほうが水の密度より小さい**ため，試験管Aの液体の質量は最も小さい。

＜社会解答＞

〔1〕 (1) ア　　(2) (北)緯(30)度(東)経(150)度
(3) ウ　　(4) エ　　(5) (例)工業化が進んだアジア
州の国々への鉱産資源の輸出が増加したから。

〔2〕 (1) リアス海岸　　(2) エ　　(3) ① 静岡(県)
② 右図　　(4) ① エ　　② ウ

〔3〕 (1) 奈良　　(2) イ　　(3) ① (例)武士の慣習をも
とに裁判の基準を定め，争いを公正に解決するため。
② ア　　(4) ① イ　　② カ　　③ 参勤交代

〔4〕 (1) X 廃藩置県　　Y 30　　(2) (例)欧米の進んだ
技術を取り入れ，官営工場を設立した。
(3) ① (イ)→(ウ)→(ア)　　② ウ　　(4) イ

〔5〕 (1) ① 子どもの権利条約[児童の権利に関する条約]　　② エ　　(2) ① ア
② a (3)議席　　b (2)議席　　c (1)議席　　d (0)議席　　③ (例)衆議院の議
決が国会の議決となる。　　(3) ① エ　　② イ　　③ ア　　(4) ① 平和維持
活動[PKO]　　② ウ

〔6〕 (1) イ，オ　　(2) X エ　　Y (例)民法の未成年者を保護するための規定が適用さ
れず，悪質な手口による被害が増加する

＜社会解説＞

〔1〕 **(地理的分野―世界地理－地形・気候・人々のくらし・資源・エネルギー・貿易)**

(1) 北米西部を南北に縦走する山脈がロッキー山脈であり，北部はアラスカ山脈に，南部はメキ
シコのシェラ・マドレ山脈に連なる。最高峰はアメリカ合衆国の南部ロッキーのエルバート山
(標高4399メートル)である。

(2) この地図では緯線・経線は30度ごとに表されている。緯度0度の緯線を**赤道**という。赤道は，
インドネシア・南アメリカ大陸北部・アフリカ大陸中央部を通る。緯線Xは，赤道よりも1本北
の緯線なので，緯度は北緯30度である。**本初子午線**とは，ロンドンのグリニッジ天文台を通る
経線である。経線は，この本初子午線を東経0度，西経0度とし，東経は東へ30度ごとにひかれ
ているので，X地点は，東経150度である。

(3) バンコクは**赤道**に近いため，月平均気温が一年を通して高く，あまり変化しない。**雨季**と**乾
季**がはっきりしており，雨季は5月から10月，乾季は2月から4月となる。雨温図の**ウ**である。

(4) A国は**アルゼンチン**である。アルゼンチンの国土の東，ラプラタ川流域に広がる温帯草原を
パンパと呼び，小麦の栽培や牛の放牧が行われている。

(5) B国は**オーストラリア**である。オーストラリアは，鉄鉱石・石炭・液化天然ガス等の**鉱産資
源**が豊かであり，大量に輸出している。輸出先は，アジア州の国が増加している。それは，日本
や中国や韓国など，アジア州の国々で**工業化**が著しく進んだためである。以上のような趣旨を簡
潔に記せばよい。

〔2〕 **(地理的分野―日本地理－地形・交通・貿易・工業・農林水産業・地形図の見方)**

(1) 起伏の多い山地が，**海面上昇**や**地盤沈下**によって海に沈み形成された，海岸線が複雑に入り

組んで，多数の島が見られる地形を**リアス海岸**という。日本では，東北地方の**三陸海岸**が代表的である。他に，三重県にある志摩半島，福井県にある若狭湾，愛媛県の宇和海沿岸等がある。

(2)　**半導体・通信機・電子部品**など，小さくて軽い高価なものは，**飛行機での輸送**に適しているため，空港からの輸出入が多くなる。日本で最大の輸出入額の空港は，**成田国際空港**である。

(3)　①　**製造品出荷額**では，愛知県，神奈川県，大阪府に続いて全国で第4位なのが静岡県であり，aは静岡県である。なお，**米**の産出額が5県中で最も多いのは秋田県，**野菜**の産出額が最も多いのは群馬県，**果実**の産出額が最も多いのは山梨県である。
　　②　山梨県の**人口密度**は181.6人／km²であり，下から2番目の区分である。これを地図に書き込めば，右の通りになる。

(4)　①　ア　この**地形図**の縮尺は2万5000分の1なので，**等高線**は10mごとに引かれている。美術館「記号」のある場所は，水守町の標高80mよりも等高線6本分低いところにあり，標高20m程度である。　イ　これは2万5000分の1地形図なので，地図上の5cmは，5cm×25000＝125000cm＝1250mである。　ウ　河井町付近には，広葉樹林「記号」はない。ア・イ・ウのどれも誤りであり，エが正しい。市役所「記号」の東の方位に，高等学校「記号」がある。　②　輪島市でつくられているのは漆器である。輪島塗には古くからの伝統があるが，現在の形になったのは，江戸時代のことである。なお，南部鉄器は岩手県の，将棋の駒は山形県の伝統的工芸品であり，たんすは福井県・愛知県・宮城県など各地でつくられている。

〔3〕　(歴史的分野―日本史時代別―古墳時代から平安時代・鎌倉時代から室町時代・安土桃山時代から江戸時代，―日本史テーマ別―法律史・外交史・文化史・宗教史・技術史・政治史)

(1)　苦難の末に唐から来日したのが**鑑真**である。鑑真は奈良時代中期の753年に来日した。鑑真は**唐招提寺**をつくり，**戒律**を日本に伝えた。

(2)　ア　**栄西**が，宋に二度に渡って学び，**臨済宗の禅**とともに茶の文化も日本に持ち帰ったのは，鎌倉時代のことである。　ウ　空海が唐から帰国し，高野山に**金剛峯寺**を建立して真言宗を開いたのは，平安時代初期のことである。　エ　国家を守るという仏教の**鎮護国家**の働きに頼ろうとし，**聖武天皇**が，都に東大寺を，諸国に国分寺・国分尼寺を建立させたのは，奈良時代の8世紀中期のことである。ア・ウ・エのどれも別の時代のことであり，イが正しい。平安中期には，やがて救いのない世が来るという**末法思想**が流行し，阿弥陀如来を信仰して，極楽浄土に往生しようとする，浄土信仰が盛んになった。その時代の代表的な建造物である**平等院鳳凰堂**は，11世紀の摂関政治の全盛期に，関白藤原頼通によって建立された。

(3)　①　鎌倉幕府が御家人のために1232年に制定したのが**御成敗式目**であり，武家のための法典として，**頼朝以来の慣習**を基準に，裁判の公正を期すために整備したものである。貞永式目ともいう。上記のような趣旨を簡潔に記せばよい。　②　**東大寺南大門の金剛力士像**は，鎌倉時代に**運慶**らによってつくられた。阿形像と吽形像がある。なお，イの雪舟は室町時代の画家，ウの一遍は時宗の開祖であり，エの**道元**は曹洞宗の開祖である。

(4)　①　江戸時代には，**新田開発**が活発に行われ，耕地面積が増加した。**田沼意次**の時代の印旛沼干拓などはその一例である。千歯こきは，元禄時代に開発された農具で，干した稲の穂先から籾を取り出すための道具である。櫛状に並べられた鉄の歯に稲穂を通し，籾を引っ掛けて分離させるものである。なお，唐箕は，明治時代以降に開発されたものである。　②　X　**大老井伊直**

弼が殺害された**桜田門外の変**は，1860年に起こった。　Ｙ　**ペリーが来航**し翌年**日米和親条約**が結ばれたのは，1854年である。　Ｚ　**幕府が異国船打払令**を出したのは，1825年である。したがって，年代の古い順に並べると，Ｚ→Ｙ→Ｘとなり，**カ**が正しい。　③　**大名**が1年おきに江戸と領地を往復する制度は，**参勤交代**である。大名が江戸に参勤することはすでに習慣化していたが，**3代将軍徳川家光**の時代に，**武家諸法度寛永令**の中で明文化された。

〔4〕　(歴史的分野─日本史時代別─明治時代から現代，─日本史テーマ別─外交史・政治史・社会史・文化史・経済史)

(1)　Ｘ　**明治政府**は，**中央集権国家**の建設を目標とし，1869年に**版籍奉還**を行ったが，元の藩主に元の藩を治めさせたため，大きな改革の効果が上がらなかった。そこで明治政府は，1871年に**廃藩置県**を行い，元の藩主に替って，政府が任命した**府知事・県令**が新しい府や県を治めるようにした。　Ｙ　**都道府県知事の被選挙権**の年齢要件は，参議院議員選挙の被選挙権と同じく，**満30歳以上**である。なお，年齢は選挙当日の年齢である。また，いずれの場合も，日本国籍を持つ者という条件がある。

(2)　**明治政府**が西洋諸国に対抗し，産業の育成により国家の近代化を推進した諸政策を，**殖産興業**という。具体的には欧米から外国人技師を招き，**官営模範工場**を作ったことなどがあげられる。

(3)　①　ア　**加藤高明**を首相とする**護憲三派内閣**の下で，1925年に法改正が行われ，25歳以上の男子であれば，納税額による制限のない選挙が行われるようになった。これを**普通選挙**という。イ　長州陸軍閥の**桂太郎**が第三次の組閣をすると，**政友会**などの**政党勢力**が，**民衆の支持**を背景に，「**憲政擁護**」「**閥族打破**」をスローガンとして**護憲運動**を展開した。桂内閣は50日余りで総辞職した。1912年に起こったこの事件を**大正政変**という。　ウ　**シベリア出兵**を機に，1918年に富山県から起こったのが**米騒動**である。民衆が米の安売りを求めて米穀商を襲う騒動は全国に広がった。寺内正毅内閣は，米騒動の鎮圧に天皇の軍隊を利用した責任をとって退陣した。時代の古い順に並べると，イ→ウ→アとなる。　②　ア　**テレビ放送**が始まったのは1953年である。イ　**パソコンやインターネット**が広く普及したのは，1990年代である。　エ　**新聞や雑誌**の発行が始まり，欧米の思想などが紹介されるようになったのは，1870年代である。どれも別の時代のことであり，**ウ**が正しい。**ラジオ放送**が始まったのは，1924年であり，大正時代から昭和時代初期にかけての説明として正しい。

(4)　1973年に**第4次中東戦争**が勃発し，**OPEC**(Organization of the Petroleum Exporting Countries＝石油輸出国機構)諸国は原油の値上げを決定し，いわゆる**石油危機**が起こった。日本では買占めが起こり，**狂乱物価**といわれるほど物価が上昇した。日本とアメリカの貿易は，日本の輸入額の方が多かったが，1970年代半ばには，輸入額と輸出額が逆転し，アメリカが貿易赤字を抱えるようになった。1980年代にはその差が拡大し，こうしたことが**日米貿易摩擦**の原因となった。

〔5〕　(公民的分野─国際社会との関わり・国民生活と社会保障・基本的人権・国の政治の仕組み・財政)

(1)　①　「**子どもの権利条約**」は，1989年に**国際連合**で採択され，1990年に国際条約として発効した。条約では，18歳未満を子どもと定義している。子どもの権利条約は，「児童の権利に関する条約」ともいう。　②　憲法の規定する**基本的人権**の中に，「**表現の自由**」があるが，それによって他人の名誉を傷つける行為は，**公共の福祉**に反するものとして禁止される。

(2)　①　**主権者**である国民が**選挙**を通じて代表者を選び，選ばれた代表者から構成される議会によって政治が行われているしくみを，**議会制民主主義**という。　②　**比例代表制のドント式**では，以下のようにしてそれぞれの政党の当選者を決定する。まず各政党の得票数を1，2，3，4・・の整数で割る。具体的にはa党の場合，1で割ると78万票，2で割ると39万票，3で割ると26万票となる。他の3党についても同様に計算する。その商の大きい順に定数まで議席を配分する。問題の場合は，定数は6議席であるので，a党が3議席，b党が2議席，c党が1議席，d党が0議席で，合計6議席となる。　③　**日本国憲法第60条**では，以下のように定められている。「**予算**案については，**参議院で衆議院と異なつた議決をした場合**に，法律の定めるところにより，**両議院の協議会を開いても意見が一致しないとき**，又は参議院が，衆議院の可決した予算を受け取つた後，国会休会中の期間を除いて三十日以内に，議決しないときは，衆議院の議決を国会の議決とする。」との規定がある。いわゆる**衆議院の優越**の一例である。

(3)　①　**納税義務者**と**税負担者**とが同一人であることを想定している租税を**直接税**，納税者と税負担者とが別人であることを想定している租税を**間接税**という。**所得税・法人税・相続税**などは直接税であり，**消費税・揮発油税・関税・入湯税**などは間接税である。　②　政府が景気を調整するために行う政策を**財政政策**といい，好景気の時には**公共事業を減らし**，**増税をして**，**企業や家計の経済活動**をおさえることで，景気の行き過ぎを抑制する。逆に，不景気の時には公共事業を増やし，減税をすることで，企業や家計の消費を増やし，景気を刺激する。　③　**少子高齢化**が進むにつれて，**社会保障費**は増大する。平成22年度から令和2年度までに，一番伸びが大きいアが，社会保障関係費である。社会保障制度を担当する行政機関は厚生労働省である。

(4)　①　地域紛争で停戦を維持したり，紛争拡大を防止したり，公正な選挙を確保するなどのための活動が，**国際連合のPKO**(Peacekeeping Operations＝**平和維持活動**)である。日本は，1992年に国際平和協力法が成立し，以来この活動に参加している。　②　1967年にインドネシア・シンガポール・タイ・フィリピン・マレーシアの5か国によって地域協力機構として設立されたのが，**ASEAN**(Association of Southeast Asian Nations＝**東南アジア諸国連合**)である。その後5か国が加わり，現在の加盟国は10か国である。

〔6〕（公民的分野―消費生活）

(1)　売買の場合，「売る」という意思表示と，これに呼応する「買う」という意思表示の二つが一致することにより合意がなされ，**契約**が成立する。ア・ウ・エは，まだ買うという意思表示がされておらず，売買契約が成立していない。売買契約が成立しているのは，**イとオ**である。

(2)　Ｘ　資料Ⅱを見ると，2018年度から2020年度までのすべての年度で，「20〜24歳」の**消費生活相談件数**は，「18歳，19歳」の相談件数の1.5倍以上であることが読み取れる。　Ｙ　**成年**になると，親の同意は必要なくなり，**民法の未成年者を保護するための規定が適用されなくなること**で，強引な勧誘をされるなど，悪質な手口による被害が増加することになる。上記のような趣旨を簡潔に記せばよい。

＜国語解答＞

〔一〕　（一）　1　うば（われる）　　2　ただよ（う）　　3　びょうしゃ　　4　よくよう
　　　　　5　ちんれつ　　（二）　1　細（かく）　　2　試（みる）　　3　共鳴　　4　議案　　5　段階

〔二〕　（一）　エ　　（二）　ア　　（三）　イ　　（四）　エ　　（五）　ウ

〔三〕（一）おもう　（二）イ　（三）ア　（四）（例）その場では，何も言わなかったということ。　（五）エ　（六）（例）中国の故事を踏まえて竜が和歌に詠まれていることに考えが及ばなかったということ。

〔四〕（一）（はじめ）風景とは，　（終わり）貌である。　（二）イ　（三）ウ
（四）（例）風景は，外界からの刺激により身体に属する感覚器官に対して空間が感覚的に立ち現れ，心が動かされることで出現するということ。　（五）エ
（六）（例）人が風景と出会うという出来事は，自己の存在を了解するという本質的契機を提供することであり，風景についての考察を深めるということは，風景とともにある自分という存在がこの世界に存在していることを実感し，人間の自己理解を深めることになるから。

＜国語解説＞

〔一〕　（知識—漢字の読み書き）
（一）　1「心を奪われる」は，そのことに関心が集中するという意味。　2「漂」の音読みは「ヒョウ」で，「漂流」「漂着」などの熟語を作る。　3「描」の訓読みは「えが（く）」と「か（く）」である。　4　この場合の「抑揚」は，声に高低をつけたり，調子を変えたりすること。　5「陳列」は，人に見せるために並べること。
（二）　1「細」には，「サイ・ほそ（い）・ほそ（る）・こま（か）・こま（かい）」という読みがある。　2「試みる」は，ためしにやってみるということ。　3　この場合の「共鳴する」は，心から同意するという意味。　4「議案」は，会議で話し合うための問題のこと。　5「段階」の「段」は，左側の形に注意して書く。

〔二〕　（知識・俳句—脱文・脱語補充，熟語，文と文節，品詞・用法，表現技法・形式）
（一）　それぞれの文を文節に区切ると，「休日に／図書館で／本を／借りる」(4文節)，ア「虫の／音に／秋の／気配を／感じる」(5文節)，イ「こまやかな／配慮に／感謝する」(3文節)，ウ「あの／山の／向こうに／海が／ある」(5文節)，エ「風が／入るように／窓を／開ける」(4文節)なので，エが正解。
（二）　「望」には，「①遠くを見る②願う③人気」などの意味がある。「眺望」は①，ア「展望」は①，イ「待望」は②，ウ「希望」は②，エ「信望」は③の意味なので，アを選ぶ。
（三）　「聞こえない」は助動詞，ア「遠くない」は補助形容詞，イ「届かない」は助動詞，ウ「少ない」は形容詞の一部，エ「読んだことがない」は形容詞なので，イが同じ品詞である。
（四）　「若葉して……」の俳句の季語は「若葉」で季節は夏。アの季語は「山茶花」で季節は冬，イの季語は「鳥渡る」で季節は秋，ウの季語は「水ぬるむ」で季節は春，エの季語は「噴水」で季節は夏である。
（五）　【説明】によれば，手紙で「その季節を表す文」に続くのは「相手の安否を気づかう言葉」なので，ウの「お元気でお過ごしのことと存じます。」が最もよく当てはまる。アは主文，イは季節を表す文，エは主文に入れるのがふさわしい内容である。

〔三〕　（古文・和歌—情景・心情，内容吟味，仮名遣い，口語訳）
〈口語訳〉　法性寺殿で歌合があったときに，俊頼と基俊の二人が判定する人となって，歌の作者の名を隠してその場で勝負を判定したが，俊頼の歌で(次のような歌があった。)

　　　口惜しや……(1)残念だなあ。雲の中に隠れて住むというたつも，会いたいと強く願う人には見えたというのに)

　これを基俊は，鶴だと解釈して，「鶴は沢には住むが，雲の中に住むことがあろうか(いや，ない)」と非難して，負けにした。しかし俊頼は，(3)その場では何も言わなかった。そのとき忠通殿下が「今夜の判定の言葉を，それぞれ書いて差し出せ」とおっしゃったとき，俊頼朝臣は，「これは鶴ではなく，竜だ。中国の誰それといった人が，竜に会いたいと思う気持ちが強かったことによって，(4)彼のために(竜が)姿を現わして見せたということがありますのを歌に詠んだのである」と書いたということだ。

(一)　「思ふ」はひらがなで書くと「おもふ」。　語頭にない「ふ」を「う」に直して「おもう」とする。

(二)　「口惜し」は「残念だ」という意味の語句なので，イが正解。また，この和歌は「竜が他の人には姿を見せてくれたのに自分には見せてくれない」という内容なので，その点からもアとウは誤りである。

(三)　──線部分の「雲井に住む」は「雲の中に住む」ということ。「やはする」は反語で，「〜だろうか，いや，〜ではない」という強い否定を表す。ここは「雲の中に住むはずがない」ということになる。また，直後に「難じて，負になしてける」とあるので，「非難する気持ち」と説明するアが正解。イとエは「雲井に住む」の解釈が誤り。イとウは「やはする」の意味を捉えていないので誤りである。

(四)　「其の座」はその場，ここでは歌合の席ということ。「詞も加へず」は，言葉を加えなかった，つまり何も言わなかったということである。

(五)　「かれ」は「彼のなにがし」を指すが，その人については「竜を見むと思へる心ざしの深かりける」，つまり「竜に会いたいと強く願う」人であったことが説明されている。「かれがために」は「かれのために」ということ。「現はれて見えたりし」は「姿を現わして見せた」ということで，主語は「かれ」ではなく「竜」である。正解はエ。アとウは「竜が会いたい」としている点が誤り。アは「現はれて見えたりし」の主語も誤っている。イとウは「現はれて見えたりし」の解釈が誤っている。

(六)　「思ひ量り」は，あれこれと考えること。古語では「鶴」も「竜」も「たつ」と表記するが，基俊は和歌に詠まれた「たつ」を「鶴」と思い込んで非難した。これは，「たつ」が「竜」であることに考えが及ばず，背景にある中国の故事にも思い至らなかったということである。この内容を40字以内で書く。

〔四〕　(論説文－内容吟味，文脈把握，脱文・脱語補充，接続語の問題)

(一)　第3段落から「風景とは，身体という空間的存在に立ち現れる空間の相貌である。」(30字)を抜き出し，はじめと終わりの5字を書く。

(二)　「たんに　　A　　に理解するということではない。……実感することである。」という文脈から，空欄Aには「実感すること」とは逆の内容が入ることがわかる。イの「概念的」は，具体的でなく大まかに捉える様子を表す言葉なので，これが当てはまる。アの「具体的」とウの「経験的」は，「実感すること」に近い内容なので誤り。エの「効率的」は，効率がいい様子を表す言葉であり，文脈に合わない。

(三)　──線部分の直前に「わたしが海を別の時間に，また別の場所で見たとすれば，わたしには違った風景が立ち現れただろう」とあるように，人間が見る風景は時間や場所によって異なるものであり，特定の風景を主体的な行為として選択することはできない。正解はウ。アは，風景が

「人間の主体的な行動によって必然的に姿を表す」としている点が誤り。イは，風景には「自分の意志」がないので誤り。エは，風景と出会うためには人間が「風景を見に行く」「目を開ける」などの「特定の行為を選択すること」も必要なので，不適切である。

(四)　風景の出現について書いてある部分を探すと，第3段落に，「空間が身体に対して，また，身体に属する感覚器官に対して感覚的に立ち現れるとき，そこに風景が出現する。」とある。また，傍線部の前に「外界からの刺激によって心が動かされる」ことで風景が成立するとある。この内容をもとに，風景がどのようにして出現するのかを60字以内で書く。

(五)　風景と出会うときについて，空欄aの前は「特別な機会」という考え方を述べているが，後にそれに反する「生まれたときから」「毎日」「目覚めたときから」「眠りにつくまで」という筆者の考えを述べているので，逆接のエ「しかし」が入る。

(六)　Ⅰの文章に，「風景との出会い」が「自己の存在を了解する」「自己の存在を実感する」という「自己の存在の本質的契機」を提供するとある。また，Ⅱの文章には，人間が風景と出会うのは「人生が風景とともにある」ということを自覚したときであり，風景について考察を深めることが「『風景―とともに―あること』としての人間の自己理解を深めること」を意味しているとある。この内容をふまえて，筆者の考えの理由を120字以内で書く。理由を答えるので，文末表現は「～から。」「～ため。」などという形にすること。

新潟県公立高等学校

2021年度
★★★★★★★★★★★★★★★★★★★★★

入 試 問 題

2021
年
度

●くわしい解説 …… 37 ページ

令和2年5月13日付け2文科初第241号「中学校等の臨時休業の実施等を踏まえた令和3年度高等学校入学者選抜等における配慮事項について（通知）」を踏まえ，出題範囲について以下通りの配慮があった。

○出題範囲から除く内容。

数学	・資料の活用（標本調査）
英語	主語＋動詞＋whatなどで始まる節（間接疑問文）
理科	○第1分野 ・『科学技術と人間』のうち 「エネルギー」「科学技術の発展」「自然環境の保全と科学技術の利用」 ○第2分野 ・『自然と人間』のうち 「生物と環境」「自然の恵みと災害」「自然環境の保全と科学技術の利用」
社会	○公民的分野 (4) 私たちと国際社会の諸課題 ア 世界平和と人類の福祉の増大 イ よりよい社会を目指し
国語	書写に関する事項

＜数学＞　　時間　50分　　満点　100点

〔1〕　次の(1)～(8)の問いに答えなさい。

(1)　$6-13$ を計算しなさい。

(2)　$2(3a+b)-(a+4b)$ を計算しなさい。

(3)　$a^3b^5 \div ab^2$ を計算しなさい。

(4)　$\sqrt{14} \times \sqrt{2} + \sqrt{7}$ を計算しなさい。

(5)　2次方程式 $x^2+7x+5=0$ を解きなさい。

(6)　y は x の2乗に比例し，$x=-2$ のとき $y=12$ である。このとき，y を x の式で表しなさい。

(7)　右の図のように，円Oの円周上に3つの点A，B，Cがあり，線分OAの延長と点Bを接点とする円Oの接線との交点をPとする。$\angle APB = 28°$ であるとき，$\angle x$ の大きさを答えなさい。

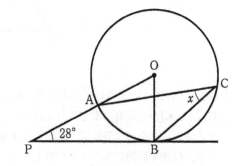

(8)　右の表は，ある中学校の生徒80人の通学距離を調べ，度数分布表にまとめたものである。このとき，次の①，②の問いに答えなさい。

①　200m以上400m未満の階級の相対度数を，小数第2位まで答えなさい。

②　通学距離の中央値がふくまれる階級を答えなさい。

階級 (m)		度数 (人)
以上	未満	
0 ～	200	3
200 ～	400	20
400 ～	600	16
600 ～	800	12
800 ～	1000	23
1000 ～	1200	6
計		80

〔2〕　次の(1)～(3)の問いに答えなさい。

(1) 連続する2つの自然数がある。この2つの自然数の積は，この2つの自然数の和より55大きい。このとき，連続する2つの自然数を求めなさい。

(2) 赤玉1個，白玉2個，青玉2個が入っている袋Aと，赤玉2個，白玉1個が入っている袋Bがある。袋A，袋Bから，それぞれ1個ずつ玉を取り出すとき，取り出した2個の玉の色が異なる確率を求めなさい。

(3) 下の図のような，正三角形ABCがあり，辺BCの中点をMとする。辺BC上にあり，∠BDA＝105°となる点Dを，定規とコンパスを用いて作図しなさい。ただし，作図は解答用紙に行い，作図に使った線は消さないで残しておくこと。

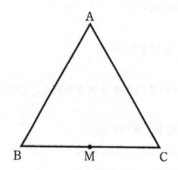

〔3〕　下の図1のように空の水そうがあり，P，Qからそれぞれ出す水をこの中に入れる。最初に，P，Qから同時に水を入れ始めて，その6分後に，Qから出す水を止め，Pからは出し続けた。さらに，その4分後に，Pから出す水も止めたところ，水そうの中には230Lの水が入った。

　P，Qから同時に水を入れ始めてから，x分後の水そうの中の水の量をyLとする。下の図2は，P，Qから同時に水を入れ始めてから，水そうの中の水の量が230Lになるまでの，xとyの関係をグラフに表したものである。このとき，あとの(1)～(3)の問いに答えなさい。ただし，P，Qからは，それぞれ一定の割合で水を出すものとする。

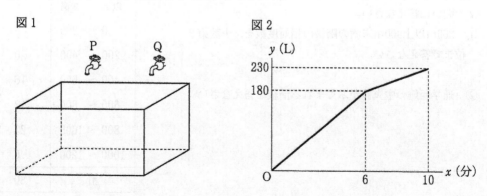

(1) 図2について，$0 \leqq x \leqq 6$のとき，直線の傾きを答えなさい。

(2) 図2について，$6 \leqq x \leqq 10$ のとき，x と y の関係を $y = ax + b$ の形で表す。このとき，次の①，②の問いに答えなさい。

① b の値を答えなさい。

② 次の文は，b の値について述べたものである。このとき，文中の ☐ に当てはまる最も適当なものを，下のア～エから１つ選び，その符号を書きなさい。

> b の値は，P，Qから同時に水を入れ始めてから，水そうの中の水の量が230 L になるまでの間の，☐ と同じ値である。

ア 「Pから出た水の量」と「Qから出た水の量」の和
イ 「Pから出た水の量」から「Qから出た水の量」を引いた差
ウ Pから出た水の量
エ Qから出た水の量

(3) Pから出た水の量と，Qから出た水の量が等しくなるのは，P，Qから同時に水を入れ始めてから何分何秒後か，求めなさい。

〔4〕 右の図1のように，AB＝4 cm，BC＝2 cmの長方形ABCDがあり，△ACD≡△FBEとなるように，対角線BD上に点Eを，辺BAの延長上に点Fをそれぞれとる。このとき，次の(1)，(2)の問いに答えなさい。

(1) 線分DEの長さを答えなさい。

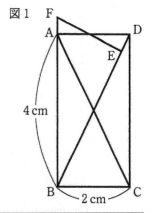

図1

(2) 次の文は，ある中学校の数学の授業での，先生と生徒の会話の一部である。この文を読んで，あとの①～④の問いに答えなさい。

> 先生： 厚紙に，上の図1の△FBEと合同な△PQRを作図し，これを切り取ります。また，次のページの図2のように，半直線OXと，OXに垂直な半直線OYを紙にかきます。この紙の上に，切り取った△PQRを，次のページの図3のように，頂点Qを点Oと，辺PQを半直線OYと，それぞれ重ねて置き，次の手順Ⅰ，Ⅱに従って動かします。このとき，頂点Rの動きについて，何か気づくことはありますか。
>
> 手順
> Ⅰ 図3の△PQRの位置から，頂点Pを半直線OY上で，頂点Qを半直線OX上で，それぞれ矢印の向きに動かす。次のページの図4は，頂点Pが半直線OY上のある点を，また，頂点Qが半直線OX上のある点を，それぞれ通るときのようすを表したものである。
> Ⅱ 次のページの図5のように，頂点Pが点Oと重なったとき，△PQRを動かすことを終了する。

ケン： 頂点Rは，ある１つの直線上を動いているような気がします。不思議ですね。

ナミ： ある１つの直線上を動くのなら，その直線は点Oを通りそうです。

先生： それが正しいかどうかを確かめるために，∠ROXに注目してみましょう。

ナミ： 図３では，∠QRPの大きさが ｜ ア ｜ 度だから，∠ROXの大きさは∠RPQの大きさと等しくなります。

先生： そうですね。では，図４で，点Oと頂点Rを結ぶと同じことが言えるでしょうか。

リエ： 図４で，３点P，Q，Rを通る円をかくと，∠QRPの大きさは ｜ ア ｜ 度だから，△PQRの辺 ｜ イ ｜ はその円の直径になります。

先生： 今のリエさんの考え方を使って，∠ROXの大きさは∠RPQの大きさと等しくなることが証明できます。この証明をノートに書いてみましょう。

ナミ： できました。

ケン： 私もできました。図５でも，∠ROXの大きさは∠RPQの大きさと等しくなるので，頂点Rは，点Oを通る１つの直線上を動くと言えます。

先生： そのとおりです。よくできました。次に，手順Ⅰ，Ⅱに従って△PQRを動かしたときの頂点Rの道のりを，頂点Rの動きをふまえて求めてみましょう。

リエ： はい。頂点Rが動いた道のりは ｜ ウ ｜ cmです。

図2
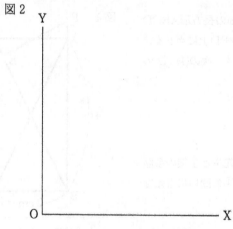

図3
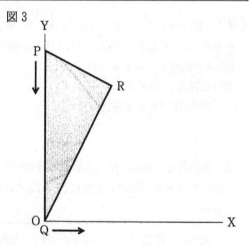

図4
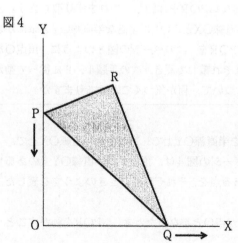

図5
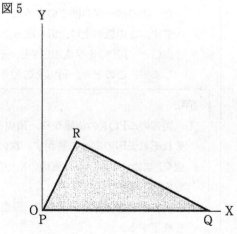

① 　ア　 に入る値を答えなさい。

② 　イ　 に入る，△PQRの辺はどれか，答えなさい。

③ 　下線部分について，リエさんの考え方を使って，図4で∠ROXの大きさが∠RPQの大き
　さと等しくなることを証明しなさい。

④ 　ウ　 に入る値を求めなさい。

〔5〕 　下の図のような1辺の長さが8cmの正四面体ABCDがあり，辺AC，ADの中点をそれぞれ
M，Nとする。また，辺AB上にAE＝2cmとなるような点Eをとり，辺BC上にBF＝3cmとなる
ような点Fをとる。このとき，次の(1)～(3)の問いに答えなさい。

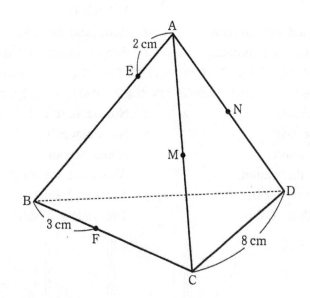

(1) 　線分MNの長さを答えなさい。

(2) 　△AEM∽△BFEであることを証明しなさい。

(3) 　5点F，C，D，N，Mを結んでできる四角すいの体積は，三角すいEAMNの体積の何倍か，
　求めなさい。

＜英語＞　　時間　50分　　満点　100点

〔1〕　放送を聞いて，次の(1)～(3)の問いに答えなさい。

(1)　これから英文を読み，それについての質問をします。それぞれの質問に対する答えとして最も適当なものを，次のア～エから一つずつ選び，その符号を書きなさい。

1　ア　On Sunday, November 22.　　イ　On Monday, November 23.
　　ウ　On Tuesday, November 24.　　エ　On Wednesday, November 25.

2　ア　Here you are.　　　　　　　　イ　How about you?
　　ウ　No, thank you.　　　　　　　エ　See you later.

3　ア　Baseball.　　　　　　　　　　イ　Basketball.
　　ウ　Tennis.　　　　　　　　　　　エ　Volleyball.

4　ア　Betty and her brother.　　　　イ　Betty and her father.
　　ウ　Betty and her mother.　　　　エ　Betty's father and mother.

(2)　これから英語で対話を行い，それについての質問をします。それぞれの質問に対する答えとして最も適当なものを，次のア～エから一つずつ選び，その符号を書きなさい。

1　ア　Yes, he has.　　　　　　　　イ　No, he hasn't.
　　ウ　Yes, he will.　　　　　　　エ　No, he won't.

2　ア　About music.　　　　　　　　イ　About school.
　　ウ　About the station.　　　　　エ　About the weather.

3　ア　The blue T-shirt.　　　　　　イ　The red T-shirt.
　　ウ　The white T-shirt.　　　　　エ　The yellow T-shirt.

4

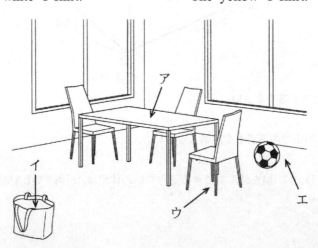

(3)　これから，留守番電話に録音された，ケビン (Kevin) からのあなたへのメッセージを再生します。そのメッセージについて，二つの質問をします。それぞれの質問の答えを，3語以上の英文で書きなさい。

〔2〕　次の英文は，ボランティア活動（volunteer activity）への参加募集の【広告】の一部と，それについて，アン（Anne）とマーク（Mark）が話をしている【会話】です。【広告】と【会話】を読んで，下の(1)，(2)の問いに答えなさい。

【広告】

WE NEED VOLUNTEERS!

We are looking for volunteers in this town.　We have four activities.

Volunteer Activity A	Volunteer Activity B
Planting flowers in the park 9:00 − 11:00, Sunday	Helping young children when they study 16:00 − 17:00, Friday

Volunteer Activity C	Volunteer Activity D
Cleaning the beach 15:00 − 17:00, Saturday or Sunday	Talking with people at the nursing home 16:00 − 17:00, Monday or Wednesday

(注)　plant〜　〜を植える　　　　beach　浜辺　　　nursing home　高齢者福祉施設

【会話】

Anne: Which volunteer activity are you interested in?
Mark: I'm interested in all of them, but I'm busy from Monday to Friday.　I want to plant flowers in the park.
Anne: Wait.　You and I have a piano lesson in the morning every Sunday.
Mark: That's right.　OK, so I will take part in ☐ .

(1)　【会話】の ☐ の中に入る最も適当なものを，次のア〜エから一つ選び，その符号を書きなさい。
　ア　Volunteer Activity A　　　イ　Volunteer Activity B
　ウ　Volunteer Activity C　　　エ　Volunteer Activity D

(2)　【広告】の四つの "Volunteer Activity" について，あなたが参加するとしたら，どのボランティア活動に参加しますか。解答用紙の（　）の中に，A〜Dから一つ選んでその符号を書き，それに続けて，その理由を4行以内の英文で書きなさい。

〔3〕　次の英文を読んで，あとの(1)〜(6)の問いに答えなさい。
　　Akari is a Japanese high school student.　Now she is talking with Steve, a high school student from Australia.　Steve is studying at Akari's school.
Akari: Hi, Steve.　How was your weekend?
Steve: Hello, Akari.　It was nice.　Last Sunday, I went skiing with my host family.　It was my first time.　I was excited to see a lot of snow.　How

was your weekend?

Akari: It was nice, too. I didn't go out, but I (A) a good time at home.

Steve: That's good. What did you do at home?

Akari: I enjoyed listening to music, reading books, and watching TV. Well, last Saturday, I watched a TV program about three Japanese people (B) in other countries. It was interesting. Did you watch it?

Steve: No, I didn't. What do the Japanese people do in other countries?

Akari: They do different jobs. One person is a teacher of Japanese in India. She gives her students great lessons. She also takes part in local events and introduces traditional Japanese culture to the people.

Steve: That's nice. I think she can make the people in India more interested in Japan.

Akari: I think so, too. Well, another person is an architect in America. He studies hard and knows a lot about the environment. The buildings he designs are beautiful and eco-friendly. So, C|by, he, respected, is| the people around him.

Steve: Wow, that's nice, too! What does the last person do?

Akari: The last one is a farmer who works with people in Africa. He D|them, to, teaches, how| grow rice and vegetables well. He works hard for the people, so they trust him.

Steve: That's great.

Akari: But the Japanese farmer had a problem when he first came to Africa. It was hard for him to grow rice and vegetables well.

Steve: Why?

Akari: Because the soil was not rich. 　E　, he couldn't make the soil rich in his own way. Then, he talked a lot with the local people. He got some useful ideas from them and found a good way to make the soil rich. Finally, he solved F the problem. He said, "That was a good experience to me. I'm glad to work in Africa because I can share such good experiences with the local people."

Steve: I see. As for me, since I came to Japan, I've had many kinds of experiences with Japanese people. G I think these experiences are important.

Akari: Why do you think so?

Steve: Because I've found some differences between Japan and Australia through my experiences with Japanese people. This has given me a chance to think about my own country.

Akari: I understand. I've never been to any other countries. In the future, I want to go abroad and have many experiences like you.

(注) go skiing スキーに行く　host family ホストファミリー　　local 地元の
introduce ～　～を紹介する　　culture 文化　　environment 環境

eco-friendly　環境にやさしい　　vegetable　野菜　　trust 〜　〜を信頼する　　soil　土壌

rich　肥沃な　　solve 〜　〜を解決する　　as for 〜　〜に関して言えば

go abroad　外国に行く

(1) 文中のA，Bの（　）の中に入る最も適当な語を，次のア〜エからそれぞれ一つずつ選び，その符号を書きなさい。

A　ア　did　　イ　had　　ウ　played　　エ　was

B　ア　work　　イ　works　　ウ　worked　　エ　working

(2) 文中のC，Dの　　　　の中の語を，それぞれ正しい順序に並べ替えて書きなさい。

(3) 文中のEの　　　　の中に入る最も適当なものを，次のア〜エから一つ選び，その符号を書きなさい。

ア　At first　　イ　By the way　　ウ　Each other　　エ　Excuse me

(4) 下線部分Fの内容として最も適当なものを，次のア〜エから一つ選び，その符号を書きなさい。

ア　The Japanese farmer couldn't talk with the local people in Africa.

イ　The Japanese farmer couldn't take part in the local events in Africa.

ウ　The Japanese farmer couldn't grow rice and vegetables well in Africa.

エ　The Japanese farmer couldn't share good experiences with the local people in Africa.

(5) 下線部分Gについて，スティーブ（Steve）がそのように思う理由を，具体的に日本語で書きなさい。

(6) 本文の内容に合っているものを，次のア〜エから一つ選び，その符号を書きなさい。

ア　The Japanese teacher is so busy with her students every day that she can't take part in local events in India.

イ　The Japanese architect in America knows many things about the environment, and he designs beautiful and eco-friendly buildings.

ウ　The Japanese farmer was able to make the soil rich without getting any ideas from the local people in Africa.

エ　Akari had a good experience with her friends when she went to Australia, so she wants to go there again.

〔4〕　次の英文を読んで，あとの(1)〜(6)の問いに答えなさい。

Sakura was a junior high school student. She liked walking around the town with an old film camera. When she was ten years old, her grandfather gave her the film camera that he used. Of course, it wasn't easy for her to use it and take pictures. The camera couldn't show images. She could see them when the pictures were developed. Using such an old film camera needed more time and effort than using digital

film camera

film
（写真フィルム）

cameras. But, through using the old film camera, she learned _A one thing about taking pictures. She learned to look at things carefully before taking one picture. She liked the old film camera.

Sakura saw a lot of things and people through the camera lens. She took pictures of beautiful flowers, cute animals, historic buildings, and her family.

One Sunday morning, Sakura went out with the old film camera. It was a nice day and she felt a warm wind. Soon, when she started to take pictures, she couldn't push the button of the camera. She thought something was wrong with it.

Sakura went back home and told her grandfather about the old film camera. He said, "Sakura, I'm sorry but I can't repair this old camera." She looked sad. He said, "Why don't you visit Mr. Suzuki? I'm sure he can repair this camera." Mr. Suzuki worked at a camera shop. She often went there to ask him to develop pictures.

_B In the afternoon, Sakura went to the camera shop. When she went into the shop, Mr. Suzuki looked at her and said, "Hi, Sakura, how are you? What can I do for you today?" She said to him, "I can't push this button of the camera. Please repair it." He said, "OK. Can I look at it?" He took the camera from her and went to his desk. There were many parts and tools there. He looked into the camera very carefully. She watched him without saying any words. "I see. I have to change some parts," he said. She asked, "Can you repair this camera?" He said, "Sure. Well, it'll take some time. Sakura, can you wait for two weeks?" She said, "Yes."

Two weeks later, when Sakura visited the camera shop, Mr. Suzuki was waiting for her. When she took the old film camera from him, she said, "_C I'm really glad. I'll always use this camera with care." He said, "I'm glad to hear that. If you have any trouble, please come to me." "Thank you, Mr. Suzuki," she said. "I also want to ask you a question. Why do you work at a camera shop?"

Mr. Suzuki smiled and then he said, "Because I like cameras very much. When I was a child, I enjoyed taking a lot of pictures with my father. When I was a high school student, he bought me a new camera. After that, I became more interested in cameras, and I decided to work at a camera shop."

Mr. Suzuki also said to Sakura, "About thirty years ago, I started working at this camera shop. Since then many customers have come here with some trouble. When I can help them, they smile. I'm glad to see their happy faces. Working at this camera shop makes me happy."

Now Sakura is a high school student. She usually goes to the lake or the mountain to take pictures when she is free. After taking many pictures, she visits the camera shop to ask Mr. Suzuki to develop them.　When she finds a very wonderful picture, she says to him, "Look, Mr. Suzuki.　How beautiful!" She likes talking about her pictures with him.　_D He feels glad because he knows she keeps using the old film camera with love.

 (注) film camera　写真フィルムを用いて撮影するカメラ　　　image　画像

   develop ～　　～を現像（撮影した写真フィルムを化学的に処理し，画像として現すこと）する

   effort　労力　　　digital camera　デジタルカメラ　　　camera lens　カメラレンズ

   historic　歴史的な　　　button　押しボタン

   something was wrong with ～　　～はどこか故障があった　　　repair ～　　～を修理する

   part　部品　　　tool　道具　　　look into ～　　～の中を見る　　　with care　大切に

   keep ～ ing　～し続ける

(1)　下線部分Aについて，その内容を，具体的に日本語で書きなさい。

(2)　下線部分Bについて，サクラ（Sakura）はなぜカメラ屋に行ったのか。その理由として最も適当なものを，次のア～エから一つ選び，その符号を書きなさい。

 ア　To ask Mr. Suzuki to develop pictures.

 イ　To ask Mr. Suzuki to repair the old film camera.

 ウ　To ask Mr. Suzuki to show Sakura the parts of the camera.

 エ　To ask Mr. Suzuki to take pictures of the cute animals.

(3)　下線部分Cについて，サクラはなぜそのように感じたのか。その理由として最も適当なものを，次のア～エから一つ選び，その符号を書きなさい。

 ア　Because Sakura could use the old film camera again.

 イ　Because Sakura found a beautiful picture at the camera shop.

 ウ　Because Sakura got a new film camera from Mr. Suzuki.

 エ　Because Sakura learned a new way to take pictures from Mr. Suzuki.

(4)　次の①～③の問いに対する答えを，それぞれ3語以上の英文で書きなさい。

 ①　Did Sakura get the old film camera from her father?

 ②　Who told Sakura to visit Mr. Suzuki when something was wrong with the old film camera?

 ③　What does Sakura usually do in her free time?

(5)　本文の内容に合っているものを，次のア～エから一つ選び，その符号を書きなさい。

 ア　Sakura could use the old film camera easily to take pictures when she was ten years old.

 イ　Sakura took pictures of only flowers because she really liked them.

 ウ　Mr. Suzuki felt glad when he made his customers happy at the camera shop.

 エ　Mr. Suzuki started a new camera shop when Sakura became a high school student.

(6)　下線部分Dとあるが，あなたがこれまでにうれしいと感じたことを一つあげ，その理由も含め，4行以内の英文で書きなさい。

<理科>　　時間　50分　　満点　100点

〔1〕　次の(1)～(6)の問いに答えなさい。

(1)　次のア～エは，植物の葉をスケッチしたものである。アサガオの葉を示したものとして，最も適当なものを，ア～エから一つ選び，その符号を書きなさい。

　ア　　　イ　　　ウ　　　エ

(2)　右の図は，傾斜がゆるやかで，広く平らに広がっている火山の断面を模式的に表したものである。この火山のマグマのねばりけと噴火のようすを述べた文として，最も適当なものを，次のア～エから一つ選び，その符号を書きなさい。

　ア　マグマのねばりけが弱く，爆発的な噴火が起こりやすい。
　イ　マグマのねばりけが弱く，おだやかな噴火が起こりやすい。
　ウ　マグマのねばりけが強く，爆発的な噴火が起こりやすい。
　エ　マグマのねばりけが強く，おだやかな噴火が起こりやすい。

(3)　体積の異なる，3つの球状の金属のかたまりがあり，それぞれ単体の金，銀，銅でできている。この中から，金でできたかたまりを見分ける方法として，最も適当なものを，次のア～エから一つ選び，その符号を書きなさい。ただし，それぞれの金属のかたまりに空洞はないものとする。

　ア　重さの違いを調べる。　　　　　イ　液体の水銀に浮くか沈むかを調べる。
　ウ　電気が流れるかどうかを調べる。　エ　磁石にくっつくかどうかを調べる。

(4)　エタノール，レモン，砂糖水，食塩水のいずれかと，2枚の金属板，導線を用いて，電子オルゴールが鳴るかどうかを確かめる実験を行った。電流が流れ，電子オルゴールが鳴ったものとして，最も適当なものを，次のア～エから一つ選び，その符号を書きなさい。

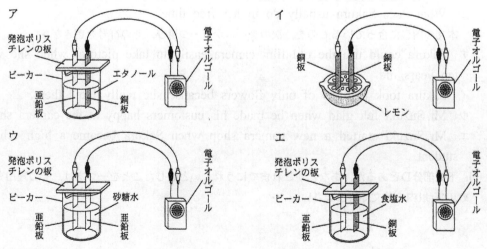

(5) 力や圧力について述べた文として，正しいものを，次のア〜オから二つ選び，その符号を書きなさい。

　ア　物体にはたらく重力の大きさは，物体が置かれている場所によって変化することがある。

　イ　物体が静止している状態を続けるのは，その物体に力がはたらいていないときのみである。

　ウ　圧力の単位は，ニュートン（記号N）が用いられる。

　エ　変形した物体が，もとにもどろうとする力を，弾性力という。

　オ　大気圧は，標高が高い場所ほど大きくなる。

(6) 右の図のように，小球を，水平面からの高さ50cmの，斜面上に静かに置いたところ，小球は斜面上を移動し，水平面上のA点を通り，さらに斜面を上がって，水平面からの高さ30cmの，斜面上のB点を通過した。小球がA点を通るときの運動エネルギーの大きさは，B点を通るときの運動エネルギーの大きさの何倍か。求めなさい。ただし，小球がもつ位置エネルギーの大きさは，水平面からの高さに比例し，小球には摩擦力がはたらかないものとする。

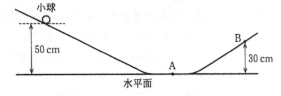

〔2〕　図1は，ヒトの腕の骨格と筋肉のようすを，図2は，ヒトの神経系をそれぞれ模式的に表したものである。このことに関して，次の(1)，(2)の問いに答えなさい。

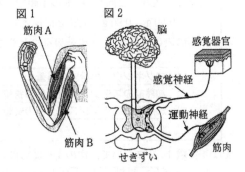

(1) 図1について，腕を曲げるときの，筋肉Aと筋肉Bの動きとして，最も適当なものを，次のア〜エから一つ選び，その符号を書きなさい。

　ア　筋肉Aと筋肉Bがともに縮む。

　イ　筋肉Aと筋肉Bがともにゆるむ。

　ウ　筋肉Aが縮み，筋肉Bがゆるむ。

　エ　筋肉Aがゆるみ，筋肉Bが縮む。

(2) 図2について，次の①〜③の問いに答えなさい。

　①　次の文は，刺激に対する反応について述べたものである。文中の　X ， 　Y 　に最もよく当てはまる用語をそれぞれ書きなさい。

> 　感覚器官が刺激を受け取ると，刺激の信号が，感覚神経を通して脳やせきずいに伝わる。脳やせきずいは，　X 　神経と呼ばれ，刺激に応じた反応のための命令を，運動神経を通して筋肉に伝える。感覚神経と運動神経は，脳やせきずいから枝分かれし，からだ全体に広がっている神経で，まとめて　Y 　神経と呼ばれる。

　②　熱いものにさわると，熱いと感じる前に，とっさに手を引っ込める反応が起こる。このように，意識とは無関係に決まった反応が起こることを何というか。その用語を書きなさい。

　③　意識とは無関係に起こる反応は，意識して起こる反応よりも，刺激を受けてから反応が起こるまでの時間が短くなる。その理由を，「せきずい」という用語を用いて書きなさい。

〔3〕　マグネシウムの粉末を空気中で加熱し，酸化させたときの質量の変化を調べるために，次の実験1，2を行った。この実験に関して，下の(1)，(2)の問いに答えなさい。

実験1　次の Ⅰ，Ⅱ の手順で，ステンレス皿全体の質量を電子てんびんで，それぞれ測定した。

　Ⅰ　電子てんびんでステンレス皿の質量を測定したところ，21.30 g であった。次に，図1のように，このステンレス皿に入れるマグネシウムの粉末の質量が0.30 g になるように，ステンレス皿全体の質量が21.60 g になるまで，マグネシウムの粉末を入れた。

図1

　Ⅱ　図2のように，0.30 g のマグネシウムの粉末をステンレス皿全体に広げ，しばらくガスバーナーで加熱したのち，よく冷やしてから，ステンレス皿全体の質量を測定した。この操作を，ステンレス皿全体の質量が変化しなくなるまで繰り返し，ステンレス皿全体の質量を測定したところ，21.80 g であった。

図2

実験2　実験1と同じ Ⅰ，Ⅱ の手順で，ステンレス皿に入れるマグネシウムの粉末の質量を，0.60 g，0.90 g，1.20 g に変えて，ステンレス皿全体の質量を，それぞれ測定した。

　下の表は，実験1，2の結果をまとめたものである。

マグネシウムの粉末の質量〔g〕	0.30	0.60	0.90	1.20
加熱前のステンレス皿全体の質量〔g〕	21.60	21.90	22.20	22.50
加熱後のステンレス皿全体の質量〔g〕	21.80	22.30	22.80	23.30

---

(1)　実験1，2について，次の①〜③の問いに答えなさい。

①　次の X ， Y ， Z の中に化学式を書き入れて，マグネシウムが酸化して，酸化マグネシウムができるときの化学変化を表す化学反応式を完成させなさい。

2 X ＋ Y → 2 Z

②　加熱したマグネシウムの粉末の酸化のようすを表したものとして，最も適当なものを，次のア〜エから一つ選び，その符号を書きなさい。

　ア　光を出さないで，黒色に変色した。

　イ　光を出さないで，白色に変色した。

　ウ　光を出して，黒色に変色した。

　エ　光を出して，白色に変色した。

③　表をもとにして，マグネシウムの粉末の質量と，マグネシウムの粉末と化合した酸素の質量との関係を表すグラフをかきなさい。

(2)　2.10 g のマグネシウムの粉末を空気中で加熱して，完全に酸化させたとき，得られる酸化マグネシウムの質量は何 g か。求めなさい。

〔4〕　図1は，カエルの生殖のようすを，図2は，ミカヅキモ
の生殖のようすをそれぞれ模式的に表したものである。あ
との(1)，(2)の問いに答えなさい。

図1

(1)　図1について，次の①，②の問いに答えなさい。

①　カエルの生殖のように，生殖細胞が受精することに
よって子をつくる生殖を何というか。その用語を書き
なさい。

②　カエルの親が，精子や卵などの生殖細胞をつくるとき
に，生殖細胞の染色体の数は，親の細胞の染色体の数と比べてどのようになるか。最も適当
なものを，次のア～エから一つ選び，その符号を書きなさい。

ア　4分の1になる。　　イ　2分の1になる。　　ウ　変化しない。　　エ　2倍になる。

(2)　図2について，次の①，②の問いに答えなさい。

①　ミカヅキモのように，からだが一つの細胞でできている生物とし
て，最も適当なものを，次のア～エから一つ選び，その符号を書き
なさい。

ア　ミジンコ　　　イ　アオミドロ
ウ　ゾウリムシ　　エ　オオカナダモ

②　ミカヅキモの生殖では，親と子の形質がすべて同じになる。その
理由を，「体細胞分裂」，「染色体」という用語を用いて書きなさい。

図2

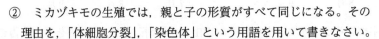

〔5〕　太陽系とその天体について，次の(1)～(3)の問いに答えなさい。

(1)　太陽の表面温度として，最も適当なものを，次のア～エから一つ選び，その符号を書きなさ
い。

ア　3000℃　　イ　6000℃　　ウ　30000℃　　エ　60000℃

(2)　太陽系について述べた文として，最も適当なものを，次のア～エから一つ選び，その符号を
書きなさい。

ア　衛星を持つ惑星は，地球以外にはない。　　　イ　大気を持つ惑星は，地球だけである。
ウ　小惑星は，火星と木星の間に多く存在する。　エ　海王星は，地球型惑星である。

(3)　ある年の4月から9月にかけて，日本のある場所で，金星のようすを観察した。図1は，こ
の年の4月から9月の太陽，金星，地球の位置関係を模式的に表したものである。この図をも
とにして，次のページの①～③の問いに答えなさい。

図1

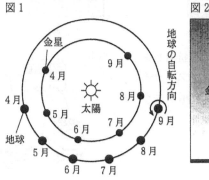

図2

①　前のページの図2は，この年の4月10日のある時間に，この場所で，金星を撮影したものである。金星を撮影した時間と見えた方向を述べた文として，最も適当なものを，次のア～エから一つ選び，その符号を書きなさい。

ア　明け方に，西の空に見えた。

イ　明け方に，東の空に見えた。

ウ　夕方に，西の空に見えた。

エ　夕方に，東の空に見えた。

②　この年の7月から9月にかけて，この場所で，同倍率の望遠鏡で金星を観察すると，どのように見られるか。最も適当なものを，次のア～エから一つ選び，その符号を書きなさい。ただし，金星の形は白色の部分で，肉眼で見たときのように上下左右の向きを直して示してある。

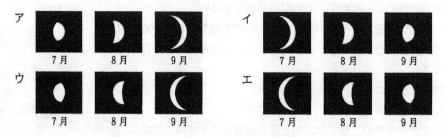

③　金星は，真夜中に見ることができない。その理由を，「公転」という用語を用いて書きなさい。

〔6〕　電流とそのはたらきを調べるために，抵抗器a，bを用いて回路をつくり，次の実験1～3を行った。この実験に関して，次のページの(1)～(3)の問いに答えなさい。

実験1　図1のような回路を使い，抵抗器aと抵抗器bのそれぞれについて，抵抗器の両端に加わる電圧と回路を流れる電流を測定した。図2は，その結果をグラフに表したものである。

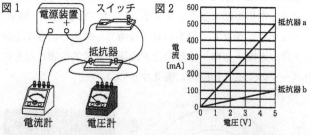

実験2　図3のように，抵抗器aと抵抗器bを直列につないで回路をつくり，スイッチを入れて，電流計が100mAを示すように電源装置を調節した。

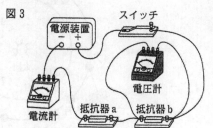

実験3　図4のように，抵抗器aと抵抗器bを並
　　　列につないで回路をつくり，スイッチを入
　　　れて，電流計が300mAを示すように電源
　　　装置を調節した。

図4

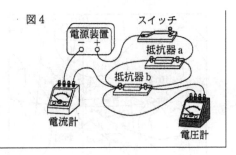

(1)　実験1について，次の①，②の問いに答えなさい。

　①　図1の回路図を，図5の電気用図記号
　　をすべて用いて解答用紙にかきなさい。

　図5　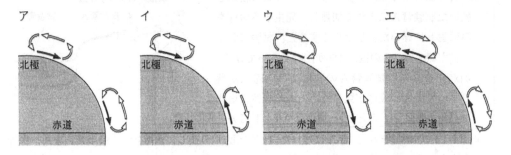

　②　図2のグラフについて述べた文として，最も適当なものを，次のア～エから一つ選び，そ
　　の符号を書きなさい。

　　ア　電流の値と電圧の値は比例している。

　　イ　抵抗器aの電気抵抗は，電流の値が大きくなるほど増加する。

　　ウ　抵抗器aは抵抗器bより電流が流れにくい。

　　エ　グラフの傾きは，それぞれの抵抗器の電気抵抗を表している。

(2)　実験2について，次の①，②の問いに答えなさい。

　①　電圧計は何Vを示すか。求めなさい。

　②　抵抗器aと抵抗器bが消費する電力の合計は何Wか。求めなさい。

(3)　実験3について，次の①，②の問いに答えなさい。

　①　電圧計は何Vを示すか。求めなさい。

　②　抵抗器aが消費する電力は，抵抗器bが消費する電力の何倍か。求めなさい。

〔7〕　気象について，次の(1)，(2)の問いに答えなさい。

(1)　北極と赤道における大気の動きを模式的に表したものとして，最も適当なものを，次のア～
　エから一つ選び，その符号を書きなさい。ただし，ア～エの図中の ⟶ は地表付近を吹く風
　を，⟹ は熱による大気の循環を表している。

ア　　　　　　　　　イ　　　　　　　　　ウ　　　　　　　　　エ

北極　　　　　　　　北極　　　　　　　　北極　　　　　　　　北極

赤道　　　　　　　　赤道　　　　　　　　赤道　　　　　　　　赤道

(2)　次のページの図は，ある年の8月7日午前9時の天気図であり，天気図中の，江差，青森，
　新潟，父島，那覇は，気象要素の観測地点である。また，下の表は，このときの，天気図中の
　5つの観測地点における気象要素を示しており，表中のA～Cは，江差，父島，那覇のいずれ
　かを表している。これらの天気図と表をもとにして，あとの①～③の問いに答えなさい。

観測地点	新潟	A	B	C	青森
気温〔℃〕	31.0	29.5	28.7	23.9	21.7
湿度〔%〕	67	76	71	92	99
気圧〔hPa〕	1007	998	1010	1007	1007
風速〔m/s〕	3.0	8.7	1.2	2.1	1.3
風向	南南西	北	南南東	西	南南西
天気	◎	◎	◎	◎	●

① 天気図中のXで示される前線を，何前線というか。その名称を書きなさい。

② このときの，青森の天気を表から読みとり，最も適当なものを，次のア～エら一つ選び，その符号を書きなさい。

　ア　快晴　　イ　晴れ　　ウ　くもり　　エ　雨

③ 表中のA～Cに当てはまる観測地点の組合せとして，最も適当なものを，次のア～カから一つ選び，その符号を書きなさい。

　ア　〔A　江差，B　父島，C　那覇〕
　イ　〔A　江差，B　那覇，C　父島〕
　ウ　〔A　父島，B　江差，C　那覇〕
　エ　〔A　父島，B　那覇，C　江差〕
　オ　〔A　那覇，B　江差，C　父島〕
　カ　〔A　那覇，B　父島，C　江差〕

〔8〕　炭酸水素ナトリウムを加熱したときの化学変化について調べるために，次のⅠ～Ⅲの手順で実験を行った。この実験に関して，次のページの(1)～(3)の問いに答えなさい。

Ⅰ　右の図のように，炭酸水素ナトリウムの粉末を乾いた試験管Aに入れて加熱し，発生する気体を試験管Bに導いた。しばらくすると，試験管Bに気体が集まり，その後，気体が出なくなってから，加熱をやめた。試験管Aの底には白い粉末が残り，口の方には液体が見られた。この液体に塩化コバルト紙をつけたところ，塩化コバルト紙の色が変化した。

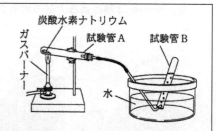

Ⅱ　Ⅰで加熱後の試験管Aに残った白い粉末を取り出し，水溶液をつくった。また，炭酸水素ナトリウムの水溶液を用意し，それぞれの水溶液に，フェノールフタレイン溶液を加えると，白い粉末の水溶液は赤色に，炭酸水素ナトリウムの水溶液はうすい赤色に変わった。

Ⅲ　Ⅰで試験管Bに集めた気体に，水でしめらせた青色リトマス紙をふれさせたところ，赤色に変わった。

(1)　Ⅰについて，次の①，②の問いに答えなさい。

　①　図のようにして気体を集める方法を何というか。その用語を書きなさい。

　②　下線部分の色の変化として，最も適当なものを，次のア～エから一つ選び，その符号を書きなさい。

　　　ア　青色から桃色　　イ　桃色から青色　　ウ　青色から黄色　　エ　黄色から青色

(2)　Ⅱについて，Ⅰで加熱後の試験管Aに残った白い粉末の水溶液の性質と，炭酸水素ナトリウムの水溶液の性質を述べた文として，最も適当なものを，次のア～エから一つ選び，その符号を書きなさい。

　ア　どちらも酸性であるが，白い粉末の水溶液の方が酸性が強い。

　イ　どちらも酸性であるが，炭酸水素ナトリウムの水溶液の方が酸性が強い。

　ウ　どちらもアルカリ性であるが，白い粉末の水溶液の方がアルカリ性が強い。

　エ　どちらもアルカリ性であるが，炭酸水素ナトリウムの水溶液の方がアルカリ性が強い。

(3)　Ⅲについて，試験管Bに集めた気体の性質を，書きなさい。

＜社会＞　　時間　50分　　満点　100点

〔1〕　次の地図1, 2を見て, あとの(1)～(3)の問いに答えなさい。なお, 地図中の緯線は赤道を基準
　として, また, 経線は本初子午線を基準として, いずれも30度間隔で表している。

地図1

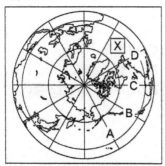

地図2

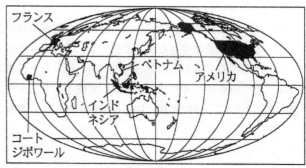

(1)　地図1は, 北極点を中心に北半球を表したものである。この地図について, 次の①, ②の問
　いに答えなさい。

　①　地図1中の⊠は, 三つの海洋（大洋）の一つである。⊠の海洋の名称を書きなさい。

　②　地図1中のA～Dで示した経線のうち, 南アメリカ大陸を通るものはどれか。A～Dから
　　一つ選び, その符号を書きなさい。

(2)　地図2で示したベトナムについて, この国で最も多く栽培される農作物を主な材料に用いた
　料理を示したものとして, 最も適当なものを, 下のⅠ群のア～エから一つ選び, その符号を書
　きなさい。また, この国のようすについて述べた文として, 最も適当なものを, 下のⅡ群のカ
　～ケから一つ選び, その符号を書きなさい。

Ⅰ群

ア	イ	ウ	エ
			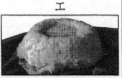
とうもろこしの粉を ねって焼いたものに肉 や野菜をはさんだ料理	小麦粉をうすくのばし て焼いた料理	米の粉からつくった めんをスープで食べる 料理	キャッサバの粉を熱湯 でこねた料理

Ⅱ群

カ	ペルシア湾岸地域でとれる原油の収入により, 生活や産業を支える施設が整えられている。
キ	EUに加盟し, ユーロが導入されて, 仕事や観光のための人々の移動が活発になった。
ク	標高4000m付近の作物が育たない地域では, リャマやアルパカを放牧している。
ケ	ASEANに加盟し, 日本を含む外国の企業を受け入れて, 工業化を進めた。

(3)　次の表は，地図2で示したコートジボワール，フランス，インドネシア，アメリカについて，それぞれの国の人口，人口密度，主な輸出品目と金額を示したものであり，表中のa～dは，これらの四つの国のいずれかである。このうち，a，dに当てはまる国名の組合せとして，最も適当なものを，次のア～エから一つ選び，その符号を書きなさい。

| | 人口
(千人) | 人口密度
(人/km²) | 主な輸出品目と金額(百万ドル) | | | | | |
			第1位		第2位		第3位	
a	65,274	118	機械類	113,661	自動車	54,647	航空機	51,999
b	26,378	82	カカオ豆	3,253	野菜・果実	1,399	石油製品	1,003
c	331,003	34	機械類	398,033	自動車	126,117	石油製品	103,192
d	273,524	143	石炭	23,979	パーム油	16,528	機械類	14,813

（「世界国勢図会」2020/21年版による）

ア〔a　フランス，d　コートジボワール〕　　イ〔a　フランス，d　インドネシア〕
ウ〔a　アメリカ，d　コートジボワール〕　　エ〔a　アメリカ，d　インドネシア〕

〔2〕　右の地図を見て，次の(1)～(4)の問いに答えなさい。

(1)　地図中の阿蘇山にみられる，火山の爆発や噴火による陥没などによってできた巨大なくぼ地のことを何というか。その用語を書きなさい。

(2)　次のア～エのグラフは，気象観測地点である鹿児島，高松，鳥取，長野のいずれかの月降水量と月平均気温を表したものである。このうち，鹿児島に当てはまるものを，ア～エから一つ選び，その符号を書きなさい。なお，棒グラフは月降水量を，折れ線グラフは月平均気温を表している。

ア　　　　　　　　イ　　　　　　　　ウ　　　　　　　　エ

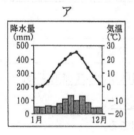 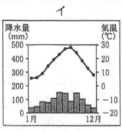 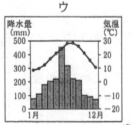 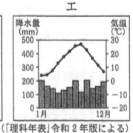

（「理科年表」令和2年版による）

(3)　右のグラフは，愛知県，大阪府，宮崎県，それぞれの府県の工業生産額と農業生産額を示したものであり，グラフ中の点X～Zは，これら三つの府県のいずれかのものである。グラフ中の点Yに当てはまる府県を▨で，解答用紙の地図中に示しなさい。

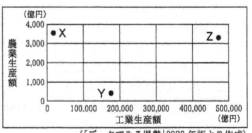

（「データでみる県勢」2020年版より作成）

(4) 次の**資料1**は，地図中の笛吹市を，明治44（1911）年と平成27（2015）年にそれぞれ測量し，作成された同一地域の2万5千分の1の地形図の一部であり，**資料2**はこの地域の養蚕業の変化について述べたものである。この二つの資料について，次の①，②の問いに答えなさい。

① **資料1**には，川が山間部から平野や盆地に出たところに土砂がたまってできた地形がそれぞれみられる。このような地形を何というか。その用語を書きなさい。

② **資料1**から読みとることができる，明治時代と平成時代における土地利用方法の違いを，**資料2**の養蚕業の変化と関連づけて書きなさい。

資料1

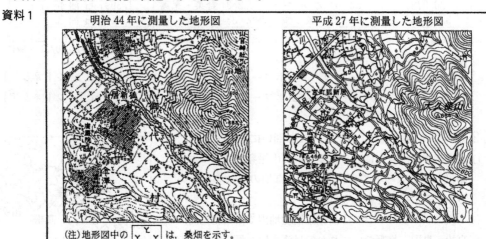

明治44年に測量した地形図　　　　　平成27年に測量した地形図

（注）地形図中の　は，桑畑を示す。

（国土地理院 1：25,000 地形図「石和（いさわ）」より作成）

資料2

　開国により生糸の輸出が増え，明治時代に養蚕業が発展した。しかし，昭和時代から平成時代にかけて，化学繊維の普及などにより，養蚕業は衰退していった。

〔3〕 右の略年表を見て，次の(1)～(6)の問いに答えなさい。

(1) 下線部分 a について，このころの世界のできごととして，最も適当なものを，次のア～エから一つ選び，その符号を書きなさい。

　ア マゼランの船隊が世界一周に出発する。

　イ ムハンマドがイスラム教を開く。

　ウ ルターが宗教改革を始める。

　エ 秦の始皇帝が中国を統一する。

年代	我が国のできごと
607	a 小野妹子を遣隋使として派遣する。
894	b 遣唐使を停止する。
1274	A　文永の役が起こる。
1429	c 琉球王国が成立する。
1467	d 応仁の乱が起こる。
1603	e 江戸幕府が開かれる。

(2) 下線部分 b のできごとのあと，10～11世紀に我が国で栄えた文化を何というか。次のア～エから一つ選び，その符号を書きなさい。

　ア 飛鳥文化　　イ 天平文化　　ウ 国風文化　　エ 元禄文化

(3) 次のページの **X ～ Z** は，年表中の **A** の時期のできごとである。年代の古い順に並べ，その符

号を書きなさい。

X　平清盛は，娘を天皇の后にし，朝廷との関係を深めた。

Y　北条泰時は，裁判を公平に行うための基準として，御成敗式目を制定した。

Z　藤原頼通は，阿弥陀仏を信仰し，平等院鳳凰堂をつくった。

(4)　下線部分 c について，**資料Ⅰ**は，琉球王国の都であった首里の位置と，15世紀ごろの琉球王国の交易路を示したものであり，**資料Ⅱ**は，15世紀ごろの琉球王国の主な交易品をまとめたものである。この二つの資料から読みとることができることをもとに，15世紀ごろに琉球王国が栄えた理由を書きなさい。

資料Ⅰ　15世紀ごろの琉球王国の交易路

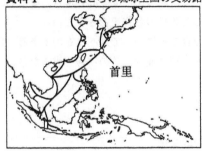

資料Ⅱ　15世紀ごろの琉球王国の主な交易品

産　地	産　　　物
琉球	硫黄
日本	武具，屏風
東南アジア	香辛料，象牙
中国	生糸，絹織物，陶磁器，銅銭
朝鮮	朝鮮人参

(5)　次の表は，下線部分 d の【できごと】の【背景・原因】，【結果・影響】をまとめたものである。表中の　X　，　Y　に当てはまる文として，最も適当なものを，下のア～エからそれぞれ一つずつ選び，その符号を書きなさい。

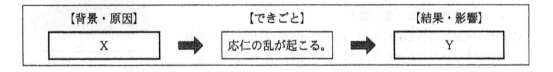

【背景・原因】		【できごと】		【結果・影響】
X	➡	応仁の乱が起こる。	➡	Y

ア　実力のある者が，身分の上の者に打ちかつ下剋上の風潮が広がった。

イ　勢力をのばした徳川家康に対し，豊臣政権を守ろうとした石田三成らの大名が兵をあげた。

ウ　農村では百姓一揆が起こり，都市では打ちこわしが起こった。

エ　将軍のあとつぎ問題をめぐり，守護大名の細川氏と山名氏が対立した。

(6)　下線部分 e について，江戸幕府が大名を統制するために1615年に定めた，次のような内容を含む法律を何というか。その名称を書きなさい。

> 一　諸国の居城はたとえ修理であっても，必ず幕府に報告せよ。まして，新規に築城することは厳重に禁止する。
> 一　幕府の許可を受けない結婚はしてはならない。

〔4〕　社会科の授業で，班ごとに，次のⅠ～Ⅳのテーマを設定して，調べ学習を行った。これらの
テーマについて，あとの(1)～(4)の問いに答えなさい。

テーマⅠ：幕末以降，我が国の近代化はどのように進められたのだろうか。	テーマⅡ：明治時代の我が国の文化は，どのような特色をもっていたのだろうか。
テーマⅢ：第一次世界大戦前後に，我が国の社会はどのように変化したのだろうか。	テーマⅣ：第二次世界大戦後，我が国はどのような改革を行ったのだろうか。

(1)　テーマⅠについて調べると，立憲制の国家が成立して議会政治が始まるとともに，我が国の
国際的地位が向上したことがわかった。このことについて，次の①，②の問いに答えなさい。

①　1881年に，板垣退助が，国会の開設に備えて結成した政党の名称を書きなさい。

②　次のア～ウは，日露戦争の前後に我が国で起きたできごとについて述べたものである。日
露戦争の前後に起きたできごとを，年代の古いものから順に並べ，その符号を書きなさい。

ア　関税自主権を完全に回復する。

イ　大日本帝国憲法を発布する。

ウ　下関条約を結ぶ。

(2)　テーマⅡについて調べると，この時期の文化は，伝統的文化
の上に欧米文化を受容して形成されたことがわかった。右の
彫刻は，仏像などの伝統的な彫刻の技法に，ヨーロッパの写実
的な技法を取り入れたものである。この彫刻を制作したのは
誰か。次のア～エから一つ選び，その符号を書きなさい。

ア　黒田清輝（せいき）　イ　尾形光琳（こうりん）

ウ　高村光雲（こううん）　エ　歌川広重（ひろしげ）

(3)　テーマⅢについて調べると，我が国の国民の政治的自覚の高
まりがみられたことがわかった。次の文は，第一次世界大戦中
の我が国のようすについて述べたものである。文中の　X　，　Y　に当てはまる語句の組合
せとして，最も適当なものを，下のア～エから一つ選び，その符号を書きなさい。

> 　X　を当てこんだ米の買い占めなどにより米騒動が起こると，軍人出身の寺内正毅（まさたけ）
> 首相は責任をとって辞職した。その後，立憲政友会の　Y　が，初めての本格的な政党
> 内閣を組織した。

ア　〔X　満州事変，　　Y　伊藤博文〕　　イ　〔X　満州事変，　　Y　原敬〕

ウ　〔X　シベリア出兵，Y　伊藤博文〕　　エ　〔X　シベリア出兵，Y　原敬〕

(4)　テーマⅣについて調べると，新しい日本の建設に向けた様々な改革が進められたことがわ
かった。次のページのグラフは，新潟県における1941年と1949年の，自作地と小作地の割合，
自作農と自小作農及び小作農の割合を示したものである。1949年の自作地の割合と自作農の割
合が，1941年に比べてどちらも増えている理由を，「地主」，「政府」の二つの語句を用いて書
きなさい。

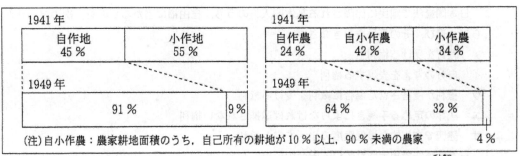

1941 年		
自作地 45 %	小作地 55 %	

1949 年	
91 %	9 %

1941 年		
自作農 24 %	自小作農 42 %	小作農 34 %

1949 年		
64 %	32 %	4 %

(注)自小作農：農家耕地面積のうち，自己所有の耕地が 10 % 以上，90 % 未満の農家

（農地改革記録委員会「農地改革顛末概要」より作成）

〔5〕 中学校３年生のあるクラスの社会科の授業では，次のＡ～Ｄのテーマについて学習を行うことにした。これらのテーマについて，あとの(1)～(4)の問いに答えなさい。

> テーマ
> Ａ　現代社会と私たちの生活について　　　Ｂ　日本国憲法について
> Ｃ　民主政治と社会について　　　　　　　Ｄ　私たちの暮らしと経済について

(1)　Ａのテーマについて，次の①，②の問いに答えなさい。

①　次の資料は，内閣府が実施している「カエル！ジャパン」キャンペーンについて示したものである。文中の 　Ｘ　 に当てはまる語句として，最も適当なものを，下のア～エから一つ選び，その符号を書きなさい。

> －こんな思いで，キャンペーンははじまります－
> 自分にとって心地いい働き方が周りのみんなにも心地よく響くといいね。ひとりひとりが，仕事も，人生も，めいっぱいたのしめるそんな会社や社会になるといいね。……（略）……
> 「　Ｘ　」の実現に向けて，仕事のやり方を何かひとつ，今日から変えてみませんか？

ひとつ「働き方」を変えてみよう！
カエル！ジャパン
Change! JPN

（内閣府ホームページより作成）

> ア　メディアリテラシー　　　　　イ　インフォームド・コンセント
> ウ　ワーク・ライフ・バランス　　エ　クーリング・オフ

②　我が国の社会保障制度のしくみにおいて，国民年金などの年金制度が含まれるものとして，最も適当なものを，次のア～エから一つ選び，その符号を書きなさい。

> ア　公衆衛生　　イ　公的扶助　　ウ　社会福祉　　エ　社会保険

(2)　Ｂのテーマについて，あとの①～③の問いに答えなさい。

①　次の文は，日本国憲法の三つの基本原理についてまとめたものの一部である。文中の　Ｘ　に当てはまる語句を書きなさい。

> 日本国憲法は，　Ｘ　，平和主義，基本的人権の尊重の三つの考え方を基本原理としている。このうち，　Ｘ　は，国の政治の決定権は国民がもち，政治は国民の意思に基づいて行われるべきであるという原理である。

② 日本国憲法で国民に保障される基本的人権のうち，自由権に当たるものを，次のア～オから二つ選び，その符号を書きなさい。

ア 教育を受ける権利

イ 自分の考えを表現する権利

ウ 権利が侵害された場合に裁判を受ける権利

エ 法律の定める手続きによらなければ逮捕されない権利

オ 健康で文化的な最低限度の生活を営む権利

③ 日本国憲法で規定されている国会の仕事として，正しいものを，次のア～エから一つ選び，その符号を書きなさい。

ア 法律の制定　　イ 予算の作成　　ウ 法令の違憲審査　　エ 条約の締結

(3) Cのテーマについて，次の表は，第188回～第191回国会のそれぞれにおける，召集日，会期終了日，種類を示したものであり，表中の　X　～　Z　は，常会（通常国会），臨時会（臨時国会），特別会（特別国会）のいずれかである。また，下の資料は，平成21年～令和元年に実施された衆議院と参議院における選挙の期日をまとめたものである。資料を参考にして，表中の　X　～　Z　のうち，特別会（特別国会）であるものを一つ選び，その符号を書きなさい。また，そのように判断した理由を書きなさい。

表　国会の召集日，会期終了日，国会の種類（第188回～第191回）

	召集日	会期終了日	種類
第188回	平成26年12月24日	平成26年12月26日	X
第189回	平成27年1月26日	平成27年9月27日	常会（通常国会）
第190回	平成28年1月4日	平成28年6月1日	Y
第191回	平成28年8月1日	平成28年8月3日	Z

資料　衆議院と参議院における選挙の期日（平成21年～令和元年）

衆議院議員総選挙	参議院議員選挙
平成21年8月30日	平成22年7月11日
平成24年12月16日	平成25年7月21日
平成26年12月14日	平成28年7月10日
平成29年10月22日	令和元年7月21日

(4) Dのテーマについて，あとの①，②の問いに答えなさい。

① 次の文は，日本銀行が行う金融政策について述べたものである。文中の　a　，　b　に当てはまる語句の組合せとして，正しいものを，次のページのア～エから一つ選び，その符号を書きなさい。

> 不景気（不況）のときに，日本銀行が　a　と，銀行が保有する資金量は　b　ため，企業に貸し出す資金が　b　ので，経済活動が活発になり，景気は回復へ向かうと考えられる。

ア 〔a　銀行から国債を買う，b　減る〕

イ 〔a　銀行から国債を買う，b　増える〕

ウ 〔a　銀行に国債を売る，　b　減る〕

エ 〔a　銀行に国債を売る，　b　増える〕

② 右の図は，自由な競争が維持されている市場における，ある商品の需要量と供給量と価格の関係を表したものである。この商品の価格が図中のP円であるとき，次の文中の X ， Y に当てはまる語句の組合せとして，正しいものを，下のア～エから一つ選び，その符号を書きなさい。

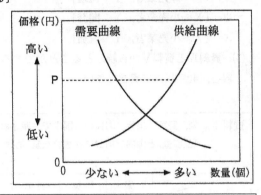

> 価格がP円のときは，需要量が供給量よりも X から，一般に，その後の価格は Y と考えられる。

ア 〔X 多い，　 Y 上がる〕

イ 〔X 多い，　 Y 下がる〕

ウ 〔X 少ない， Y 上がる〕

エ 〔X 少ない， Y 下がる〕

〔6〕 中学校の職場体験をとおして農業に興味をもったKさんは，日本の農業について調べ，クラスで発表することになった。次のページの**資料Ⅰ～資料Ⅴ**は，Kさんが集めたものの一部である。また，下はKさんの発表原稿の一部である。このことについて，あとの(1)～(3)の問いに答えなさい。

Kさんの発表原稿の一部

> 　私は農家で職場体験を行い，日本の農業について調べました。**資料Ⅰ**の農産物は，2015年においていずれも生産量に対して消費量が大きいことから，外国からの輸入量が増えていると考え，消費量に対する生産量の割合である自給率を調べました。調べたものが**資料Ⅱ**で，1955年と2015年を比較すると，2015年の方がいずれも自給率が下がっていることがわかります。近年は，「地産地消」とよばれる，地元で生産されたものを地元で消費する取組が注目されていて， X を通さずに生産者から直接商品を仕入れることが多い，農産物の直売所の設置は，その取組の1つです。また，私の職場体験先の農家では，農産物を消費者に直接届ける産地直送を始めました。これらのことから，商品の Y のしくみが多様化していることがわかりました。**資料Ⅳ**と**資料Ⅴ**から Z と考えられるため，農産物が消費者のもとに届くサービスを必要とする人は，今後，増えるのではないかと思います。

(1) 発表原稿の下線部分について，**資料Ⅰ**から読みとることができることをもとに，**資料Ⅱ**のA～Dのうち，野菜の自給率を示したものを一つ選び，その符号を書きなさい。

(2)　**資料Ⅲ**から読みとることができることをもとに，発表原稿の X ， Y に当てはまる語
句の組合せとして，最も適当なものを，次のア〜エから一つ選び，その符号を書きなさい。

　　ア　〔X　卸売業者，Y　開発〕
　　イ　〔X　卸売業者，Y　流通〕
　　ウ　〔X　小売業者，Y　開発〕
　　エ　〔X　小売業者，Y　流通〕

(3)　**資料Ⅳ**と**資料Ⅴ**から読みとることができることをもとに，発表原稿の Z に当てはまる内
容を，40字以内で書きなさい。

資料Ⅰ	米，野菜，果実，肉類の，国内で生産された量（生産量）と国内で消費に回された量（消費量）				
					（千t）
		米	野菜	果実	肉類
1955 年	生産量	12,385	9,234	1,815	275
	消費量	11,275	9,233	1,751	276
2015 年	生産量	8,429	11,856	2,969	3,265
	消費量	8,600	14,777	7,263	6,030

資料Ⅱ　米，野菜，果実，肉類の，自給率の推移

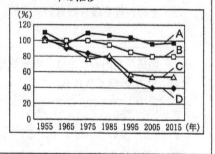

（「数字でみる日本の100年」改訂第7版より作成）

資料Ⅲ　農産物が消費者に届くまでの主な経路

資料Ⅴ　65歳以上の人口の推移

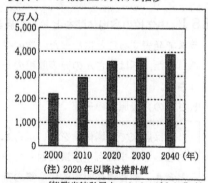

（注）2020年以降は推計値

（総務省統計局ホームページより作成）

資料Ⅳ　高齢者を対象にしたアンケートの一部
「現在，住んでいる地域の問題点として『日常の買い物に不便である』と答えた人の割合」

2005 年	2010 年	2015 年
13.5 %	14.9 %	15.7 %

（内閣府ホームページより作成）

Ⅱ

　ぼくらはひとりでは生きていけない。だから、いろんな他者と関わりながら「社会」をつくりあげている。親しくなりたいと感じる人もいれば、できれば避けたいと思う人もいる。その「思い」はかならずしも互いに一致しない。すれ違うことも多い。

　いろんな「思い」が交差するなかで、ときに共感／感情を増大させたり、せっせと抑圧したりして、さまざまな他者と関係の網の目がつくりあげられる。それが、いまぼくらの生きている社会の姿だ。

　みんなでたくさんのモノや言葉、行為をやりとりしながら、共感／感情のスイッチをONにしたり、OFFにしたりして、人との「関係」がつくられていく。「経済」も「感情」も、このスイッチの動きと密接に関わっている。その動きを理解すれば、この社会の複雑に絡み合った糸をほどいて、見晴らしをよくすることができる。

手からの呼びかけや眼差しによって、あなたは何者かであることを強いられたり、何者かになれたりする。

ぼくらは、強固なかたちで最初から「何者か」であるわけではない。ぼくらが他の人にいかに与え、受けとるのか。それによって生じる関係のなかから「わたし」や「わたしたち」が生まれ、「かれ」や「かれら」が生まれている。

だから、ふたつめの問いへの答えはこうなる。

社会の現実は、ぼくらが日々、いろんな人と関わり合うなかでつくりだしている。あなたが、いまどのように目の前の人と向き合い、なにを投げかけ、受けとめるのか。そこに「わたし」をつくりだし、「あなた」という存在をつくりだす社会という「運動」の鍵がある。

相手に投げかけられる言葉、与えられるモノ、投げ返される行為。そこで見えてくる「わたし－あなた」という関係、「わたしたち／かれら」という存在のかたち。そのどれをとっても、一時も動きを止めているものはない。

ぼくらが動かし、動かされ、そのつどある「かたち」を浮かび上がらせている「関係としての社会」。とどまることなく、否応なしに、誰もがこの運動の連鎖のただなかにいるからこそ、ぼくらは、その社会を同じように動かし、ずらし、変えていく　a　に開かれている。

受けとめる。いま「わたし」と「あなた」をつなぎ、つくりだしている動きを見定める。もしそれを変えたいのであれば、それまでとは違うやり方で与え、受けとり、その関係の磁場を揺さぶり、ずらし続ければいい。

（松村　圭一郎「うしろめたさの人類学」による）

（注）　磁場＝磁石や電流のまわりに生じる磁気力の作用する場所。ここでは、比喩的に、あるものごとの影響力などが強く及ぶ場をいう。

（一）　文章中の　A　に最もよく当てはまる言葉を、次のア～エから一つ選び、その符号を書きなさい。

　ア　しかし　　イ　つまり　　ウ　むしろ　　エ　ところで

（二）　──線部分(1)について、「社会」とは何か。具体的に説明している部分を、Ⅰの文章中から十五字以内で抜き出して、書きなさい。

（三）　──線部分(2)とはどういうことか。その説明として最も適当なものを、次のア～エから一つ選び、その符号を書きなさい。

　ア　わたしたちの心や人との関係は、他者との言葉やモノ、行為のやりとりから独立して存在しているということ。

　イ　わたしたちの心や人との関係によって、他者との言葉やモノ、行為のやりとりの方法が選択されるということ。

　ウ　わたしたちの心や人との関係は、他者との言葉やモノ、行為のやりとりの方法によって変わるということ。

　エ　わたしたちの心や人との関係は、他者との言葉やモノ、行為によるやりとりが制限されるということ。

（四）　──線部分(3)とはどういうことか。六十字以内で書きなさい。

（五）　文章中の　a　に最もよく当てはまる言葉を、次のア～エから一つ選び、その符号を書きなさい。

　ア　可能性　　イ　安全性　　ウ　独自性　　エ　客観性

（六）　次のページのⅡの文章は、Ⅰの文章と同じ著書の一部である。筆者は、わたしたちが生きている社会をどのようにとらえ、その社会を構築しなおすためにはどのようなことが必要だと述べているか。ⅠとⅡの文章を踏まえ、百二十字以内で書きなさい。

当なものを、次のア〜エから一つ選び、その符号を書きなさい。

ア　一つの芸能しか身につけることがない。

イ　一度も芸能を習おうと思ったことはない。

ウ　一つの芸能さえ習い覚えることはない。

エ　一度も芸能を習う機会を得たことがない。

(五)　線部分(3)の「その人」が指す部分を、文章中から十字以内で抜き出して、書きなさい。

(四)　──線部分(4)の「諸道かはるべからず」とはどういうことか。最も適当なものを、次のア〜エから一つ選び、その符号を書きなさい。

ア　作者が述べる芸能を身につける上での心得は、長い年月を経ても決して変わらないものであるということ。

イ　作者が述べる芸能を身につける上での心得は、芸能のあらゆる分野で共通するものであるということ。

ウ　作者が述べる芸能を身につける上での心得は、どのような分野でも通用すると思ってはならないということ。

エ　作者が述べる芸能を身につける上での心得は、世間ではまだ誰も知っている者がいないということ。

(六)　作者は、芸能を身につける上で、どのようなことが大切だと述べているか。文章全体を踏まえ、五十字以内で書きなさい。

〔四〕

次のⅠ、Ⅱの文章を読んで、(一)〜(六)の問いに答えなさい。

Ⅰ

(1)　「社会」というと、自分たちには手の届かない大きな存在に思えるかもしれない。でも、それはたぶん違う。

ぼくたちは、どうやって社会を構築しなおせるのか？いったいどうしたら、その社会を構築しなおせるのか？

誰もが、さまざまな人やモノとともに「社会」をつくる作業にたずさわっている。そこでの自分や他人のあり方は、最初から「かたち」や「意味」が決まっているわけではない。他人の内面にあるように思える「こころ」も、自分のなかにわきあがるようにみえる「感情」も、ぼくらがモノや言葉、行為のやりとりを積み重ねるなかで、ひとつの現実としてつくりだしている。この、人や言葉やモノが行き来する場、それが「社会」なのだ。

人との言葉やモノのやりとりを変えれば、感情の感じ方も、人との関係も変わる。商品交換は、感情に乏しい関係をつくりだし、贈与は、感情にあふれた、でもときに面倒な親密さを生み出す。「経済」─「感情」─「関係」は、こうして人にモノをどう与え、受けとり、いかに交換／返礼するかという行為の連鎖からできている。愛情も、怒りも、悲しみも、自分だけのものかのように思える「こころ」も、他者との有形・無形のやりとりのなかで生み出される。そして、(2)そのやりとりの方法が、社会を心地よい場所にするかどうかを決めている。

だから、ひとつめの問いへの答えはこうだ。

ぼくらは、人にいろんなモノを与え、与えられながら、ある関係の「かたち」をつくりだす。そして同時に、その関係／つながりをとおして、ある精神や感情をもった存在になることができる。

Ａ　関係の束としての「社会」は、モノや行為を介した人と人との関わり合いのなかで構築される。そこで取り結ばれた関係の輪が、今度は「人」をつくりだす。

(3)ぼくらが何者であるかは他者との関係のなかで決まる。身近な他者が何者なのかも、あなたがなにをどのように相手に投げかけるかによって変わる。あなたの行為によって相手は何者かになり、相手

（五）次の文中の「から」と同じ意味で使われている「から」がある文を、あとのア〜エから一つ選び、その符号を書きなさい。

> できることから始めてみる。

ア 新年度からバスで学校に行く。
イ 豆腐は主に大豆から作られる。
ウ 過去の経験から状況を判断する。
エ 練習が終わった人から帰宅する。

〔三〕次の文章は、兼好法師の「徒然草」の一部である。この文章を読んで、㈠〜㈥の問いに答えなさい。

能をつかんとする人、「よくせざらんほどは、なまじひに人に知られじ。うちうちよく習ひ得てさし出でたらんこそ、いと心

にくからめ」と常に言ふめれど、か く言ふ人、一芸も習ひ得る ことなし。いまだ堅固かたほなるより、上手の中にまじりて、毀り笑はるるにも恥ぢず、つれなく過ぎて嗜む人、天性その骨なけれども、道になづまず、みだりにせずして年を送れば、堪能の嗜まざるよりは、終に上手の位にいたり、徳 た け、人に

芸能ヲ身ニツケヨウトスル人ハ
ヨクデキナイヨウナ特期ニハ
ナマジッカ 人ニ知
ラレマイ
イツモ言ウヨウデアルガ コノヨウニ
人前ニ出テ行クヨウナコトコソ
マダマッタク ノ未熟ナウチカラ
けんご
じやうず
平 然 ト 押シ通シテ稽古ニ励ム人ハ
そし
こつ てんせい
稽古ノ道ニ停滞セズ
勝手気ママニシナイデ
芸ガ達者デ かんのう
たしな
アッテモ稽古ニ励マナイ人ヨリハ
人望モ十分ニソナワリ 人ニ認

（注）上手＝名人。
天性＝生まれつき。
骨＝器量。天分。
不堪の聞え＝下手だという評判。
無下の瑕瑾＝ひどい欠点。
放埒＝勝手気ままなこと。

㈠ ～～線部分の「いへども」を現代かなづかいに直し、すべてひらがなで書きなさい。

㈡ ――線部分⑴の「心にくからめ」の意味として最も適当なものを、次のア〜エから一つ選び、その符号を書きなさい。

ア 奥ゆかしいだろう
イ 憎らしいだろう
ウ 待ち遠しいだろう
エ 見苦しいだろう

㈢ ――線部分⑵の「一芸も習ひ得ることなし」の意味として最も適

天下のものの上手といへども、始めは不堪の聞えもあり、無下の瑕瑾もありき。されども、その人、道の掟正しく、これを重くして放埒せざれば、世の博士にて、万人の師となる事、諸道かはるべからず。

メラレテ
ならび
許されて、双なき名を得る事なり。

ふかん きこ
むげ
かきん
ほうらつ
はかせ ばんにん
芸道ノ規律ヲ正シク守リ
おきてただ
模範トナリ
かんのう

〈国語〉

時間　五〇分　満点　一〇〇点

〔一〕

(一)　次の(一)、(二)について、――線をつけた漢字の部分の読みがなを書きなさい。

1　春が近づくと寒さが緩む。

2　観客の応援が熱気を帯びる。

3　収入と支出の均衡を保つ。

4　新作の映画を披露する。

5　名案が脳裏にひらめく。

(二)　次の1～5について、――線をつけたカタカナの部分に当てはまる漢字を書きなさい。

1　木のミキから枝が伸びる。

2　文房具店をイトナむ。

3　重要なヤクワリを果たす。

4　漁獲量のトウケイをとる。

5　作業のコウリツを高める。

〔二〕

(一)　次の文中の――線部分と〜〜〜線部分の関係として最も適当なものを、あとのア〜エから一つ選び、その符号を書きなさい。

川沿いをゆっくり歩く。

ア　主・述の関係

イ　修飾・被修飾の関係

ウ　並立の関係

エ　補助の関係

(二)　次の文中の「細かく」と同じ品詞であるものを、あとのア〜エの――線部分から一つ選び、その符号を書きなさい。

野菜を細かく刻む。

ア　流れる音楽にじっと耳を傾ける。

イ　静かな場所で集中して学習する。

ウ　しばらく休んでから出発する。

エ　楽しい時間はあっという間に過ぎる。

(三)　――線部分の敬語の使い方として最も適当なものを、次のア〜エから一つ選び、その符号を書きなさい。

ア　姉が描いた絵を拝見してください。

イ　あなたが私に申したことが重要です。

ウ　私が資料を受け取りにまいります。

エ　兄は先に料理を召し上がりました。

(四)　次の文中の「起きる」と活用の種類が同じ動詞を、あとのア〜エの――線部分から一つ選び、その符号を書きなさい。

朝起きると、すぐに散歩に出かけた。

ア　目を閉じると、次第に気持ちが穏やかになった。

イ　家に帰ると、妹と弟が部屋の掃除をしていた。

ウ　山を眺めると、頂上に白い雲がかかっていた。

エ　姉が来ると、家がいつもよりにぎやかになった。

大切なことはメモしておこうネ！

2021年度

解 答 と 解 説

《2021年度の配点は解答用紙集に掲載してあります。》

＜数学解答＞

〔1〕　(1)　-7　　(2)　$5a-2b$　　(3)　a^2b^3　　(4)　$3\sqrt{7}$　　(5)　$x=\dfrac{-7\pm\sqrt{29}}{2}$

　　　(6)　$y=3x^2$　　(7)　$\angle x=31$度　　(8)　①　0.25　　②　600m以上800m未満

〔2〕　(1)　(例)連続する2つの自然数は，nを自然数とすると，n，$n+1$とおける。2つの自然数の

　　　積は，和より55大きいから，$n(n+1)=n+n+1+55$　　$(n-8)(n+7)=0$　　nは自然数だ

　　　から，$n=8$　求める2つの自然数は8，9　　答　8，9　　(2)　(例)袋Aに入っている赤

　　　玉を①，白玉を1，2，青玉を△，△，袋Bに

　　　入っている赤玉を②，③，白玉を3とおく。玉

　　　の取り出し方は15通りあり，玉の色が異なるの

　　　は11通りある。よって，求める確率は，$\dfrac{11}{15}$

　　　答　$\dfrac{11}{15}$　　(3)　右図

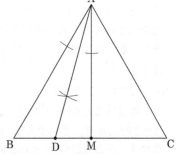

〔3〕　(1)　30　　(2)　①　$b=105$　　②　エ

　　　(3)　グラフから，Pからは毎分$\dfrac{25}{2}$Lの水が出ている

　　　ことがわかる。求める時間をx分とすると，$105=\dfrac{25}{2}$

　　　$\times x$だから，$x=\dfrac{42}{5}=8+\dfrac{24}{60}$　よって，求める時間は8

　　　分24秒後　　答　8分24秒後

〔4〕　(1)　$2\sqrt{5}-4$(cm)　　(2)　①　90　　②　PQ

　　　③　解説参照　　④　(例)線分ORの長さが最も長くなるのは，$\angle$RQO$=90°$になるとき

　　　である。このときの頂点P，Q，RをそれぞれP′，Q′，R′とおく。辺PQと半直線OYが重

　　　なっているときのRを考えると，RR′$=2\sqrt{5}-4$である。また，辺PQと半直線OXが重な

　　　っているときのRをR″とおくと，R′R″$=2\sqrt{5}-2$　よって，求める道のりは，$2\sqrt{5}-4+2$

　　　$\sqrt{5}-2=4\sqrt{5}-6$　　答　$4\sqrt{5}-6$(cm)

〔5〕　(1)　4(cm)　　(2)　解説参照　　(3)　(例)中点連結定理より，MN//CDだから，△AMN

　　　∽△ACDであり，相似比は1：2で，面積比は1：4となる。よって，△AMNと四角形CDNM

　　　の面積比は1：3である。また，CF$=5$cmだから，AE：CF$=2$：$5=1$：$\dfrac{5}{2}$　したがって，

　　　四角すいFCDNMの体積は，三角すいEAMNの体積の3$\times\dfrac{5}{2}=\dfrac{15}{2}$倍である。　答　$\dfrac{15}{2}$倍

＜数学解説＞

〔1〕　(数・式の計算，平方根，二次方程式，関数$y=ax^2$，円の性質と角度，資料の活用)

　(1)　$6-13=-7$

　(2)　$2(3a+b)-(a+4b)=6a+2b-a-4b=5a-2b$

　(3)　$a^3b^5\div ab^2=a^3b^5\times\dfrac{1}{ab^2}=a^2b^3$

(4)　$\sqrt{14}\times\sqrt{2}+\sqrt{7}=\sqrt{2\times7}\times\sqrt{2}+\sqrt{7}=2\sqrt{7}+\sqrt{7}=3\sqrt{7}$

(5)　解の公式より，$x=\dfrac{-7\pm\sqrt{7^2-4\times1\times5}}{2\times1}=\dfrac{-7\pm\sqrt{29}}{2}$

(6)　yはxの2乗に比例するから，$y=ax^2$とおいて，$x=-2$，$y=12$を代入すると，$12=a\times(-2)^2$
　　$4a=12$　$a=3$　よって，$y=3x^2$

(7)　点Bは接点より，$\angle OBP=90°$　よって，$\angle AOB=180°-(90°+28°)=62°$　$\overset{\frown}{AB}$に対する中
　心角と円周角の関係から，$\angle x=\dfrac{1}{2}\angle AOB=\dfrac{1}{2}\times62°=31°$

(8)　①　200m以上400m未満の階級の度数は20人だから，相対度数は，$\dfrac{20}{80}=0.25$

　　②　中央値は，距離の短い方から40番目と41番目の値の平均である。40番目，41番目の値はど
　　ちらも600m以上800m未満の階級に入っているから，求める階級は，600m以上800m未満の
　　階級。

〔2〕　(二次方程式の応用，確率，作図)

(1)　nを自然数とすると，連続する2つの自然数は，n，$n+1$と表されるから，$n(n+1)=n+(n+1)$
　$+55$が成り立つ。これを解いて，$n^2-n-56=0$　$(n-8)(n+7)=0$　$n=8$，-7　$n\geqq1$より，$n=8$
　よって，連続する2つの自然数は，8と9である。

(2)　袋Aに入っている赤玉を①，白玉を$\boxed{1}$，$\boxed{2}$，青
　玉を$\triangle$，$\triangle$，袋Bに入っている赤玉を②，③，白
　玉を$\boxed{3}$とおくと，右の樹形図より，玉の取り出し
　方は全部で15通りある。そのうち，玉の色が異なるのは○印をつけた11通りあるから，求める
　確率は，$\dfrac{11}{15}$

(3)　△ABCは正三角形だから，△ABDで，$\angle BAD=180°-(60°+105°)=15°$　よって，$\angle BAM$
　の二等分線と辺BCとの交点をDとすればよい。　(i)　点Aを中心とする円をかき，辺AB，線分
　AMとの交点を，それぞれP，Qとする。　(ii)　2点P，Qをそれぞれ中心とする等しい半径の円
　をかき，その交点の1つをRとする。　(iii)　半直線ARをひき，辺BCとの交点をDとする。

〔3〕　(一次関数のグラフの利用)

(1)　グラフは原点Oと$(6，180)$を通るから，傾きは，$\dfrac{180}{6}=30$

(2)　①　グラフは2点$(6，180)$，$(10，230)$を通るから，傾きは，$a=\dfrac{230-180}{10-6}=\dfrac{25}{2}$　$y=\dfrac{25}{2}x+$
　bに$(6，180)$を代入すると，$180=\dfrac{25}{2}\times6+b$　$b=105$

　　②　Pからは1分間に$\dfrac{25}{2}$Lの水が出るから，Pから出た水の量は，$\dfrac{25}{2}\times10=125$（L）　Qから出た
　　水の量は，$230-125=105$（L）　よって，bの値はQから出た水の量と同じ値である。

(3)　Pから出た水の量と，Qから出た水の量が等しくなるのは，$6\leqq x\leqq10$のときである。このと
　き，$105=\dfrac{25}{2}\times x$が成り立つから，$x=\dfrac{42}{5}=8\dfrac{24}{60}$　よって，8分24秒後。

〔4〕　(平面図形，線分の長さ，円周角の定理，点が動いた道のり)

(1)　三平方の定理により，$BD^2=AB^2+AD^2=4^2+2^2=20$　$BD>0$より，$BD=\sqrt{20}=2\sqrt{5}$（cm）
　△ACD≡△FBEより，$BE=CD=4$cmだから，$DE=BD-BE=2\sqrt{5}-4$（cm）

(2)　①　△ACD≡△FBEより，$\angle BEF=\angle CDA=90°$　よって，$\angle QRP=90°$

　　②　半円の弧に対する円周角は90°より，辺PQが直径になる。

　　③　（証明）（例）3点P，O，Qを通る円をかくと，$\angle POQ=90°$だから，辺PQはこの円の直径に

なる。3点P，Q，Rを通る円もPQが直径になるので，4点P，O，Q，Rは同じ円周上にあることがわかる。したがって，**円周角の定理**から，∠ROX＝∠RPQ

④　右の図のように，図3に，四角形OQ′R′P′が長方形になるように，3点P′，Q′，R′を書き加える。また，図5のときの点RをR″とおくと，点Rは直線OR上を，R→R′→R″と移動する。RR′＝2$\sqrt{5}$－4(cm)，R′R″＝2$\sqrt{5}$－2(cm)より，求める道のりは，(2$\sqrt{5}$－4)＋(2$\sqrt{5}$－2)＝4$\sqrt{5}$－6(cm)

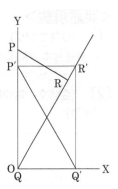

〔5〕　(空間図形，線分の長さ，相似の証明，体積の比)

(1)　**中点連結定理**により，MN＝$\frac{1}{2}$CD＝$\frac{1}{2}$×8＝4(cm)

(2)　(証明)　(例)△AEMと△BFEにおいて，△ABCは正三角形だから，∠MAE＝∠EBF＝60°…①　AE＝2cmで，点Mは辺ACの中点だから，AM＝4cm　また，BF＝3cm，BE＝AB－AE＝6cm　よって，AE：BF＝AM：BE＝2：3…②　①，②より，2組の辺の比とその間の角がそれぞれ等しいから，△AEM∽△BFE

(3)　**中点連結定理**により，MN//CDなので，△AMNと△ACDは相似であり，相似比は，MN：CD＝1：2より，面積の比は，1²：2²＝1：4　よって，△AMN：(四角形CDNM)＝1：(4－1)＝1：3　また，辺CDの中点をLとし，点Eから線分ALにひいた垂線と線分ALとの交点をH，点Fから線分CNにひいた垂線と線分CNとの交点をH′とすると，△AEHと△CFH′は相似なので，EH：FH′＝AE：CF＝2：(8－3)＝2：5　三角すいEAMN，四角すいFCDNMの底面を，それぞれ△AMN，四角形CDMNとみると，高さは，それぞれEH，FH′となるから，四角すいFCDNMの体積は三角すいEAMNの体積の，3×$\frac{5}{2}$＝$\frac{15}{2}$(倍)

＜英語解答＞

〔1〕　(1)　1　イ　2　ア　3　ウ　4　ア　(2)　1　ア　2　エ　3　イ　4　エ

(3)　1　(例)Yes, they do.　2　(例)It is in front of the library.

〔2〕　(1)　ウ　(2)　(例)(I want to take part in Volunteer Activity)D. I like talking with people at the nursing home because they know many things. I'm interested in the history of this town. I want to hear a lot of stories about it from them in this volunteer activity.

〔3〕　(1)　A　イ　B　エ　(2)　C　he is respected by　D　teaches them how to

(3)　ア　(4)　ウ　(5)　(例)日本の人々との経験を通して，日本とオーストラリアの違いを見つけ，自分自身の国について考える機会を得たから。　(6)　イ

〔4〕　(1)　(例)一枚の写真を撮る前に，注意深く物を見ること。　(2)　イ　(3)　ア

(4)　①　(例)No, she didn't.　②　(例)Her grandfather did.

③　(例)She goes to the lake or the mountain to take pictures.

(5)　ウ　(6)　(例)I felt glad when I helped a woman. She asked me the way to the station in English. I used some English words and told her how to get there. She understood me and said, "Thank you."

＜英語解説＞

〔1〕　（リスニング）

　　　放送台本の和訳は，44ページに掲載。

〔2〕　（会話文：語句補充・選択，自由・条件付き英作文，動名詞，不定詞）

【広告】

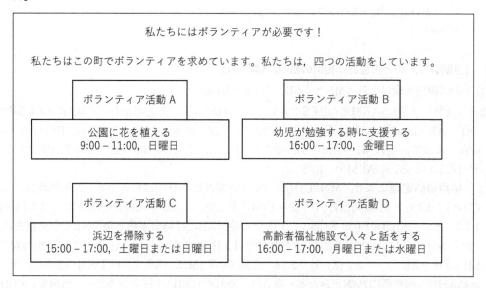

私たちにはボランティアが必要です！

私たちはこの町でボランティアを求めています。私たちは，四つの活動をしています。

ボランティア活動 A	ボランティア活動 B
公園に花を植える 9:00 – 11:00, 日曜日	幼児が勉強する時に支援する 16:00 – 17:00, 金曜日

ボランティア活動 C	ボランティア活動 D
浜辺を掃除する 15:00 – 17:00, 土曜日または日曜日	高齢者福祉施設で人々と話をする 16:00 – 17:00, 月曜日または水曜日

【会話】

アン：どのボランティア活動に興味がある？／マーク：ぼくは全部に興味があるけど，月曜日から金曜日は用事があるんだ。公園で花を植えたいな。／アン：ちょっと待って。あなたと私は，毎週日曜日の午前中に，ピアノの練習があるでしょ。／マーク：そうだ。わかった，では ボランティア活動C に参加しよう。

（1）　ア　ボランティア活動 A　　イ　ア　ボランティア活動 B　　ウ　ボランティア活動 C（○）
　　　エ　ボランティア活動 D　　問題の会話文から，月曜日から金曜日と日曜日は用事があることがわかるので，土曜日に参加できるボランティア活動 C（ウ）が適当

（2）　（解答例訳）私はボランティア活動（D）に参加したい。私は高齢者福祉施設で人々と一緒に話をすることが好きだ，なぜなら，人々はたくさんのことを知っているからだ。私はこの町の歴史に興味がある。私はこのボランティア活動で，歴史についてたくさんの話を人々から聞きたい。

〔3〕　（会話文：語句選択・補充，語句の並べ換え，語句の解釈・指示語，内容真偽，語形変化，日本語で答える問題，現在・過去・未来と進行形，受け身，不定詞，動名詞，関係代名詞，分詞の形容詞用法，現在完了，助動詞）

（全訳）　アカリは日本人の高校生です。今彼女は，オーストラリアから来た高校生のスティーブと話をしています。スティーブはアカリの学校で勉強をしています。／アカリ：こんにちは，スティーブ。週末はどうだった？／スティーブ：こんにちは，アカリ。楽しかったよ。先週の日曜日に，ホストファミリーと一緒にスキーへ行ったんだ。初めてのことだった。ぼくはたくさんの雪を見てわくわくした。きみの週末はどうだった？／アカリ：私も楽しかった。外出はしなかったけれども，家で楽しい時間を_A(過ごした)。／スティーブ：それはいいね。家で何をしたの？／アカ

リ：音楽を聴いて，本を読んでそしてテレビを見て楽しんだ。そうね，先週の日曜日は，他の国々でB(働いている)三人の日本人について，テレビ番組を見た。それはおもしろかった。その番組を見た？／スティーブ：いいや。別の国々でその日本人たちは何をしているの？／アカリ：その人たちはさまざまな仕事をしているの。一人は，インドで日本語の教師。彼女は生徒たちにすばらしい授業をしている。彼女は地元のイベントに参加して，そして人々に伝統的な日本文化も紹介している。／スティーブ：それはいいね。彼女はインドの人々にもっと日本に興味を持ってもらうようにできると思うよ。／アカリ：私もそう思う。ええと，別の人はアメリカで建築家をやっている。彼は一生懸命に勉強して，環境について多くを知っている。彼がデザインする建物は，美しくて環境にやさしいの。だから，まわりの人々からC 彼は尊敬されている。／スティーブ：わあ，それもいいね！　最後の人は何をしているの？／アカリ：最後の人は，アフリカで人々と一緒に働く農家なの。彼は，お米と野菜がよく育つD 方法をアフリカの人々に教えている。彼は人々のために一生懸命に働くから，アフリカの人々は彼を信頼している。／スティーブ：それはすばらしい。／アカリ：けれども，初めてアフリカへ来た時，日本人の農家には問題があったの。彼にとってお米と野菜をうまく育てることは難しかった。／スティーブ：なぜ？／アカリ：肥沃な土壌ではなかったから。E 最初に，彼自身のやり方では土壌を肥沃にすることができなかった。それから，彼は地元の人々とたくさん話をした。彼は地元の人々からいくつか役に立つ考えを得て，土壌を肥沃にするよい方法を見つけたの。ついに，彼はF その問題を解決した。彼は，「それは私にとっていい経験でした。私はアフリカで働くことが楽しい。なぜなら，私は地元の人々とそのようなよい経験を共有できるからです」と言った。／スティーブ：わかった。ぼくに関して言えば，日本に来てから，日本の人々と一緒に多くの種類の経験をした。G ぼくは，それらの経験は大切だと思っている。／アカリ：なぜそう思うの？／スティーブ：なぜなら，日本の人々と一緒に経験したことを通して，日本とオーストラリアの間にいくつかの違いを見つけたから。これは，ぼく自身の国について考える機会を，ぼくに与えてくれた。／アカリ：わかった。私は別の国へ行ったことがないの。将来，私は外国へ行って，あなたのように多くの経験をしてみたい。

(1)　(A)の前後から，楽しい時間を(過ごす)と考えられる。have a good time で「楽しい時を過ごす」。過去のことを話題にしているので，過去形のイ had が適当。　カッコ B の選択肢を見ると，work を変化させた形が空欄に入るとわかる。about 以降の部分の意味は，「他の国々で働いている三人の日本人について」となりそうなので，work は「三人の日本人」を説明する現在分詞の形容詞的用法としてエの working が適当。

(2)　C　問題文の四角の中の単語には，be 動詞と by があって，動詞 respected(尊敬する)は過去分詞形とすると受け身と考えられ，語順は he is respected by が適当。　D　teaches が動詞，how to があって文脈から「お米と野菜がよく育つ方法」と考えられる。them は，直前の文の people in Africa を指す「彼ら」とすると，語順は teaches them how to が適当。

(3)　ア　最初に(○)　イ　ところで　ウ　お互いに　エ　すみません　空欄の前後から適当な選択肢を選びたい。

(4)　ア　日本人の農家は，アフリカで地元の人々と話ができなかった。　イ　日本人の農家は，アフリカで地元のイベントに参加できなかった。　ウ　日本人の農家は，アフリカでお米と野菜をうまく育てることができなかった。(○)　エ　日本人の農家は，アフリカで地元の人々とのよい経験を共有できなかった。　問題本文の第13番目のアカリの発話第1文 But the Japanese ～と第2文 It was hard～では，「日本人の農家には，アフリカで米と野菜をうまく育てることが困難だった」とあるのでウが適当。

(5)　下線 G「経験は大切だ」の理由は，問題本文第18番目のスティーブの発話 Because I've

found～で始まる発話全体に書かれているので，解答はこの発話を参考に作成したい。

(6)　ア　日本人の教師は毎日彼女の生徒のことでとても忙しいので，インドで地元のイベントに参加できない。　イ　アメリカの日本人建築家は，環境について多くのことを知っていて，そして彼は美しく環境にやさしい建物をデザインする。(○)　ウ　日本人の農家は，アフリカで地元の人々の考えを得ることなしに，土壌を肥沃にすることができた。　エ　アカリは彼女がオーストラリアへ行った時に友達と一緒に楽しい経験をしたので，彼女はもう一度オーストラリアへ行ってみたい。　問題本文の第9番目のアカリの発話第2文 Well, another person～，第3文 He studies hard～と第4文 The building he～では，「アメリカの日本人建築家は，環境について多くのことを知っていて，美しく環境にやさしい建物をデザインする」とあるのでイが適当。選択肢ウの make the soil rich は make A B の形で「A を B にする(させる)」となる。

〔**4**〕　**(長文読解：語句の解釈・指示語，内容真偽，英問英答，条件付き英作文，不定詞，助動詞，動名詞)**

(全訳)　サクラは中学生でした。彼女は古い写真フィルムを用いて撮影するカメラを持って，町の中を歩き回ることが好きでした。彼女が10歳の時，彼女の祖父が彼女に，彼が使っていたフィルムカメラを与えました。もちろん，そのカメラを使って写真を撮ることは，彼女にとって簡単なことではありませんでした。そのカメラは画像を表示できませんでした。彼女は，写真を現像した時に，画像を見ることができました。そのような古いフィルムカメラを使うには，普通のデジタルカメラを使うよりも，さらに多くの時間と労力を必要としました。しかし，その古いフィルムカメラを使うことを通して，彼女は写真を撮ることについて<u>A一つのこと</u>を学びました。彼女は，一枚の写真を撮る前に注意深く物を見ることを学びました。彼女は，その古いフィルムカメラが気に入りました。

サクラはカメラのレンズを通して，たくさんの物と人を見ました。彼女は，美しい花，かわいい動物，歴史的な建物，そして彼女の家族の写真を撮りました。

ある日曜日の朝，サクラはその古いフィルムカメラを持って出かけました。それはいい日で，彼女は暖かな風を感じました。まもなく，写真を撮り始めた時，彼女はカメラの押しボタンが押せませんでした。彼女は，カメラにどこか故障があるのだと思いました。

サクラは家に戻って，祖父に古いフィルムカメラについて話をしました。彼は，「サクラ，ごめんなさい。私はその古いカメラを修理することができない」と言いました。彼女は悲しそうでした。祖父は，「スズキさんのところへ行っては？　スズキさんならきっとこのカメラを修理できると思うよ」と言いました。スズキさんはカメラの店で働いていました。彼女は写真の現像を彼に頼むために，よく店へ行きました。

<u>B午後，サクラはそのカメラの店に行きました。</u>彼女が店に入ったとき，スズキさんは彼女を見て，「こんにちは，サクラ，元気ですか？　今日はどんな用事ですか？」と言いました。彼女は彼に，「カメラのこの押しボタンが押せないのです。修理してください」と言いました。彼は，「わかりました。カメラを見てもいいですか？」と言いました。彼は彼女からカメラを受け取ると，彼の机へと行きました。そこには，たくさんの部品と道具がありました。彼はとても注意深くカメラの中を見ました。彼女は何も言わずに，彼を見つめていました。「わかりました。いくつかの部品を交換しなければなりません」と彼が言いました。彼女は「このカメラを修理できますか？」とたずねました。彼は「もちろん。そうですね，少し時間がかかるけど。サクラ，二週間待ってもらえますか？」と言いました。彼女は「はい」と言いました。

二週間後，サクラがカメラの店を訪れた時，スズキさんは彼女を待っていました。彼女がスズキ

さんからその古いフィルムカメラを受け取った時，彼女は「$_C$私は本当にうれしいです。このカメラをいつも大切に使います」と言いました。彼は，「それはよかった。もし何か困ったことがあったら，ここに来てください」と言いました。彼女は「ありがとうスズキさん」と言いました。「私はスズキさんに質問があります。なぜ，カメラの店で働くのですか？」

スズキさんはほほえんで，それから「私はとてもカメラが好きだから。子供のころ，父と一緒にたくさんの写真を撮って楽しみました。私が高校生だった時，父は私に新しいカメラを買ってくれました。それから，私はカメラにより興味を持つようになって，カメラの店で働くことに決めました」と言いました。

またスズキさんは，サクラに「30年ほど前に，私はこのカメラの店で働き始めました。それから，いくつもの問題があるたくさんのお客様がここに来ました。私がお客様を助けることができると，お客様はほほえみます。私はお客様の幸せそうな顔を見ると，うれしいのです。このカメラの店で働くことは，私を幸せにしてくれます」と言いました。

今サクラは高校生です。彼女は時間のある時に，たいてい写真を撮りに湖や山へ出かけます。たくさん写真を撮った後，彼女はそのカメラの店を訪れて，スズキさんに現像をたのみます。彼女はとてもすばらしい写真を見つけた時，スズキさんへ「見てください，スズキさん。なんて美しいのでしょう！」と言います。彼女はスズキさんと彼女の写真について話をすることが好きです。$_D$彼はうれしく感じます。なぜなら，彼女が愛情をもってその古いフィルムカメラを使い続けていると，彼は知っているからです。

(1)　下線部の「一つのこと」とは，下線部の文の次の文 She learned to～「彼女は，一枚の写真を撮る前に注意深く物を見る事を学んだ」に書かれている。この文を参考に解答を書きたい。

(2)　ア　スズキさんへ写真の現像を頼むために。　イ　スズキさんへ古いフィルムカメラの修理を頼むために(○)　ウ　スズキさんへ，サクラにカメラの部品を見せるよう頼むために　エ　スズキさんに，かわいい動物の写真を撮るよう頼むために。　問題本文の第4段落第4文　He said, "Why～に，「カメラを修理するために，スズキさんをたずねたらどうか」とあるのでイが適当。

(3)　ア　なぜなら，サクラはフィルムカメラをもう一度使うことができたから。(○)　イ　なぜなら，サクラはカメラの店で美しい写真を見つけたから。　ウ　なぜなら，サクラはスズキさんから新しいフィルムカメラを手に入れたから。　エ　なぜなら，サクラはスズキさんから新しい写真の撮り方を学んだから。　下線部Cの前の部分 When she took では，「修理に出したカメラを受け取った」とあり，これが下線部Cの理由だと考えられるのでアが適当。

(4)　①　(問題文訳)サクラは彼女の父親から，古いフィルムカメラを手に入れましたか？　(例) No, she didn't.(いいえ違います。)　問題文は Did～という疑問文なので yes/no で答える。問題本文第1段落第3文 When she was～には，「彼女が10歳の時，祖父がカメラを与えた」とあるので No, she didn't. が適当。　②　(問題文訳)フィルムカメラに何か故障があった時，誰がサクラへスズキさんをたずねるように言いましたか？　(例) Her grandfather did.(彼女の祖父です。)　問題本文の第4段落の最初の文 Sakura went back～と，その次の文 He said, "Sakura～には，「サクラは家に戻って，祖父にカメラの話をしたところ，祖父が『スズキさんのところへ行っては？』と言った」とあるのでこの部分を参照。正答例の did は動詞 do (する)の過去形。　③　(問題文訳)サクラは時間があるとき，たいてい何をしますか？　(例) She goes to the lake or the mountain to take pictures.(彼女は写真を撮るために，湖や山へ出かける。)　問題本文第9段落第2文 She usually goes～には，「彼女は時間のある時に，たいてい写真を撮りに湖や山へ出かける」とあるので，解答はこの英文を参考に作成したい。

(5)　ア　サクラは10歳の時，写真を撮るために古いフィルムカメラを簡単に使うことができた。　イ　サクラは，花の写真だけしか撮らなかった，なぜなら，彼女はそれらが本当に好きだったから。　ウ　スズキさんは，カメラの店でお客様をしあわせにした時，うれしく感じた。(○)　エ　スズキさんは，サクラが高校生になった時，新たなカメラの店を始めた。　問題本文第8段落最初の文 Mr. Suzuki also～には，「スズキさんはお客様の幸せそうな顔を見るとうれしくなる」とあるのでウが適当。

(6)　(解答例訳)私は女性を助けた時に，うれしく感じた。彼女は私に英語で駅への道順をたずねた。私は英語の言葉をいくつか使って，彼女にそこへの行き方を伝えた。彼女は私の言うことを理解して，そして「ありがとう」と言った。

2021年度英語　放送による聞き取り検査

〔放送台本〕

〔1〕

(1)　1　Today is Tuesday, November 24. My sister Yuzuki went to Kyoto yesterday.

　　　Question: When did Yuzuki go to Kyoto?

　　2　You are doing homework with Hiroki. He says to you, "Can I use your dictionary?"

　　　Question:　What will you say to Hiroki if you want him to use your dictionary?

　　3　Yamato asked his classmates about their favorite sports. Baseball, basketball, tennis, and volleyball were popular in his class. Basketball was more popular than baseball and volleyball, and tennis was more popular than basketball.

　　　Question: Which sport was the most popular in Yamato's class?

　　4　Betty wanted to go to the museum last Sunday. Her father and mother were too busy to go there, so Betty asked her brother to come there with her. They enjoyed looking at beautiful pictures in the museum.

　　　Question: Who went to the museum last Sunday?

〔英文の訳〕

1　今日は11月24日火曜日だ。私の姉妹のユズキは昨日京都へ行った。

　質問：ユズキはいつ京都へ行きましたか？

　ア　11月22日日曜日。　　⑦　11月23日月曜日。

　ウ　11月24日火曜日。　　エ　11月25日水曜日。

2　あなたはヒロキと一緒に宿題をやっている。彼はあなたに「あなたの辞書を使ってもいいですか？」と言う。

　質問：もし彼に辞書を使ってほしいなら，あなたはヒロキに何と言いますか？

　⑦　どうぞ。　イ　あなたはどうですか？　ウ　いいえ，いりません。　エ　またね。

3　ヤマトは彼のクラスメイトに，好きなスポーツについてたずねた。野球，バスケットボール，テニス，そしてバレーボールが，彼のクラスでは人気があった。バスケットボールは野球とバレーボールよりも人気があり，そしてテニスはバスケットボールよりも人気があった。

質問：どのスポーツがヤマトのクラスで最も人気がありましたか？

ア　野球　　イ　バスケットボール　　⑦　テニス　　エ　バレーボール

4　先週の日曜日，ベティは美術館へ行きたかった。彼女の父と母はとても忙しくて，そこへ行くことができなかった。だからベティは彼女の兄弟へ彼女と一緒にそこへ来るように頼んだ。彼らは美術館で美しい絵を見て楽しんだ。

質問：先週の日曜日，誰が美術館へ行きましたか？

⑦　ベティと彼女の兄弟　　イ　ベティと彼女の父

ウ　ベティと彼女の母　　　エ　ベティの父と母

〔放送台本〕

(2)　1　A: John, have you finished your homework?
　　　　B: Sure. I did it last night.
　　　　A: That's good.
　　　　Question: Has John finished his homework?

　　2　A: It's raining.
　　　　B: Yes, but today's morning news said, "It will be sunny in the afternoon."
　　　　A: Really? I'm glad to hear that.
　　　　Question: What are these two people talking about?

　　3　A: What will you buy, Ken?
　　　　B　I want a new T-shirt. This blue one is nice, but too large for me.
　　　　A: Look, this yellow T-shirt is cool. Wait, this is large, too. This white one is not so good. Well, how about this red T-shirt? This is nice, and smaller than those blue and yellow ones.
　　　　B: Can I see it? Wow, it looks so nice. I'll take it.
　　　　Question: Which T-shirt will Ken buy?

　　4　A: What are you doing, Nick?
　　　　B: Hi, Mom. I'm looking for my watch. Have you seen it?
　　　　A: No. Where did you put it last night?
　　　　B: I think I put it on the table, but there isn't anything on the table.
　　　　A: Did you look under the chairs?
　　　　B: Yes, but I couldn't find it there. And I couldn't find it in my bag.
　　　　A: Let me see. Oh, look! There is something by the soccer ball.
　　　　B: Really? That's my watch! Thank you.
　　　　Question: Where has Nick found his watch?

〔英文の訳〕

(2)　1　A: ジョン，宿題は終わった？　／B: もちろん。昨日の夜にやったよ。／A: それはいいね。

質問：ジョンは彼の宿題を終えましたか？

⑦　はい，終えました。　イ　いいえ，終えてはいません。　ウ　はい，終えるつもりです。

エ　いいえ，終えるつもりはありません。

2　A: 雨が降っている。／B: そうだね，だけど今朝のニュースでは「午後には晴れるでしょう」と言っていた。／A: 本当？　それはうれしいね。

質問：二人の人物は何について話をしていますか？

ア　音楽について　　イ　学校について　　ウ　駅について　　㊗　天気について

3　A: ケン，何を買うつもりなの？／B: 新しいTシャツが欲しい。この青いシャツがいいな。けれども私には大きすぎる。／A: みて，この黄色いTシャツはかっこいいね。待って，これも大きすぎる。この白いシャツはそれほどよくないし。そうだね，この赤いTシャツはどうかな？　これはいいね，そして青色や黄色のシャツよりも小さい。／B: 見てもいい？　わあ，とてもよさそうだね。これを買うよ。

質問：ケンはどのTシャツを買いますか？

ア　青いTシャツ　　㋑　赤いTシャツ　　ウ　白いTシャツ　　エ　黄色いTシャツ

4　A: 何をやっているの，ニック？／B: あ，おかあさん。ぼくの時計を探しているの。時計を見かけた？／A: いいえ。昨日の夜，時計をどこへ置いたの？／B: テーブルの上に置いたと思う。けれどもテーブルの上には何もない。／A: いすの下を見てみた？／B: うん，けれどもそこにはなかった。ぼくのカバンの中にも見つけることができなかった。／A: ええと。あ，見て！　サッカー・ボールの近くに何かがある。／B: 本当？　ぼくの時計だ！　ありがとう。

質問：ニックは彼の時計をどこで見つけましたか？

ア　テーブルの上　　イ　カバンの中　　ウ　いすの下　　㊗サッカー・ボールの近く

〔放送台本〕

(3)　　Hello.　This is Kevin.　Are you free next Saturday?　I'm going to go out with Saki.　We'll be glad if you can join us.　We'll meet at the station at ten o'clock and then go shopping.　After that, we're going to have lunch at my favorite restaurant.　The food is good, so you'll like it.　The restaurant is in front of the library.　Please call me back later.　Bye.

Question　1　Do Kevin and Saki want to go out with you next Saturday?
　　　　　　2　Where is Kevin's favorite restaurant?

〔英文の訳〕

(3)　もしもし。ケビンです。次の土曜日は時間がありますか？　私はサキと一緒に外出するつもりです。もしあなたが一緒ならば，私たちはうれしいです。私たちは10時に駅で会うことになっていて，それから買い物に行きます。その後，私たちは私のお気に入りのレストランで，昼食をとるつもりです。食べ物はおいしくて，あなたは気に入るでしょう。レストランは，図書館の前です。あとで私に電話をかけ直してください。さようなら。

質問：1　ケビンとサキは，次の土曜日にあなたと一緒に外出したいのですか？

(例)Yes, they do.（はい，そうです。）

質問：2　ケビンのお気に入りのレストランはどこですか？

(例)It is in front of the library.（図書館の前です。）

＜理科解答＞

〔1〕 (1) ウ　　(2) イ　　(3) イ　　(4) エ　　(5) ア，エ　　(6) 2.5倍

〔2〕 (1) ウ　　(2) ① X 中枢　　Y 末しょう
② 反射　　③ (例)感覚器官からの刺激の信号が，せきずいに伝えられると，せきずいから直接，筋肉に命令が伝えられるため。

〔3〕 (1) ① X Mg　Y O_2　Z MgO
② エ　　③ 右図　　(2) 3.50 g

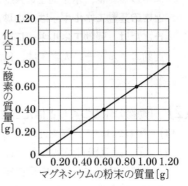

〔4〕 (1) ① 有性生殖　　② イ　　(2) ① ウ
② (例)ミカヅキモは，体細胞分裂によって子をつくるので，子は，親の染色体をそのまま受けつぐため。

〔5〕 (1) イ　　(2) ウ　　(3) ① ウ　　② エ
③ (例)金星は，地球の内側を公転しているため。

〔6〕 (1) ① 右図　　② ア　　(2) ① 5V　　② 0.6W
(3) ① 2.5V　　② 5倍

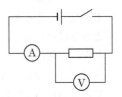

〔7〕 (1) ア　　(2) ① 停滞前線　　② エ　　③ カ

〔8〕 (1) ① 水上置換法　　② ア　　(2) ウ　　(3) (例)水に溶けると酸性を示す。

＜理科解説＞

〔1〕 (植物の分類，火山活動と火成岩，身の回りの物質とその性質：金属の見分け方，化学変化と電池，力と圧力，力と物体の運動：慣性の法則，力学的エネルギー)

(1) アサガオは，種子植物の双子葉類に分類されるので，葉脈は網目状である。よって，ウである。

(2) 傾斜がゆるやかで，広く平らに広がっている火山は，マグマのねばりけが弱く，おだやかな噴火が起こりやすい。

(3) 体積が異なる球状の金，銀，銅のかたまりから金でできたかたまりを見分ける方法は，3種類の金属が固有にもつ数値である密度で比べる。密度は1cm³あたりの質量であり，20℃における密度は，金が19.32(g/cm³)であり，銀が10.50(g/cm³)であり，銅が8.96(g/cm³)であり，常温で液体の状態で存在するただひとつの金属である水銀は13.55(g/cm³)である。よって，密度が大きい順に並べると，金＞水銀＞銀＞銅，であり，金だけが液体の水銀に沈む。

(4) 化学変化によって電池となり，電流が流れるのは，電解質をとかした水溶液であり，電極は異なる2種類の金属で，イオン化傾向が大きいほうの金属を−極としたときであり，エである。亜鉛が陽イオンとなって溶け出し，電子の流れは，亜鉛板→電子オルゴール→銅板，である。よって，電流の向きは電子が流れる向きとは逆であり，電流の向きは，＋極となった銅板→電子オルゴール→−極となった亜鉛板，であるため，エの装置ではオルゴールが鳴る。

(5) 物体にはたらく重力の大きさは，月面上では地球上の約6分の1になる。よって，同じ物体でも，物体にはたらく重力の大きさは，物体が置かれている場所によって変化する。物体に力がはたらいていないときだけでなく，力がはたらいていてもそれらがつり合っているときは，物体が静止している状態を続ける。圧力の単位は，パスカル(記号Pa)が用いられる。変形した物体が，もとにもどろうとする力を，弾性力という。大気圧は，標高が高い場所ほど，その上にある空気

の重さが小さくなるので，小さくなる。

(6)　力学的エネルギー保存の法則により，小球が水平面からの高さ50cmの位置でもっていた位置エネルギーは，水平面上のA点を通るときの運動エネルギーにすべて変わる。**小球がB点を通るときの運動エネルギーは，小球が水平面からの高さ20cmにあるときの位置エネルギーと同じ大きさだけ，運動エネルギーに変わったものである。**よって，小球が水平面上のA点を通るときの運動エネルギーの大きさは，B点を通るときの運動エネルギーの2.5（＝50〔cm〕÷20〔cm〕）倍である。

〔2〕　（動物の体のつくりとはたらき：刺激と反応）

(1)　図1において，腕を曲げるときの筋肉の動きは，筋肉Aが縮み，筋肉Bがゆるむ。

(2)　①　感覚器官が刺激を受け取ると，刺激の信号が，感覚神経を通して脳やせきずいに伝わる。脳やせきずいは，**中枢神経**と呼ばれ，刺激に応じた反応のための命令を，運動神経を通して筋肉に伝える。感覚神経と運動神経は，脳やせきずいから枝分かれし，からだ全体に広がっている神経で，まとめて**末しょう神経**と呼ばれる。　②　熱いものにさわると，熱いと感じる前に，とっさに手を引っ込める反応が起こる。このように，意識とは無関係に決まった反応が起こることを，**反射**という。　③　意識とは無関係に起こる反応は，意識して起こる反応よりも，刺激を受けてから反応が起こるまでの時間が短くなる。その理由は，「感覚器官からの刺激の信号が，せきずいに伝えられると，せきずいから直接，筋肉に命令が伝えられるため。」である。

〔3〕　（化学変化と物質の質量，化学変化：マグネシウムの燃焼）

(1)　①　物質が酸素と化合して別の物質に変わる化学変化を**酸化**という。マグネシウムが酸化して，酸化マグネシウムができるときの化学反応式は，$2Mg+O_2→2MgO$，である。　②　**マグネシウムの粉末を加熱すると，激しく熱や光を出しながら酸化する変化（燃焼）が起こり，白色の酸化マグネシウムになる。**　③　0.3gのマグネシウムが酸素と化合すると，できる酸化マグネシウムの質量〔g〕＝21.80〔g〕−21.60〔g〕＝0.20〔g〕，である。マグネシウム粉末の質量を変えて実験した数値を計算して，グラフ用紙に，（マグネシウムの粉末の質量〔g〕，化合した酸素の質量〔g〕）の各点，(0.30, 0.20)，(0.60, 0.40)，(0.90, 0.60)，(1.2, 0.80)を記入する。次に，原点を通り各点の最も近くを通る直線を引く。

(2)　③のグラフは比例のグラフで，**マグネシウムの粉末の質量〔g〕：化合した酸素の質量〔g〕＝0.3〔g〕：0.2〔g〕＝3：2，**である。2.10gのマグネシウムの粉末を空気中で加熱した場合は，化合する酸素の質量xgは，2.10〔g〕：x〔g〕＝3：2，であり，x〔g〕＝1.40〔g〕，である。よって，完全に酸化させたとき，得られる酸化マグネシウムの質量は，2.10〔g〕＋1.40〔g〕＝3.50〔g〕，である。

〔4〕　（生物の成長と生殖：有性生殖と単細胞生物の無性生殖）

(1)　①　カエルの生殖のように，生殖細胞が受精することによって，子をつくる生殖を**有性生殖**という。　②　カエルの親が，精子や卵などの**生殖細胞をつくるときには減数分裂が行われる**ので，生殖細胞の染色体の数は，親の細胞の染色体の数と比べると，2分の1になる。

(2)　①　ミカヅキモのように，からだが一つの細胞でできている生物を単細胞生物といい，ゾウリムシも単細胞生物である。　②　ゾウリムシやミカヅキモなどの**単細胞生物は，**受精を行わず，**無性生殖でふえる。**それぞれの染色体が複製されて同じものが2本ずつできて2等分され，それぞれが分裂後の細胞へと受けわたされる，体細胞分裂によって子をつくるので，**子は，親の染色体をそのまま受けつぐため，親と子の形質がすべて同じになる。**

〔5〕　（太陽系と恒星：金星の動きと見え方・惑星・太陽）

（1）　太陽の表面温度は約6000℃である。

（2）　小惑星は，火星と木星の間に多く存在する。地球の衛星は月であるが，火星，土星，木星も衛星を持つ。火星，金星も大気を持つ。海王星は木星型惑星である。

（3）　①　図1より，地球の自転方向を考慮して，太陽が西の空に沈む夕方の地球の位置から西の空に金星は見える。　②　図1の7月の金星は太陽に左の一部が照らされているので，三日月状に見える。8月の金星は太陽に左の半分が照らされているので，下弦の月状に見える。9月の金星は太陽に左の約4分の3が照らされて見える。7月から9月にかけて金星は地球から離れていくので，金星の大きさは小さく見える。　③　金星は，地球よりも太陽の近くの内側を公転する内惑星であるため，地球から見て太陽と反対の方向に位置することはなく，真夜中には見ることができない。

〔6〕　（電流：回路の電圧と電流と抵抗・電力）

（1）　①　回路図は，最初に，図1の実体配線図を見て，電源装置，抵抗器，電流計，電圧計，スイッチの電気用図記号をかく。電源装置の電気用図記号の長いほうが＋極である。次に，電気用図記号を線で結び，抵抗器と電圧計を結ぶ線の接続は導線の交わりの電気用図記号をかく。

②　抵抗器を流れる電流の値は，抵抗器に加わる電圧の値に比例する。この関係をオームの法則という。

（2）　①　図2のグラフから，**抵抗器bの抵抗**〔Ω〕$=\dfrac{5〔V〕}{0.1〔A〕}=50$〔Ω〕である。電圧計が示す**抵抗器bの電圧**〔V〕$=0.1$〔A〕$\times50$〔Ω〕$=5$〔V〕である。　②　図2のグラフから，抵抗器aの抵抗〔Ω〕$=\dfrac{5〔V〕}{0.5〔A〕}=10$〔Ω〕である。抵抗器aの電圧〔V〕$=0.1$〔A〕$\times10$〔Ω〕$=1$〔V〕である。抵抗器aと抵抗器bが消費する電力の合計〔W〕$=0.1$〔A〕$\times5$〔V〕$+0.1$〔A〕$\times1$〔V〕$=0.6$〔W〕である。

（3）　①　図3の並列回路の合成抵抗をR_tとすると，$\dfrac{1}{R_t〔Ω〕}=\dfrac{1}{10〔Ω〕}+\dfrac{1}{50〔Ω〕}=\dfrac{6}{50〔Ω〕}$である。よって，$R_t〔Ω〕=\dfrac{50〔Ω〕}{6}$である。したがって，電圧計が示す電圧〔V〕$=0.3$〔A〕$\times\dfrac{50〔Ω〕}{6}=2.5$〔V〕である。　②　**抵抗器aが消費する電力**〔W〕$=5$〔V〕$\times\dfrac{5〔V〕}{10〔Ω〕}=2.5$〔W〕である。抵抗器bが消費する電力〔W〕$=5$〔V〕$\times\dfrac{5〔V〕}{50〔Ω〕}=0.5$〔W〕である。したがって，抵抗器aが消費する電力は，抵抗器bが消費する電力の5倍である。

〔7〕　（天気の変化：北極と南極付近の大気の動き・天気図から読みとる停滞前線付近と台風接近地点の気象）

（1）　赤道付近では気温が高く上昇気流を生じる。北極付近と南極付近では気温が低く下降気流を生じる。気温の差から生じた気圧の差によって，大気はこれらの間をつなぐように動き，低緯度から高緯度に熱を運んで地球全体の気温差が小さくなる。よって，正しく表されている図は，**ア**である。

（2）　①　天気図中のXで示される前線は，停滞前線である。　②　8月7日午前9時の青森の天気は，表から，雨である。　③　**等圧線は1000hPaを基準に，4hPaごとの細い実線でむすんだ**ものであるため，天気図から，台風の中心に近い**那覇の気圧は998hPa**であり，父島の気圧は1010hPaである。江差の気圧は，樺太付近に1000気圧の低気圧があり，1004hPaの等圧線と1008hPaの等圧線にはさまれた地域にあるため，また，寒気団と暖気団の強さが同じぐらいの

ときに停滞前線ができるため，新潟と同じ1007hPaと読みとれる。よって，表中の観測地点，Aは那覇，Bは父島，Cは江差である。

〔8〕　(物質の成り立ち：炭酸水素ナトリウムの熱分解，気体の発生とその性質)

(1)　①　図の装置は，炭酸水素ナトリウムを加熱して熱分解する装置である。化学反応式で表すと，$2NaHCO_3 \rightarrow Na_2CO_3 + H_2O + CO_2$，である。図の気体の集め方は，水にとけにくい気体の捕集に用いられ，**水上置換法**という。発生した気体は，二酸化炭素で，少ししか水にとけないので，水上置換法で集めることができる。　②　試験管Aの口の方に見られた液体は，①の化学反応式から，水である。よって，この液体に**塩化コバルト紙**をつけると，**青色から桃色に変化する**。

(2)　Ⅰで加熱後の試験管Aに残った白い粉末は，①の化学反応式から，炭酸ナトリウムである。炭酸ナトリウムの水溶液と炭酸水素ナトリウムの水溶液は，どちらもアルカリ性であるが，**加熱後試験管に残った炭酸ナトリウムの水溶液の方が，加熱前の炭酸水素ナトリウムの水溶液よりも，アルカリ性が強い。**

(3)　Ⅰで試験管Bに集めた気体は，①の化学反応式から，二酸化炭素である。試験管Bに集めた気体に，水でしめらせた青色リトマス紙をふれさせたところ，赤色に変わったことから，**二酸化炭素は，「水に溶けると酸性を示す。」**性質があることがわかる。

＜社会解答＞

〔1〕　(1)　①　大西洋　②　D　(2)　Ⅰ群　ウ
　　Ⅱ群　ケ　(3)　イ

〔2〕　(1)　カルデラ　(2)　ウ　(3)　右図
　　(4)　①　扇状地　②　(例)明治時代は桑畑として利用しているが，養蚕業の衰退に伴い，平成時代は果樹園として利用している。

〔3〕　(1)　イ　(2)　ウ　(3)　(Z)→(X)→(Y)
　　(4)　(例)琉球王国は，東アジアと東南アジアの国々を結ぶ中継貿易を行ったから。
　　(5)　X　エ　Y　ア　(6)　武家諸法度

〔4〕　(1)　①　自由党　②　(イ)→(ウ)→日露戦争→(ア)　(2)　ウ　(3)　エ
　　(4)　(例)地主が持つ小作地を政府が買いあげて，小作農に安く売りわたしたから。

〔5〕　(1)　①　ウ　②　エ　(2)　①　国民主権　②　イ，エ　③　ア
　　(3)　(符号)　X　(理由)　(例)衆議院議員総選挙の期日から30日以内に開かれているから。　(4)　①　イ　②　エ

〔6〕　(1)　B　(2)　イ　(3)　(例)日常の買い物に不便を感じる高齢者の割合が増えており，今後も高齢者の人口が増える

＜社会解説＞

〔1〕　(地理的分野—世界地理—地形・人々のくらし・産業・貿易)

(1) ① **太平洋・大西洋・インド洋**が，**世界三大洋**である。三大洋の中で，ユーラシア大陸・アフリカ大陸・北アメリカ大陸・南アメリカ大陸・南極大陸・グリーンランドに囲まれた大洋が，大西洋である。　② **本初子午線**とは，イギリスのロンドン郊外の旧グリニッジ天文台を通る子午線(経線)である。この線を経度0度とすることが，国際協定で採用され，東経0度，西経0度の線のことである。アフリカ大陸，南極大陸，ユーラシア大陸は，いずれも本初子午線が通っている。本初子午線が通っていないのは，北アメリカ大陸である。本初子午線がBであり，経線は30度ごとにひかれているから，Dが南アメリカ大陸である。

(2) Ⅰ群　ウの写真は，ベトナムのフォーである。フォーとは，ベトナム料理で用いられる平たいライスヌードルである。　Ⅱ群　カ　ベトナムは，ペルシア湾岸ではない。　キ　EUはヨーロッパ連合であり，ベトナムとは関係がない。　ク　リャマやアルパカを放牧しているのは，ペルーの高地である。カ・キ・クのどれも誤りであり，ケが正しい。

(3) アメリカは，世界で3番目に人口が多く，インドネシアは，世界で4番目に人口が多い。この4か国の中では，1番多いcがアメリカ，2番目に多いdがインドネシアである。また，コートジボワールは，世界で1番**カカオ豆**の生産量が多く，カカオ豆はコートジボワールの最大の輸出品である。bがコートジボワールである。残るaがフランスである。フランスは，コンコルドなど航空機の生産の先進国である。

〔2〕　(地理的分野─日本地理─地形・気候・農林水産業・工業・地形図の見方)
(1) 火山活動によって火山体に生じた凹地を**カルデラ**という。噴火時にできた火口とは区別され，火口よりも大きい。熊本県の**阿蘇地方**では，カルデラ内に水田や市街地が広がっている。

(2) 鹿児島は，**雨温図**のグラフを見ると**温帯気候**である。夏の**季節風**によって太平洋から湿気がもたらされるため，降水量は夏に多い。九州南端の鹿児島は，**台風**や**梅雨**によって雨が大量にもたらされる。日本の太平洋側の都市に典型的な雨温図である。解答は雨温図のウである。

(3) X　宮崎県では，冬でも温暖な気候を利用して，なすやピーマンなどをビニールハウスで育てる**促成栽培**を行い，他の都道府県からの出荷量が少なく価格が高い冬から初夏に，出荷量を増やすことが行われている。　Z　**工業生産額**の最も多いのは，愛知県である。愛知県は，国内最大の自動車メーカーの本拠地があり，出荷額のうち輸送用機械が7割を占める。残るYが大阪である。あとは，大阪府の位置を地図上に示せばよい。解答欄の通りである。

(4) ① 河川が，山地から平野や盆地に移る所などに見られる，運んできた土砂の堆積によりできるのが**扇状地**である。河川が運んできた土砂の堆積により河口部にできる三角州との区別が必要である。　② 明治時代は**桑畑**「Y」として利用しているが，資料2に示されるような**養蚕業**の衰退に伴い，平成時代は**果樹園**「ȯ」として利用している。地図記号を覚えていないと解答できない問題である。

〔3〕　(歴史的分野─日本史時代別─古墳時代から平安時代・鎌倉時代から室町時代・安土桃山時代から江戸時代，─日本史テーマ別─法律史・外交史・文化史・政治史，─世界史─世界史総合)
(1) ア　マゼランの船隊は，南アメリカ南部の海峡を経て，太平洋，インド洋を経由し，アフリカ南端を回って，16世紀末に**世界一周**を実現した。なお，マゼラン自身はこの航海中にフィリピンで死去している。　イ　ムハンマドが**イスラム教**を創始した預言者である。7世紀に，アッラーの啓示を受け，布教を開始した。　ウ　16世紀に，ローマカトリック教会による**免罪符**の発行に反対した**ルター**らの人々が，カトリック教会の腐敗を批判し，正そうとして始めたのが宗教改革である。　エ　紀元前3世紀に「秦」として中国統一を達成したのが，始皇帝である。万

里の長城を初めにつくったのが**始皇帝**である。死後は，**兵馬俑**に守られた壮大な陵墓がつくられ，**クフ王のピラミッド**，日本の**大仙古墳**と並んで，**世界三大陵墓**の一つである。**小野妹子を遣隋使**として派遣したのは7世紀初頭であり，そのころの世界のできごととして正しいのは，イである。

(2) 9世紀末の**遣唐使停止**以後，日本では唐文化の影響が弱まり，日本独特の**国風文化**が栄えた。唐風の文化を基礎にしながら，日本の風土や生活にあった独自の文化が生まれたのは，平安時代中期の国風文化の時代である。平がな・片かなが生まれたのもこの時代である。

(3) X **平清盛**が，娘の**徳子**を高倉天皇のきさきとし，生まれた子供を**安徳天皇**とすることによって，**天皇の外祖父**として朝廷との関係を深めたのは，12世紀のことである。 Y 13世紀前期に，承久の乱に勝利を収めた幕府が，**執権北条泰時**の下で，武家のための法典として，道理と先例を基準に整備したのが，**御成敗式目**である。貞永式目ともいう。 Z 摂関政治の全盛期に，**関白藤原頼通**によって**平等院鳳凰堂**が建てられたのは，11世紀半ばのことである。したがって，年代の古い順に並べると，Z→X→Yとなる。

(4) **琉球王国**は，東シナ海にあるという地理的利点を生かし，明や明に流れ込んだ世界各地の産物を，朝貢船によって大量に持ち帰り，日本や東南アジア諸国に輸出し，相手国から集めた物産を中国等に輸出する，**中継貿易**を行った。

(5) X 室町幕府の**8代将軍足利義政**の後継問題をめぐって，管領の**細川勝元**と侍所の所司**山名宗全**の対立が激化し，管領家の細川氏や斯波氏の家督争いも関わって起こったのが，**応仁の乱**である。全国の守護大名も加わって，1467年から1477年まで争いが続いた。 Y 応仁の乱後は，**下剋上**の風潮が広がり，やがて**戦国時代**が到来した。

(6) 江戸幕府が大名の統制のために出したのが**武家諸法度**である。1615年に，**徳川家康**が起草させ，2代将軍**徳川秀忠**の名で発したものである。以後，将軍の代替わりごとに出されたが，3代将軍の**徳川家光**の時に発せられた**武家諸法度寛永令**が，**参勤交代**を初めて明文化するなど重要である。

〔4〕 (歴史的分野—日本史時代別－安土桃山時代から江戸時代・明治時代から現代，—日本史テーマ別－外交史・政治史・文化史・社会史・経済史)

(1) ① 国会の開設を要求する運動として**自由民権運動**は全国的に広がり，1880年に国会期成同盟が結成された。政府は，**集会条例**などの法令によってこれを厳しく弾圧する一方で，翌1881年に**国会開設の勅諭**を発した。国会期成同盟が発展的に解消して生まれた，日本最初の近代政党が**自由党**である。 ② ア **外務大臣の小村寿太郎**によって関税自主権が完全に回復し，条約改正が完結したのは，1911年のことである。 イ **欽定憲法**として**大日本帝国憲法**が発布されたのは，1889年のことである。 ウ **日清戦争**の講和条約として**下関条約**が結ばれたのは，1895年である。したがって，年代の古い順に並べると，(イ)→(ウ)→日露戦争→(ア)となる。

(2) 写真の彫刻は，明治時代の**高村光雲**の「**老猿**」である。高村光雲の息子が高村光太郎である。なお，アの明治時代の画家である**黒田清輝**は，印象派の影響を受けた「**湖畔**」などの作品を残した。イの**尾形光琳**は，江戸時代中期の画家であり，「**燕子花図屏風**」(かきつばたずびょうぶ)などの作品を残した。エの**歌川広重**は，江戸後期の浮世絵師であり，「**東海道五十三次**」などの作品を残した。

(3) **シベリア出兵**が発表されると，米商人は，後で大量の米が高く売れると予想して米を買い占めた。そのために，米が不足して値上がりし，1918年に富山県から起こった，民衆が米の安売りを求めて米穀商を襲う**米騒動**は全国に広がった。**寺内内閣**はその鎮圧に軍隊を利用したことか

ら退陣し，政友会の原敬による本格的政党内閣が成立した。正しい組み合わせは，エである。

(4)　第二次世界大戦後，GHQの指令により行われたのが農地改革である。農村の民主化のために行うとされ，地主・小作農の関係を大きく改めようとするものだった。具体的には地主が持つ小作地を政府が買い上げて，小作農に安い価格で売り渡すことで，多くの自作農が生まれることになった。

〔5〕　(公民的分野―憲法の原理・国民生活と社会保障・基本的人権・国の政治の仕組み・三権分立・財政・経済一般)

(1)　①　「ワーク・ライフ・バランス」とは，「仕事と生活の調和」のことをいう。充実感を持って働きながら，家庭生活や地域生活も充実させられること，またはそのための取り組みを言う。そのためには，企業は育児や介護にともなう休業取得促進を進める必要がある。　②　日本の社会保障制度は，社会保険・公的扶助・社会福祉・公衆衛生の4本の柱からなっている。社会保険は，あらかじめ支払っておいた保険料を財源として給付されるものである。介護が必要だと認定された者に給付される介護保険，病気になったときに給付される医療保険，高齢になったときに給付される年金保険，労働上の災害にあったときに給付される労災保険などがある。

(2)　①　大日本帝国憲法では，「大日本帝国ハ万世一系ノ天皇之ヲ統治ス」「天皇ハ国ノ元首ニシテ統治権ヲ総攬シ(以下略)」と明記されていたが，日本国憲法では「天皇は，日本国の象徴であり日本国民統合の象徴であって，この地位は，主権の存する日本国民の総意に基く。」と規定されている。日本国憲法の原理の一つは，国民主権である。憲法前文にも「主権が国民に存する」との一節がある。　②　基本的人権は，平等権・自由権・社会権・参政権・請求権の5つに分けられる。イの自分の考えを表現する権利は，日本国憲法第21条によって「集会，結社及び言論，出版その他一切の表現の自由は，これを保障する。」と定められている。これは精神の自由である。　エ　日本国憲法第31条「何人も，法律の定める手続によらなければ，その生命若しくは自由を奪はれ，又はその他の刑罰を科せられない」と規定されている。これは身体の自由である。なお，アの，教育を受ける権利と，オの，健康で文化的な最低限度の生活を営む権利は，社会権であり，ウの，権利が侵害された場合に裁判を受ける権利は，請求権である。　③　イ　予算の作成は，内閣の仕事である。　ウ　法令の違憲審査は，裁判所の仕事である。　エ　条約の締結は，内閣の仕事である。　イ・ウ・エのどれも別の機関の仕事であり，アの「法律を制定すること」が，国会の仕事である。日本国憲法第41条には「国会は，国権の最高機関であつて，国の唯一の立法機関である。」と明記されている。

(3)　符号　特別国会は，平成26年12月24日に召集されたXである。　理由　平成26年12月14日に行われた衆議院議員総選挙の日から30日以内に開かれているからであることを指摘すればよい。

(4)　①　日本銀行は，不景気の時には，銀行が持つ国債などを買い上げ，一般の銀行が保有する資金量を増やす。これを買いオペレーションという。一般の銀行は，貸し出し金利を引き下げ，企業に通貨が出回りやすくする。これによって，景気を刺激することができる。これが日本銀行の金融政策である。　②　市場の原理により，自由競争が行われていれば，財やサービスの供給量が需要量を上回ったときには物価が下がる。

〔6〕　(公民的分野―消費生活・経済一般)

(1)　1955年には，自給率(生産量／消費量)がほぼ100％だったのが，2015年では約80％に低下しているので，Bが野菜である。

(2)　国内の地域で生産された食用に供される農林水産物を，卸売業者や小売業者を通さずに，そ

の生産された地域内において消費する取り組みを，**地産地消**という。このように商品の流通の仕組みが多様化していることが分かる。こうした取り組みは，地域の活性化にもつながるものである。

(3) 資料Ⅳによれば，日常の買い物に不便を感じる高齢者の割合が，2005年の13.5％から2015年の15.7％に増えており，今後も**少子高齢化**が進むことは確実なので，農産物が消費者のもとに届くサービスは増える，といった趣旨のことを記せばよい。

＜国語解答＞

〔一〕（一）1　ゆる(む)　2　お(びる)　3　きんこう　4　ひろう　5　のうり
　　　（二）1　幹　2　営(む)　3　役割　4　統計　5　効率
〔二〕（一）イ　（二）エ　（三）ウ　（四）ア　（五）エ
〔三〕（一）いえども　（二）ア　（三）ウ　（四）天下のものの上手　（五）イ
　　　（六）（例）未熟なうちから名人の中にまじって，芸道の規律を正しく守り，勝手気ままにしないで，稽古を継続すること。
〔四〕（一）イ　（二）人や言葉やモノが行き来する場　（三）ウ
　　　（四）（例）「社会」における自分のあり方の「かたち」や「意味」は，他者とのやりとりによって生じる関係のなかで決まるということ。　（五）ア　（六）（例）わたしたちの社会は，モノや言葉，行為をやりとりしながら，共感や感情を増大させたり，抑圧したりすることで生じる人との関係の連鎖により成り立っていることを理解し，現状の他者との関係を見定め，状況に応じて他者とのやりとりの方法を変えていくこと。

＜国語解説＞

〔一〕（知識－漢字の読み書き）

（一）1　「緩」の音読みは「カン」で，「緩和」「緩慢」などの熟語を作る。　2　この場合の「帯びる」は，そのような性質をもつということ。　3　「均衡」は，つりあい，バランスという意味。　4　「披露」の「露」には，「つゆ・ロ・ロウ」という読みがある。　5　「脳裏」は，頭の中という意味。

（二）1　「幹」の左側を「車」としないこと。　2　「営」は，上の点の向きに注意。　3　「役割」は，送りがなをつけない。　4　「統計」は，集団の中で個々の要素がもつ数値やその割合を調べてまとめること。　5　「効率」の「率」は，「卒」と書き間違えやすいので注意する。

〔二〕（知識―文と文節，品詞・用法，敬語）

（一）「川沿いをゆっくり歩く」という文には主語がなく，「歩く」が述語になっている。「川沿いを」「ゆっくり」は，いずれも「歩く」と修飾・被修飾の関係にある。

（二）「細かく」の終止形は「細かい」で形容詞。ア「流れる」の終止形は「流れる」で動詞，イ「静かな」の終止形は「静かだ」で形容動詞，ウ「しばらく」は副詞，エ「楽しい」の終止形は「楽しい」で形容詞なので，エが正解。

（三）アの「拝見する」は「見る」の謙譲語だが，「見る」のは相手なので，尊敬語を用いて「ご覧になってください」と言うのが正しい。イの「申す」は「言う」の謙譲語だが，「あなた」の

行為なので，尊敬語を用いて「**おっしゃった**」とする。ウは，「**私**」の行為について「**まいります**」と謙譲語を用いているので正しい。エの「**召し上がる**」は「**食べる**」の尊敬語だが，身内の者である兄の行為なので，謙譲語を用いて「**いただきました**」とする。

(四)　「**起きる**」は上一段活用動詞。ア「**閉じる**」は上一段活用動詞，イ「**帰る**」は四段活用動詞，ウ「**眺める**」は下一段活用動詞，エ「**来る**」はカ行変格活用動詞なので，アが正解。

(五)　「**できることから**」は，**動作が始まる起点**を表す。アの「**新年度から**」は動作が始まる時間，イの「**大豆から**」は原料や材料，ウの「**経験から**」は理由や根拠，エの「**終わった人から**」は動作が始まる起点を表すので，エが正解となる。

〔三〕　（古文―内容吟味，指示語の問題，仮名遣い，古文の口語訳）

〈口語訳〉　芸能を身につけようとする人は，「よくできないような時期には，なまじっか人に知られまい。ひそかに十分に習い覚えてから人前に出ていくようなことこそ，とても奥ゆかしいだろう」といつも言うようであるが，このように言う人は，一つの芸能さえ習い覚えることはない。まだまったくの未熟なうちから，名人の中にまじって，けなされても笑われても恥ずかしがらず，平然と押し通して稽古に励む人は，生まれつきの天分がなくても，稽古の道に停滞せず，勝手気ままにしないで年月を送れば，芸が達者であっても稽古に励まない人よりは，結局名人の域にいたり，人望も十分に備わり，人に認められてならびない名声を得ることになる，

　天下のものの名人といっても，はじめは下手だという評判もあり，ひどい欠点もあった。けれども，その人が，芸道の規律を正しく守り，これを大切にして勝手気ままなことをしないと，世の模範となり，すべての人の師匠となるということは，芸道のあらゆる分野で変わるはずがない。

(一)　語頭にない「**へ**」を「**え**」に直して「**いえども**」とする。

(二)　「**心にくからめ**」は，「**心にくし**」に推量を表す「**む**」がついて変化した形。「**心にくし**」には「①よく知りたい②奥ゆかしい」などの意味があり，ここでは「**奥ゆかしい**」という意味を表す。

(三)　「**一芸も……なし**」は「**一つの芸も……ない**」，「**習ひ得る**」は「**習い覚える。習得する**」という意味なので，ウが正解。アは，一つの芸能が身につくことになり，「**一芸も……なし**」の意味と合わない。イとエは，「**習ひ得る**」の解釈が誤り。また，「**一芸を**」は「**一度も芸能を**」という意味にはならない。

(四)　前の文に「**天下のものの上手といへども**」とあり，――線部分(3)の文は引き続き同じ人について説明しているので，「**天下のものの上手**」を抜き出す。

(五)　「**諸道**」は「**さまざまな専門の道**」という意味で，ここでは**あらゆる分野の芸能**を指す。「**かはるべからず**」は「**変わるはずがない**」ということ。どんな分野の芸能でも変わらない，つまりあらゆる分野に**共通する**ということであるから，正解はイとなる。アは，「長い年月を経ても」が本文にない内容である。ウの「どのような分野でも通用すると思ってはならない」は，本文と逆の内容。エの「世間ではまだ誰も知っている者がいない」は，――線部(4)の説明になっていないし，本文の内容とも無関係である。

(六)　芸能を身につける上で大切だと作者が述べているのは，「**いまだ堅固かたほなるより，上手の中にまじりて**」（まだまったくの未熟なうちから，名人の中にまじって），「**道になづまず，みだりにせず**」（稽古の道に停滞せず，勝手気ままにしないで），稽古を続けることである。この内容をふまえて，現代語で50字以内で書く。

〔四〕　（論説文―内容吟味，文脈把握，脱文・脱語補充，接続語の問題）

（一）　空欄Aの後の内容は，前の内容を言い換えて「ひとつめの問い」の答えの形にまとめたものなので，イ「**つまり**」があてはまる。

（二）　「社会」については，第4段落の最後の文で「この，**人や言葉やモノが行き来する場**，それが『社会』なのだ。」と定義されているので，ここから抜き出す。

（三）　「やりとりの方法が社会を心地よい場所にするかどうかを決める」は，第5段落の「**人との言葉やモノとのやりとりを変えれば，感情の感じ方も，人との関係も変わる**」を言い換えたものなので，この内容と合致するウが正解となる。アは，「独立して存在している」が誤り。イとエは，心や人との関係がやりとりの方法を変えるという説明になっているので，不適当である。

（四）　第4段落の「そこ（＝社会）での自分や他人のあり方は，最初から『かたち』や『意味』が決まっているわけではない」，第8段落の「**ぼくらは，人にいろんなモノを与え，与えられながら～関係／つながりをとおして，ある精神や感情をもった存在になることができる**」などをもとに60字以内で書く。「どういうことか。」という設問なので，「～こと。」という形で答えをまとめるとよい。

（五）　文脈から，空欄aを含む文は「ぼくらは社会を変えることが**できる**」という内容が書いてあると考えられるので，ア「**可能性**」が当てはまる。

（六）　「社会」について，Ⅰの文章では，「**モノや言葉，行為のやりとり**」が連鎖する場であり，モノや行為を介した**人と人との関係**のなかで構築されるとする。また，Ⅱの文章では「**ときに共感／感情を増大**させたり，せっせと**抑圧**したりして」つくられた，「さまざまな**他者と関係の網の目**」と説明している。社会を構築し直すためには，まず社会のなかの動きを理解して他者との関係を見直し，「**それまでとは違うやり方**」でやりとりをすることが必要なのである。この内容を，120字以内で書く。

新潟県公立高等学校

2020年度

★★★★★★★★★★★★★★★★★★

入 試 問 題

2020年度

●くわしい解説 …… 35 ページ

<数学>　時間　50分　満点　100点

〔1〕　次の(1)～(10)の問いに答えなさい。

(1)　$7 \times 2 - 9$　を計算しなさい。

(2)　$3(5a + b) + (7a - 4b)$　を計算しなさい。

(3)　$6a^2b \times ab \div 2b^2$　を計算しなさい。

(4)　連立方程式　$\begin{cases} x - 4y = 9 \\ 2x - y = 4 \end{cases}$　を解きなさい。

(5)　$\sqrt{24} \div \sqrt{3} - \sqrt{2}$　を計算しなさい。

(6)　2次方程式　$x^2 + 3x - 1 = 0$　を解きなさい。

(7)　関数　$y = \dfrac{3}{x}$　について，xの変域が　$1 \leqq x \leqq 6$　のとき，yの変域を答えなさい。

(8)　右の図のような，AD＝2cm，BC＝5cm，AD∥BC である台形ABCDがあり，対角線AC，BDの交点をEとする。点Eから，辺DC上に辺BCと線分EFが平行となる点Fをとるとき，線分EFの長さを答えなさい。

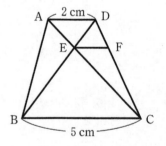

(9)　右の図のように，円Oの円周上に4つの点A，B，C，Dがあり，線分ACは円Oの直径である。∠BOC＝72°，$\overset{\frown}{\text{CD}}$の長さが$\overset{\frown}{\text{BC}}$の長さの$\dfrac{4}{3}$倍であるとき，∠$x$の大きさを答えなさい。ただし，$\overset{\frown}{\text{BC}}$，$\overset{\frown}{\text{CD}}$は，いずれも小さいほうの弧とする。

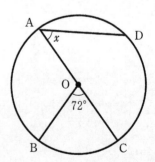

(10)　袋の中に，赤色，青色，黄色，白色のいずれか1色で塗られた，同じ大きさの玉が480個入っている。標本調査を行い，この袋の中にある青色の玉の個数を推定することにした。次のページの表は，この袋の中から40個の玉を無作為に取り出して，玉の色を1個ずつ調べ，表にまと

めたものである。この袋の中には，およそ何個の青色の玉が入っていると推定されるか，答えなさい。

玉の色	赤色	青色	黄色	白色	計
玉の個数(個)	17	7	10	6	40

〔2〕　次の⑴〜⑷の問いに答えなさい。

⑴　x 枚の空の封筒と y 本の鉛筆がある。封筒の中に鉛筆を，4本ずつ入れると8本足りず，3本ずつ入れると12本余る。このとき，x，y の値を求めなさい。

⑵　1から6までの目のついた大，小2つのさいころを同時に投げたとき，大きいさいころの出た目の数を a，小さいさいころの出た目の数を b とする。このとき，出た目の数の積 $a \times b$ の値が25以下となる確率を求めなさい。

⑶　右の図のように，関数 $y = x^2$ のグラフ上に，x 座標が -3 となる点Aをとる。点Aを通り，傾きが -1 となる直線と y 軸との交点をBとする。このとき，次の①，②の問いに答えなさい。

①　2点A，Bを通る直線の式を答えなさい。

②　△OABの面積を求めなさい。

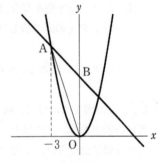

⑷　下の図のように，直線 ℓ と2つの点A，Bがある。直線 ℓ 上にあって，2つの点A，Bを通る円の中心Pを，定規とコンパスを用いて作図しなさい。ただし，作図は解答用紙に行い，作図に使った線は消さないで残しておくこと。

〔3〕　右の図のように，平行四辺形ABCDがあり，対角線ACと対角線BDとの交点をEとする。辺AD上に点A，Dと異なる点Fをとり，線分FEの延長と辺BCとの交点をGとする。このとき，△AEF≡△CEG であることを証明しなさい。

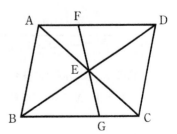

〔4〕 右の図のように，円周の長さが24cmである円Oの円周
上に，点Aがある。点P，Qは，点Aを同時に出発し，点P
は毎秒1cmの速さで ← の向きに，点Qは毎秒3cmの速さで
⟹ の向きに，それぞれ円周上を動き，いずれも出発してか
ら10秒後に止まるものとする。点P，Qが，点Aを出発して
から，x 秒後の $\overset{\frown}{PQ}$ の長さを y cmとする。このとき，次の⑴～
⑶の問いに答えなさい。ただし，$\overset{\frown}{PQ}$ は，180°以下の中心角
∠POQに対する弧とする。また，中心角 ∠POQ＝180° の
とき，$\overset{\frown}{PQ}＝12cm$ とする。

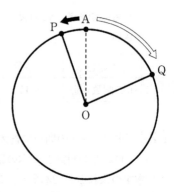

⑴ 点P，Qを結んだ線分PQが円Oの直径となるとき，x の値をすべて答えなさい。

⑵ 次の①，②の問いに答えなさい。

① 点P，Qが，点Aを同時に出発してから初めて重なるときの x の値を答えなさい。

② 点P，Qを結んだ線分PQが初めて円Oの直径となるときから，点P，Qが重なるとき
まで の y を x の式で表しなさい。

⑶ $0 \leqq x \leqq 10$ のとき，y の値が10以下となるのは何秒間か，グラフを用いて求めなさい。

〔5〕 下の図1のように，縦の長さが x cm，横の長さが y cmである，白色で縁取られた灰色の長
方形の紙がある。この紙を，図2のように，1辺の長さが1cmの正方形の紙に切ると，$x \times y$ 枚
の正方形に分けられ，2辺が白色の正方形，1辺が白色の正方形，どの辺も灰色の正方形の3種
類があり，これらのうち，1辺が白色の正方形の枚数を a 枚，どの辺も灰色の正方形の枚数を
b 枚とする。このとき，次の⑴～⑶の問いに答えなさい。ただし，x，y は整数である。また，x
は3以上で，y は x より大きいものとする。

図1   図2

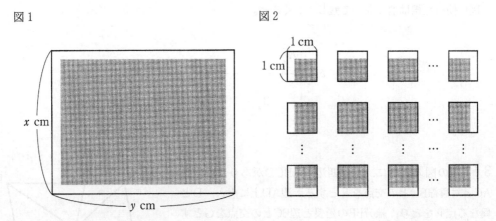

⑴ 次の①，②の問いに答えなさい。

① $x＝4$，$y＝5$ のとき，a の値を答えなさい。

②　$x=12$，$y=18$ のとき，a の値を答えなさい。

(2)　b を，x，y を用いて表しなさい。

(3)　y が x より 5 大きく，b が a より20大きいとき，x，y の値を求めなさい。

〔6〕　下の図のように，1辺の長さが 6 cm の正方形を底面とし，AB＝AC＝AD＝AE＝6 cm の正四角すいABCDEがある。辺AC上に ∠BPC＝90° となる点Pをとり，辺AB上に ∠BQP＝90° となる点Qをとる。また，点Qから△APEに引いた垂線と，△APEとの交点をHとする。このとき，次の①〜③の問いに答えなさい。

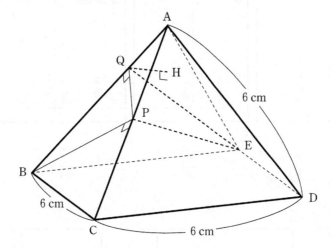

(1)　次の①，②の問いに答えなさい。
　①　線分BPの長さを答えなさい。

　②　△ABCの面積を答えなさい。

(2)　線分AQの長さを求めなさい。

(3)　次の①，②の問いに答えなさい。
　①　線分QHの長さを求めなさい。

　②　四面体APEQの体積を求めなさい。

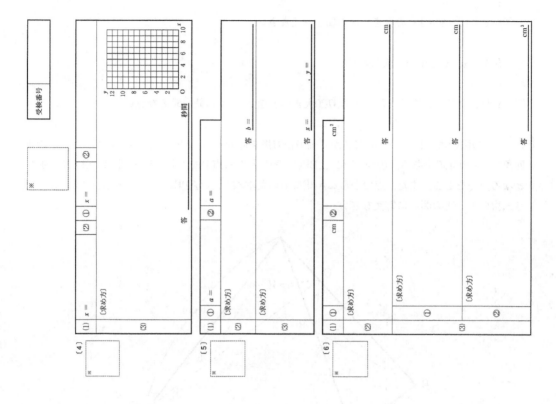

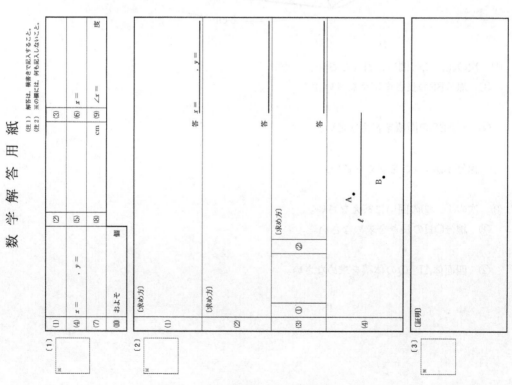

※この解答用紙は189％に拡大していただきますと，実物大になります。

＜英語＞　　時間 50分　満点 100点

〔1〕　放送を聞いて，次の(1)～(3)の問いに答えなさい。

(1)　これから英文を読み，それについての質問をします。それぞれの質問に対する答えとして最も適当なものを，次のア～エから一つずつ選び，その符号を書きなさい。

1　ア 　　イ 　　ウ 　　エ

2　ア　A cap.　　イ　A sweater.　　ウ　A T-shirt.　　エ　Jeans.

3　ア　Ken.　　イ　Tomomi.　　ウ　Taichi.　　エ　Yumi.

4　ア　The zoo.　　イ　The stadium.　　ウ　Masao's house.　　エ　Tokyo.

(2)　これから英語で対話を行い，それについての質問をします。それぞれの質問に対する答えとして最も適当なものを，次のア～エから一つずつ選び，その符号を書きなさい。

1　ア　Yes, he did.　　　　イ　No, he didn't.
　　ウ　Yes, he was.　　　　エ　No, he wasn't.

2　ア　At 3:40.　イ　At 3:50.　ウ　At 4:00.　エ　At 4:10.

3　ア　He came to school by train.　イ　He came to school by bike.
　　ウ　He came to school by car.　　エ　He came to school by bus.

4
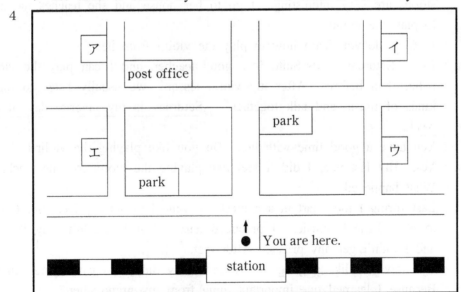

(3)　これから，あなたのクラスの英語の授業で，グリーン先生 (Mr. Green) が英語のスピーチをします。そのスピーチについて，四つの質問をします。それぞれの質問の答えとなるように，次のページの 1 ～ 4 の □ の中に当てはまる英語を 1 語ずつ書きなさい。

1　He has played basketball for ☐ years.
2　He drinks Japanese ☐.
3　Because she helps a lot of sick people as a ☐.
4　He wants to learn the ☐ of Japan.

〔2〕　次の英文を読んで，あとの⑴〜⑺の問いに答えなさい。

　Yuka is a Japanese high school student.　Now she is talking with Ben, a high school student from America.　Ben is studying at Yuka's school.

Yuka　: Good morning, Ben.

Ben　 : Hi, Yuka.　How are you today?

Yuka　: I'm fine, thank you.　How about you?

Ben　 : I'm fine, too, thank you.　What did you do last Sunday?

Yuka　: I played the violin with my grandfather at home.

Ben　 : Oh, wonderful!　When did you start to play it?

Yuka　: Ten years ago.　My grandfather A| violin, me, a, bought | on my birthday. Then I started to play the violin, and I practiced it every day.

Ben　 : I see.　Has your grandfather B| teach | you how to play the violin?

Yuka　: Yes, sometimes he gives me advice.　We enjoy playing the violin together. But I learn how to play the violin from Ms. Saito, my mother's friend. She lives near my house.　She is interested in a lot of things.　Her stories are very interesting.　I go to her house and she teaches me how to play the violin.

Ben　 : (　C　) do you learn how to play the violin from her?

Yuka　: Every Saturday.　Ms. Saito is a good teacher, and I can play the violin better than before.　After my violin lessons, we usually listen to many kinds of music and talk together.　DSaturday is my favorite day of the week.

Ben　 : You have a good time with her.　Do you like playing the violin?

Yuka　: Yes.　But last year I didn't feel like playing the violin for one week.

Ben　 : What happened?

Yuka　: Last spring I took part in a contest.　I wanted to get a prize.　So, I tried to play difficult music.　I practiced hard.　But I couldn't play it well, and I didn't get any prizes.　After that, | E |.

Ben　 : But now you like playing the violin.　Why did you change your mind?

Yuka　: Because I learned one important thing from my grandfather.

Ben　 : FOne important thing?　What is it?

Yuka　: One day, after the contest, my grandfather asked me to play the violin with him.　I didn't want to do it because I didn't think I could play

the violin well. But after playing the violin with him, I felt happy.
I enjoyed playing the violin again. My grandfather said to me, "I'm
happy to play the violin with you. You look really happy when you
play the violin. Of course, it is important to get a prize at a contest,
but it is more important to enjoy playing the violin." This is
G| thing, learned, the, I | from my grandfather.

Ben : Oh, your grandfather is really nice. Do you want to take part in a contest
again?

Yuka : Yes. Now I'm H| practice | the difficult music which I played at the
contest. It is not easy to play it, but I enjoy playing it.

Ben : I hope you can enjoy playing the violin at the next contest.

(注) advice 助言 than before 以前よりも music 曲
feel like ~ ing ～したい気持ちがする happen 起こる
change your mind 考えを変える

⑴ 文中のA，Gの □ の中の語を，それぞれ正しい順序に並べ替えて書きなさい。

⑵ 文中のB，Hの □ の中の語を，それぞれ最も適当な形に直して書きなさい。

⑶ 文中のCの（ ）の中に入る最も適当な語を，次のア～エから一つ選び，その符号を書きな
さい。

ア How

イ What

ウ When

エ Why

⑷ 下線部分Dについて，サイトウ先生（Ms. Saito）の家で行うことを，具体的に日本語で書
きなさい。

⑸ 文中のEの □ の中に入る最も適当なものを，次のア～エから一つ選び，その符号を書き
なさい。

ア I didn't want to play the violin

イ I didn't think playing the violin was difficult

ウ I decided to practice the violin hard

エ I enjoyed playing the violin with my grandfather

⑹ 下線部分Fについて，ユカ（Yuka）はおじいさんからどのようなことを学んだか。具体的
に日本語で書きなさい。

⑺ 本文の内容に合っているものを，次のア～オから一つ選び，その符号を書きなさい。

ア Yuka's grandfather gives Yuka violin lessons every Saturday.

イ Ms. Saito enjoys singing many kinds of songs with Yuka.

ウ Yuka was able to play difficult music well at the contest last spring.

エ Yuka and her grandfather have a good time when they play the violin.

オ Yuka practiced very hard after the contest and got a prize at the next contest.

〔３〕　次の英文は，アメリカでの研修旅行中に友達になったジョン (John) からあなたに来たメールです。このメールに対する返事を，解答用紙の "Hi, John," に続けて，□ の中に，5行以内の英文で書きなさい。ただし，＊＊＊の部分には，あなたの名前が書かれているものとします。

Hello ＊＊＊,

Did you have a good time in America?　I really enjoyed the time with you. You told me about the food in your country.　It was very interesting.　Now I want to know events and festivals in your country.　So could you tell me about events or festivals in your country?

Your friend, John

---

〔４〕　次の英文を読んで，あとの(1)～(7)の問いに答えなさい。

My name is Miki.　I'm a Japanese junior high school student.　Every fall, we have a marathon race in our town.　About three thousand runners come to our town and run 42.195 km.　Last year I worked for it as a volunteer all day.　At first I didn't want to do it because I wasn't good at sports.　But Kenta, one of my friends, said to me, "Miki, let's work as volunteers.　It will be a good experience for us."　So I decided to do it.

It was sunny on the day of the marathon race.　_AI was nervous because working for the marathon race as a volunteer was my first experience.　A lot of runners gathered at the starting point, and they looked excited.　The race started at 8:00 in the morning.

Kenta and I were near the goal with other volunteers.　Our volunteer job was to give runners bottles of water when they finished running.　I was surprised because there were a lot of bottles of water in large boxes in front of us.　□ a
We carried the boxes, took the bottles from them, and put them on the tables. It was hard work and we needed a lot of time to get ready.　One of the volunteers said to us, "Thank you for working hard.　The runners will be very glad."　_BKenta and I were happy to hear that.

At about 10:30, the first runner got to the goal, and everyone near the goal gave him applause.　Many people gathered around him.　They looked very excited and one of them said to him, "You are a great runner!　I'm proud of you."　The runner shared his joy with them.　□ b

Then, one tired runner started running faster near the goal and smiled.　Other runners looked satisfied when he finished running.　□ c

Next, my uncle got to the goal.　I was surprised because I didn't know he joined this marathon race.　□ d　When he finished, I gave him a bottle of water.　My uncle said to me, "When I was running, I didn't think I could run 42.195 km.　I wanted to stop running.　But I tried hard.　I was able to get to the goal, so I feel very happy." He also said to me, "I practiced hard for today's marathon race and many friends supported me. I want to thank them."

In the afternoon, a lot of runners got to the goal. We were very busy. I gave them bottles of water. Some of them said to me, "Thank you for working as a volunteer." (C)

After the marathon race, I talked with Kenta. ⬚e He said to me, "How was the volunteer work today?" I said to him, "It was nice. It was a long day and I was really tired. But I'm happy to work as a volunteer because I learned it was important to do something for other people. It's wonderful to help and support other people. I enjoyed working as a volunteer for the marathon race today."

Now I'm interested in sports. There are _Dsome ways to enjoy sports. Some people enjoy playing sports. Some people enjoy watching sports. And there are other people who enjoy supporting sports. I enjoyed sports by supporting people. I think sports have the power to change people. I saw people who tried hard, and I was moved by them and now I want to try new things. If we try to do new things, we will be able to find things to enjoy. How about enjoying sports?

(注) marathon race　マラソン大会　　runner　ランナー　　be good at ～　～が得意である
　　　nervous　緊張して　　gather　集まる　　starting point　スタート地点　　goal　ゴール地点
　　　a bottle of water　水の入ったペットボトル　　take ～ from…　～を…から取り出す
　　　applause　拍手　　be proud of ～　～を誇りに思う　　joy　喜び　　satisfied　満足して
　　　be moved by ～　～に感動する

(1)　下線部分Aについて，ミキ (Miki) が緊張していた理由を，具体的に日本語で書きなさい。

(2)　次の英文は，文中のa～eの ⬚ のどこに入れるのが最も適当か。当てはまる符号を書きなさい。

　　They looked really happy after running.

(3)　下線部分Bについて，ケンタ (Kenta) とミキがそのように感じた理由を，具体的に日本語で書きなさい。

(4)　文中のCの ( ) の中に入る最も適当なものを，次のア～エから一つ選び，その符号を書きなさい。

　　ア　I was glad to run with Kenta in the marathon race today.

　　イ　I was happy to know I could help runners by working as a volunteer.

　　ウ　I was surprised to know the runners could get to the goal before noon.

　　エ　I was really tired and I wanted to stop working for the marathon race.

(5)　下線部分Dについて，その内容を，具体的に日本語で書きなさい。

(6)　次の①～③の問いに対する答えを，それぞれ3語以上の英文で書きなさい。

　①　Was it rainy on the day of the marathon race?

　②　What did Miki do with Kenta as a volunteer job when runners finished running?

③ What does Miki think about the power of sports?

(7) 本文の内容に合っているものを，次のア～オから一つ選び，その符号を書きなさい。

ア Miki and Kenta worked for the marathon race in their town because they liked playing sports.

イ Miki was surprised when she knew her uncle also worked for the marathon race as a volunteer on that day.

ウ In the afternoon, there were a lot of other volunteers, so Miki didn't feel busy and talked a lot with Kenta.

エ Miki thought it was good to work for the marathon race and now she is interested in sports.

オ Working for the marathon race as a volunteer was very hard and Miki didn't want to go to sports events again.

英　語　解　答　用　紙

(注1)　解答は、横書きで記入すること。
(注2)　※の欄には、何も記入しないこと。

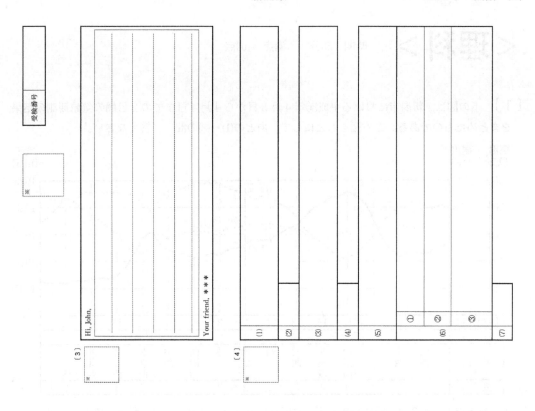

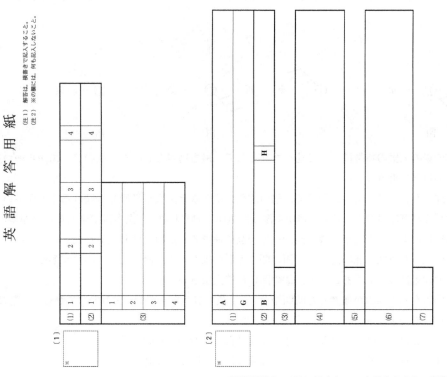

※この解答用紙は189%に拡大していただきますと，実物大になります。

＜理科＞ 時間 50分 満点 100点

〔1〕 下の図は，新潟市における平成30年４月３日から４月４日までの２日間の気象観測の結果をまとめたものである。この図をもとにして，あとの(1)～(3)の問いに答えなさい。

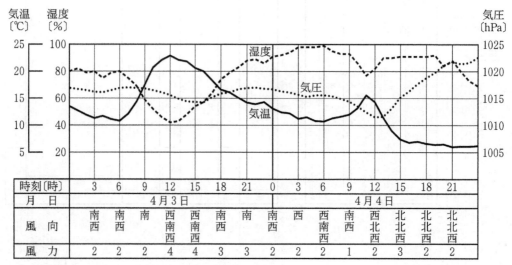

(1) 新潟市の４月３日18時における天気は晴れであった。このときの，風向，風力，天気のそれぞれを表した記号として，最も適当なものを，次のア～エから一つ選び，その符号を書きなさい。

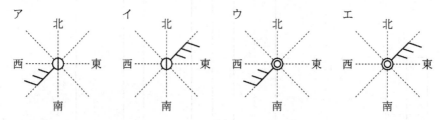

(2) 日本の春の天気の特徴について述べた文として，最も適当なものを，次のア～エから一つ選び，その符号を書きなさい。

　ア　発達したシベリア気団の影響で，強い北西の風が吹き，太平洋側では晴れることが多い。

　イ　太平洋高気圧が勢力を増し，暖かく湿った気団におおわれ，高温多湿で晴れることが多い。

　ウ　高気圧と低気圧が西から東へ向かって交互に通過するため，同じ天気が長く続かない。

　エ　南の湿った気団と北の湿った気団の間に停滞前線ができ，雨やくもりの日が多くなる。

(3) 前線の通過について，あとの①，②の問いに答えなさい。

　①　新潟市を寒冷前線が通過した時間帯として，最も適当なものを，次のア～エから一つ選び，その符号を書きなさい。

　　ア　４月３日　３時から９時　　　イ　４月３日　９時から15時

　　ウ　４月４日　３時から９時　　　エ　４月４日　９時から15時

②　西から東に向かって進んでいる寒冷前線を南から見たときの，地表面に対して垂直な断面を考える。このとき，前線付近の大気のようすを模式的に表すとどのようになるか。最も適当なものを，次のア～エから一つ選び，その符号を書きなさい。ただし，ア～エの図中の▷は冷たい空気の動きを，▶は暖かい空気の動きを表している。

〔2〕　物体を引き上げるときの仕事について調べるために，水平な床の上に置いた装置を用いて，次の実験1，2を行った。この実験に関して，下の⑴～⑶の問いに答えなさい。ただし，質量100ｇの物体にはたらく重力を1Ｎとし，ひもと動滑車の間には，摩擦力ははたらかないものとする。また，動滑車およびひもの質量は，無視できるものとする。

実験1　図1のように，フックのついた質量600ｇの物体をばねばかりにつるし，物体が床面から40㎝引き上がるまで，ばねばかりを10㎝／ｓの一定の速さで真上に引き上げた。

実験2　図2のように，フックのついた質量600ｇの物体を動滑車につるし，物体が床面から40㎝引き上がるまで，ばねばかりを10㎝／ｓの一定の速さで真上に引き上げた。

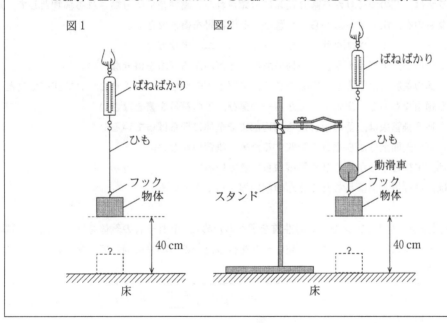

⑴　実験1について，次の①，②の問いに答えなさい。

①　ばねばかりを一定の速さで引き上げているとき，ばねばかりが示す値は何Ｎか。求めなさい。

②　物体を引き上げる力がした仕事は何Ｊか。求めなさい。

⑵　実験2について，次の①，②の問いに答えなさい。

①　ばねばかりを一定の速さで引き上げているとき，ばねばかりが示す値は何Ｎか。求めなさい。

②　物体を引き上げる力がした仕事の仕事率は何Wか。求めなさい。
⑶　物体を引き上げる実験１，２における仕事の原理について，「動滑車」という語句を用いて，書きなさい。

〔３〕　アブラナのからだのつくりを調べるために，アブラナの観察を行った。図１はアブラナの花のつくりを，図２はアブラナのめしべの子房の断面を，また，図３はアブラナの葉のようすを，それぞれ模式的に表したものである。このことに関して，下の⑴～⑷の問いに答えなさい。

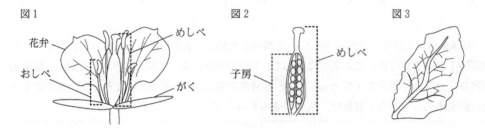

図１　　　　　　　　　　　　　　　　図２　　　　　　　　　　　　図３

花弁　めしべ
おしべ　がく
子房　めしべ

⑴　図１について，おしべの先端の袋状になっている部分の中に入っているものとして，最も適当なものを，次のア～エから一つ選び，その符号を書きなさい。
　　ア　果実　　　　イ　種子　　　　ウ　胞子　　　　エ　花粉
⑵　アブラナは，花のつくりから離弁花類に分類される。離弁花類に分類される植物として，最も適当なものを，次のア～エから一つ選び，その符号を書きなさい。
　　ア　エンドウ　　イ　ツユクサ　　ウ　ツツジ　　　エ　アサガオ
⑶　図２について，アブラナが被子植物であることがわかる理由を書きなさい。
⑷　図３の葉の葉脈のようすから判断できる，アブラナのからだのつくりについて述べた文として，最も適当なものを，次のア～エから一つ選び，その符号を書きなさい。
　　ア　茎を通る維管束は，茎の中心から周辺部まで全体に散らばっている。
　　イ　からだの表面全体から水分を吸収するため，維管束がない。
　　ウ　根は，主根とそこからのびる側根からできている。
　　エ　根は，ひげ根とよばれるたくさんの細い根からできている。

〔４〕　二酸化炭素，水素，アンモニアの性質を調べるために，それぞれの気体を別々の乾いた試験管にとった後，ゴム栓をして，次の実験１～３を行った。この実験に関して，あとの⑴～⑶の問いに答えなさい。

> 実験１　二酸化炭素が入った試験管のゴム栓をはずし，　Ｘ　を加え，再びゴム栓をしてよく振ったところ，　Ｘ　は白く濁った。
> 実験２　水素が入った試験管のゴム栓をはずし，試験管の口にマッチの炎を近づけたところ，ポンと音をたてて燃えた。
> 実験３　アンモニアが入った試験管を，フェノールフタレイン溶液を加えた水の中で，試験管の口を下に向けて立て，ゴム栓をはずしたところ，試験管の中に勢いよく水が入り，試験管の中の水の色は赤くなった。

(1)　実験1について，　X　にあてはまる液体として，最も適当なものを，次のア〜エから一つ選び，その符号を書きなさい。

　　ア　食塩水　　イ　石灰水　　ウ　砂糖水　　エ　炭酸水

(2)　実験2について，次の①，②の問いに答えなさい。

　①　この実験で生じた物質は何か。その物質の化学式を書きなさい。

　②　水素を発生させる方法として，最も適当なものを，次のア〜エから一つ選び，その符号を書きなさい。

　　ア　石灰石にうすい塩酸を加える。　　イ　二酸化マンガンにオキシドールを加える。
　　ウ　亜鉛にうすい硫酸を加える。　　　エ　酸化銀を加熱する。

(3)　実験3について，次の①，②の問いに答えなさい。

　①　下線部分のことからわかるアンモニアの性質を，書きなさい。

　②　右の図のように，水酸化カルシウムの粉末と塩化アンモニウムの粉末を混ぜたものを，乾いた試験管に入れて十分に加熱し，発生するアンモニアを乾いた試験管に集めることができる。このようにして集めるのは，アンモニアのどのような性質のためか。書きなさい。

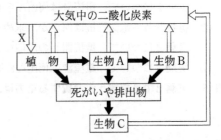

水酸化カルシウムの粉末と
塩化アンモニウムの粉末を
混ぜたもの

アンモニアを
集める試験管

〔5〕　右の図は，生態系における炭素の循環を模式的に表したものである。図中の➡は有機物の流れを，また，⇨は無機物の流れを表している。この図をもとにして，次の(1)〜(5)の問いに答えなさい。

(1)　図中のXで示される流れは，植物の何というはたらきによるものか。その用語を書きなさい。

(2)　生態系において，生物Aや生物Bを消費者，生物Cを分解者というのに対し，植物を何というか。その用語を書きなさい。

(3)　植物，生物A，生物Bは，食べる，食べられるという関係でつながっている。このつながりを何というか。その用語を書きなさい。

(4)　何らかの原因で，生物Aの数量が急激に減少すると，植物や生物Bの数量はその後，一時的にどのようになるか。最も適当なものを，次のア〜エから一つ選び，その符号を書きなさい。

　　ア　植物は増加し，生物Bは減少する。　　イ　植物は増加し，生物Bも増加する。
　　ウ　植物は減少し，生物Bも減少する。　　エ　植物は減少し，生物Bは増加する。

(5)　生物A〜Cに当てはまる生物の組合せとして，最も適当なものを，右のア〜エから一つ選び，その符号を書きなさい。

	生物A	生物B	生物C
ア	ミミズ	ヘビ	バッタ
イ	ウサギ	イヌワシ	ミミズ
ウ	ヘビ	ウサギ	シロアリ
エ	バッタ	シロアリ	イヌワシ

〔6〕 電流とそのはたらきを調べるために，抵抗器 a，b を用いて回路をつくり，次の実験 1 ～ 3 を行った。この実験に関して，下の(1)～(5)の問いに答えなさい。ただし，抵抗器 a の電気抵抗は 30Ω とする。

実験 1 　図 1 のように，回路をつくり，スイッチを入れ，電圧計が 6.0V を示すように電源装置を調節し，電流を測定した。

実験 2 　図 2 のように，回路をつくり，スイッチを入れ，電圧計が 6.0V を示すように電源装置を調節したところ，電流計は 120mA を示した。

実験 3 　図 3 のように，回路をつくり，スイッチを入れ，電圧計が 6.0V を示すように電源装置を調節し，電流を測定した。

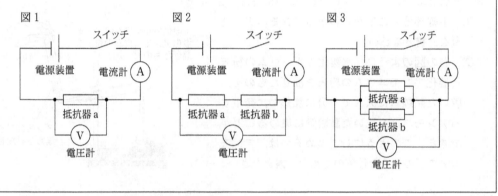

---

(1) 実験 1 について，電流計は何 mA を示すか。求めなさい。

(2) 抵抗器 b の電気抵抗は何 Ω か。求めなさい。

(3) 実験 2 について，抵抗器 b の両端に加わる電圧は何 V か。求めなさい。

(4) 実験 3 について，電流計は何 mA を示すか。求めなさい。

(5) 実験 2 で抵抗器 a が消費する電力は，実験 3 で抵抗器 a が消費する電力の何倍か。求めなさい。

〔7〕 濃度の異なる塩酸と水酸化ナトリウム水溶液の中和について調べるために，次の Ⅰ ～ Ⅲ の手順で実験を行った。この実験に関して，あとの(1)～(4)の問いに答えなさい。

Ⅰ 　ビーカー A，B，C を用意し，ビーカー A にはうすい塩酸を，ビーカー B にはうすい水酸化ナトリウム水溶液を，それぞれ 60cm³ ずつ入れた。ビーカー C に，ビーカー A のうすい塩酸 10cm³ を注ぎ，ある薬品を数滴加えたところ，ビーカー C の水溶液は黄色になった。

Ⅱ 　Ⅰで黄色になったビーカー C の水溶液に，ビーカー B のうすい水酸化ナトリウム水溶液 10cm³ を加え，よく混ぜたところ，ビーカー C の水溶液は青色になった。

Ⅲ 　Ⅱで青色になったビーカー C の水溶液に，ビーカー A のうすい塩酸 2cm³ を加え，よく混ぜたところ，ビーカー C の水溶液は緑色になった。

---

(1) Ⅰについて，ビーカー C に数滴加えた薬品は何か。最も適当なものを，次のア～エから一つ選び，その符号を書きなさい。

　ア　ベネジクト液　　イ　ヨウ素液　　ウ　酢酸カーミン液　　エ　BTB溶液

(2)　Ⅱについて，青色になったビーカーＣの水溶液中で最も数が多いイオンは何か。そのイオン式を書きなさい。

(3)　Ⅲについて，次の　□　の中に化学式を書き入れて，塩酸と水酸化ナトリウム水溶液が中和したときの化学変化を表す化学反応式を完成させなさい。

　　□　＋　□　→　□　＋　□

(4)　Ⅲのあとに，ビーカーＡに残っているうすい塩酸48cm³を中性にするためには，ビーカーＢのうすい水酸化ナトリウム水溶液が何cm³必要か。最も適当なものを，次のア〜オから一つ選び，その符号を書きなさい。

　ア　16cm³　　イ　24cm³　　ウ　32cm³　　エ　40cm³　　オ　48cm³

〔8〕　ある丘陵に位置する3地点Ａ，Ｂ，Ｃで，ボーリングによって地下の地質調査を行った。次の図1は，地質調査を行ったときの，各地点Ａ〜Ｃの地層の重なり方を示した柱状図である。また，図2は，各地点Ａ〜Ｃの地図上の位置を示したものである。図1，2をもとにして，下の(1)〜(4)の問いに答えなさい。ただし，地質調査を行ったこの地域の各地層は，それぞれ同じ厚さで水平に積み重なっており，曲がったり，ずれたりせず，地層の逆転もないものとする。また，図1の柱状図に示した火山灰の層は，同じ時期の同じ火山による噴火で，堆積したものとする。

(1)　図1のa層〜d層は，どのような順序で堆積したか。古い方から順に，その符号を書きなさい。

(2)　地点Ｂの標高は40mであった。このとき，地点Ｃの標高は何mか。求めなさい。

(3)　火山灰が固まってできた岩石の名称として，最も適当なものを，次のア〜エから一つ選び，その符号を書きなさい。

　ア　花こう岩　　イ　玄武岩　　ウ　凝灰岩　　エ　石灰岩

(4)　地点Ｃの砂の層に含まれていたビカリアの化石から，地層が堆積した時代を推定することができる。このビカリアのように，地層が堆積した時代の推定に利用することができる化石となった生物は，どのような生物か。「期間」，「分布」という語句を用いて書きなさい。

理　科　解　答　用　紙

(注1) 解答は，横書きで記入すること。
(注2) ※の欄には，何も記入しないこと。

受検番号

※

〔5〕
(1) (2) (3) (4) (5)
※

〔6〕
(1) mA
(2) Ω
(3) V
(4) mA
(5) 倍
※

〔7〕
(1) (2) + ↑ + (3) (4)
※

〔8〕
(1) ( )→( )→( )→( )
(2) m
(3) (4)
※

〔1〕
(1) (2) (3) ① ②
※

〔2〕
(1) N ① J (2) N ① W ② (3)
※

〔3〕
(1) (2) (3) (4)
※

〔4〕
(1) (2) ① ② (3) ① ②
※

※この解答用紙は189%に拡大していただきますと，実物大になります。

＜社会＞　　時間　50分　　満点　100点

〔1〕　次の地図を見て，後の(1)～(5)の問いに答えなさい。なお，地図中の緯線は赤道を基準として，また，経線は本初子午線を基準として，いずれも30度間隔で表している。

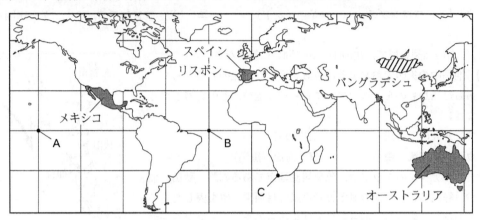

(1)　南極大陸を除く5大陸のうち，その最南端の地点が最も南にあるのはどの大陸か，その大陸の名称を書きなさい。

(2)　地図中の地点A，Bは，それぞれ赤道上にある。地点A，B間の距離は，実際には約何kmか。最も適当なものを，次のア～エから一つ選び，その符号を書きなさい。ただし，赤道の全周は，約4万kmとする。

　　ア　約3,000km　　イ　約13,000km　　ウ　約23,000km　　エ　約33,000km

(3)　地図中の ▨▨▨▨ で示した国でみられるようすについて述べた文として，正しいものを，次のア～エから一つ選び，その符号を書きなさい。

　　ア　年間をとおして凍土が広がっているため，建物の多くが高床になっている。

　　イ　年間をとおして気温が高く雨も多いため，森林が広がっている。

　　ウ　乾燥した草原が広がり，遊牧民の移動式テントがみられる。

　　エ　夏になると，一日じゅう太陽が沈まない現象が起こる。

(4)　次の表は，地図で示したメキシコ，スペイン，バングラデシュ，オーストラリアについて，それぞれの国の人口，穀物生産量，主要輸出品の輸出額の割合を示したものである。このうち，オーストラリアに当てはまるものはどれか。表中のア～エから一つ選び，その符号を書きなさい。

	人 口（千人）	穀物生産量（千t）	主要輸出品の輸出額の割合(%)		
			第1位	第2位	第3位
ア	46,737	16,660	自　動　車(17.3)	機　械　類(12.7)	野菜・果実(6.1)
イ	163,046	53,332	衣　　　類(84.2)	繊　維　品(5.1)	は き も の(2.2)
ウ	25,203	50,049	鉄　鉱　石(21.1)	石　　　炭(18.8)	液化天然ガス(8.5)
エ	127,576	37,487	機　械　類(36.1)	自　動　車(24.8)	原　　　油(4.9)

（「世界国勢図会」2019/20年版による）

(5) 地図中の地点Cに関するできごとについて述べた次の文中の　X　，　Y　に当てはまる語句の組合せとして，最も適当なものを，下のア～エから一つ選び，その符号を書きなさい。

> ポルトガルの港であるリスボンを出航した　X　の船隊が，大西洋を南下し，地点C
> をまわって，1498年に　Y　に到達し，アジアへの航路が開かれた。

ア 〔X バスコ＝ダ＝ガマ，Y インド〕　　イ 〔X バスコ＝ダ＝ガマ，Y 中国〕
ウ 〔X コロンブス，　　　　Y インド〕　　エ 〔X コロンブス，　　　　Y 中国〕

〔2〕 右の地図を見て，次の(1)～(5)の問いに答えなさい。

(1) 地図中の矢印でおおよその位置を示した海流の名称として，最も適当なものを，次のア～エから一つ選び，その符号を書きなさい。
ア 北大西洋海流　　　イ 対馬海流
ウ 千島海流（親潮）　エ 日本海流（黒潮）

(2) 次のア～エのグラフは，気象観測地点である釧路，秋田，仙台，静岡のいずれかの気温と降水量の月別平年値を表したものである。このうち，仙台に当てはまるものを，ア～エから一つ選び，その符号を書きなさい。なお，棒グラフは月降水量を，折れ線グラフは月平均気温を表している。

ア　　　　　　　　　　イ　　　　　　　　　　ウ　　　　　　　　　　エ

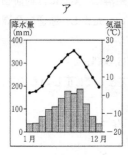 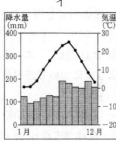 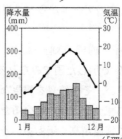 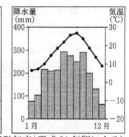

（「理科年表」平成31年版による）

(3) 右の写真は，札幌市中心部の景観を示したものである。この景観について述べた次の文中の　X　，　Y　に当てはまる語句の組合せとして，最も適当なものを，下のア～エから一つ選び，その符号を書きなさい。

> 　X　時代に，北海道の開拓のために，北方の警備の役割を兼ねた　Y　などが集められた。札幌市中心部は，組織的に開拓が行われ，碁盤の目状に規則正しく区画された。

ア 〔X 江戸，Y 防人〕　イ 〔X 江戸，Y 屯田兵〕
ウ 〔X 明治，Y 防人〕　エ 〔X 明治，Y 屯田兵〕

⑷　北海道は，漁業生産量が全国１位である。かつては北洋漁業がさかんであったが，沿岸国が排他的経済水域を設定したことなどから，現在は栽培漁業や養殖業がさかんになっている。この排他的経済水域とはどのような水域か。「200海里」という語句を用いて書きなさい。

⑸　次の表は，北海道，青森県，山形県，千葉県の，それぞれの道県の宿泊施設での延べ宿泊者数，米の産出額，野菜の産出額，果実の産出額，製造品出荷額等を示したものであり，表中のA〜Cは，青森県，山形県，千葉県のいずれかである。表中のAに当てはまる県を ▦ で，Cに当てはまる県を ▨ で，解答用紙の地図中に，それぞれ示しなさい。

	宿泊施設での延べ宿泊者数（千人泊）	米の産出額（億円）	野菜の産出額（億円）	果実の産出額（億円）	製造品出荷額等（億円）
A	24,637	666	1,927	185	114,664
B	5,242	804	423	690	26,875
C	4,624	466	863	854	18,318
北海道	35,557	1,167	2,206	61	61,414

(注)延べ宿泊者数：宿泊した人の泊数の合計　　　　　（「データでみる県勢」2019年版による）

〔3〕　社会科の授業で，歴史における文字の役割について，A〜Dの四つの班に分かれ，調べたことをカードにまとめた。これらのカードを読んで，後の⑴〜⑸の問いに答えなさい。

A班のカード

　a漢字を書きくずしてかな文字がつくられ，このかな文字を用いて，優れた文学作品が生まれた。

B班のカード

　唐の法律にならい，701年に ☐b☐ がつくられ，全国を支配するしくみが整備された。

C班のカード

　藩校では武士の子らが学問や武道を学び，寺子屋では町人や百姓の子らが読み・書き・そろばんなどを学んだ。

D班のカード

　村では有力な農民を中心にして，惣（そう）とよばれる c自治的な組織がつくられ，村のおきてが定められた。

⑴　下線部分ａについて，右の写真は，紀元前1600年ごろにおこった殷（いん）の遺跡から出土したものであり，漢字のもとになった文字が記されている。この文字を何というか。その名称を書きなさい。

⑵　☐b☐ に当てはまる用語を書きなさい。

⑶　C班のカードについて，この時代のできごとを述べた文として，最も適当なものを，次のページのⅠ群のア〜エから一つ選び，その符号を書きなさい。また，この時代の文化について述べた文として，最も適当なものを，次のページのⅡ群のカ〜ケから一つ選び，その符号を書きなさい。

Ⅰ群

> ア　イエズス会の宣教師ザビエルが鹿児島に来て，日本にキリスト教を伝えた。
> イ　ロシアのラクスマンが根室に来航し，漂流民の大黒屋光太夫を送り届け，通商を求めた。
> ウ　元のフビライが博多湾に上陸させた軍勢は，火薬を使った武器で幕府軍を苦しめた。
> エ　日本に招かれた唐の鑑真によって唐招提寺がつくられ，寺院や僧の制度も整えられた。

Ⅱ群

> カ　武士の活躍をえがいた軍記物の平家物語は，琵琶法師によって語り伝えられた。
> キ　大名や豪商たちは，茶の湯をとおして交流を深め，千利休は，わび茶を大成させた。
> ク　多色刷りの版画が人気を集め，美人画や歌舞伎の役者絵，風景画に優れた作品が生まれた。
> ケ　万葉集には，万葉がなが用いられ，天皇や貴族，民衆の和歌がおさめられた。

(4)　下線部分ｃについて，右の資料は，自治が行われた京都のようすを示したものである。このことについて述べた次の文中の X ， Y に当てはまる語句の組合せとして，最も適当なものを，下のア〜エから一つ選び，その符号を書きなさい。

> 　この時代の京都では， X とよばれる有力な商工業者によって都市の政治が行われた。守護大名が争った11年にわたる Y で中断していた祇園祭は， X によって復興された。

ア［X 町衆，　Y 応仁の乱］　　イ［X 町衆，　Y 保元の乱］
ウ［X 株仲間，Y 応仁の乱］　　エ［X 株仲間，Y 保元の乱］

(5)　A〜D班のカードを，年代の古いものから順に並べ，その符号を書きなさい。

〔4〕　右の略年表を見て，次の(1)〜(4)の問いに答えなさい。

(1)　下線部分ａは，我が国にとって不利な内容を含む不平等な条約であった。どのような内容が不平等であったか，二つ書きなさい。

(2)　年表中のAの時期に，我が国で起きたできごととして，正しいものを，次のア〜エから一つ選び，その符号を書きなさい。

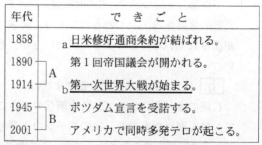

年代	で き ご と
1858	ａ日米修好通商条約が結ばれる。
1890	第1回帝国議会が開かれる。
1914	ｂ第一次世界大戦が始まる。
1945	ポツダム宣言を受諾する。
2001	アメリカで同時多発テロが起こる。

（A は 1890〜1914，B は 1945〜2001 の期間を示す）

ア　政府が議会の承認なしに労働力や物資を動員できる，国家総動員法が制定された。
イ　普通選挙法が成立し，満25歳以上のすべての男子に衆議院議員の選挙権が与えられた。

ウ　板垣退助らにより，民撰議院設立建白書が政府に提出された。

エ　護憲運動が民衆の支持を集め，桂太郎内閣は辞職に追いこまれた。

(3)　次の表は，年表中の下線部分bについて，この【できごと】の【背景・原因】，【日本の動き】及び【結果・影響】をまとめたものである。この表を見て，下の①，②の問いに答えなさい。

【背景・原因】

・　ドイツがオーストリア，イタリアと三国同盟を結ぶと，c イギリスはフランス，ロシアと三国協商を結び，両陣営とも，植民地の拡大をめざし対立する。

・　「ヨーロッパの火薬庫」とよばれた　X　では，民族問題も加わって激しく対立し，1914年，サラエボで事件が起こる。

⬇

【できごと】	➡	【日本の動き】
・　第一次世界大戦が始まる。		・　日本は，日英同盟を理由に参戦する。

⬇

【結果・影響】

・　各国が，国力のすべてを戦争に総動員した総力戦となる。

・　第一次世界大戦後，国際平和をめざして　Y　が設立される。

---

①　表中の　X　，　Y　に当てはまる語句の組合せとして，正しいものを，次のア～エから一つ選び，その符号を書きなさい。

ア　〔X　イベリア半島，Y　国際連合〕　　イ　〔X　イベリア半島，Y　国際連盟〕

ウ　〔X　バルカン半島，Y　国際連合〕　　エ　〔X　バルカン半島，Y　国際連盟〕

②　1930年代になると，表中の下線部分cのイギリスでは，ブロック経済が行われた。このブロック経済について，その【背景・原因】，【ブロック経済の内容】及び【結果・影響】を，解答用紙の表が完成するように，それぞれ書きなさい。

(4)　次のX～Zは，年表中のBの時期のできごとである。年代の古い順に並べたものとして，正しいものを，下のア～カから一つ選び，その符号を書きなさい。

X　毛沢東を主席とする中華人民共和国が成立する。

Y　冷戦の象徴であった「ベルリンの壁」が取りこわされる。

Z　沖縄が日本に復帰する。

ア　X→Y→Z　　イ　X→Z→Y　　ウ　Y→X→Z

エ　Y→Z→X　　オ　Z→X→Y　　カ　Z→Y→X

〔5〕　政治に関する内容について，次の(1)～(5)の問いに答えなさい。

(1)　日本国憲法について，次の①，②の問いに答えなさい。

①　日本国憲法が保障する社会権に当たるものを，次のア～エから一つ選び，その符号を書きなさい。

ア　生存権　　イ　財産権　　ウ　居住，移転及び職業選択の自由　　エ　学問の自由

②　次のページの日本国憲法の条文について，文中の　A　に当てはまる語句を書きなさい。

> 　　すべて国民は，個人として尊重される。生命，自由及び幸福追求に対する国民の権利
> については，　A　に反しない限り，立法その他の国政の上で，最大の尊重を必要とす
> る。

⑵　次の表は，我が国における，現在の選挙の原則とその内容をまとめたものである。この表を
　見て，下の①，②の問いに答えなさい。

選挙の原則	内容
X 　選挙	一人一票の選挙権を持つ。
秘密選挙	無記名で投票する。
普通選挙	一定の年齢以上のすべての国民が選挙権を持つ。
直接選挙	候補者に直接投票する。

①　X　に当てはまる語句を書きなさい。

②　表中の下線部分について述べた次の文中の　Y　に当てはまる数字を書きなさい。

> 　　公職選挙法が改正されて，平成28（2016）年から，選挙権を行使できる年齢が　Y
> 歳以上に引き下げられた。

⑶　我が国の議院内閣制はどのようなしくみか。「信任」，「責任」の二つの語句を用いて書きなさ
　い。

⑷　我が国では，平成21（2009）年から裁判員制度が導入された。この裁判員制度の説明として，正
　しいものを，次のア～エから一つ選び，その符号を書きなさい。
　ア　裁判官の人数を減らすために導入され，裁判員は，民事裁判に参加する。
　イ　裁判官の人数を減らすために導入され，裁判員は，刑事裁判に参加する。
　ウ　国民の裁判への参加を進めるために導入され，裁判員は，民事裁判に参加する。
　エ　国民の裁判への参加を進めるために導入され，裁判員は，刑事裁判に参加する。

⑸　世界の人権保障に向けた取組について，次の①，②の問いに答えなさい。
　①　人権保障に向けて，各国が達成すべき共通の基準を示すため，1948年に採択されたものと
　　して，正しいものを，次のア～エから一つ選び，その符号を書きなさい。
　　ア　国際人権規約
　　イ　世界人権宣言
　　ウ　子ども（児童）の権利条約
　　エ　女子差別撤廃条約

　②　人権保障をはじめ，軍縮，環境などの問題に取り組むために活動する，非政府組織の略称
　　として，最も適当なものを，次のア～オから一つ選び，その符号を書きなさい。
　　ア　NGO　　イ　PKO
　　ウ　WTO　　エ　WHO
　　オ　ILO

〔6〕　中学校3年生のあるクラスでは，社会科の授業で，班ごとに，次のA～Dのテーマについて調べることにした。これらのテーマについて，下の(1)～(4)の問いに答えなさい。

テーマ
A　私たちの暮らしと経済　　　B　私たちの暮らしと社会の変化
C　企業のしくみ　　　　　　　D　資源・エネルギー問題

---

(1)　Aのテーマについて，次の①，②の問いに答えなさい。

①　右の図は，家計，企業，政府とそれぞれの間の経済的結びつきについて表したものである。図中の　a　，　b　に当てはまる語句の組合せとして，最も適当なものを，次のア～エから一つ選び，その符号を書きなさい。

ア　〔a　配当，b　労働力　〕
イ　〔a　配当，b　サービス〕
ウ　〔a　税金，b　労働力　〕
エ　〔a　税金，b　サービス〕

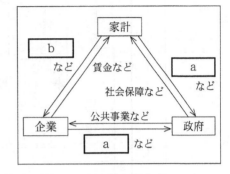

②　次の文は，消費生活について述べたものである。文中の　A　に当てはまる語句を書きなさい。

商品を売りたい人と，買いたい人の意思が一致し，売買が成立することを，　A　という。一度成立すると，お互いに　A　を守る責任が生じるため，事前に，内容を慎重に検討することが大切である。

---

(2)　Bのテーマについて，第二次世界大戦後の高度経済成長のころの，我が国の社会のようすについて述べた文として，最も適当なものを，次のア～エから一つ選び，その符号を書きなさい。

ア　携帯電話やインターネットが普及し，社会の情報化がいっそう進展した。
イ　東京オリンピックが開催され，家庭電化製品が急速に普及した。
ウ　循環型社会をめざして様々なリサイクル法が制定され，資源の再利用が進んだ。
エ　日本国憲法が施行され，婚姻は両性の合意のみにもとづいて成立することとなった。

(3)　Cのテーマについて，大企業の多くが株式会社の形態をとっているのはなぜか。その理由を，「株式」，「資金」という二つの語句を用いて書きなさい。

(4)　Dのテーマについて，新しい資源・エネルギーの開発やその利用が必要であるため，世界各国で，再生可能エネルギーの開発が進められている。このようなエネルギーとして，最も適当なものを，次のア～オから二つ選び，その符号を書きなさい。

ア　太陽光　　イ　石炭　　ウ　天然ガス　　エ　バイオマス　　オ　石油

受検番号

※

(4)

※

(5)

※

(6)

※

社会解答用紙

(3) の枠内：

[背景・原因]

[できごと]
イギリスではブロック経済が行われた。

[ブロック経済の内容]

[結果・影響]

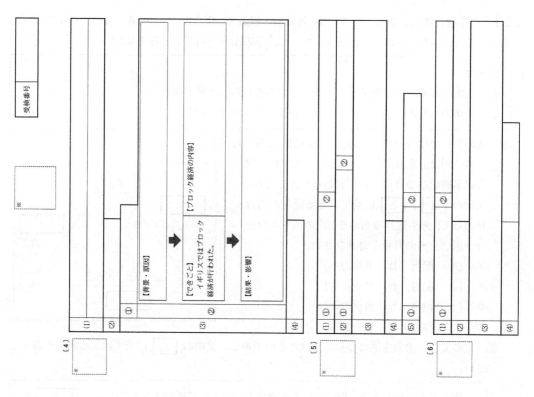

(1)

(1) (2) (3) (4) (5)

※

(2)

(1) (2) (3) (4)

※

(3)

(1) (2) (3) I群　Ⅱ群 (4) (5)
(　)→(　)→(　)→(　)

※

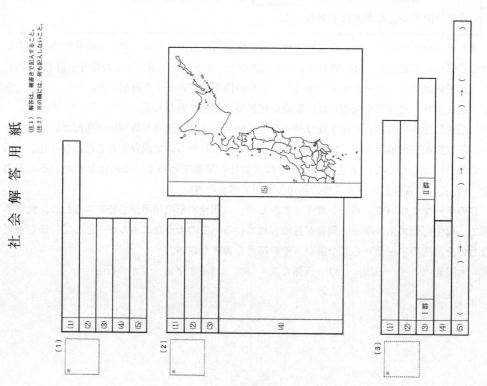

(5)

※この解答用紙は189%に拡大していただきますと、実物大になります。

国語解答用紙

(注1)　解答は、横書きで記入すること。
(注2)　※の欄には、何も記入しないこと。

受検番号

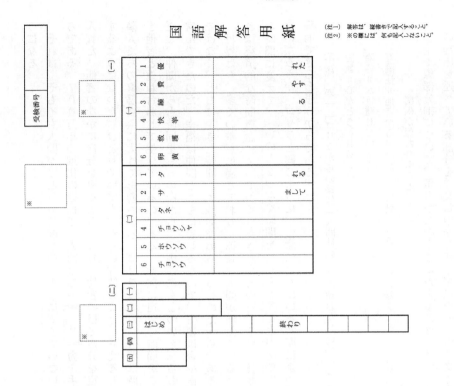

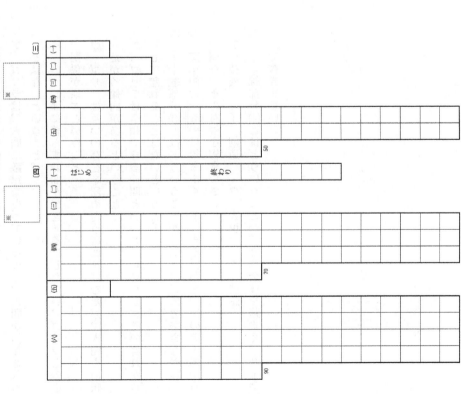

※この解答用紙は154％に拡大していただきますと、実物大になります。

うになる。

それは、そもそも人間がひとりで時間を使うようにできていないからである。700万年の人間の進化の過程で、人間は高い a 力を手に入れた。他者のなかに自分を見るようになり、他者の目で自分を定義するようになった。ひとりでいても、親しい仲間のことを考えるし、隣人たちの喜怒哀楽に大きく影響される。ゴリラ以上に、人間は時間を他者と重ね合わせて生きているのである。仲間に自分の時間をさしだし、仲間からも時間をもらいながら、互酬性にもとづいた暮らしを営んできたのだ。幸福は仲間とともに感じるもので、信頼は金や言葉ではなく、ともに生きた時間によって強められるものだからである。

世界は今、多くの敵意に満ちており、孤独な人間が増えている。それは経済的な時間概念によってつくりだされたものだ。それを社会的な時間に変えて、(4)いのちをつなぐ時間をとりもどすことが必要ではないだろうか。ゴリラと同じように、敵意はともにいる時間によって解消できると思うからである。

（山極　寿一「ゴリラからの警告「人間社会、ここがおかしい」」による）

（注）固執＝心がとらわれること。
隔絶＝かけ離れていること。
互酬性＝他者から受けたことに見合うことをして返すことで、お互いの関係が保たれること。

(一) ──線部分(1)について、筆者がこのように考えるのはなぜか。その理由を述べている部分を、文章中から四十字以内の一つの文で抜き出し、そのはじめと終わりの五字をそれぞれ書きなさい。

(二) 文章中の A に最もよく当てはまる言葉を、次のア～エから一つ選び、その符号を書きなさい。

ア　もし　　イ　しかし　　ウ　だから　　エ　なぜなら

(三) ──線部分(2)について、「互いの存在を認め合っている時間の大切さ」とは具体的にどういうことか。最も適当なものを、次のア～エから一つ選び、その符号を書きなさい。

ア　ゴリラは、人間に敵意をもっているので、人間が信頼されることはないということ。

イ　いっしょに暮らす時間が経過するにしたがい、ゴリラとの信頼関係が増すということ。

ウ　ゴリラは互いの存在を認め合う時間を好むため、人間を信頼したがる傾向があるということ。

エ　ゴリラは信頼できる仲間といっしょに暮らし、その群れから決して離れることはないということ。

(四) ──線部分(3)とはどういうことか。七十字以内で書きなさい。

(五) 文章中の a に最もよく当てはまる言葉を、次のア～エから一つ選び、その符号を書きなさい。

ア　技術　　イ　創造　　ウ　表現　　エ　共感

(六) ──線部分(4)とはどういうことか。文章全体を踏まえ、九十字以内で書きなさい。

がはっきりと分かるようになったということ。

ウ　船が見えなくなると、見送りに来た人たちはどのように帰ったらよいか、分からなくなったということ。

エ　船旅が長くなるにしたがい、船の人には土佐国でのできごとが遠い昔のことのように思われたということ。

(五)──線部分⑤の「船にも思ふことあれど、かひなし」とはどういうことか。〈Ⅰ〉の和歌を踏まえ、五十字以内で書きなさい。

〔四〕次の文章を読んで、(一)〜(六)の問いに答えなさい。

今、私たちは経済的な時間を生きている。そして、自分が自由に使える時間を欲しがっている。しかし、自分の時間とはいったいどういう状態のことをいうのだろう。それをどう過ごしたら、幸せな気分になれるのだろうか。

どこの世界でも、(1)人は時間に追われて生活している。私がゴリラを追って分け入ったアフリカの森でもそうだ。晩に食べる食料を集めに森へ出かけ、明後日に飲む酒を今日仕込む。昨日農作業を手伝ってもらったので、そのお礼として明日ヤギをつぶす際に肉をとり分けて返そうとする。それは、つきつめて考えれば、人間の使う時間が必ず他者とつながっているからである。時間は自分だけでは使えない。ともに生きている仲間の時間と速度を合わせ、どこかで重ね合わせなければならない。　□A□　、森の外から流入する物資や人の動きに左右されてしまう。

ゴリラといっしょに暮らしてみて私が教わったことは、(2)互いの存在を認め合っている時間の大切さである。野生のゴリラは長い間人間に追い立てられてきたので、私たちに強い敵意をもっている。しかし、辛抱強く接近すれば、いつかは敵意を解き、いっしょにいること

を許してくれる。それは、ともにいる時間が経過するにしたがい、信頼関係が増すからである。

ゴリラたち自身も、信頼できる仲間といっしょに暮らすことを好む。食物や繁殖相手をめぐるトラブルによって信頼が断たれ、離れていくゴリラもいるが、やがてまた別の仲間といっしょになって群れをつくる。とくに、子どもゴリラは周囲のゴリラを引きつける。子どもが遊びにくければ、大きなオスゴリラでも喜んで背中を貸すし、悲鳴をあげれば、すっ飛んでいって守ろうとする。ゴリラたちには、自分だけの時間がないように見える。

人間も実はつい最近まで、自分だけの時間にそれほど固執していなかったのではないだろうか。とりわけ、木や紙でつくられた家に住んできた日本人は、隣人の息遣いから完全に隔絶することはできず、常にだれかと分かち合う時間のなかで暮らしてきた。それが原因で、うっとうしくなったり、ストレスを高めたりすることがあったと思う。だからこそ、戦後に高度経済成長をとげた日本人は、他人に邪魔されずに自分だけで使える時間をひたすら追い求めた。そこで、効率化や経済化の観点から時間を定義する必要が生じた。つまり、時間はコストであり、金に換算できるという考え方である。

しかし、物資の流通や情報技術の高度化を通じて時間を節約した結果、(3)せっかく得た自分だけの時間をも同じように効率化の対象にしてしまった。自分の欲求を最大限満たすために、効率的な過ごし方を考える。映画を見て、スポーツを観戦し、ショッピングを楽しんで、ぜいたくな食事をする。自分で稼いだ金で、どれだけ自分がやりたいことが可能かを考える。でも、それは自分が節約した時間と同じ考え方なので、いつまでたっても満たされることがない。そればかりか、自分の時間が増えれば増えるほど、孤独になって時間をもてあますよ

これより、今は漕ぎ離れて行く。これを見送らむとてぞ、この人どもは追ひ来ける。かくて漕ぎ行くまにまに、海のほとりにとまれる人も遠くなりぬ。(4)船の人も見えずなりぬ。岸にもいふことあるべし。(5)船にも思ふことあれど、かひなし。かかれど、この歌をひとりごとにして、やみぬ。

〈Ⅰ〉
思ひやる心は海をわたれどもふみしなければ知らずや
あるらむ

(注)
九日＝一月九日。
奈半の泊＝奈半の港。
国司＝当時の行政上の区画。
藤原のときざね、橘のすゑひら、長谷部のゆきまさ＝いずれも人名。

B

『土佐日記』は、作者の紀貫之(きのつらゆき)が土佐国(現在の高知県)の国司の役目を終えて京へ帰るまでの旅のようすを記した日記です。貫之は、この日記を、ある女性が筆者であるという設定で記しました。

貫之の一行は、十二月二十一日に、住んでいた国司の館を出発し、お世話になった人たちとの別れの儀式を行ったり、挨拶を交わしたりしながら、十二月二十八日、大湊という土地までやって来ました。大湊から先は海岸沿いに船を進め、本格的な帰京の旅を始める予定でしたが、天候不順が続き、なかなか出航することができずにいましたが、一月九日、ようやく出航しました。

(一) ——線部分(1)の「奈半の泊を追はむ」の意味として最も適当なものを、次のア～エから一つ選び、その符号を書きなさい。
ア 奈半の港を思い出そう
イ 奈半の港を目指そう
ウ 奈半の港を歌に詠もう
エ 奈半の港を探そう

(二) ——線部分(2)の「さかひ」を現代かなづかいに直し、すべてひらがなで書きなさい。

(三) ——線部分(3)の「この人々の深き志はこの海にも劣らざるべし」について、作者がこのように考えるのはなぜか。その理由として最も適当なものを、次のア～エから一つ選び、その符号を書きなさい。
ア 他の人とは違い、館の前で見送りをやめたから。
イ 他の人と同じく、出航までの準備を手伝ったから。
ウ 他の人と同じく、丁寧な別れの儀式を行ったから。
エ 他の人とは違い、国境を越えて見送りに来たから。

(四) ——線部分(4)の「船の人も見えずなりぬ」とはどういうことか。最も適当なものを、次のア～エから一つ選び、その符号を書きなさい。
ア 船が海岸から遠ざかり、見送りに来た人たちからは船の人たちの姿が見えなくなったということ。
イ 船が海岸から遠ざかるにしたがい、見送りに来た人たちの真心

〈Ⅰ〉の和歌には一つの言葉にもう一つの意味が掛けられており、「ふみ」という言葉には、「手紙」を表す「文(ふみ)」という意味と、「踏み」という意味が掛けられています。

(注) 国司＝地方を治めるために派遣された役人。

を表しています。

ア　新しい季語を使ってつくる俳句には、子供の頃にだれもが味わうような心情を込めることが必要である。

いま引いた「運動会」や「夏休み」にしても、その場面は多かれ少なかれ、だれもが思い当たるような、やはりそれを解釈することに変わりありません。新しい季語を使うことも、しかも今までだれも気づかなかった場面がとらえられれば、そのつど魅力的な新しい解釈が生まれるので

イ　だれにも心当たりがあるような、しかも今までだれも気づかなかった場面がとらえられれば、そのつど魅力的な新しい解釈が生まれるので

れにも心当たりがあるような、しかも今までだれも気づかなかった場面がとらえられれば、そのつど魅力的な新しい解釈が生まれるのです。

ウ　新しい季語を使って擬似的な本意として成立したイメージをとらえられれば、魅力的な解釈が生まれる。

（注）本意＝季語が本来持っている意味。

エ　今までだれも気づかず、表現されなかった場面を新しい季語を用いて表すことが俳句の本質である。

歳時記＝俳句の季語を分類し、整理して記した書物。

（仁平　勝「俳句をつくろう」による）

（三）次のAの文章は、『土佐日記』の一部である。また、Bの文章は、Aの文章について述べたものである。この二つの文章を読んで、（一）～（五）の問いに答えなさい。

（一）──線部分(1)の「の」を分類し、整理して記した文を、次のア～エから一つ選び、その符号を書きなさい。

ア　昨年会ったのを覚えている。

イ　友人の勧める本を読んだ。

ウ　母校の校歌を口ずさむ。

エ　初夏の高原を散策する。

A

九日のつとめて、<ruby>大湊<rt>おほみなと</rt></ruby>より、<ruby>奈半<rt>なは</rt></ruby>の<ruby>泊<rt>とまり</rt></ruby>を追はむとて、<ruby>漕<rt>こ</rt></ruby>ぎ出でけり。

（二）──線部分(2)の「ゆずっ」を、終止形（言い切りの形）に直して書きなさい。

これかれ互ひに、国の(2)<ruby>さかひ<rt>内マデハト</rt></ruby>のうちはとて、見送りに来る人あまたが中に、藤原の<ruby>ときざね<rt>ふぢはら</rt></ruby>、橘の<ruby>たちばな<rt>するひら</rt></ruby>、長谷部の<ruby>ゆきま<rt>はせべ</rt></ruby>

（三）──線部分(3)について、「会社の夏休み」が季語にならないのは、何が足りないためか。適切な部分を、文章中から二十字以上二十五字以内で抜き出し、そのはじめと終わりの五字をそれぞれ書きなさい。

<ruby>館<rt>たち</rt></ruby><ruby>ヲ出発ナサッタ日カラ<rt>みたち</rt></ruby>さ等なむ、御館より出で給びし日より、ここかしこに追ひ来る。

（四）──線部分(4)の「黒板」と、構成が同じ熟語を、次のア～オから一つ選び、その符号を書きなさい。

この人々ぞ、<ruby>志<rt>こころざし</rt></ruby>ある人なりける。(3)<ruby>この人々の深き志はこの海<rt>劣ラナイダロウ</rt></ruby>にも劣らざるべし。

ア　重複　　イ　未完　　ウ　緩急　　エ　暖冬　　オ　入浴

（五）この文章の内容を説明したものとして最も適当なものを、次のア～エから一つ選び、その符号を書きなさい。

〈国語〉

時間　五〇分　満点　一〇〇点

〔一〕

（一）、（二）の問いに答えなさい。

（一）次の1～6について、――線をつけた漢字の部分の読みがなを書きなさい。

1　優れた作品が展示されている。

2　長い年月を研究に費やす。

3　文章の構想を練る。

4　快挙を成し遂げる。

5　けが人を救護する。

6　料理に卵黄を使う。

（二）次の1～6について、――線をつけたカタカナの部分に当てはまる漢字を書きなさい。

1　窓に付いた水滴がタれる。

2　熱いお湯をサまして飲む。

3　朝顔のタネをまく。

4　市役所のチョウシャを見学する。

5　贈り物をきれいにホウソウする。

6　農作物をチョゾウする。

〔二〕

次の文章を読んで、（一）～（五）の問いに答えなさい。

　子を走らす運動会後の線の上

　　　　　　　　　　矢島渚男（なぎさお）

　これは会社や町内の運動会でもいいのですが、やはり「運動会」の本意ということになれば、多くの人がまずイメージするのは小学校のそれでしょう。この句もおそらく小学校の運動会で、作者はそこに、まだ学校に上がらない下の子を連れて行ったのです。

　その子は、大勢の子供たちが走るのを見て、自分も走りたくてたまらなくなったのでしょう。それで運動会が終わった後に、親がグラウンドに出て、その子の手を引いて走っているのです。「線の上」という①のがとても重要で、その子が運動会に参加したような気持ちにさせています。

　「運動会」と同じく行事の新しい季語では、たとえば「夏休み」があります。これが季語として通用するには、たんにそれが夏の行事というだけでなく、だれもが夏休みにたいして抱く普遍的なイメージが必要になります。だとすればこれも、やはり小学校の夏休みでしょう。そのイメージが、いわば擬似的な本意として成立しているのです。

　少し②ゆずって中学か高校くらいまでは、そうした本意の範囲に入ると思いますが、③会社の夏休みでは季語にはなりません。もっとも手元の歳時記は、その季語の夏休みも含めていますが、実際にそれで句をつくるのは無理があると思います。

　黒板にわが文字のこす夏休み

　　　　　　　　　　福永耕二

　これは一学期の終業式の日に、教室の④黒板になにか書いて帰るのですが、四十日間という長い夏休みが終わるまで、本人はまるでタイムカプセルでもセットした気持ちなのです。これはやはり小学校の思い出でしょう。夏休みそのものを詠まずに、そのはじまりのある行為をとらえて、夏休みの長さと、それがいよいよはじまるときの嬉しさ

2020年度

解 答 と 解 説

《2020年度の配点は解答用紙集に掲載してあります。》

＜数学解答＞

〔1〕 (1) 5　　(2) $22a-b$　　(3) $3a^3$　　(4) $x=1,\ y=-2$　　(5) $\sqrt{2}$
(6) $x=\dfrac{-3\pm\sqrt{13}}{2}$　　(7) $\dfrac{1}{2}\leqq y\leqq3$　　(8) $\dfrac{10}{7}$cm　　(9) $\angle x=48$度
(10) およそ84個

〔2〕 (1) 封筒の中に鉛筆を，4本ずつ入れると8本足りないから，$4x-8=y$…①　また，3本ずつ入れると鉛筆が12本余るから，$3x+12=y$…②　①，②を解いて，$x=20,\ y=72$
答 $x=20,\ y=72$　　(2) 大，小2つのさいころの目の出方は，全部で36通りある。このうち，出た目の数の積が26以上となるのは3通りある。よって，求める確率は，$1-\dfrac{3}{36}$
$=\dfrac{11}{12}$　　答 $\dfrac{11}{12}$　　(3) ① $y=-x+6$
② 辺OBを底辺とすると，求める△OABの面積は，$\dfrac{1}{2}\times6\times3=9$　　答 9　　(4) 右図

〔3〕 解説参照

〔4〕 (1) $x=3,\ 9$　　(2) ① $x=6$
② $y=-4x+24$　　(3) $0\leqq x\leqq10$の範囲でyをグラフで表すと右のようになる。$0\leqq x\leqq3$のとき，$y=4x$となる。この式に$y=10$を代入すると，$x=\dfrac{5}{2}$となる。よって，グラフからyの値が10以下となるのは，$\dfrac{5}{2}\times3+\dfrac{1}{2}=8$(秒間)である。　　答 8秒間

〔5〕 (1) ① $a=10$　　② $a=52$　　(2) 正方形は全部で$x\times y$枚になり，2辺が白色の正方形は4枚，1辺が白色の正方形の枚数は，$a=2x+2y-8$　よって，$b=xy-(2x+2y-8)-4=xy-2x-2y+4$　　答 $b=xy-2x-2y+4$
(3) bがaより20大きいから，$b-a=20$　よって，$xy-4x-4y+12=20$…①　yがxより5大きいので，$y=x+5$…②　②を①に代入すると，$x^2-3x-28=0$　因数分解すると，$(x-7)(x+4)=0$　xは3以上だから，$x=7$　これを②に代入して，$y=12$　　答 $x=7,\ y=12$

〔6〕 (1) ① $3\sqrt{3}$ cm　　② $9\sqrt{3}$ cm²　　(2) BPは∠ABCの二等分線だから，PはACの中点である。よって，AP＝3cm　また，∠AQP＝90°で，∠BAC＝60°より，AQ：AP＝1：2　よって，AQ：3＝1：2　AQ＝$\dfrac{3}{2}$　　答 $\dfrac{3}{2}$cm　　(3) ① CEとBDの交点をIとする。∠AIB＝90°で，BD⊥CEより，BI∥QH　よって，△ABI∽△AQH　AQ：AB＝$\dfrac{3}{2}$：6＝1：4　BD＝$6\sqrt{2}$だから，BI＝$\dfrac{1}{2}\times$BD＝$3\sqrt{2}$　QH：BI＝AQ：ABより，QH：$3\sqrt{2}$＝1：4　よって，QH＝$\dfrac{3\sqrt{2}}{4}$　　答 $\dfrac{3\sqrt{2}}{4}$cm　　② 三平方の定理より，AI²＝AB²−BI²　よっ

て，AI＝$3\sqrt{2}$　△ACEの面積は，$\frac{1}{2}×CE×AI＝18$　また，点PはACの中点だから，△APE

の面積は9　よって，四面体APEQの体積は，$\frac{1}{3}×9×\frac{3\sqrt{2}}{4}＝\frac{9\sqrt{2}}{4}$　　答　$\frac{9\sqrt{2}}{4}$cm³

＜数学解説＞

〔1〕 （数・式の計算，連立方程式，平方根，二次方程式，比例関数の変域，三角形と線分の比，円
　　の性質と角度，標本調査）

(1)　$7×2－9＝14－9＝5$

(2)　$3(5a＋b)＋(7a－4b)＝15a＋3b＋7a－4b＝22a－b$

(3)　$6a^2b×ab÷2b^2＝6a^2b×ab×\frac{1}{2b^2}＝3a^3$

(4)　$x－4y＝9$…①，$2x－y＝4$…②とする。②－①×2　$7y＝－14$　$y＝－2$　これを①に代入して，
　　$x－4×(－2)＝9$　$x＋8＝9$　$x＝1$

(5)　$\sqrt{24}÷\sqrt{3}－\sqrt{2}＝\sqrt{\frac{24}{3}}－\sqrt{2}＝\sqrt{8}－\sqrt{2}＝2\sqrt{2}－\sqrt{2}＝\sqrt{2}$

(6)　$x^2＋3x－1＝0$　解の公式より，$x＝\frac{-3±\sqrt{3^2-4×1×(-1)}}{2×1}＝\frac{-3±\sqrt{13}}{2}$

(7)　$y＝\frac{3}{x}$に$x＝1$を代入して，$y＝\frac{3}{1}＝3$　$x＝6$を代入して，$y＝\frac{3}{6}＝\frac{1}{2}$　よって，yの変域は，$\frac{1}{2}≦$
　　$y≦3$

(8)　AD//BCなので，三角形と比の定理により，AE：EC＝AD：BC＝2：5　EF//ADより，EF：
　　AD＝CE：CA＝5：（2＋5）＝5：7　よって，EF＝$\frac{5}{7}$AD＝$\frac{5}{7}×2＝\frac{10}{7}$(cm)

(9)　$\overset{\frown}{BC}$に対する中心角と円周角の関係から，∠BAC＝$\frac{1}{2}$∠BOC＝$\frac{1}{2}×72°＝36°$　1つの円で，等
　　しい弧に対する円周角は等しいから，∠CAD：∠BAC＝$\overset{\frown}{CD}$：$\overset{\frown}{BC}$＝4：3　よって，∠x＝∠CAD
　　＝$\frac{4}{3}$∠BAC＝$\frac{4}{3}×36°＝48°$

(10)　袋の中に入っている青色の玉の個数をx個とすると，袋の中と抽出した標本で，玉の個数と
　　青色の玉の個数の比は等しいと考えられるから，480：x＝40：7　$40x＝480×7$　$x＝84$　よっ
　　て，袋の中には，およそ84個の青色の玉が入っていると推定される。

〔2〕 （連立方程式の応用，確率，図形と関数・グラフ，作図）

(1)　封筒の中に鉛筆を4本ずつ入れると8本足りないから，$4x－8＝y$…①　3本ずつ入れると12本
　　余るから，$3x＋12＝y$…②　①，②を連立方程式として解く。②を①に代入して，$4x－8＝3x＋$
　　12　$x＝20$　$x＝20$を②に代入して，$3×20＋12＝y$　$y＝72$　よって，$x＝20$，$y＝72$

(2)　出た目の数の積が26以上となるのは，$(a, b)＝(5, 6)$，$(6, 6)$，$(6, 5)$の3通り。大，小2つ
　　のさいころの目の出方の総数は，$6×6＝36$(通り)だから，求める確率は，$1－\frac{3}{36}＝1－\frac{1}{12}＝\frac{11}{12}$

(3)　①　点Aのy座標は，$y＝x^2$に$x＝－3$を代入して，$y＝(－3)^2＝9$　よって，A$(－3, 9)$　直線
　　　ABの傾きは－1で，A$(－3, 9)$を通るから，式を$y＝－x＋b$とおいて，$x＝－3$，$y＝9$を代入す
　　　ると，$9＝－(－3)＋b$　$b＝6$　よって，$y＝－x＋6$

　　　②　①より，B$(0, 6)$　よって，△OABの面積は，△OAB＝$\frac{1}{2}×6×3＝9$

(4)　線分ABの垂直二等分線上に中心Pがあるから，(i) 点A，Bをそれぞれ中心とする等しい半
　　径の円をかく。(ii) (i)の2つの円の交点をC，Dとする。(iii) 直線CD（線分ABの垂直二等分線）
　　と直線ℓとの交点をPとする。

〔3〕　(平面図形，合同の証明)

　　△AEFと△CEGにおいて，AD//BCより，∠EAF＝∠ECG…①　また，対頂角より，∠AEF＝∠CEG…②　四角形ABCDは平行四辺形だから，AE＝CE…③　①，②，③より，1組の辺とその両端の角がそれぞれ等しいから，△AEF≡△CEG

〔4〕　(一次関数のグラフの利用)

(1)　線分PQが円Oの直径のとき，$\overset{\frown}{PQ}$＝12cmとなる。点Qは出発してから8秒後に一周するから，
　(i)　$0\leqq x\leqq8$のとき　$\overset{\frown}{AP}+\overset{\frown}{AQ}=1\times x+3\times x=12$　$4x=12$　$x=3$　(ii)　$8\leqq x\leqq10$のとき　$\overset{\frown}{AP}+\overset{\frown}{AQ}=1\times x+(3\times x-24)=12$　$4x-24=12$　$4x=36$　$x=9$　よって，$x=3,\ 9$

(2)　①　$x+3x=24$を解いて，$4x=24$　$x=6$　②　$\overset{\frown}{AP}+\overset{\frown}{PQ}+\overset{\frown}{AQ}=24$より，$x+y+3x=24$　$y=-4x+24$

(3)　$0\leqq x\leqq10$におけるxとyの関係を表すグラフは右図のようになる。$0\leqq x\leqq3$のとき，$y=4x$…(i)　$3\leqq x\leqq6$のとき，$y=-4x+24$…(ii)　$6\leqq x\leqq9$のとき，$y=4x-24$…(iii)　$9\leqq x\leqq10$のとき，$y=-4x+48$…(iv)
(i)，(ii)，(iii)，(iv)にそれぞれ$y=10$を代入して，$10=4x$　$x=\dfrac{5}{2}$　$10=-4x+24$　$4x=14$　$x=\dfrac{7}{2}$　$10=4x-24$　$-4x=-34$　$x=\dfrac{17}{2}$　$10=-4x+48$　$4x=38$　$x=\dfrac{19}{2}$　よって，yの値が10以下となるのは，$\dfrac{5}{2}+\left(\dfrac{17}{2}-\dfrac{7}{2}\right)+\left(10-\dfrac{19}{2}\right)=\dfrac{5}{2}+5+\dfrac{1}{2}=8$(秒間)

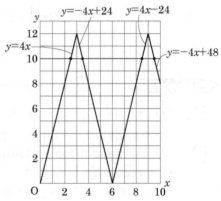

〔5〕　(文字式の利用)

(1)　1辺が白色の正方形の枚数は，$(x-2)\times2+(y-2)\times2=2x+2y-8$(枚)
　①　$x=4$，$y=5$のとき，$a=2\times4+2\times5-8=10$
　②　$x=12$，$y=18$のとき，$a=2\times12+2\times18-8=52$

(2)　正方形は全部で，$x\times y=xy$(枚)あり，2辺が白色の正方形の枚数は4枚より，どの辺も灰色の正方形の枚数は，$b=xy-4-(2x+2y-8)=xy-4-2x-2y+8=xy-2x-2y+4$

(3)　yがxより5大きいから，$y=x+5$…(i)　bがaより20大きいから，$b=a+20$…(ii)　(ii)より，$xy-2x-2y+4=(2x+2y-8)+20$　$xy-4x-4y-8=0$…(ii)'　(ii)'に(i)を代入して，$x(x+5)-4x-4(x+5)-8=0$　$x^2+5x-4x-4x-20-8=0$　$x^2-3x-28=0$　$(x-7)(x+4)=0$　$x=7,\ -4$　$x\geqq3$より，$x=7$　$x=7$を(i)に代入して，$y=7+5=12$

〔6〕　(空間図形，線分の長さ，面積，体積)

(1)　①　△BCPは，内角の大きさが30°，60°，90°の直角三角形だから，$BP:BC=\sqrt{3}:2$　よって，$BP=\dfrac{\sqrt{3}}{2}BC=\dfrac{\sqrt{3}}{2}\times6=3\sqrt{3}$(cm)
　②　$\triangle ABC=\dfrac{1}{2}\times AC\times BP=\dfrac{1}{2}\times6\times3\sqrt{3}=9\sqrt{3}$(cm²)

(2)　△APQは，内角の大きさが30°，60°，90°の直角三角形だから，$AQ:AP=1:2$　ここで，点Pは辺ACの中点だから，$AP=6\div2=3$(cm)　よって，$AQ=\dfrac{1}{2}AP=\dfrac{1}{2}\times3=\dfrac{3}{2}$(cm)

(3)　①　線分BD，CEの交点をIとすると，点Hは線分AI上にある。∠AHQ＝∠AIB＝90°より，同位角が等しいから，QH//BI　三角形と比の定理により，$QH:BI=AQ:AB$　ここで，△

BCDは直角二等辺三角形より，BD＝$\sqrt{2}$ BC＝$\sqrt{2}$
×6＝6$\sqrt{2}$ (cm)　よって，BI＝$\frac{1}{2}$BD＝$\frac{1}{2}$×6$\sqrt{2}$
＝3$\sqrt{2}$ (cm)　したがって，QH：3$\sqrt{2}$＝$\frac{3}{2}$：6
6QH＝$\frac{9\sqrt{2}}{2}$　QH＝$\frac{3\sqrt{2}}{4}$(cm)　②　△ABIで，
三平方の定理により，AI²＝AB²－BI²＝6²－(3$\sqrt{2}$)²
＝36－18＝18　AI＞0より，AI＝$\sqrt{18}$＝3$\sqrt{2}$ (cm)
△ACEの面積は，△ACE＝$\frac{1}{2}$×CE×AI＝$\frac{1}{2}$×
6$\sqrt{2}$×3$\sqrt{2}$＝18(cm²)　よって，△APE＝
$\frac{1}{2}$△ACE＝$\frac{1}{2}$×18＝9(cm²)　したがって，求め
る体積は，$\frac{1}{3}$×△APE×QH＝$\frac{1}{3}$×9×$\frac{3\sqrt{2}}{4}$＝$\frac{9\sqrt{2}}{4}$(cm³)

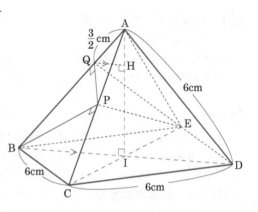

＜英語解答＞

〔1〕　(1) 1 イ　2 エ　3 ア　4 ウ　(2) 1 イ　2 ウ　3 エ
　　　4 ア　(3) 1 fifteen　2 tea　3 doctor　4 history
〔2〕　(1) A bought me a violin　G the thing I learned　(2) B taught
　　　H practicing　(3) ウ　(4) (例)バイオリンの弾き方を教えてもらい，一緒にた
　　　くさんの種類の曲を聞き，話をすること。　(5) ア　(6) (例)コンテストで賞を取る
　　　ことは大切なことだが，バイオリンを楽しんで弾くことの方がより大切であること。
　　　(7) エ
〔3〕　(例)　I will tell you about New Year's Day in Japan. We think the day
　　　is important, and do some special things. For example, we eat traditional
　　　Japanese food, and get New Year's cards. We enjoy talking with family
　　　members, and hope that we will have a happy life.
〔4〕　(1) (例)マラソン大会のためにボランティアとして働くことは初めての経験だったから。
　　　(2) c　(3) (例)「一生懸命に働いてくれてありがとう。ランナーたちはとても喜ぶ
　　　だろう。」とボランティアの一人が言ったことを聞いたから。　(4) イ
　　　(5) (例)スポーツをしたり，スポーツを見たり，スポーツを支えたりするという楽しみ方。
　　　(6) ① (例) No, it wasn't.　② (例) She gave runners bottles of water.
　　　③ (例) She thinks sports have the power to change people.　(7) エ

＜英語解説＞

〔1〕　(リスニング)
　　　放送台本の和訳は，42ページに掲載。

〔2〕　(会話文：語句補充・選択，語形変化，語句の並べ替え，日本語で答える問題，内容真偽，現
　　　在完了，動名詞，不定詞，関係代名詞，現在・過去・未来と進行形，助動詞)
　　　(全訳) ユカは日本の高校生です。今彼女はアメリカから来た高校生のベンと話をしています。ベ

ンは，ユカの学校で学んでいます。

　ユカ(以下Y)：おはよう，ベン。／ベン(以下B)：やあ，ユカ。元気？／Y：元気，ありがとう。あなたはどう？／B：ぼくも元気だよ，ありがとう。この前の日曜日には何をしたの？／Y：私のおじいさんと一緒に，家でバイオリンを弾いたの。／B：それはいいね！　いつバイオリンを弾き始めたの？／Y：10年前に。おじいさんが，私の誕生日に_Aバイオリンを私に買ってくれた。それから，バイオリンを弾き始めて，毎日バイオリンを練習したの。／B：そうか。おじいさんは，君にバイオリンの弾き方を_B教えてくれたの？／Y：ええ，時々おじいさんが私に助言をくれた。私たちは，一緒にバイオリンを弾くことが楽しい。けれども，私の母の友達のサイトウ先生から，バイオリンの弾き方を教えてもらっているの。サイトウ先生は私の家の近くに住んでいて。先生は，たくさんのことに興味を持っています。先生の話はとてもおもしろい。私が先生の家へ行って，そして先生がバイオリンの弾き方を教えてくれる。／B：_C(いつ)サイトウ先生からバイオリンの弾き方を教えてもらっているの？／Y：毎週土曜日。サイトウ先生は優れた先生で，私は以前よりもバイオリンを上手に弾けるようになった。バイオリンのレッスンの後，私たちはいつもいろいろな種類の曲を聞いて，そして一緒に話をする。_D土曜日は一週間の中でも大好きな日なの。／B：きみはサイトウ先生と，楽しい時間を過ごしているね。バイオリンを弾くことは好きなの？／Y：ええ。けれども，去年の一週間，私はバイオリンを弾く気持ちがしなかった。／B：何か起きたの？／Y：去年の春，私はコンテストに参加した。賞を取りたかった。だから，私は難しい曲を弾こうとした。一生懸命に練習した。けれども，上手に弾けなくて，そして賞は何も取れなかったの。その後，_E私はバイオリンを弾きたくなかった。／B：けれども，今君はバイオリンを弾くことが好きだ。なぜ考えを変えたの？／Y：おじいさんから大切なことを一つ学んだから。／B：_F大切なことを一つ？　それは何？／Y：そのコンテストの後のある日，おじいさんは私に一緒にバイオリンを弾こうと聞いてきた。私は弾きたくなかった，なぜなら，バイオリンを上手に弾けると思わなかったから。けれども，おじいさんとバイオリンを弾いた後，私は楽しい気持ちになったの。前と同じように，バイオリンを弾くことが楽しかった。おじいさんは私に言いました，「私はあなたとバイオリンを弾くことが楽しい。あなたは，バイオリンを弾いている時，本当に楽しそうだ。もちろん，コンテストで賞を取ることは大切だけど，バイオリンを弾くことを楽しむことが，もっと大切だ」。これが，おじいさんから_G私が学んだことなの。／B：ああ，君のおじいさんは本当にすてきだ。コンテストにもう一度参加したい？／Y：ええ。コンテストで弾いた難しい曲を，今_H練習している。その曲を弾くことは簡単ではないけれども，弾くことが楽しい。／B：次のコンテストで君がバイオリンを弾くことが楽しめるようにと思っているよ。

(1)　A　My grandfather _Abought me a violin on my birthday.　bought は buy (買う)の過去形。buy A B で，「A に B を買ってあげる」。普通，A は「人」で B は「物」になる。　G　This is _Gthe thing I learned from my grandfather.　This is に続くので，the thing と補語を置いて「私が学んだこと」とする。thing と I の間には関係代名詞 which が省略されている。

(2)　B　teach → taught　問題の文は Has から始まる完了形の疑問文なので，動詞は過去分詞形とする。　H　practice → practicing　問題文は I'm と be 動詞となっていて，また Now で始まっていることから現在進行形が適当。

(3)　ア　どのように　イ　何を　ウ　いつ(○)　エ　なぜ　(C)の後のユカの発話で，「毎週土曜日」と答えていることから，カッコの疑問文では「いつ」を聞くウ(When)が適当。

(4)　サイトウ先生の家で行うことは，下線部分 D を含むユカの発話全体で述べられているので，ここから具体的に解答を書き出す。

(5)　ア　私はバイオリンを弾きたくなかった。(○)　　イ　私は，バイオリンを弾くことが難しいと思わなかった。　ウ　私は，バイオリンを一生懸命に練習しようと決心した。　エ　私はおじいさんと一緒にバイオリンを弾くことを楽しんだ。問題文の第13番目のユカの発話 Yes. But last～では，「私は弾きたくなかった」とあり，次のベンの発話 What happened? でなぜかを聞き，次のユカの発話 Last spring I～で，理由を言っている文脈からすると，(E)の文はア適当。選択肢アの to play は不定詞で「弾くこと」。選択肢イとエにある playing は，動名詞で「弾くこと」。to play と playing は同じ意味を表す。

(6)　ユカは，下線部分 F の次のユカの発話の第5文 My grandfather said～にあるおじいさんの言葉から学んだので，この言葉から具体的に解答を書き出す。

(7)　ア　ユカのおじいさんは，毎週土曜日にユカへバイオリンのレッスンをする。　イ　サイトウ先生は，ユカと一緒にさまざまな種類の歌をうたうことが楽しい。　ウ　ユカは，去年の春のコンテストで難しい曲を上手に弾くことができた。　エ　ユカと彼女のおじいさんはバイオリンを弾く時，楽しい時間を過ごす。(○)　　オ　ユカはコンテストの後一生懸命に練習して，次のコンテストでは賞を取った。第19番目のユカの発話の第 3 文 But after playing～ と第4文 I enjoyed playing～では，「おじいさんと一緒にバイオリンを弾くことが楽しかった」とあることからエが適当。選択肢ウの be able to～は，「～することができる」であり，助動詞 can と同じ意味を表す。

〔3〕　(自由・条件英作文)

(問題文訳)　こんにちは *** 。あなたは，アメリカで楽しい時を過ごしましたか？　私はあなたと一緒に，本当に楽しい時を過ごしました。あなたは私に，あなたの国の食べ物について話をしてくれました。それはとても興味深いことでした。今私は，あなたの国のイベントやお祭りについて知りたいのです。だから，あなたの国のイベントやお祭りについて教えてくれますか？　あなたの友，ジョン。　(解答例訳)　私はあなたに日本の正月について伝えます。私たちはその日を大切だと考えていて，そしていくつか特別なことを行います。たとえば，私たちは伝統的な日本の料理を食べます，そして，年賀状を受け取ります。私たちは，家族で話をすることを楽しみ，そして，幸せな暮らしになるように願います。

〔4〕　(長文読解：日本語で答える問題，文の挿入，内容真偽，語句の解釈・指示語，英問英答，不定詞，受け身，比較，接続詞)

(全訳)　私はミキです。日本の中学生です。毎年秋に，私たちの町でマラソン大会があります。おおよそ三千のランナーが私たちの町にきて，そし，42.195キロメートルを走ります。去年，私はマラソン大会のボランティアとして，一日中働きました。最初，ボランティアをやりたくなかったのです，なぜなら，私はスポーツが得意ではかなったからです。けれども，友達の一人のケンタが私に言いました，「ミキ，ボランティアとして働こうよ。ぼくたちにとって，良い経験になると思うよ」。そうして，私はボランティアをやると決めました。

　マラソン大会の日は晴れていました。A私は緊張していました，なぜなら，マラソン大会のボランティアとして働くことは，私にとって初めての経験だったからです。スタート地点にたくさんのランナーが集まって，そして，みんな興奮しているようでした。レースは朝の8時に始まりました。

　ケンタと私は，他のボランティアの人たちと一緒に，ゴール地点の近くにいました。私たちボランティアの仕事は，ランナーが走り終えた時に，水の入ったペットボトルをランナーへ渡すことでした。私は驚きました，なぜなら，私たちの目の前の大きな箱の中に，水の入ったペットボトルが

たくさんあったからです。□a□私たちはその箱を運んで，箱からペットボトルを取り出して，そしてペットボトルをテーブルの上へ置きました。それはたいへんな仕事で，そして準備を終えるには，長い時間が必要でした。ボランティアの一人が私たちに言いました，「一生懸命に働いてくれてありがとう。ランナーたちはとても喜ぶだろう」。それを聞いて，B<u>ケンタと私はうれしくなりました。</u>

　10時30分ごろ，最初のランナーがゴール地点に着きました，そして，ゴール地点の近くにいる誰もがランナーに拍手を送りました。たくさんの人たちが，彼の周りに集まりました。彼らはとても興奮しているように見えて，そして，そのうちの一人がランナーに言いました，「あなたはすばらしいランナーだ！　私はあなたを誇りに思う」。ランナーは，みんなと喜びを分け合いました。□b□

　そして，一人の疲れたランナーがゴール地点の近くで，より早く走り始めました，そして，微笑みました。別のランナーたちは，走り終わったとき，満足そうでした。<u>c走った後，彼らは本当に幸せそうでした。</u>

　次に，私の叔父がゴール地点に着きました。私は驚きました，なぜなら，叔父がこのマラソン大会に参加しているとは知らなかったからです。□d□叔父が走り終わった時，私は叔父に水の入ったペットボトルを渡しました。叔父は私に言いました，「走っている時には，42.195キロメートルを走ることができると思っていなかった。走ることをやめたかった。けれども，一生懸命にやってみた。私はゴール地点に着くことができた，だから，とてもうれしいと思っている」。叔父はまた私に言いました，「私は今日のマラソン大会のため一生懸命に練習をした，そして，たくさんの友人が私を支えてくれた。わたしはみんなに感謝したい」。

　午後，多くのランナーがゴール地点に着きました。私たちはとても忙しかった。私はペットボトルの水をみんなに渡しました。何人かのランナーが，私に言いました，「ボランティアとして働いてくれてありがとう」。(C)

　マラソン大会の後，私はケンタと話をしました。□e□ケンタは私に言いました，「今日のボランティアの仕事はどうだった？」。私はケンタに言いました，「よかったよ。長い一日で，そして本当に疲れた。けれども，ボランティアとして働けてうれしい，なぜなら，他の人たちのために何かをすることは，大切なことだと学んだから。他の人たちを助けて，そして支えることはすてき。今日のマラソン大会で，ボランティアとして働いて楽しかった」。

　今，私はスポーツに興味を持っています。D<u>スポーツを楽しむには，いくつかの方法</u>があります。スポーツをやって，楽しむ人たちがいます。スポーツを見て，楽しむ人たちもいます。そして，スポーツを支えて楽しむ，他の人たちもいます。私は人々を支えることで，スポーツを楽しみました。スポーツには人々を変える力があると，私は思います。私は一生懸命にやろうとする人たちを見ました，そして，私はその人たちに感動させられて，今新しことに取り組みたいと考えています。私たちが新しいことに取り組むのならば，私たちは楽しいことを見つけることができるでしょう。スポーツを楽しむことは，いかがでしょうか？

(1)　下線部分Aのあと because 以降にミキが緊張していた理由が書いてあるので，ここから具体的に解答を作成する。

(2)　(英文訳)走った後，彼らは本当に幸せそうでした。各空欄の前後の文脈に合わせると，□c□に入れれば全体の意味が通る。

(3)　下線部分Bの直前の文，あるランナーの言葉 One of the〜が，ケンタとミキがうれしいと感じた理由に該当する。

(4)　ア　私は今日のマラソン大会でケンタと一緒に走ることが楽しかった。　イ　私はボランティアとして働くことで，ランナーを助けることができると知ってうれしかった。（○）　ウ　私はお昼前にゴール地点に着くことができるランナーを知って驚いた。　エ　私は本当に疲れて，そして，マラソン大会のために働くことをやめたかった。（ C ）の直前の文 Some of them〜では，「ミキはランナーに，『ボランティアとして働いてくれてありがとう』と言われた」とあるので，これに続く文はイが適当。選択肢エの stop working は，「働くことをやめる」で，working は動名詞で「働くこと」となる。

(5)　下線部Dには「スポーツの楽しみ方はいくつかある」とあり，その次の文 Some people enjoy〜以降に楽しみ方の方法が書いてあるので，これらの文から具体的に解答を作成する。

(6)　①　（問題文訳）マラソン大会の日は雨でしたか？　正答例は No it wasn't.（いいえ，違います）。問題文は Was〜で始まる疑問文なので，yes/no で答える。問題文の第2段落第1文 It was sunny〜では，「マラソン大会の日は晴れ」となっている。　②　（問題文訳）ランナーが走り終えた時，ボランティアの仕事としてミキはケンタと一緒に何をしましたか？　正答例は，She gave runners bottles of water.（彼女は水の入ったペットボトルをランナーに渡した）。問題文の第3段落第2文 Our volunteer job〜によると，「ボランティアの仕事は，水の入ったペットボトルをランナーへ渡すこと」とある。　③　（問題文訳）スポーツの力について，ミキは何だと考えていますか？　正答例は，She thinks sports have the power to change people.（彼女は，スポーツが人びとを変える力を持っていると考えている）。問題文の最後の段落第7文 I think sports〜に，「スポーツが人びとを変える力を持っていると考えている」とある。正答例では，主語が She（彼女）なので，動詞 think は三人称単数の形とする。

(7)　ア　ミキとケンタは，彼らの町のマラソン大会のために働いた，なぜなら，彼らはスポーツをすることが好きだから。　イ　ミキの叔父もその日マラソン大会のボランティアとして働いていることを知って，ミキは驚いた。　ウ　午後，そこには多くの別のボランティアがいて，そして，ミキは忙しさを感じずに，ケンタと多くのことを話した。　エ　ミキはマラソン大会のために働くことは良いことだと考えた，そして，今彼女はスポーツに興味を持っている。（○）
オ　ボランティアとしてマラソン大会で働くことはとても大変だった，そして，ミキはスポーツのイベントへ二度と行きたくなかった。問題文の第8段落第5文 But I'm happy〜では，「ボランティアとして働くことが楽しい」と言い，また，最後の段落の最初の文 Now I'm interested 〜では，「スポーツに興味がある」と言っていることからエが適当。選択肢イの be surprised when〜は，「〜の時に驚かされる」という受け身の文。

2020年度英語　放送による聞き取り検査

〔放送台本〕
〔1〕　放送を聞いて，次の(1)〜(3)の問いに答えなさい。
(1)　これから英文を読み，それについての質問をします。それぞれの質問に対する答えとして最も適当なものを，次のア〜エの中から一つずつ選び，その符号を書きなさい。
1　When you play tennis, you use this.
　　Question: What is this?
2　Taro went shopping with his family.　Taro bought a cap, and his mother

bought a sweater. His father bought a T-shirt and his sister bought jeans.

Question: What did Taro's sister buy?

3 Ken is 14 years old. Tomomi is 17 years old. Taichi and Yumi are as old as Tomomi.

Question: Who is the youngest of the four?

4 I'm Satoshi. I enjoyed this winter vacation. On December 26, I went to the zoo and saw many animals. On December 27, I went to the stadium to play soccer. The next day, I went to Masao's house and practiced the guitar with him. On December 29, I went to Tokyo to see my uncle.

Question: Where did Satoshi go on December 28?

〔英文の訳〕

(1) 1　あなたはテニスをする時，これを使います。

質問：これは何ですか？

ア　グローブ　　㋑　ラケット　　ウ　自転車　　エ　カメラ

2　Taro は彼の家族とショッピングへ行きました。Taro は帽子を買って，そして彼の母はセーターを買いました。彼の父は，Tシャツを買いました，そして，彼の姉妹はジーンズを買いました。

質問：Taro の姉妹は何を買いましたか？

ア　帽子　　イ　セーター　　ウ　Tシャツ　　㋓　ジーンズ

3　Ken は14才です。Tomomi は17才です。Taichi と Yumi は Tomomi と同じ年です。

質問：4人で一番若いのは誰ですか？

㋐　ken　　イ　Tomomi　　ウ　Taichi　　エ　Yumi

4　私は Satoshi です。私はこの冬休みを楽しみました。12月26日には動物園へ行き，たくさんの動物を見ました。12月27日には，サッカーをプレーしにスタジアムへ行きました。次の日，私は Masao の家へ行き，彼と一緒にギターを練習しました。12月29日には，私は叔父に会うために，東京へ行きました。

質問：Satoshi は，12月28日には，どこへ行きましたか？

ア　動物園　　イ　スタジアム　　㋒　Masao の家　　エ　東京

〔放送台本〕

(2)　これから英語で対話を行い，それについての質問をします。それぞれの質問に対する答えとして最も適当なものを，次のア～エから一つずつ選び，その符号を書きなさい。

1　A: Hi, Yuta. What did you do yesterday?

B: I wanted to play baseball with my friends, but I couldn't, because my brother was sick. So, I stayed at home and helped him.

Question: Did Yuta play baseball yesterday?

2　A: The movie will begin soon. Can I buy something to drink?

B: It's 3:50. Come back soon.

A: We have ten minutes before the movie begins. I'll be back soon.

Question: What time will the movie begin?

3　A: How do you come to school, Kate?

B: I come to school by train. How about you, Paul?

A: I usually come to school by bike.

B: But it's rainy today. Did you come to school by car or by bus?

A: I came here by bus.

Question: How did Paul come to school today?

4 A: Excuse me, I want to go to the library. Do you know where it is?

B: Yes. Go straight, and turn left when you see the park on your right.

A: OK.

B: Then, go straight and turn right at the post office.

A: Turn right at the post office?

B: That's right. You'll see the library on your left.

A: Thank you.

Question: Which is the library?

〔英文の訳〕

1 A：やあ，Yuta。昨日は何をしたの？／B：友達と野球をしたかったけれどもできなかった，なぜなら，ぼくの兄弟が病気だったから。だから，家にいて，兄弟を助けていたんだ。

質問：昨日 Yuta は野球をしましたか？

　ア　はい，やりました。　　① いいえ，やりませんでした。

　ウ　はい，そうでした。　　エ　いいえ，そうではありませんでした。

2 A：もうすぐ映画が始まるよ。何か飲むものを買ってきていい？／B：3時50分だよ。すぐに戻ってきて。／A：映画が始まる前に，10分はあるよ。すぐに戻る。

質問：映画は何時に始まりますか？

　ア　3:40　　イ　3:50　　⑦ 4:00　　エ　4:10

3 A：Kate，あなたはどのように学校へ来ますか？　／B：学校へは電車できます。Paul，あなたはどうですか？／A：私はいつも自転車で学校へ来ます。／B：けれども，今日は雨ですね。学校へは自動車かバスで来ましたか？／A：ここへはバスで来ました。

質問：Paul は今日学校へどのように来ましたか？

　ア　彼は電車で学校へ来ました。　　　イ　彼は自転車で学校へ来ました。

　ウ　彼は自動車で学校へ来ました。　　① 彼はバスで学校へ来ました。

4 A：すみません。私は図書館へ行きたいのですが。図書館はどこにあるのか知っていますか？／B：はい。まっすぐ行って，そして右側に公園が見えたら左に曲がります。／A：はい。／B：それから，まっすぐ行って，郵便局のところを右に曲がります。／A：郵便局のところを右に曲がるのですね？／B：その通りです。左側に図書館が見えます。／A：ありがとうございます。

質問：図書館はどこですか？

〔放送台本〕

(3)　これから，あなたのクラスの英語の授業で，グリーン先生(Mr. Green)が英語のスピーチをします。そのスピーチについて，四つの質問をします。それぞれの質問の答えとなるように，次の1～4の□□□の中に当てはまる英語を1語ずつ書きなさい。

　　Hello, everyone. This year I'll teach you English. First, I'll talk about my life. I was born in Canada, and I like basketball. I have played it for fifteen years. I also like drinking tea. So, I drink Japanese tea every day. Next, I'll talk about my sister. Her name is Kate. I think she is great because she helps a lot of sick people as a doctor. Finally, I'll talk about my experience. I went to many countries before coming to Japan. When I visited many places, people talked to me in English. I learned many things from them. In Japan, I want to learn the history of Japan from you. Please tell me about Japan. I hope you'll enjoy my class. Thank you.

　Question　1　How long has Mr. Green played basketball?
　　　　　　　2　What does Mr. Green drink every day?
　　　　　　　3　Why does Mr. Green think Kate is great?
　　　　　　　4　What does Mr. Green want to learn in Japan?

〔英文の訳〕

(3)　こんにちは，みなさん。今年，私があなたたちに英語を教えます。初めに，私の生活についてお話します。私は，カナダで生まれました，そして，バスケットボールが好きです。15年間バスケットボールをやってきました。また，お茶を飲むことが好きです。だから，日本茶を毎日飲みます。次に，私の姉妹についてお話します。彼女の名前はKateです。彼女は素敵だと思います，なぜなら，医者として多くの病気の人たちを助けているからです。最後に，私の経験についてお話します。私は，日本へ来る前に，多くの国へ行きました。いろいろな場所を訪れた時，人びとは英語で私と話をしました。私は，彼らから多くのことを学びました。日本では，あなたたちから日本の歴史を学びたい。日本について，私に教えてください。私の授業を楽しんでもらえると思います。ありがとう。

　質問：1　グリーン先生は，どれぐらいの期間バスケットボールをやっていますか？　(解答)彼は，15年間バスケットボールをやっています。
　　　　2　グリーン先生は，毎日何を飲みますか？　(解答)彼は日本茶を飲みます。
　　　　3　グリーン先生は，なぜKateが素敵だと思いますか？　(解答)なぜなら，彼女は医者として多くの病気の人たちを助けているから。
　　　　4　グリーン先生は，日本で何を学びたいのですか？　(解答)彼は，日本の歴史を学びたい。

＜理科解答＞

〔1〕　(1)　ア　　(2)　ウ　　(3)　①　エ　　②　イ
〔2〕　(1)　①　6N　　②　2.4J　　(2)　①　3N　　②　0.3W　　(3)　(例)動滑車を使うと，ひもを引き上げる力は半分になるが，ひもを引き上げる距離が2倍になるので，仕事の大きさは変わらない。
〔3〕　(1)　エ　　(2)　ア　　(3)　(例)胚珠が子房の中にあるから。　　(4)　ウ

〔4〕　(1)　イ　　　(2)　① H_2O　　　②　ウ　　　(3)　①　(例)水に溶けるとアルカリ性を示す。
　　　　②　(例)アンモニアが水に溶けやすく，かつ，空気より密度が小さいため。

〔5〕　(1)　光合成　　　(2)　生産者　　　(3)　食物連鎖　　　(4)　ア　　　(5)　イ

〔6〕　(1)　200mA　　　(2)　20Ω　　　(3)　2.4V　　　(4)　500mA　　　(5)　0.36倍

〔7〕　(1)　エ　　　(2)　Na^+　　　(3)　$HCl + NaOH \rightarrow H_2O + NaCl$　　　(4)　エ

〔8〕　(1)　(b)→(d)→(a)→(c)　　　(2)　37m　　　(3)　ウ　　　(4)　(例)ある期間にだけ，広く分布していた生物。

＜理科解説＞

〔1〕　(天気の変化：前線，気象観測，日本の気象)
　(1)　新潟市の4月3日における天気は晴れであり，ほかの気象要素は図から，風向は南西，風力は3であった。よって，天気図の記号はアである。
　(2)　日本の春の天気の特徴は，3月下旬になると，偏西風の影響を受け，日本付近を移動性高気圧と低気圧が西から東へ交互に通過するようになる。そのため，4～7日の周期で天気が変わることが多い。
　(3)　①　寒冷前線が通過した時間帯は4月4日9時から15時である。理由は，**風向が9時から12時にかけて南よりから北よりに変わり，気温は急激に下がった。また，気圧は12時に最も低くなり，その後は気圧が急激に上昇している。**　②　寒冷前線は，寒気が暖気を押し上げるように進むので，前線面の傾きは急で，強い上昇気流を生じるため，イである。

〔2〕　(仕事とエネルギー：仕事の原理・仕事率，力と物体の運動：物体の速さ・等速直線運動)
　(1)　①　ばねばかりを一定の速さで引き上げているとき，ばねばかりには物体の重力だけがはたらくので，ばねばかりが示す値は，6Nである。　②　物体を引き上げる力がした仕事[J]＝6[N]×0.4[m]＝2.4[J]である。
　(2)　①　物体を動滑車を用いて引き上げる場合は，**ばねばかりを一定の速さで引き上げているとき，ばねばかりには物体の重力の半分だけがはたらくので，ばねばかりが示す値は，3Nである。**　②　物体が床面から40cm引き上がるまでの時間[s]＝40[cm]÷10[cm/s]＝4[s]である。よって，ばねばかりにより物体を引き上げる力がした仕事の仕事率[W]＝$\dfrac{3[N] \times 0.4[m]}{4[s]} = \dfrac{1.2[J]}{4[s]} = 0.3$[W]である。
　(3)　**仕事の原理**とは，「動滑車を使うと，ひもを引き上げる力は半分になるが，ひもを引き上げる距離が2倍になるので，仕事の大きさは変わらない。」ことをいう。

〔3〕　(植物の分類，植物の体のつくりとはたらき：花のつくり)
　(1)　図1のおしべの先端の袋状になっている部分の名称はやくで，中には花粉が入っている。
　(2)　エンドウは，5枚の異なった形の花弁からなる離弁花である。
　(3)　アブラナが被子植物であることがわかる理由は，図2から，**胚珠が子房の中にある**からである。
　(4)　図3のアブラナの葉の葉脈は網状脈であるため，双子葉類である。よって，根は，主根とそこからのびる側根からできている。

〔4〕　(気体の発生とその性質，物質の成り立ち)
　(1)　二酸化炭素と反応して白く濁る液体は，石灰水である。

(2)　①　水素は，空気中で火をつけると，音を立てて燃え，空気中の酸素と化合して水ができる。この化学変化の化学反応式は，$2H_2 + O_2 \rightarrow 2H_2O$，であり，水の化学式は，$H_2O$である。

　　②　水素を発生させる方法は，亜鉛にうすい硫酸を加えることによる。

(3)　①　アンモニアが，フェノールフタレイン溶液を加えた水に溶けて，水の色が赤くなったことから，アンモニアは水に溶けるとアルカリ性を示すことがわかる。　②　乾いた試験管を用いて上方置換でアンモニアを集めるのは，アンモニアが水に非常に溶けやすく，かつ，空気より密度が小さいためである。

〔5〕　(自然界のつり合い：生態系における炭素の循環・食物連鎖)

(1)　無機物の流れを表す矢印xは，植物が光合成をするために大気中から二酸化炭素をとり入れていることを表している。

(2)　植物は，無機物の水と二酸化炭素をとり入れ，光エネルギーを利用して光合成を行い，デンプンなどの有機物をつくっている。このような，自分で栄養分をつくる生物は，生産者とよばれる。

(3)　植物，生物A(草食動物など)，生物B(肉食動物など)は，食べる，食べられるという関係でつながっている。このつながりを，食物連鎖という。

(4)　草食動物などの生物Aが急激に減少すると，生物Aに食べられている植物は増加し，肉食動物などの生物Bは，食物が少なくなるため，減少する。

(5)　消費者である生物Aは草食動物のウサギ，消費者である生物Bは肉食動物のイヌワシ，分解者である生物Cは土壌動物のミミズや菌類・細菌類などの微生物であり，イが正しい。

〔6〕　(電流：回路の電圧と電流と抵抗・電力)

(1)　オームの法則より，電流計の値$[mA] = \dfrac{6.0[V]}{30[\Omega]} = 0.2[A] = 200[mA]$　となる。

(2)　抵抗器aの電気抵抗をR_aとし，抵抗器bの電気抵抗をR_bとすると，図2は直列回路なので，合成抵抗$R_{t1} = R_a[\Omega] + R_b[\Omega] = 30[\Omega] + R_b[\Omega] = \dfrac{6.0[V]}{120[mA]} = \dfrac{6.0[V]}{0.12[A]} = 50[\Omega]$，である。よって，$R_b[\Omega] = 50[\Omega] - 30[\Omega] = 20[\Omega]$　である。

(3)　抵抗器bの両端に加わる電圧$[V] = 0.12[A] \times 20[\Omega] = 2.4[V]$　である。

(4)　図3の並列回路の合成抵抗をR_{t2}とすると，$\dfrac{1}{R_{t2}[\Omega]} = \dfrac{1}{R_a[\Omega]} + \dfrac{1}{R_b[\Omega]} = \dfrac{1}{30[\Omega]} + \dfrac{1}{20[\Omega]} = \dfrac{5}{60[\Omega]}$である。よって，$R_{t2}[\Omega] = 12[\Omega]$である。したがって，電流計の値$[mA] = \dfrac{6.0[V]}{12[\Omega]} = 0.5[A] = 500[mA]$　となる。

(5)　実験2で抵抗器aの両端に加わる電圧$[V] = 0.12[A] \times 30[\Omega] = 3.6[V]$である。よって，抵抗器aが消費する電力$[W] = 0.12[A] \times 3.6[V] = 0.432[W]$である。実験3で抵抗器を流れる電流$[A] = \dfrac{6.0[V]}{30[\Omega]} = 0.2[A]$である。よって，抵抗器aが消費する電力$[W] = 0.2[A] \times 6[V] = 1.2[W]$である。したがって，抵抗器aが消費する電力は，実験2が実験3の0.36倍である。

〔7〕　(酸・アルカリとイオン，中和と塩：イオンの変化，化学変化と物質の質量)

(1)　ビーカーAのうすい塩酸を$10cm^3$入れて酸性になっているビーカーCの水溶液に，加えると水溶液の色が黄色になる薬品は，BTB溶液である。

(2)　Ⅰで酸性により黄色になったビーカーCに，Ⅱでうすい水酸化ナトリウム水溶液を$10cm^3$加えると，アルカリ性になって青色に変色した。この化学変化を化学式とイオン式を用いてモデル

で表すと，5H$^+$＋5Cl$^-$＋6Na$^+$＋6OH$^-$ → 5H$_2$O＋6Na$^+$＋5Cl$^-$＋OH$^-$，である。よって，最も数が多いイオンはナトリウムイオンであり，イオン式はNa$^+$である。

(3)　Ⅲでは，Ⅱでアルカリ性になって青色に変色したビーカーCの水溶液に，ビーカーAのうすい塩酸2cm^{3}を加えると，ビーカーCの水溶液が緑色に変色した。このことから，酸とアルカリは全て中和された結果，水と食塩(塩化ナトリウム)ができたことが分かる。よって，化学反応式は，HCl＋NaOH → H$_2$O＋NaCl，である。

(4)　うすい塩酸12cm^{3}とうすい水酸化ナトリウム水溶液10cm^{3}が中和すると中性になる。うすい塩酸48cm^{3}を中性にする水酸化ナトリウム水溶液を$x$cm^{3}とすると，48cm^3：$x$cm^3＝12cm^3：10cm^3，$x$cm^3＝40cm^{3}である。

〔8〕　(地層の重なりと過去の様子：かぎ層・示準化石・堆積岩)

(1)　①　図Ⅰの地点A，地点B，地点C，に共通して見られる火山灰の層はかぎ層で，火山の噴火による火山灰は広範囲に堆積するため，同じ時代に堆積した地層であると考える。よって，古い方から順に，b→d→a→c，である。

(2)　地点Bにおける火山灰の層の標高は，40m－9m＝31m，である。この地域の各地層は，それぞれ同じ厚さで水平に積み重なっているので，地点Cの火山灰の層の標高も31mである。よって，地点Cの標高＝31m＋6m＝37m，である。

(3)　花こう岩と玄武岩はマグマが冷え固まってできた火成岩であり，凝灰岩と石灰岩は堆積岩である。火山灰など火山の噴出物が堆積して固まってできた岩石の名称は，凝灰岩である。

(4)　ビカリアのように，ある期間にだけ，広く分布していた生物の化石を示準化石といい，その化石を含む地層が堆積した時代の推定に利用することができる。

＜社会解答＞

〔1〕　(1)　南アメリカ大陸　(2)　イ　(3)　ウ
　　　(4)　ウ　(5)　ア

〔2〕　(1)　ウ　(2)　ア　(3)　エ　(4)　(例)自国の海岸線から200海里以内にある水産資源や鉱産資源を，利用する権利をもつ水域。　(5)　右図

〔3〕　(1)　甲骨文字　(2)　大宝律令　(3)　Ⅰ群　イ
　　　Ⅱ群　ク　(4)　ア　(5)　B→A→D→C

〔4〕　(1)　(例)領事裁判権(治外法権)を認めたこと。
　　　(例)関税自主権がないこと。　(2)　エ　(3)　①　エ
　　　②　【背景・原因】(例)世界恐慌となり，不景気が世界中に広がった。　【できごと】イギリスではブロック経済が行われた。　【ブロック経済の内容】(例)多くの植民地との貿易を拡大しながら，他国の商品をしめ出した。
　　　【結果・影響】(例)植民地の少ない国々は，不満を持つようになり，国家間の対立が生まれた。　(4)　イ

〔5〕　(1)　①　ア　②　公共の福祉　(2)　①　平等　②　18　(3)　(例)内閣は，国会の信任にもとづいて成立し，国会に対し連帯して責任を負うしくみ。　(4)　エ

〔5〕 ① イ ② ア
〔6〕 (1) ① ウ ② 契約 (2) イ (3) (例)株式を発行することにより，多くの資金を集めることができるから。 (4) ア，エ

<社会解説>

〔1〕 （地理的分野―世界地理－産業・資源・エネルギー・貿易）

(1) 南アメリカ大陸の南端は，アルゼンチンの**ウスアイヤ**であり，南緯54度48分に位置し，**世界最南端の都市**であるとされている。

(2) この地図では，**経線は30度ごとに示されている**ので，A・B間の距離は120度となる。したがって，地球全周の360度の3分の1であり，40000kmの3分の1で，約13,000kmとなる。この地図は**メルカトル図法**で描かれているため，**赤道**から遠いほど，実際の距離よりも長く描かれることに注意が必要である。

(3) 地図上に示されているのは，モンゴル共和国である。モンゴルでは，一定の土地に定住しないで，牛や羊などの家畜とともに水や牧草を求めて，乾燥した平原を移動しながら牧畜を行っており，これを**遊牧**という。モンゴル高原に住む遊牧民が伝統的に使用している，動物の毛などで作られた移動式テントのことを，**ゲル**という。

(4) ウの国がオーストラリアである。オーストラリアは人口が世界第53位であり，4国の間で最も少ない。また，オーストラリアは資源が豊かであり，**鉄鉱石・石炭・液化天然**ガス等を輸出している。輸出先は，日本や中国などであり，日本はオーストラリアの資源に大きく依存している。

(5) **バスコ＝ダ＝ガマ**は，ポルトガル人の航海者・探検家であり，**東回り航路**をとり，アフリカ大陸の南端の**喜望峰**を回って，1498年に**インド**に到達した。これにより，大量の**こしょう**がヨーロッパにもたらされるようになった。

〔2〕 （地理的分野―日本地理－地形・気候・都市・日本の国土・農林水産業・工業）

(1) **東シナ海**を北上して，九州と奄美大島の間の**トカラ海峡**から**太平洋**に入り，日本の南岸に沿って流れ，房総半島沖を東に流れる暖流を，**日本海流（黒潮）**という。日本海流の一部が**対馬海峡**から**日本海**に入り，日本列島の沿岸を北に向かって流れる暖流を**対馬海流**という。日本海流とぶつかるように，**オホーツク海**から南下してくる寒流を，**千島海流（親潮）**という。正答は，ウの千島海流である。なお，**北大西洋海流**とは，メキシコ湾流から延長してヨーロッパ西岸に向かって流れる暖流である

(2) 東北地方の太平洋側にある仙台は，**奥羽山脈**に冬の北西の**季節風**をさえぎられ，冬には**降雪量（降水量）**が少なく，梅雨，台風，秋雨前線の影響などで6月や9月が降水量のやや多い月となっている。また，平均気温は冬には0度近くに下がるが，夏は20度台半ばまであがる。これを示したのは，雨温図のアである。

(3) 北海道の開拓や北方警備を担うために，明治政府によって北海道各地に家族単位で移住・配備された農兵のことを**屯田兵**という。**日露戦争**の始まった年に屯田兵制度は終了した。

(4) 沿岸から**200海里（約370km）**の水域を，**排他的経済水域**という。沿岸国が，**水産資源**や**海底鉱物資源**などについて，排他的管轄権を行使できる水域である。沿岸から12海里の**領海**と排他的経済水域面積が多い順に並べると，アメリカ合衆国，オーストラリア，インドネシア，ニュージーランド，カナダ，日本の順となり，**日本は世界で6番目に排他的経済水域が広い。**

(5) 果実の産出額は，青森，和歌山，山形の順である。米の産出
　　額は，新潟，北海道，秋田，山形の順である。野菜の産出額は，
　　北海道，茨城，千葉の順である。製造品出荷額の一番多いのは，
　　全国都道府県で第6位の千葉県である。以上をもとに考えると，
　　Aは千葉県，Cは青森県となる。千葉県・青森県を地図に書き込
　　めば，右のようになる。

〔3〕（歴史的分野—日本史時代別－古墳時代から平安時代・鎌倉時
　　　代から室町時代・安土桃山時代から江戸時代，—日本史テー
　　　マ別－法律史・宗教史・外交史・文化史・社会史・政治史・
　　　教育史，—世界史－文化史）

(1) 殷で使われた漢字書体の一つで，現在確認できる最古の漢字
　　が甲骨文字である。古代中国で生まれ発達してきた文字と，獣
　　骨を用いる占卜（せんぼく）とが結びついて文字記録となったものである。

(2) 文武天皇の治世で，国家の基本法典として701年に制定され，翌年施行されたのが，大宝律
　　令である。刑部親王，藤原不比等によって，唐の制度を吸収しながら，日本の実情に合うように
　　修正されて制定された。

(3) C班のカードは，江戸時代のことを説明している。　Ⅰ群　ア の，イエズス会のザビエルが
　　鹿児島に来て，日本にキリスト教を伝えたのは，安土桃山時代である。ウは，元寇のことを説明
　　しており，鎌倉時代のことである。エの，唐から招かれた鑑真が唐招提寺をつくり，戒律を日本
　　に伝えたのは，奈良時代のできごとである。ア・ウ・エのどれも別の時代の説明であり，イが，
　　江戸時代の説明として正しい。ロシアのラクスマンが，女帝エカチェリーナ2世の命令で根室に
　　来航し，漂流民の大黒屋光太夫を送り届けて通商を求めたのは，江戸時代の後期の18世紀末の
　　ことである。　Ⅱ群　カ12世紀の平家の栄枯盛衰を描いた軍記物語が「平家物語」である。作
　　者については，鎌倉時代の信濃前司行長説が有力である。平清盛が，太政大臣となり栄華を極め
　　た時から，平氏一門が壇ノ浦で滅亡するまでの，約20年間を主題としている。平家物語は，琵
　　琶法師によって中世に長く語り継がれた。キ大名や豪商たちの間に茶の湯が流行し，千利休がわ
　　び茶を大成させたのは，安土桃山時代の文化である。ケ奈良時代の中期に，大伴家持らが編纂し
　　たのが万葉集である。漢字の音を借りて国語の音を表記する万葉仮名を用いているのが特徴であ
　　る。カ・キ・ケのどれも別の時代の文化についての説明であり，クが，江戸時代の文化の説明と
　　して正しい。江戸時代には，浮世絵と呼ばれた多色刷りの版画が人気を集め，美人画・役者絵・
　　風景画などにすぐれた作品が生まれた。

(4) 惣と呼ばれる農民の自治組織がつくられたのは，室町時代である。この時代には京都でも自
　　治が行われ，町衆と呼ばれる有力な商工業者によって，運営されていた。室町時代には8代将軍
　　足利義政の後継問題をめぐって，管領の細川勝元と侍所の所司山名宗全の対立が激化し，管領家
　　の細川氏や斯波氏の家督争いも関わって応仁の乱が起こった。1467年から1477年まで争いが続
　　き，応仁の乱後は，戦国時代が到来した。

(5) A班のカードは，平安時代中期の国風文化の時代の説明である。B班のカードは，律令政治が
　　行われた奈良時代の説明である。C班のカードは，江戸時代の教育についての説明である。D班
　　のカードは，室町時代の農民の自治組織である惣についての説明である。したがって，年代の古
　　い順に並べると，B→A→D→Cとなる。

〔4〕　（歴史的分野―日本史時代別－安土桃山時代から江戸時代・明治時代から現代，―日本史テーマ別－外交史・政治史，―世界史－政治史・経済史）

(1)　一つ目は，外国人が日本で罪を犯した場合は，日本に駐在するその国の領事が，その国の法律で裁くという**領事裁判権**を認めていたこと。つまり**治外法権**を認めていたことである。二つ目は，アメリカからの輸入品にかける税金に関して，**協定制**をとることになり，日本は**関税自主権**を持つことができなかったことである。

(2)　ア　**国家総動員法**は，1938年に日中戦争の長期化による総力戦の遂行のために制定された。　イ　**第二次護憲運動**が展開され，その後成立した**護憲三派内閣**によって，**普通選挙法**が成立したのは1925年である。　ウ　1874年の板垣退助らによる**民撰議院設立建白書**の提出に始まり，藩閥政治に反対して国民の自由と権利を要求した政治運動が，**自由民権運動**である。国会の開設を要求する運動として全国的に広がった。ア・イ・ウのどれも別の時代のことであり，エが正しい。**長州陸軍閥の桂太郎**が，**軍部大臣現役武官制**を利用して，立憲政友会の西園寺公望内閣を倒し，**内大臣**の地位を利用して自ら組閣したことに対して世論が反発し，**第一次護憲運動**が起こった。桂内閣は50日余りで総辞職せざるを得なかった。これを**大正政変**といい，Aの時期にあてはまる。

(3)　①　**バルカン半島**には主導権を握るだけの民族がなく細分化されており，ドイツ・オーストリア＝ハンガリー・イタリアの**三国同盟**と，イギリス・フランス・ロシアの**三国協商**という対立構造のはざまで，第一次バルカン戦争・第二次バルカン戦争など紛争が相次ぎ，「**ヨーロッパの火薬庫**」と呼ばれていた。**サラエボ**でオーストリア＝ハンガリーの皇太子が殺害されたことが，**第一次世界大戦**の発端となった。1919年から1920年まで，第一次世界大戦の講和会議として開催された**パリ会議**は，アメリカ大統領ウィルソンの十四カ条の原則の柱である**国際協調・民族自決**の精神で進められた。この国際協調の精神を具体化したものが，**国際連盟**である。国際連盟は1920年に創立された。　②　【背景・原因】1929年にアメリカに端を発する**世界恐慌**の影響下で，不景気が世界中に広がった。【できごと】イギリスでは**ブロック経済**が行われた。【ブロック経済の内容】ブロック経済とは，世界恐慌後にイギリス連邦などの**植民地**を持つ国が，植民地を「ブロック」として，**関税同盟**を結び，第三国に対し**関税障壁**を張り巡らせて，保護した状態の経済体制をいう。【結果・影響】植民地の少ない国々は，ブロック経済が蔓延することに不満を持つようになり，それが国家間の対立を生むことになったことを指摘するとよい。

(4)　X　**毛沢東**を主席とする**中華人民共和国**が成立したのは，1949年である。国民党と共産党の内戦で敗北した国民党は，アメリカの援助を受けつつ，拠点を台湾に移した。1950年1月には蒋介石が総統に復職し，台湾国民政府が成立した。　Y　1989年の**マルタ会談**によって，アメリカ・ソ連を中心とした**資本主義陣営**と**社会主義陣営**の冷戦が終結し，1989年に**ベルリンの壁**が取り壊され，翌年**東西ドイツが統一**された。　Z　1945年の敗戦以来，アメリカの占領下に置かれていた**沖縄**は，1972年に日本に返還された。しかし，沖縄に置かれた**米軍基地**は，アメリカの東アジア戦略上，そのまま残された。したがって，年代の古い順に正しく並べたのは，イである。

〔5〕　（公民的分野―基本的人権・国の政治の仕組み・三権分立・国際社会との関わり）

(1)　①　**資本主義経済**が発達した結果，人々の間に**貧富の差**が拡大する状況が生じ，**人間に値する生活**を営むために，国民が国家に対して保障を要求する権利が，基本的人権の一つである「**社会権**」として，憲法に明文化されるようになった。「社会権」には，「**生存権**」「**教育を受ける権利**」「**勤労の権利**」「**労働基本権**」「**社会保障の権利**」などがある。正答は，アである。　②　日本国憲法第12条に「この憲法が国民に保障する自由及び権利は，国民の不断の努力によつて，これ

を保持しなければならない。又，国民は，これを濫用してはならないのであつて，常に**公共の福祉**のためにこれを利用する責任を負ふ。」と明記されている。また，日本国憲法第13条は「すべて国民は，個人として尊重される。生命，自由及び**幸福追求**に対する国民の権利については，公共の福祉に反しない限り，立法その他の国政の上で，最大の尊重を必要とする。」と定めている。

(2)　①　1人1票で，有権者の投票の価値をすべて平等に取扱う制度を，**平等選挙**という。**普通選挙**，**直接選挙**，**秘密選挙**とともに，現代選挙制の基本原則となっている。　②　2015年に，国会で選挙権年齢の引き下げが，全会一致で可決され，2016年7月実施の参議院議員選挙から，**選挙権年齢**が満**18歳**以上となった。

(3)　内閣が国会の信任にもとづいて成立し，議会に対して責任を負い，その存立が議会の信任に依存する制度を，**議院内閣制**という。議院内閣制の特徴は，議会の多数派が内閣を形成し，政権の座につくことにより，**立法**と**行政**との間に**協力**関係が築かれることである。

(4)　**裁判員制度**に基づき，国民が裁判に参加することによって，国民の視点や感覚が，裁判の内容に反映されることになり，**司法に対する理解**と**信頼**が深まることが期待できる。殺人など，重大な刑事裁判の一審の裁判に，くじで選ばれた市民の裁判員が参加することが，2009年5月から実施されている裁判員制度である。**民事裁判**には，裁判員制度は取り入れられていない。

(5)　①　1945年に**国際連合**が発足し，3年後の1948年に，国際連合総会で「すべての人間は，生れながらにして自由であり，かつ，尊厳と権利とについて平等である。」とする「**世界人権宣言**」が採択された。なお，アの**国際人権規約**は，世界人権宣言の内容を基礎として，これを条約化したものであり，人権諸条約の中で最も基本的なものである。国際人権規約は，1966年の国連総会で採択された。ウの**子ども(児童)の権利条約**は，子どもの基本的人権を国際的に保障するために，1989年に国連総会で採択された条約であり，**18歳未満の人たちを子どもと定義**している。エの**女子差別撤廃条約**は，「女子に対する差別」を定義し，締約国に対し，政治的及び公的活動，並びに経済的及び社会的活動における差別の撤廃のために適当な措置をとることを求めている。1979年の国連総会において採択された。　②　人権保障などの問題に取り組むために活動する，**非政府組織**の略称は，アの**NGO**(Non−governmental Organization)である。なお，他の選択肢については，以下のとおりである。イの地域紛争で停戦を維持したり，紛争拡大を防止したり，公正な選挙を確保するなどのための活動が国連の**平和維持活動**であり，その略称が，**PKO**(Peacekeeping Operations)である。ウの**世界貿易機関**の略称が，**WTO**(World Trade Organization)である。エは1948年に発効した世界保健憲章によって，世界中の人々の健康を実現することを目的として設立された，国際連合の専門機関が**世界保健機関**であり，略称は，**WHO**(World Health Organization)である。オは1919年に設立された，雇用・労働条件の改善を目的とした国連の専門機関が，**国際労働機関**であり，略称は，**ILO**(International Labour Organization)である。

〔6〕　(公民的分野―国民生活・消費生活・経済一般，地理的分野―日本地理―資源・エネルギー)

(1)　①　家庭の生活設計に従って行われる経済活動を**家計**という。家計から政府に対して社会保障などと引き換えに払われるものは**税金**である。また，家計から企業に対して賃金と引き換えに提供されるものは，**労働力**である。　②　買い手の「買いたい」と売り手の「売りたい」という合意で成立するのが**契約**であり，法律の定めがない限り，**口頭**でも契約は成立する。契約が成立した後は，お互いに契約を守る責任が生じる。

(2)　アの**携帯電話やインターネット**が普及したのは，2000年以降のことである。ウの**リサイクル法**は，1998年に国会で成立し，2001年より本格施行された。エの**日本国憲法**は，1946年に公布

され，1947年に施行された。ア・ウ・エのどれも別の時期の説明であり，イが正しい。1955年から始まった経済成長は，1960年代に本格化し，経済成長率が年平均10％を超える**高度経済成長**が続いた。1964年には，**東京オリンピック**が開催され，**東海道新幹線**が開通し，**家庭電化製品**が普及したのがこの時期である。

(3)　企業が効率よく資金を集めるために考えられた方法の一つが，**株式**を発行して出資者を募り，**直接金融**によって資金を集める方法である。なお，株式を購入した個人や法人は，**株主**と呼ばれ，企業の**利益**の一部を**配当金**として受け取る。株式会社は株主から集めた出資金により，最大の利益が出るよう企業努力をする。

(4)　資源が有限でやがて枯渇してしまう石炭・石油・天然ガスなどの**化石燃料**や**原子力**とは異なり，自然の活動によって**エネルギー源**が**半永久的**に供給され，継続して利用できるエネルギーのことを，**再生可能エネルギー**という。太陽光・風力・地熱・波力・バイオマスなどが再生可能エネルギーである。バイオマスとは，とうもろこし・さとうきびなど植物由来のエネルギーを指す。日本では再生可能エネルギーの利用があまり進んでいない。アの太陽光と，エのバイオマスが再生可能エネルギーである。

＜国語解答＞

〔一〕　(一) 1 すぐ(れた)　2 つい(やす)　3 ね(る)　4 かいきょ　5 きゅうご
　　　6 らんおう　(二) 1 垂(れる)　2 冷(まして)　3 種　4 庁舎
　　　5 包装　6 貯蔵

〔二〕　(一) ア　(二) ゆずる　(三) (はじめ)だれもが夏　(終わり)なイメージ
　　　(四) エ　(五) ウ

〔三〕　(一) イ　(二) さかい　(三) エ　(四) ア　(五) (例)船の人は見送る人々に自分の思いを伝えたいが，手紙を渡すことも海を歩いて渡ることもできないということ。

〔四〕　(一) (はじめ)それは，つ　(終わり)らである。　(二) ウ　(三) イ
　　　(四) (例)効率化や経済化の観点からだれかと分かち合う時間を節約して得た自分だけの時間までも，効率的に過ごそうと考えるようになったということ。　(五) エ
　　　(六) (例)多くの敵意に満ち，孤独な人間が増えている状況を解消するためには，他者と時間を重ね合わせて生きていくことで信頼関係を深め，互酬性にもとづいた暮らしをとりもどすことが必要だということ。

＜国語解説＞

〔一〕　(知識－漢字の読み書き)

(一)　1 「優」の訓読みは「やさ(しい)」の他に「すぐ(れる)」がある。　2 「費」の音読みは「ヒ」で，「費用」「消費」などの熟語を作る。　3 この場合の「練る」は，工夫してよいものにするという意味。　4 「快挙」は，すばらしい行いのこと。　5 「救護」は，手当てや看護をすること。　6 「卵黄」は，たまごの黄身。

(二)　1 「垂」を形の似ている「乗」と書き間違えない。　2 「冷」の訓読みは，「つめ(たい)」「ひ(える)」「さ(ます)」などたくさんあるので注意する。　3 「種」の部首は「禾(のぎへん)」。

　　4　「**庁舎**」は，役所の建物のこと。　5　「**包装**」の「**包**」は，「**勹**」の書き方に注意。　6　「**貯蔵**」は，蓄えてしまっておくことである。

〔**二**〕　（俳句・説明文─内容吟味，熟語，品詞・用法）
（一）　──線部分(1)「『線の上』という**の**が」は「『線の上』という**こと**が」という意味。　ア　「会ったのを」が「会ったことを」という意味なので，これが正解。　イ　「友人**の**勧める本」は「友人が勧める本」という意味である。　ウ　「母校**の**校歌」は所有を表す。　エ　「初夏**の**高原」は時を表す。
（二）　──線部分(2)「**ゆずっ**」は，ラ行五段活用動詞「**ゆずる**」の連用形が促音便したものである。
（三）　──線部分(3)の前の段落に，「夏休み」が季語として通用するには，「**だれもが夏休みにたいして抱く普遍的なイメージ**」(22字)が必要とある。「会社の夏休み」には，これが足りないのである。
（四）　──線部分(4)「**黒板**」の構成は「黒い板」で，**前の漢字が後の漢字を修飾している**。ア「**重複**」は似た意味の漢字の組み合わせ，イ「**未完**」は前の漢字が後の漢字を打ち消す，ウ「**緩急**」は対になる意味の漢字の組み合わせ，エ「**暖冬**」は「暖かい冬」で前の漢字が後の漢字を修飾する，オ「**入浴**」は「浴に入る」で後の漢字が前の漢字の目的や対象を表すという構成である。したがって，正解はエとなる。
（五）　本文のテーマは，「**新しい季語**」である。本文によれば，小学校の「運動会」や「夏休み」は，だれもが夏休みに対して抱く普遍的なイメージが「**疑似的な本意として成立している**」ため，「だれにも心当たりがあるような，しかも今までだれも気づかなかった場面」がとらえられれば，**魅力的な新しい解釈が生まれる**。このことを説明するウが正解。アのような「心情」を込めることは，必要条件ではない。イは「だれも味わったことがない心情のイメージ」が文脈と合わない。エの「今まで〜表すこと」は魅力的であるが，「俳句の本質」は言い過ぎである。

〔**三**〕　（古文─情景・心情，内容吟味，仮名遣い，古文の口語訳）
〈口語訳〉　9日の早朝，大湊から奈半の港を目指そうとして，船を漕ぎ出した。
　　この人もあの人もお互いに国境の内まではと言って，見送りに来る人がたくさんいる中で，藤原のときざね，橘のすえひら，長谷部のゆきまさたちが，館を出発なさった日から，あちらこちらと追って来る。この人々は，誠意がある人だったなあ。この人々の深い誠意は，この海にも劣らないだろう。
　　ここから，今は(船が)漕ぎ離れて行く。これを見送ろうとして，この人たちは追いかけてきた。こうして漕いで行くにつれて，海岸にとどまる人も遠くなってしまった。(見送りの人たちからは)船の人たちの姿も見えなくなった。岸の人にも言うことがあるだろう。船の人にも思うことがあるが，どうしようもない。こうではあるけれど，この歌を独り言にして，やめにした。
　　見送る人を思う心は海を渡るけれども，手紙を渡すことも海を踏み渡ることもないから，(岸の人に私の)気持ちはわからないだろう。
（一）　文章Bに「大湊から先は海岸沿いに船を進め，〜出航しました。」とあることから，**奈半の港は次の目的地**と考えられる。したがって，「**目指そう**」とするイが正解である。
（二）　語頭にない「**ひ**」を「**い**」に直して「**さかい**」とする。
（三）　他の人々は「国のさかひのうち」まで見送ったが，「**この人々**」は**国境を越えて港まで見送り**に来たので，エが正解。アでは「志」が深いことにならない。イの「準備」の手伝いとウの

「別れの儀式」については，本文に書いていないので不適切である。

(四)　前の「海のほとりにとまれる人も遠くなりぬ」と対になる表現である。船の人から見ると岸の人が遠くなり，**岸の人から見ると船の人が見えなくなった**ということなので，アが正解である。イは，岸の人の視点になっていないし，「見えずなりぬ」の説明としても不適切である。ウは，本文にない内容。エは「海のほとりにとまれる人」と「船の人」の対比を読み取れていないので，誤りである。

(五)　「船の人が見送りの人に思いを伝えたい」が「伝えられない」ということを，和歌の「**手紙を渡すことも海を歩いて渡ることもできない**」という内容を踏まえて書く。

〔四〕　(論説文−内容吟味，文脈把握，脱文・脱語補充，接続語の問題)

(一)　——線部分(1)の理由は，同じ段落に「**それは，つきつめて考えれば，人間の使う時間が必ず他者とつながっているからである。**」(40字)と説明されている。

(二)　前の「仲間の時間と合わせなければならない」ということを理由として，後に「物資や人の動きに左右される」と説明しているので，ウ「**だから**」が当てはまる。

(三)　——線部分(2)を含む段落の最後の文に「**ともにいる時間が経過するにしたがい，信頼関係が増す**」とある。この内容と合致するイが正解。アは本文の「辛抱強く接近すれば，いつかは敵意を解き」と合わない。ウの「人間を信頼したがる」は，本文の「私たちに強い敵意をもっている」と合わない。エは「群れから決して離れることはない」とするが，実際には「離れていくゴリラもいる」ので，誤りである。

(四)　人間は，「自分だけの時間」を得るために，**だれかと分かち合う時間**をコストとして**効率化や経済化**の観点から節約した。しかし，その**自分だけの時間**までも，自分の欲求を満たすために**効率的に過ごそう**と考えるようになったのである。このことを制限字数内に書く。

(五)　直後の文に「他者のなかに自分を見るようになり，他者の目で自分を定義するようになった」とある。このようなことを可能にするのは，エの「**共感**」する力である。

(六)　問題は，「世界は今，多くの**敵意**に満ちており，**孤独**な人間が増えている」ことである。筆者は，この状況を解消するためには，「社会的な時間」が必要だとする。それは人間本来の「**時間を他者と重ね合わせて**」「**互酬性にもとづいた暮らし**」を営むことである。そして，この「**ともにいる時間**」によって，敵意を解消し，**信頼関係をとりもどす**ことができるというのである。この内容を制限字数内で書く。

大切なことはメモしておこうネ!

2020年度

★★★★★★★★★★★★★★★★★★★★★★

入 試 問 題

2020
年
度

●くわしい解説 …… 11ページ

＜筆答検査A＞ 　　時間　60分

〔1〕　横一列に並んだ31個のます目に，左から小さい順に０から30までの整数が書かれた紙がある。また，３という数字が書かれた駒，５という数字が書かれた駒，1以上30以下の整数が１つ書かれた駒があり，Aさんは３という数字が書かれた駒を１個，Bさんは５という数字が書かれた駒を１個，Cさんは１以上30以下の整数が１つ書かれた駒を１個持っている。下の図１は３という数字が書かれた駒である。最初に，駒を０のます目に置き，Dさんが合図を出した後，下のルールに従って駒を動かす。このとき，次の⑴〜⑶の問いに答えなさい。

図１

```
3
```

ルール	・　Dさんの合図の後に，駒を右隣のます目に動かす。
	・　動かした後の，駒に書かれた数字とます目の数字が等しいときは，次の合図の後に，駒を０のます目に戻す。

例えば，３という数字が書かれた駒を持っているAさんについて，Dさんが合図を５回出すと，Aさんは下の図２のように３という数字が書かれた駒を動かす。

図２

⑴　Bさんがルールに従って５という数字が書かれた駒を動かすとき，次の①，②の問いに答えなさい。

　①　最初の状態からDさんが合図を５回出すと，５回目の合図の後に，駒はどのます目にあるか。ます目の数字を答えなさい。

　②　最初の状態からDさんが合図を８回出すと，８回目の合図の後に，駒はどのます目にあるか。ます目の数字を答えなさい。

⑵　Aさん，Bさんの２人が駒を０のます目に置き，ルールに従って駒を同時に動かす。Dさんの１回目の合図の後に駒を動かしたときから，Dさんの30回目の合図の後に駒を動かしたときまでの間に，Aさん，Bさんの２人が駒を同時に０のます目に戻すのは，何回目の合図の後か，理由をつけて，すべて求めなさい。

⑶　Aさん，Bさん，Cさんの３人が駒を０のます目に置き，ルールに従って駒を同時に動かす。Dさんの１回目の合図の後に駒を動かしたときから，Dさんの50回目の合図の後に駒を動かしたときまでの間に１度だけ，Aさん，Bさん，Cさんの３人が駒を同時に０のます目に戻した。このとき，Cさんの駒に書かれた数字は何か。理由をつけて，考えられる数字をすべて求めなさい。

〔2〕　次の英文を読んで，あとの(1)～(3)の問いに答えなさい。

　　My name is Keita.　I am a high school student in Japan.　I have a friend who is an exchange student from Thailand.　Her name is Arunee.　I like talking with her.　We usually talk in Japanese or in English.　Thanks to her, I have become interested in Thai culture.

　　One day, Arunee said to me, "Let's go to a meeting.　In the meeting, exchange students from different countries are going to talk about their cultures in English." I thought it was a good chance to learn about other cultures.　So, I decided to go to the meeting with her.

　　In the meeting, we made groups of four.　Arunee and I were in the same group, and the other two members were Lin from China and Alex from France. First, we started to talk about Japanese culture.　Lin and Alex were very interested in Japanese comic books.　Lin knew the name of my favorite comic book.　She said to me, "I've heard of it.　But I haven't read it.　What kind of comic book is it?"　I tried to tell her about the comic book but I hesitated because I didn't think that I had enough English words to explain it.　When I didn't say anything, Alex began to help me.　I learned an important thing from him.　He was able to explain the story of the comic book well by using only easy English words.　So I was surprised.

　　Lin and Alex wanted to know about traditional events and festivals in Japan, too.　They asked me some questions about them.　I thought they were difficult questions to answer.　I said, "I want to answer your questions but I can't." This experience taught me another important thing.　I enjoyed going to events and festivals every year but I didn't have enough knowledge to explain them. It was frustrating.

　　Then Arunee talked about traditional events and festivals in her city in Thailand. Lin and Alex asked her many questions.　She didn't hesitate.　She was able to answer them.　Lin said to Arunee, "Wonderful!　I've become interested in your city." "Thank you.　I'm glad to hear it," Arunee said.　"People around me taught me about these events and festivals.　Today many people from other countries visit Thailand, so we have many chances to explain Thai culture to them.　I want them to know many things about my country."

　　After talking about our cultures, we had time to talk about our future jobs. Lin said she wanted to be an astronaut.　Alex said he wanted to be a doctor. And I said I wanted to be a teacher.　Arunee said, "Really?　I want to be a teacher, too."　Then I said, "I hope that one day in the future your students in Thailand and my students in Japan will talk with each other about their cultures."　Arunee said, "That's good.　Like us, they will find many things." All our group members smiled.　I said, "Today talking with you was really exciting to me.　I learned a lot and I feel motivated to study harder."

I think that English is very useful when we talk with people from other countries. Of course, communication between people who speak different languages is difficult.　But English makes it easier.

By talking with many people, we will know various ideas and values.　I think these things will give us different points of view.

(注)　exchange student　交換留学生　　Thailand　タイ　　Arunee　アルニィ（人名）
　　　thanks to ～　～のおかげで　　Thai　タイの　　culture　文化　　meeting　会
　　　member　メンバー　　Lin　リン（人名）　　Alex　アレックス（人名）　　comic book　漫画
　　　hesitate　ためらう　　enough ～ to…　…するのに十分な～　　explain ～　～を説明する
　　　knowledge　知識　　frustrating　もどかしい　　astronaut　宇宙飛行士
　　　feel motivated to ～　～する気になる　　various　様々な　　values　価値観
　　　point of view　視点

⑴　"In the meeting, exchange students from different countries are going to talk about their cultures in English." とあるが，ケイタ（Keita）がこの会で，自国の文化を説明するという経験をとおして，学んだ大切なことは何か，２つあげ，50字以内の日本語で書きなさい。

⑵　次の英文は，この会の10年後に開かれたある会における，アルニィ（Arunee）のスピーチの一部である。"a dream" とあるが，この内容を具体的に日本語で書きなさい。

　　Welcome to Thailand.　Keita, thank you for coming to see us with your students.　I'm really happy and excited.　When I was a high school student, I met your teacher, Keita, in Japan, and we shared a dream.　And today the dream has come true.　I hope you will enjoy your stay in Thailand and have a good time with my students.

⑶　"these things will give us different points of view." とあるが，このことについて，あなたはどのように考えるか，例をあげ，10行以内の英文で書きなさい。

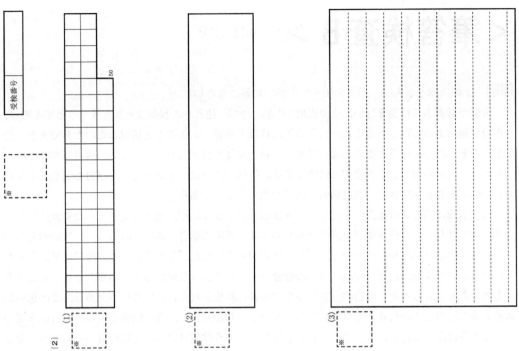

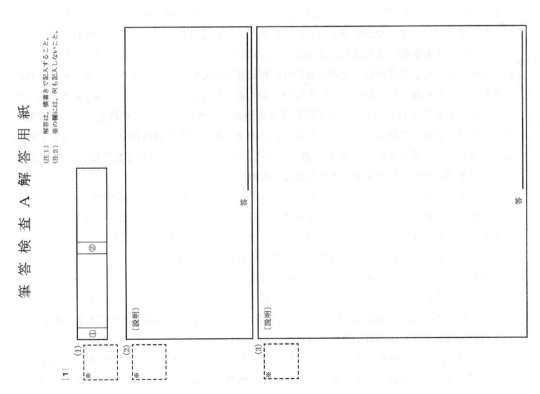

※この解答用紙は185％に拡大していただきますと，実物大になります。

＜筆答検査B＞　　時間　45分

〔問〕　次の文章を読んで，あとの(1)～(3)の問いに答えなさい。

　　人間が価値ある行為を行い，その成果（作品，仕事，他者への貢献など）を残そうとするのは，自分が価値ある存在であること，自分の生に意味と価値があることを確信したいからである。だからこそ，自分の行為とその成果に対する他者の承認が重要になる。しかし，他者に承認されなくとも，自分の行為とその成果に価値があると確信できれば，それを為した自分も価値ある存在だと感じることができる。自己価値を自己承認できるのである。

　　自己承認は目の前の他者の承認に左右されるものではないが，他者承認がまったく無関係というわけではない。自己承認が可能になるためには，現実の他者の承認を経験し，一般的他者の視点から承認され得るかどうかを検証できる必要があるからだ。それは，多くの他者に承認されたいからというより，自分の行為に多くの他者が承認するような価値があるのかどうかを見定めるためである。もちろん，最初のうちは多くの他者に承認されたいという思いがあり，この思いはその後も心のどこかに残っているのかもしれない。しかし，①行為の価値そのものを自己承認できるようになったときから，他者に承認されたいという欲望は意識の後景に退いてしまう。そして，その行為には自分の個性（本当の私）が実現されていると感じ，いまの自分は「本当の自分」である，という実感が湧いてくる。

　　若い板前が料理の腕を磨きながら，日々修業に励んでいるとしよう。彼は何とか一人前の板前として認められたいと思いながら，「こりゃうまいね」「ちょっと味が薄いな」といった客の評価に一喜一憂していたが，やがて多くの人の意見を聞いているうちに，他者に評価されなくとも自分で何がいいのか判断できるようになった。「この味なら年寄りでも大丈夫だな」「これだと万人向きの味になるな」などと自分で考えながら試行錯誤を繰り返し，いつかもっと多くの人たちに喜ばれるような料理を作りたい，という思いを抱くようになった。そこには「多くの人に認められるような板前になりたい」という承認欲望もあったが，それ以上に，「料理を食べにきた誰もがよろこび，満足して帰ってほしい」という思いがあった。そして彼は自分のしていることが価値のあることだと感じるようになり，「誰もがよろこんでくれるような料理を目指している自分，これこそ本当の自分だ」と実感するようになったのである。

　　この板前は，最初は目の前にいるお客さん（他者）の評価（承認）だけを求めていた。しかし，さまざまな客の賞賛や批判を経験するうちに，より多くの人々の評価を想定できるようになり，一般的他者の視点から自分の料理の価値を判断できるようになった。それは最初，多くの人に自分が認められることを目的としていたが，やがてそれ以上に，多くの人に「おいしい！」とよろこんでもらいたい，という思いのほうが意識を占めるようになった。だからこそ，その実現に向けられた自分の行為には価値があると自己承認し，「本当の自分」を実感できたのである。

　　こうした仕事における自己実現のような大きな「本当の自分」の実感でなくとも，私たちが「本当の自分」を実感する瞬間は，もっとごくありふれた日常生活の中にもある。

　　たとえば，目の前で幼児が派手に転んで泣き出したら，たいていの人は思わず駆け寄って抱き起こすだろう。この場合，後から駆けつけた母親に感謝されるかもしれないが，ときには，「よけ

いなことをしないで下さい」と言われたり，「あなたが突き飛ばしたんでしょ！」とあらぬ誤解を受けてしまう場合もある。もしも私たちが感謝されたいから幼児を助け起こしたのなら，誰も見ていないところでは幼児を放っておくかもしれないし，つまらないことを言われたら次からはもう幼児を助けようとはしないだろう。しかし，あらぬ誤解を受けて嫌な思いをした後でさえ，目の前で幼児が転んで泣き出したらやっぱり助けてしまう。そして，そんな自分を振り返って「やっぱりこれでいいんだよな」と感じるのである。そこには，「これが（本当の）自分なんだ，自分はこれでいいんだ」という思いがある。

　この場合，自分の行為が実際に誰かに承認されなくても，一般的他者の視点から「誰だってこうしてあげれば助けになる」と確信している。もちろん，助けようとする瞬間に，その都度一般的他者の視点で吟味しているわけではなく，こうした価値判断は何度か同じ経験をするうちに*自明視されるようになっている。だからこそ，いちいち助けることに価値があるかどうかを考えなくとも，とっさに「助けなければ」と判断できるのだ。そして，自分のしていることに価値があると思えるからこそ，その行為をしている自分を「本当の自分」として受け入れることができる。

　これらの例はいずれも，目の前の他者に承認されることよりも，自分の行為とその成果の価値自体に重きを置いている。一般的他者の視点から自分の行為とその成果に価値があると認め，その価値を自明なものとして自己承認できるようになったとき，私たちはそうした価値あることをしている自分，価値あるものを作り上げた自分に対して，「これこそ本当の自分だ」「これが自分の本当のあり方だ」という実感を得ることができる。

　では，一体なぜ②自分の行為とその成果の価値に対する自己承認は「本当の自分」の実感を生み出すことができるのだろうか？

　その理由として考えられるのは，まず第一に，自分自身の価値（自己価値）を確かなものとして感じることができる，ということがある。そしてそこには他者の承認が深く関わっている。

　自分の行為とその成果の価値を一般的他者の視点から承認できれば，価値あることをしている自分が意識され，そのような自分は「本当の自分」として受け入れられる可能性が高くなる。誰でも自分が価値のある存在だと思いたいし，こうした自己価値への欲望は人間の根源的な欲望である。私たちが他者の承認を求めるのも，自分に価値があることを他者に認めてもらいたいからであり，自分の価値を確かめたいからにほかならない。

　しかし，周囲の人々の承認は個別的で場当たり的な側面を持っており，それだけでは自己価値に一般性，普遍性を感じることができない。これに対して，現実の他者承認を介して一般的他者の視点から自分の行為の価値を自己承認できた場合，自己価値に対して普遍性を感じることができる。人は誰でも，「本当の自分」は価値ある存在であってほしい，と心のどこかで思っている。自分が本当は価値のある存在であることを証明したい，と感じている。だからこそ，自己価値に確信が持てたとき，いまの自分こそ「本当の自分」である，という実感が生み出される。

　自己承認が「本当の自分」の実感を生み出す第二の理由は，自分の意志でこの行為を行っている，という自由の実感が生じるからである。

　現実の他者承認を無視するのではなく，絶えずより多くの人が承認する行為とその成果を目指していれば，やがてそれは行為とその成果の価値そのものへの欲望となる。そうなれば，個別的な他者の承認に引きずられることがなくなり，周囲の人々の言動に左右されなくなる。たとえ

ば，自分が「これは将来的にみんなのためになる」と思ってやった行為に対して，周囲の人々が理解してくれなかったとしても，「もっと将来のことも含めて考えることのできる人たちなら，きっと理解してくれるだろう。周囲の人々も，いつか認めてくれるにちがいない」と思えるはずである。

　他者の承認が得られるからといって，周囲の人々の言いなりになっていれば，その行為をしている自分は他者に*迎合した「偽りの自分」に思えてくる。しかし，自己承認によって自分の行為とその成果の価値を吟味して行動していれば，そこには自分の判断で行動しているという自由の実感がある。自由に自分の本音で行動しているからこそ，それは「偽りの自分」ではない「本当の自分」である，という実感がともなっているのである。

　このように，自己承認による「本当の自分」の実感には，人間の「自由への欲望」と「承認への欲望」が深く関わっている。　　　　　　（山竹　伸二「「本当の自分」の現象学」による）

　（注）　自明視＝明らかにはっきりわかるようになること。

　　　　　迎合＝他人の意向に合うようにすること。

⑴　下線部分①「行為の価値そのものを自己承認できる」とは，どういうことか。　50字以内で書きなさい。

⑵　下線部分②「自分の行為とその成果の価値に対する自己承認は『本当の自分』の実感を生み出すことができる」とあるが，「『本当の自分』の実感」は，どのようにして生み出されると筆者は述べているか。50字以内で書きなさい。

⑶　あなたは，自分自身が「本当の自分」を実感するために，今後どのようなことを大切にしていきたいと考えるか。文章全体を踏まえ，具体例をあげながら，150字以内で書きなさい。

筆答検査B解答用紙

(注1) 解答は、横書きで記入すること。

(注2) ※の欄には、何も記入しないこと。

受検番号

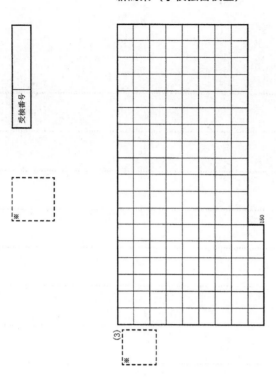

(3)

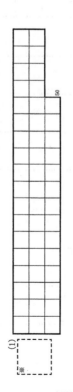

(1)

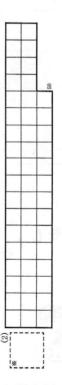

(2)

※この解答用紙は185％に拡大していただきますと、実物大になります。

大切なことはメモしておこうネ！

2020年度

解　答　と　解　説

＜筆答検査A解答例＞

〔1〕　(1)　①　5　　②　2　　(2)　12回目，24回目
[説明]　Dさんの合図の回数が4の倍数のとき，Aさんは駒を0のます目に戻し，Dさんの合図の回数が6の倍数のとき，Bさんは駒を0のます目に戻す。よって，4と6の公倍数を考えると，Dさんの30回目の合図の後までにAさん，Bさんの2人が駒を同時に0のます目に戻すのは，Dさんの12回目の合図の後と24回目の合図の後である。

(3)　8，15，17
[説明]　Dさんの50回目の合図の後までにAさん，Bさんが駒を同時に0のます目に戻すのは，Dさんの12回目，24回目，36回目，48回目の合図の後である。これらの合図の後で1度だけ，Aさん，Bさん，Cさんの3人が駒を同時に0のます目に戻す場合を考えればよい。24と36と48は12の倍数で，48は24の倍数だから，Cさんの駒は，Dさんの12回目の合図と24回目の合図では，駒に書かれた数字とます目の数字が異なり，36回目の合図か48回目の合図のいずれか一方で，駒に書かれた数字とます目の数字が等しくなればよい。36の約数と48の約数から，36と48の公約数，12の約数，24の約数をそれぞれ除くと9，16，18，36，48が残る。よって，Cさんの駒に書かれた数字として考えられるのは8，15，17のいずれかである。

〔2〕　(1)　簡単な英単語だけでも説明できることと，説明するためには十分な知識を持っていなければならないこと。　　(2)　将来教師になり，お互いの生徒が自分たちの文化について話をし，自分たちのように，多くのことを発見するということ。

(3)　I think it is important to have different points of view because we can get new ideas. Last year, I wanted to make our school festival more wonderful. My classmates had many ideas. Each idea had a good point. I learned we had different points of view. So, we couldn't decide what was the best idea. We talked many times, and we finally had one new interesting idea by using all ideas. This is a good experience for me.

＜筆答検査A解説＞

〔1〕　(数学：倍数と約数)

(1)　それぞれの合図の後の駒があるます目の数字を書き出してみる。

①　1回目：1，2回目：2，3回目：3，4回目：4，5回目：5

②　1回目：1，2回目：2，3回目：3，4回目：4，5回目：5，6回目：0，7回目：1，8回目：2

　Bさんの5の駒は，Dさんの6回目の合図のときに0のます目に戻るため，①では5のます目に，②では2のます目に駒があることになる。

(2)　それぞれの駒が0に戻るのは，駒に書かれた数字に1を足した数の合図が出されたときである。つまり，Aさんの3の駒は4回目の合図が，Bさんの5の駒は6回目の合図が出されたときに，0のます目に戻る。2人の駒が同時に戻るのは，それぞれの駒が0のます目に戻る回数の公倍数に当たる合図が出されたときである。よって，4と6の公倍数は12の倍数なので，30回目の合図が出るまでに，12回目と24回目の合図で0のます目に戻ることがわかる。

(3)　(2)より，50回目の合図まででAさん，Bさんが駒を同時に0のます目に戻すのは，12回目，24回目，36回目，48回目の合図の後である。これらの合図の後で1度だけ，Aさん，Bさん，Cさんの3人が駒を同時に0のます目に戻す場合を考えればよい。24と36と48は12の倍数で，48は24の倍数だから，Cさんの駒は，Dさんの12回目の合図と24回目の合図では，そのます目とは異なる数であり，36回目の合図と48回目の合図では，そのます目と同じ数であればよい。12回目の合図と24回目の合図で0に戻る数字がCさんの駒であるとき，それぞれ24回目・36回目・48回目で再び0に戻ることとなり，1度だけ戻るという条件から外れてしまうからである。36回目の合図と48回目の合図で0に戻る駒の数字を探すにはまず，36の約数と48の約数から，36と48の公約数，12の約数，24の約数といった重複するものを除いていく必要がある。36の約数(1，2，3，4，6，9，12，18，36)と48の約数(1，2，3，4，6，8，12，16，24，48)から，36と48の公約数(1，2，3，4，6，12)，12の約数(1，2，3，4，6，12)，24の約数(1，2，3，4，6，8，12，24)をそれぞれ除くと9，16，18，36，48が残る。これらから1を引いた数で，1以上30以下の数字が，Cさんの駒に書かれた数字として考えられる。

〔2〕　(英語：長文読解，英作文)

(1)　第3段落の最後から2番目の文には「彼は簡単な英単語のみで，その漫画のストーリーを説明することができました。」とある。この文の直前に「わたしは彼から重要なことを学びました。」とあるので，ケイタが学んだことの一つであることがわかる。また，第4段落最後から3番目の文に，「この経験は，わたしにもう一つの重要なことを教えてくれました。」とある。ここはケイタが自国の文化をうまく説明できないことに，もどかしく感じている場面である。そのあとにアルニィがしっかり自国の文化を説明していることからも，ケイタが学んだ大切なことの二つ目が「自国の文化に対する多くの知識を持っていなければならないこと」であるとわかる。

(2)　第6段落でケイタとアルニィはともに将来教師になる夢について語っている。同段落でケイタは「わたしはいつか将来に，タイでのあなたの生徒たちと日本でのわたしの生徒たちで，お互いに各々の文化について話したいと思います。」と語り，それを受けてアルニィが「それはいいですね。わたしたちのように，彼らは多くのことを発見するでしょう。」と述べている。これらをまとめればよい。

(3)　最終段落では，「たくさんの人々と話すことで，わたしたちは様々なアイデアと価値を知るでしょう。わたしは，これらのことが私たちに異なる視点を与えてくれるだろうと考えます。」と筆者は語っている。解答例では，筆者と同様に「新たな考えを得るために異なる視点を得ることの重要性」を述べている。例をあげることが条件となっているので，解答例では，学校の文化祭をよりすばらしいものにするため，多くの意見を出し合ったという内容をあげている。また，文字数指定はないが，解答欄に収まるように10行以内の文章で書く。

(英文和訳)

　わたしの名前はケイタです。わたしは日本の高校生です。わたしにはタイからの留学生である友人がいます。彼女の名前は，アルニィです。わたしは彼女と話すのが好きです。わたしたちは大抵日本語か英語で話します。彼女のおかげで，わたしはタイの文化に興味を持つようになりま

した。

　ある日，アルニィはわたしに「会に行きましょう。その会では，様々な国からの留学生が英語で彼らの文化について話し合う予定です。」と言いました。わたしは，その会は異なる文化について学ぶ良い機会だと考えました。だから，わたしは彼女とその会へ行くことに決めました。

　その会では，わたしたちは4つのグループを作りました。アルニィとわたしは同じグループになり，他の2人のメンバーは中国出身のリン，フランス出身のアレックスでした。まず，わたしたちは日本の文化について話し始めました。リンとアレックスは日本の漫画にとても強い関心を示していました。リンはわたしのお気に入りの漫画のタイトルを知っていました。彼女はわたしに「わたしはそれを聞いたことがあります。しかし，それを読んだことはありません。どんな内容の漫画なのですか。」と言いました。わたしは彼女にその漫画について伝えようとしましたが，それを説明するのに十分な英単語を知っているとは思えなかったためためらいました。わたしが何も言えずにいたとき，アレックスがわたしを助け始めました。わたしは彼から重要なことを学びました。彼は簡単な英単語のみで，その漫画のストーリーを説明することができました。そのため，わたしは驚きました。

　リンとアレックスは，日本の伝統的な行事やお祭りについてもまた知りたがっていました。彼らは，それについていくつかわたしに質問をしました。わたしはそれらは答えるのに難しい質問だと思いました。わたしは「わたしはあなたたちの質問に答えたいけれど，できません。」と言いました。この経験は，わたしにもう一つの重要なことを教えてくれました。わたしは毎年行事やお祭りに行くことを楽しんでいましたが，それらを説明するのに十分な知識を持っていなかったのです。もどかしいことでした。

　そして，アルニィはタイの彼女の街の伝統的な行事やお祭りについて話してくれました。リンとアレックスは彼女にたくさんの質問をしました。彼女はためらいませんでした。彼女はそれらに答えることができました。リンはアルニィに「すばらしい！わたしはあなたの街に興味を持ちました。」と言いました。アルニィは「ありがとう。そういってもらえてうれしいわ。」と言いました。「わたしの周りの人たちはわたしにこれらの行事やお祭りについて教えてくれます。今日では他の国からたくさんの人々がタイを訪ねており，わたしたちはタイの文化を彼らに説明するたくさんの機会を得ています。わたしは自国についてたくさんのことを彼らに知ってほしいと思います。」

　わたしたちの文化について話した後，わたしたちは自身の将来の仕事について話す時間を得ました。リンは宇宙飛行士になりたいと言っていました。アレックスは医者になりたいと言っていました。わたしは教師になりたいと言いました。アルニィは「本当に？わたしも先生になりたいのです。」と言いました。そしてわたしは「わたしはいつか将来に，タイでのあなたの生徒たちと日本でのわたしの生徒たちで，お互いに各々の文化について話したいと望みます。」と言いました。アルニィは，「それはいいですね。わたしたちのように，彼らは多くのことを発見するでしょう。」わたしたちグループのメンバーはみんなニッコリと笑いました。わたしは「今日あなたたちと話したことはわたしにとって本当に刺激的でした。わたしはたくさんのことを学びましたし，一生懸命勉強する気にもなりました。」と言いました。

　わたしは，英語は他の国々出身の人々と話すときに非常に役に立つものであると思います。もちろん，異なる言語を話す人々の間におけるコミュニケーションは難しい。しかし，英語はそれを容易にします。

　たくさんの人々と話すことで，わたしたちは様々なアイデアと価値を知るでしょう。わたしは，これらのことが私たちに異なる視点を与えてくれるだろうと考えます。

＜筆答検査B解答例＞

〔問〕　(1)　現実の他者の承認を経験し，自分の行為に多くの他者が承認するような価値がある
と認めることができること。　　(2)　自己価値に確信を持ち，さらに，自分の判断で行
動しているという自由を実感することにより生み出される。　　(3)　私は以前から地域
の清掃活動に参加している。初めは周りの人にほめられるのがうれしくて活動していた
が，最近はこの活動以外の場でも自発的に地域の清掃を行い，やりがいを感じることで
「本当の自分」を実感している。今後は様々な場面で，他者の承認に左右されず，自分の
意志で行動することを大切にしていきたいと考える。

＜筆答検査B解説＞

〔問〕（国語：文章読解，作文）

(1)　下線部①の少し前の文を見てみよう。「自己承認が可能になるためには，現実の他者の承認を
経験し，一般的他者の視点から承認され得るかどうかを検証できる必要があるから」，行為の価
値の自己承認には，他者承認が無関係ではあり得ないのであると述べられている。ここを中心に
50字以内でまとめるとよい。しかし，そうした他者承認を得た後は，他者からの承認欲求は薄
まるともそのあとに述べられていることに注意しよう。

(2)　下線部分②の直前の段落を見てみよう。その冒頭に「これらの例はいずれも」とあり，そ
れ以前の段落の例示を受けてのまとめが述べられていることがわかる。この段落を読み進める
と，「目の前の他者に承認されることよりも，自分の行為とその成果の価値自体に重きを置いて
いる。」とあり，その価値を自明なものとして自己承認できたとき，自分に対して「本当の自分」
を実感できると述べられている。つまり，自己の行為への価値づけと，その行為が自分の判断で
行われていると自覚することが，「本当の自分」の実感へとつながるのである。これを50字以内
でまとめよう。

(3)　文章全体の内容を踏まえ，具体例をあげつつ「本当の自分」を実感するために今後大切にし
ていきたいことを述べる問題である。ここでいう身近な具体例は，他者承認を求める段階から，
自己の行為に価値づけができ「本当の自分」を実感するようになる段階へと移行したエピソード
を例としてあげるとよい。解答例では，清掃活動への参加を通して「本当の自分」を実感できる
ようになった出来事について書かれている。最初は他者から褒められることで動機付けがされて
いたが，自身でその行為に価値づけができたことで自発的な清掃活動ができるようになった，と
いうエピソードをあげている。そして，大切にしたいことについて「他者の承認に左右されず，
自分の意志で行動すること」と述べ，本文全体の趣旨を示している。これらを150字以内でまと
めよう。

新潟県公立高等学校

2019年度

★★★★★★★★★★★★★★★★★★★★

入 試 問 題

2019
年
度

●くわしい解説……39ページ

＜数学＞　　　時間　50分　　満点　100点

〔1〕　次の(1)～(10)の問いに答えなさい。

(1)　$4 - 9 \times 2$　を計算しなさい。

(2)　$2(a + 2b) - (3a - 4b)$　を計算しなさい。

(3)　$a^6 b^5 \div a^2 \times b^3$　を計算しなさい。

(4)　連立方程式 $\begin{cases} x + 3y = -1 \\ 5x - 6y = 16 \end{cases}$ を解きなさい。

(5)　$\sqrt{45} + \sqrt{10} \div \sqrt{2}$　を計算しなさい。

(6)　2次方程式 $x^2 + 7x = 0$　を解きなさい。

(7)　関数 $y = ax^2$ について，x の値が1から5まで増加するときの変化の割合が-12である。このとき，a の値を答えなさい。

(8)　右の図のように，母線の長さ13cm，高さ12cmの円すいがある。この円すいの体積を答えなさい。ただし，円周率はπとする。

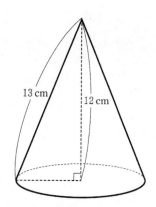

(9)　右の図のように，円Oの円周上に4つの点A，B，C，Dがあり，線分ACは円Oの直径である。∠BDA＝58°，∠OBD＝24°であるとき，∠xの大きさを答えなさい。

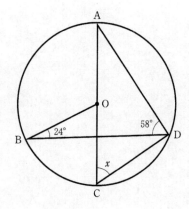

⑽　下の図は，ある中学校の生徒30人の垂直跳びの記録をヒストグラムに表したものである。このとき，階級値をもとに，垂直跳びの記録の平均値を小数第2位を四捨五入して，小数第1位まで答えなさい。

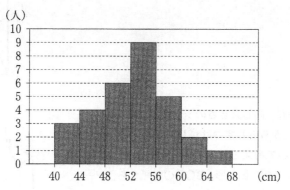

〔2〕　次の(1)〜(4)の問いに答えなさい。

(1)　最初に，姉は x 本，弟は y 本の鉛筆をもっている。最初の状態から，姉が弟に3本の鉛筆を渡すと，姉の鉛筆の本数は，弟の鉛筆の本数の2倍になる。また，最初の状態から，弟が姉に2本の鉛筆を渡すと，姉の鉛筆の本数は，弟の鉛筆の本数よりも25本多くなる。x, y の値をそれぞれ求めなさい。

(2)　箱の中に，数字を書いた5枚のカード①，②，③，④，⑤が入っている。これらをよくかき混ぜてから，3枚のカードを同時に取り出すとき，それぞれのカードに書かれている数の和が9以下となる確率を求めなさい。

(3)　道路上に2地点P，Qがあり，P，Q間の道のりは4kmである。Aさんが毎分 y kmの速さで，地点Pから地点Qまで歩くときにかかる時間を x 分とするとき，次の①，②の問いに答えなさい。

①　y を x の式で表しなさい。

②　月曜日に，Aさんが，地点Pから地点Qまで歩いたときにかかった時間が a 分であった。翌火曜日に，Aさんが，地点Pから地点Qまでを少し早足で歩いたところ，かかった時間が前日より20%短くなった。このとき，月曜日と比べて，Aさんの歩いた速さは何%増加したことになるか。求めなさい。

(4)　右の図のようなおうぎ形OABがある。$\overparen{AB}$ 上にあり，$\overparen{BP} = 3\overparen{AP}$ を満たす点Pを，定規とコンパスを用いて，作図によって求め，その点に●をつけなさい。ただし，作図は解答用紙に行い，作図に使った線は消さないで残しておくこと。

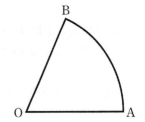

〔3〕 右の図のような正方形ABCDがあり，辺ABの中点をEとする。頂点Bから線分ECに引いた垂線の延長と辺ADとの交点をFとする。このとき，△ABF≡△BCEであることを証明しなさい。

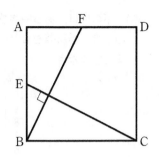

〔4〕 長方形の台紙に，同じ大きさのシールが貼ってある。このシールを，左上から少しずつはがしていくとき，現れた台紙の面積について考える。右の図1は，BC＝10cm，CD＝6cmのシールつきの長方形ABCDの台紙から，シールを，点Aから少しだけはがしたところを示したものである。はがしたシールの，点Aと重なっていた点をEとし，はがしたシールと，現れた台紙との境目の線分の両端の点をP，Qとする。

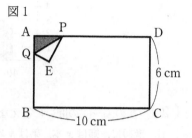

図1

　下の図2のように，点Pが点Dに達するまでは，PQ∥DBとなるようにはがしていき，その後は，下の図3のように，点Pが点Cに達するまでは，点Qを点Bに固定したまま，はがしていく。点Pを，長方形の辺上を点Aから点Dを通って点Cまで移動する点と考えるとき，点Pの点Aからの道のりを$x$cm，現れた台紙の面積を$y$cm²とする。このとき，次の(1)～(4)の問いに答えなさい。ただし，点P，Qが点Aにあるときは$y＝0$とする。

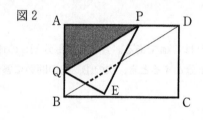

図2

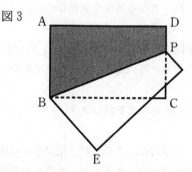

図3

(1) $x＝4$のとき，yの値を答えなさい。

(2) $10＜x≦16$ のとき，線分DPの長さをxを用いて表しなさい。

(3) 次の①，②について，yをxの式で表しなさい。

　① $0＜x≦10$ のとき

　② $10＜x≦16$ のとき

(4) 10＜x≦16 とする。はがしたシールの，点Dと
重なっていた点をFとする。右の図4のように，
シールを，線分EFが頂点Cと重なるように，線分B
Pを折り目にして折り返した。このとき，x, yの値
をそれぞれ求めなさい。

図4

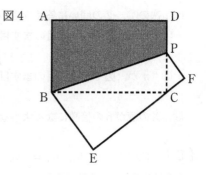

〔5〕　下の図1のように，長方形の紙に40行，5列のます目が書かれており，1行目の1列目か
ら，1から自然数を小さい順に5個ずつ書いていき，各行とも5列目にきたら，次の行の1列目
に移り，続けて順番に自然数を書いていく。自然数を書いた後，下の写真のように，長方形の紙
の2つの縦の辺が重なるようにつなげて円筒にする。また，下の図2は，円筒に書かれている自
然数 n と，その上下左右に書かれている4つの自然数 a, b, ｃ，ｄを抜き出したものであり，
4つの自然数 a, b, ｃ，ｄの和をXとする。このとき，次の(1)～(3)の問いに答えなさい。ただ
し，n は6以上195以下の自然数とする。

図1

	1列目	2列目	3列目	4列目	5列目
1行目	1	2	3	4	5
2行目	6	7	8	9	10
3行目	11	12	13	14	15
・	・	・	・	・	・
・	・	・	・	・	・
・	・	・	・	・	・
・	・	・	・	・	・
・	・	・	・	・	・
40行目	196	197	198	199	200

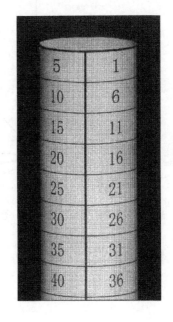

図2

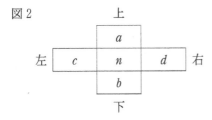

上

	a	
c	n	d
	b	

左　　　　　右

下

(1)　$n = 7$，$n = 15$，$n = 76$ のときのXの値を，それぞれ答えなさい。

⑵　次の①，②の問いに答えなさい。

　　①　n が，図1の2列目のます目にあるとき，Xを n を用いて表しなさい。

　　②　n が，図1の1列目のます目にあるとき，Xを n を用いて表しなさい。

⑶　Xの値が6の倍数になるような n の値は何個あるか。求めなさい。

〔6〕　下の図のように，AE＝10cm，EF＝8cm，FG＝6cmの直方体ABCD−EFGHがある。線分EGと線分FHの交点をPとし，線分CE，CPの中点をそれぞれM，Nとする。このとき，次の⑴〜⑷の問いに答えなさい。

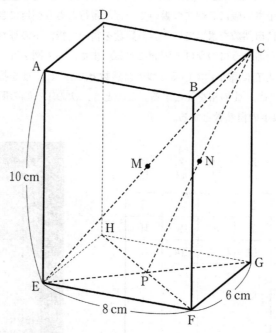

⑴　線分EGと線分ECの長さを，それぞれ答えなさい。

⑵　線分MNの長さを求めなさい。

⑶　△ENMの面積を求めなさい。

⑷　三角すいBENMの体積を求めなさい。

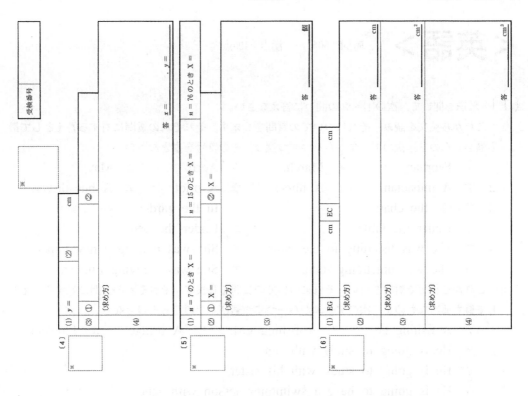

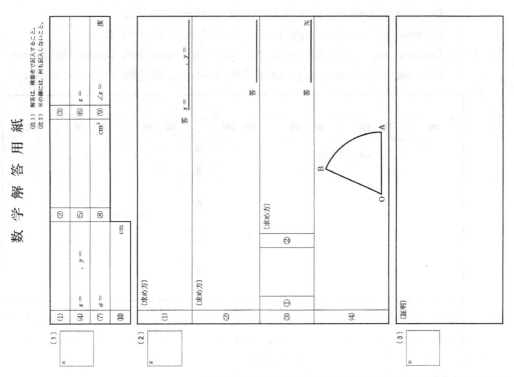

※この解答用紙は192%に拡大していただきますと，実物大になります。

＜英語＞　時間　50分　　満点　100点

〔1〕　放送を聞いて，次の(1)～(3)の問いに答えなさい。

(1)　これから英文を読み，それについての質問をします。それぞれの質問に対する答えとして最も適当なものを，次のア～エから一つずつ選び，その符号を書きなさい。

1　ア　February.　　イ　March.　　ウ　April.　　エ　May.

2　ア　A musician.　　イ　A nurse.　　ウ　A pilot.　　エ　A bus driver.

3　ア　On the chair.　　　　　　イ　In the garden.
　　ウ　Under the table.　　　　エ　Under the bed.

4　ア　She was listening to the radio.　　イ　She was reading a newspaper.
　　ウ　She was practicing judo.　　　　　エ　She was studying English.

(2)　これから英語で対話を行い，それについての質問をします。それぞれの質問に対する答えとして最も適当なものを，次のア～エから一つずつ選び，その符号を書きなさい。

1　ア　A fishing boy.　　イ　A fishing girl.　　ウ　A bridge　　エ　Flowers.

2　ア　He is going to study with Jane.
　　イ　He is going to study with his sister.
　　ウ　He is going to have a swimming lesson with Jane.
　　エ　He is going to have a swimming lesson with his sister.

3　ア　Because she wants to see a movie at five with Bill.
　　イ　Because she wants to go to the bookstore with Bill at six.
　　ウ　Because she wants to go to the bookstore with Bill before the movie.
　　エ　Because she wants to go to the bookstore with Bill after the movie.

4

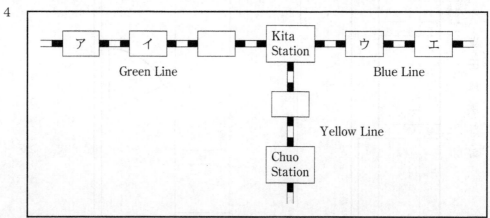

(3)　これから，エリ(Eri)が夏休みに行ったカナダでのサマープログラムについて，英語でスピーチをします。そのスピーチについて，四つの質問をします。それぞれの質問の答えとなるように次の1～4の　□　の中に当てはまる英語を1語ずつ書きなさい。

1　She had □ English lessons.

2　She talked about a ⬚.

3　He showed a beautiful ⬚ used in the spring festival.

4　Because she studied with many ⬚ students.

〔2〕　次の英文を読んで，あとの(1)～(7)の問いに答えなさい。

　　Takashi is a junior high school student.　On Tuesday he is talking with Mr. Lee before the English class.　Mr. Lee is an ALT who visits Takashi's school every Tuesday.

Takashi : Hi, how are you today?

Mr. Lee : I'm fine, thank you.　[A]

Takashi : I'm fine, too, thank you.　Now we are enjoying a special time.

Mr. Lee : Special time?　Please tell me more.

Takashi : OK.　Eight students came from Vietnam last week.

Mr. Lee : That's nice.　Why did they come to this school?

Takashi : Because their school is our sister school.　Last year, the students in our school went to their school.　This year, they came to our school.

Mr. Lee : That's good.　How long have they ᵦ[be] in Japan?

Takashi : For four days.　They will stay for one week.

Mr. Lee : What ᴄ[of, did, classes, kind] you have together?

Takashi : Yesterday we had two special classes.　A calligraphy class and a cooking class.　In the calligraphy class, I showed the Vietnamese students their names in katakana, and the Vietnamese students wrote them.　After that, one of the students tried to do another thing.

Mr. Lee : What did the student do?

Takashi : He asked me to write his name in kanji.　So, I wrote it in kanji on the paper and gave the paper to him.

Mr. Lee : [D]

Takashi : Yes.　He looked happy.　Of course, at first, it was difficult for him to write kanji.　But at the end of the class, he wrote kanji without looking at that paper.　I was surprised.

Mr. Lee : ᴇThat's surprising to me, too.　By the way, how was the cooking class?

Takashi : We made hand-rolled sushi together.　Ms. Yamada, our cooking teacher, told them how to make sushi by using many gestures.　So they ᶠ[understand] it.

Mr. Lee : Did you talk to the Vietnamese students in English?

Takashi : Yes, I did.　The Japanese students and the Vietnamese students tried to communicate with each other.　But sometimes I didn't know what to say in English.　So, by using my dictionary, I found the English words which were important for cooking. And then, I wrote them on the whiteboard.

Mr. Lee : That's a good idea.

Takashi : That's right. The written words were very useful to me. By using these words, the other Japanese students were also able to tell them how to make sushi. We enjoyed cooking together. I was very happy because we communicated with each other in English by using the written words and gestures.

Mr. Lee : You had a great experience. You _G[have, be, to, don't] afraid of new experiences.

Takashi : I agree with you. Talking with the Vietnamese students is a lot of fun. The Vietnamese students speak English very well. So, I will keep studying English hard and I want to visit Vietnam to see them again.

Mr. Lee : Good luck! Now, enjoy this special time with the Vietnamese students.

(注) Vietnam　ベトナム　sister school　姉妹校　calligraphy　書道　Vietnamese　ベトナム人の
katakana　片仮名　kanji　漢字　surprising　驚くべき　hand-rolled sushi　手巻き寿司
gesture　身振り手振り　communicate　意思を伝え合う　whiteboard　ホワイトボード

(1) 文中のAの ☐ の中に入る最も適当なものを，次のア〜エから一つ選び，その符号を書きなさい。

　ア　Excuse me.　　イ　How about you?

　ウ　I'm sorry.　　エ　How is the weather today?

(2) 文中のB, Fの ☐ の中の語を，それぞれ最も適当な形に直して書きなさい。

(3) 文中のC, Gの ☐ の中の語を，それぞれ正しい順序に並べ替えて書きなさい。

(4) 文中のDの ☐ の中に入る最も適当なものを，次のア〜エから一つ選び，その符号を書きなさい。

　ア　Was he a Japanese student?

　イ　Did he enjoy writing kanji?

　ウ　Was he writing kanji before writing katakana?

　エ　Did he write kanji easily at first?

(5) 下線部分Eについて，リー先生 (Mr. Lee) は，どのようなことに驚いているか。具体的に日本語で書きなさい。

(6) タカシ (Takashi) が，調理の時間に英語で何と言えばよいかわからないときに　どのようにしたか。具体的に日本語で書きなさい。

(7) 本文の内容に合っているものを，次のア〜オから一つ選び，その符号を書きなさい。

　ア　Eight students came to Takashi's school from Vietnam last Wednesday.

　イ　Ms. Yamada learned how to make hand-rolled sushi with the Vietnamese students.

　ウ　The Vietnamese students told the Japanese students how to study English.

エ　It is a lot of fun for Takashi to talk with the Vietnamese students.

オ　Takashi wants to visit Vietnam with Mr. Lee to see the students there.

〔3〕　あなたの家にイギリスからの留学生のボブ (Bob) がホームステイしています。あなたは，秋の晴れた休日に，図書館 (library) にボブと一緒に行くことにしました。自転車 (bike) かバス (bus) のいずれかで行こうと思います。あなたは，どちらの交通手段を選び，その理由をどのように説明しますか。解答用紙の（　　）の中にどちらかの交通手段を英語で書き，それに続けて，ボブへの説明を，4行以内の英文で書きなさい。

〔4〕　次の英文を読んで，あとの(1)～(7)の問いに答えなさい。

　　I am Naomi. I am a junior high school student. One day, a history teacher in my school told me and my friend about salt. A long time ago, salt was given to workers as their salary. The word *salary* comes from a Latin word. The Latin word means giving salt as salary. We thought $_A$ the teacher's story was interesting, and we decided to do research about salt.

　　My friend and I wanted to know more about salt, and we visited the science teachers' room. One science teacher said to us, "It is necessary for us to keep salt in our body. We will become sick if we take too much or too little salt. We have salt in our blood, and even in our bones." We were very surprised at his words. The teacher showed us some books about salt. We read the books together.　| 　　a　　 |

　　When do you use salt? Salt is used when people cook at home. It is also used when some foods are made in food factories. But, only about 11% of all salt which is used in Japan is used in food. Salt is also used in other things. It is used when people make plastic, paper and glass.　| 　　b　　 |　In winter, when it is cold, roads begin to freeze. When people spread salt on the roads, the roads don't freeze. （　B　）

　　Salt is made in factories now, but in old days, Japanese people made salt in a different way. They used seawater to make salt. There is salt in seawater. | 　　c　　 |　One day during our summer vacation, my friend and I went to the beach to watch how to make salt. The staff members showed us how to make salt. We wanted to try it and decided to do it. Now, I will tell you our experience. By the sea, we put seawater into a small bucket, and carried it to a large bucket.　| 　　d　　 |　After that, we spread the seawater on the sand. It was difficult for us to spread seawater in a large place. The staff members did it better than we. After many hours, the sand on the beach dried up under the sun.　| 　　e　　 |　Next, we put that sand in a box. By putting new seawater in it, we got salt water with more salt. Then, we boiled $_C$ it for many hours. We felt very hot when we were boiling it. And finally we got a lot of small white things.　In this way, we got the thing which we wanted to make.

　　It was interesting for me to do research about salt.　The story our history teacher told us made me interested in salt.　I wanted to know more, and I learned about salt from books.　By making salt, I learned how people in the old days made salt.　It was interesting to know the traditional way.　_D<u>It is important for us to be interested in something.</u>　If we are interested in something, we want to learn more, and then we can find new things which are unexpected to us.

　　In September, my friend and I made a presentation in front of our classmates.　By talking about our experience at the beach, we were able to make our classmates interested in our presentation.

　　I think we can learn a lot from our teachers' words and books.　And I want to say that we can also learn a lot from experience.

(注)　salt 塩, 塩分　　salary 給料　　Latin ラテン語の　　do research 研究をする
　　　blood 血液　　bone 骨　　factory 工場　　glass ガラス　　freeze 凍る
　　　spread ～ ～を撒く（過去形も spread）　　seawater 海水　　beach 海岸
　　　staff member スタッフ　　bucket バケツ　　sand 砂　　dry up 干上がる
　　　boil ～ ～を煮る　　unexpected 予想外の　　presentation 発表

(1)　下線部分Aについて，その内容を，具体的に日本語で書きなさい。

(2)　次の英文は，文中のa～eの　□　のどこに入れるのが最も適当か。当てはまる符号を書きなさい。

　　　We did it many times to get more seawater.

(3)　文中のBの（　）の中に入る最も適当なものを，次のア～エから一つ選び，その符号を書きなさい。

　ア　I was surprised that salt was used in many ways.

　イ　I was surprised that we couldn't eat salt because it was not safe.

　ウ　I was surprised that all the salt made in Japan was used in other countries.

　エ　I was surprised that salt was not used as food in factories.

(4)　下線部分Cは何を指しているか。日本語で書きなさい。

(5)　下線部分Dについて，私たちにとって，何かに興味をもつことが重要である理由を，具体的に日本語で書きなさい。

(6)　次の①～③の問いに対する答えを，それぞれ3語以上の英文で書きなさい。

　①　Is there salt in our body?

　②　Who spread the seawater on the sand better than Naomi and her friend when they went to the beach?

　③　Why were the classmates interested in the presentation Naomi and her friend made?

(7)　本文の内容に合っているものを，次のア～オから一つ選び，その符号を書きなさい。

　ア　Naomi and her friend learned about the word *salary* after visiting the science teachers' room.

イ A long time ago, it was very easy to get salt, so people made a lot of salt to get their salary.

ウ When people spread salt on the roads in winter, they use about 11% of all salt used in Japan.

エ Naomi and her friend made salt in the traditional way, and they made a presentation in September.

オ Naomi thinks we can learn a lot from experience, so she thinks it is not important to read books.

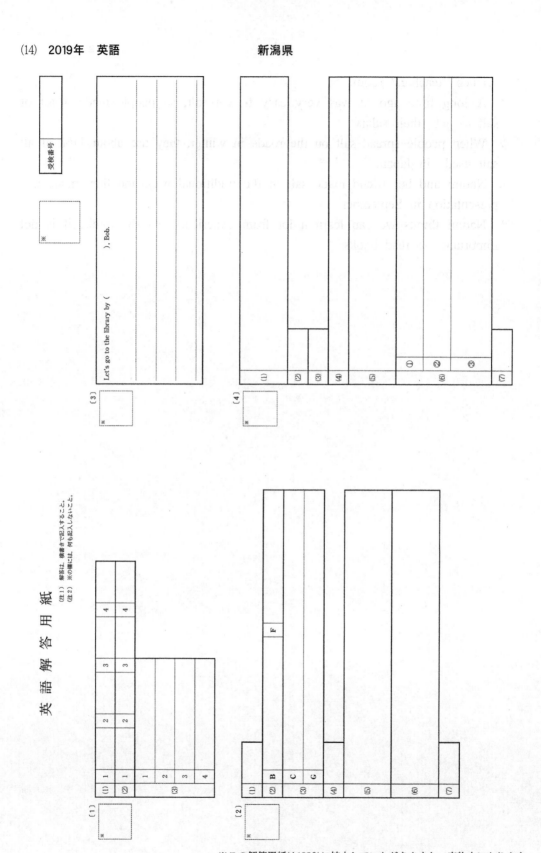

英語解答用紙

（注1）解答は，横書きで記入すること．
（注2）※の欄には，何も記入しないこと．

※この解答用紙は192％に拡大していただきますと，実物大になります。

＜理科＞　　　時間　50分　　満点　100点

〔1〕　実験室の湿度について調べるために，次の Ⅰ，Ⅱ の手順で実験を行った。この実験に関して，下の(1)，(2)の問いに答えなさい。ただし，下の表は気温ごとの飽和水蒸気量を示している。また，コップの水温とコップに接している空気の温度は等しいものとし，実験室内の湿度は均一で，実験室内の空気の体積は200m³であるものとする。

> Ⅰ　ある日，気温20℃の実験室で，金属製のコップに，くみおきした水を3分の1くらい入れ，水温を測定したところ，実験室の気温と同じであった。
>
> Ⅱ　右の図のように，ビーカーに入れた0℃の氷水を，金属製のコップに少し加え，ガラス棒でかき混ぜて，水温を下げる操作を行った。この操作をくり返し，コップの表面に水滴がかすかにつきはじめたとき，水温を測定したところ，4℃であった。

気温〔℃〕	0	2	4	6	8	10	12	14	16	18	20	22	24
飽和水蒸気量〔g/m³〕	4.8	5.6	6.4	7.3	8.3	9.4	10.7	12.1	13.6	15.4	17.3	19.4	21.8

(1)　Ⅱについて，次の①，②の問いに答えなさい。

① コップの表面に水滴がかすかにつき，くもりができたときの温度を何というか。その用語を書きなさい。

② この実験室の湿度は何％か。小数第1位を四捨五入して求めなさい。

(2)　この実験室で，水を水蒸気に変えて放出する加湿器を運転したところ，室温は20℃のままで，湿度が60％になった。このとき，加湿器から実験室内の空気200m³中に放出された水蒸気量は，およそ何gか。最も適当なものを，次のア～オから一つ選び，その符号を書きなさい。

　ア　400g　　イ　800g　　ウ　1040g　　エ　1600g　　オ　2080g

〔2〕　植物のはたらきを調べるために，新鮮なホウレンソウの葉を用いて，次の Ⅰ～Ⅲ の手順で実験を行った。この実験に関して，あとの(1)～(4)の問いに答えなさい。

> Ⅰ　無色，透明なポリエチレンの袋を4つ用意し，右の図のように，袋Aと袋Cには，新鮮なホウレンソウの葉を入れ，袋Bと袋Dには何も入れなかった。次に，袋Aと袋Bにはストローで息を吹き込み，それぞれの袋をふくらませ，袋Cと袋Dには空気を入れて，それぞれの袋をふくらませ，4つの袋を密封した。ただし，4つの袋の中の気体の量や温度の条件は，
>
>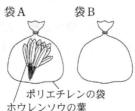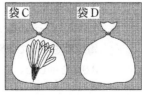
>
> 袋A　　　袋B　　　　　袋C　　　袋D
>
> ポリエチレンの袋
> ホウレンソウの葉

同じになるようにした。

Ⅱ　袋Aと袋Bを光が十分に当たるところに，袋Cと袋Dを光が当たらない暗いところに，それぞれ3時間置いた。

Ⅲ　ガラス管を使って，袋A〜袋Dの中の気体を，それぞれ石灰水に通して，石灰水の変化を観察した。下の表は，実験の結果をまとめたものである。

袋	A	B	C	D
石灰水の変化	濁らなかった	白く濁った	白く濁った	濁らなかった

(1)　Ⅰについて，新鮮なホウレンソウの葉を入れた袋Aに対して，新鮮なホウレンソウの葉を入れない袋Bを用いるなど，1つの条件以外を同じにして行う実験を何というか。その用語を書きなさい。

(2)　Ⅰ，Ⅱについて，ホウレンソウの葉が呼吸を行っていることを確かめるために用いる2つの袋の組合せとして，最も適当なものを，次のア〜オから一つ選び，その符号を書きなさい。
ア　袋Aと袋B　　イ　袋Aと袋C　　ウ　袋Aと袋D
エ　袋Bと袋C　　オ　袋Cと袋D

(3)　Ⅲについて，袋Bと袋Cの中の気体を，それぞれ石灰水に通したところ，石灰水は白く濁った。石灰水を白く濁らせた気体の化学式を書きなさい。

(4)　Ⅲについて，袋Aの中の気体を，石灰水に通したところ，石灰水は濁らなかった。これは，袋Aの中の(3)の気体が減少したからだと考えられる。(3)の気体が減少するしくみを，「光合成」，「呼吸」という語句を用いて書きなさい。

〔3〕　電流とそのはたらきを調べるために，電熱線a〜dを用いて，次の実験1〜3を行った。この実験に関して，下の(1)〜(3)の問いに答えなさい。ただし，電熱線bの電気抵抗は30Ωとする。

実験1　図1のように，電源装置，電熱線a，スイッチ，電流計，電圧計を用いて回路をつくり，スイッチを入れて電圧と電流を調べたところ，下の表の結果が得られた。

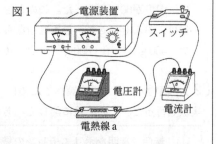

図1

電圧　〔V〕	0	0.5	1.0	1.5	2.0
電流〔mA〕	0	20	40	60	80

実験2　次のページの図2のように，電源装置，電熱線b，電熱線c，スイッチ，電流計，電圧計を用いて回路をつくり，スイッチを入れたところ，電流計は50mAを，電圧計は2.4Vを示した。

実験3　次のページの図3のように，電源装置，電熱線b，電熱線d，スイッチ，電流計，電圧計を用いて回路をつくり，スイッチを入れたところ，電流計は200mAを，電圧計は3.0Vを示した。

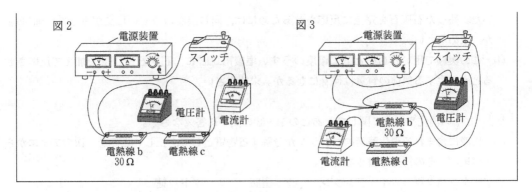

(1) 実験1について，電熱線aの電気抵抗は何Ωか。求めなさい。

(2) 実験2について，次の①，②の問いに答えなさい。

　① 電熱線cの電気抵抗は何Ωか。求めなさい。

　② 電熱線bと電熱線cが消費する電力の合計は何Wか。求めなさい。

(3) 実験3について，40秒間に電熱線bと電熱線dで発生する熱量の合計は何Jになるか。求めなさい。

〔4〕　うすい塩酸に石灰石を加えたとき，石灰石の質量と発生する気体の質量との関係を調べるために，次の Ⅰ ～ Ⅲ の手順で実験を行った。この実験に関して，あとの(1)～(4)の問いに答えなさい。

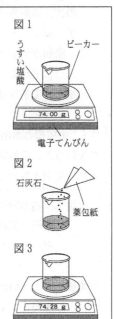

Ⅰ　図1のように，うすい塩酸15.0cm³を入れたビーカーを電子てんびんにのせ，ビーカー全体の質量を測定したところ，74.00 g であった。

図1

Ⅱ　図2のように，このビーカーに，石灰石0.50 g を加えたところ，気体が発生した。気体の発生が終わってから，図3のように反応後のビーカー全体の質量を測定したところ，74.28 g であった。

図2

Ⅲ　このビーカーに，さらに石灰石0.50 g を加え，反応が終わったこと，または，反応がないことを確認してから，ビーカー全体の質量を測定する操作を行った。この操作を，加えた石灰石の質量の合計が3.00 g になるまでくり返し行った。下の表は，この実験の結果をまとめたものである。

図3

加えた石灰石の質量の合計〔g〕	0.50	1.00	1.50	2.00	2.50	3.00
反応後のビーカー全体の質量〔g〕	74.28	74.56	74.84	75.12	75.62	76.12

(1) Ⅱ について，発生した気体の質量は何 g か。求めなさい。

(2) Ⅱ，Ⅲ について，表をもとにして，加えた石灰石の質量の合計と，発生した気体の質量の合計との関係を表すグラフをかきなさい。

(3) Ⅲ について，加えた石灰石の質量の合計が3.00 g のとき，石灰石の一部が反応せずに残って

いた。残った石灰石を完全に反応させるためには，同じ濃度のうすい塩酸がさらに何cm³必要か。求めなさい。

(4) この実験で用いたものと同じ濃度のうすい塩酸75.0cm³に，石灰石12.00gを加えて反応させると，発生する気体の質量は何gになるか。求めなさい。

〔5〕 ヒトの消化や吸収に関して，あとの(1)〜(3)の問いに答えなさい。

(1) 胃液に含まれる消化酵素のペプシンが分解する物質として，正しいものを，次のア〜エから一つ選び，その符号を書きなさい。

　　ア　タンパク質　　イ　デンプン　　ウ　脂肪　　エ　ブドウ糖

(2) 次の文は，胆汁のはたらきについて述べたものである。文中の X ， Y に当てはまる語句の組合せとして，最も適当なものを，下のア〜エから一つ選び，その符号を書きなさい。

> 胆汁は消化酵素を X ， Y の分解を助ける。

　　ア　〔X 含み，Y 脂肪 〕　　　　イ　〔X 含まず，Y 脂肪 〕
　　ウ　〔X 含み，Y デンプン〕　　エ　〔X 含まず，Y デンプン〕

(3) 小腸の内側の表面には柔毛と呼ばれる多数の突起がある。このことに関して，次の①，②の問いに答えなさい。

　① 小腸の柔毛で吸収されたアミノ酸が，最初に運ばれる器官として，最も適当なものを，次のア〜オから一つ選び，その符号を書きなさい。

　　　ア　胃　　イ　じん臓　　ウ　肝臓　　エ　すい臓　　オ　大腸

　② 脂肪が分解されてできた脂肪酸とモノグリセリドは，小腸の柔毛で吸収された後に，どのように変化し，どのように全身の細胞に運ばれていくか。「リンパ管」，「血管」という語句を用いて書きなさい。

〔6〕 金属板と水溶液を用いた装置をつくり，電流が流れる条件を調べるために，次の実験1〜3を行った。この実験に関して，下の(1)，(2)の問いに答えなさい。ただし，実験で用いる金属板は磨いてあるものとする。

実験1 右の図のように，うすい塩酸の中に，亜鉛板と銅板を入れ，それぞれを導線でモーターとつないだところ，プロペラが回転した。

実験2 うすい塩酸を入れたビーカーに，うすい水酸化ナトリウム水溶液を加えて中性にした。実験1と同じ実験装置で，うすい塩酸のかわりに，この中性の水溶液を入れたところ，プロペラが回転した。

実験3 実験1と同じ実験装置で，うすい塩酸のかわりに，砂糖水を入れたところ，プロペラは回転しなかった。

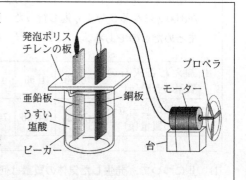

(1) 実験1について，次の①～③の問いに答えなさい。

① 次の $\boxed{X}$ ，$\boxed{Y}$ の中にイオン式を書き入れて，水溶液中の塩化水素の電離を表す式を完成させなさい。

$HCl →$ $\boxed{X}$ $+$ $\boxed{Y}$

② ＋極がどちらの金属板であるかを調べるとき，モーターのかわりに用いる実験器具として，最も適当なものを，次のア～オから一つ選び，その符号を書きなさい。

　ア　豆電球　　イ　電圧計　　ウ　抵抗器　　エ　電熱線　　オ　乾電池

③ 実験1で，プロペラが回転したのは，電流が流れたからである。このとき，亜鉛板と銅板で起こる化学変化について述べた次の文中の $\boxed{a}$ ～ $\boxed{c}$ に当てはまる数字を，それぞれ書きなさい。

> 　亜鉛板の表面では，亜鉛原子1個が電子を $\boxed{a}$ 個放出し，亜鉛イオンになる。放出された電子は，導線とモーターを通って銅板に流れる。銅板の表面では，うすい塩酸中の水素イオン1個が，流れてきた電子を $\boxed{b}$ 個受け取って水素原子となる。水素原子は $\boxed{c}$ 個結びついて水素分子1個となり，気体の水素となる。

(2) 実験2，3について，実験2では，電流が流れ，プロペラが回転し，実験3では，電流が流れず，プロペラが回転しなかったのはなぜか。その理由を，「水溶液」という語句を用いて書きなさい。

〔7〕　図1は，ある年の8月1日午前0時頃に，新潟県のある場所で，Aさんが北の空のようすを観察し，こぐま座をスケッチしたものであり，図2は，同じ日時に，同じ場所で，Bさんが南の空のようすを観察し，やぎ座と火星をスケッチしたものである。また，図3は，この日の太陽，地球および，主な星座の位置関係を模式的に表したものである。このことに関して，次の(1)～(4)の問いに答えなさい。

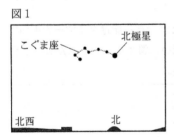

図1

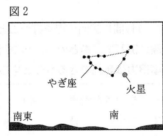

図2

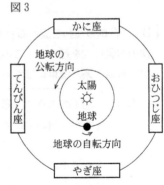

図3

(1) 図1について，次の①，②の問いに答えなさい。

① こぐま座は，時間の経過とともにその位置を変えていった。このような，地球の自転による天体の見かけの動きを何というか。その用語を書きなさい。

② Aさんがこぐま座をスケッチしてから3時間後に，同じ場所で，北の空では，こぐま座はどのように見られるか。最も適当なものを，次のページのア～エから一つ選び，その符号を書きなさい。

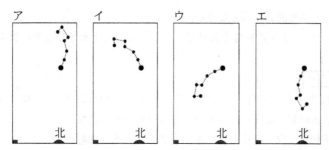

(2) 次の文は，火星について述べたものである。文中の $\boxed{X}$ ，$\boxed{Y}$ に当てはまる語句の組合せとして，最も適当なものを，下のア～エから一つ選び，その符号を書きなさい。

> 火星は地球よりも $\boxed{X}$ の軌道を公転している惑星であり，地球から観察すると $\boxed{Y}$ 。

ア 〔X 内側，Y 月のような満ち欠けは見られない〕
イ 〔X 内側，Y 月のような満ち欠けが見られる　〕
ウ 〔X 外側，Y 月のような満ち欠けは見られない〕
エ 〔X 外側，Y 月のような満ち欠けが見られる　〕

(3) 図3について，この日の日没後まもない時刻に，スケッチした同じ場所で，南の空に見られる星座として，最も適当なものを，次のア～エから一つ選び，その符号を書きなさい。
　　ア　やぎ座　　イ　おひつじ座　　ウ　かに座　　エ　てんびん座

(4) 図2，3について，スケッチした年の8月30日から31日にかけて，同じ場所で，南の空を観察するとき，やぎ座が図2と同じ位置に見られる日時として，最も適当なものを，次のア～オから一つ選び，その符号を書きなさい。
　　ア　8月30日午後10時頃　　　イ　8月30日午後11時頃　　　ウ　8月31日午前0時頃
　　エ　8月31日午前1時頃　　　オ　8月31日午前2時頃

〔8〕 台車の運動を調べるために，1秒間に50回の点を打つことができる記録タイマーを用いて，次の実験1，2を行った。この実験に関して，あとの(1)，(2)の問いに答えなさい。ただし，紙テープ，台車，糸，滑車にはたらく摩擦力は無視できるものとする。

実験1　図1のように，紙テープをつけた台車
　　　を水平な机の上に置いて，台車に糸を結
　　　び，糸のもう一方におもりをつけ，その
　　　糸を滑車にかけた。台車が動かないよう
　　　に押さえていた手を静かに放すと，台車
　　　はおもりと一緒に動きはじめた。台車が
　　　動きはじめてまもなく，おもりは床に達
　　　して静止したが，台車はその後も動き続
　　　けた。このときの台車の運動を紙テープに記録した。次のページの図2は，台車の運動を記録した紙テープであり，実験後，紙テープに，記録された最初の打点の位置と，

図1

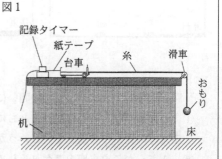

　　そこから5打点ごとの位置に線を引いた。また，紙テープの下に示した数値は，最初
　　の打点から，それぞれの線までの距離をはかったものである。

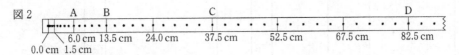

図2

6.0 cm 13.5 cm 24.0 cm 37.5 cm 52.5 cm 67.5 cm 82.5 cm
0.0 cm 1.5 cm

実験2　糸につけるおもりの質量を小さくし，はじめの台車の位置と，おもりの床からの高
　　　さを実験1と同じにして，実験1の手順で実験を行った。実験後，紙テープに，記録
　　　された最初の打点の位置と，そこから5打点ごとの位置に線を引いた。

(1)　実験1について，次の①〜③の問いに答えなさい。

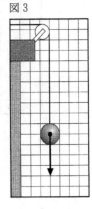

図3

　①　下線部分について，図3の矢印は，台車が動かないように手で押さえ
　　　ているときに，おもりにはたらく重力を表したものである。このとき，
　　　おもりにはたらく重力とつりあう力を表す矢印をかきなさい。ただし，
　　　力の作用点は●で示し，力を表す矢印は，作用点から力の向きにかくこと。
　②　図2の打点AからBまでの台車の平均の速さは何cm/sか。求めなさい。
　③　図2の打点CからDまでに記録された台車の運動を何運動というか。
　　　その名称を書きなさい。

(2)　実験2について，この実験の台車の運動を記録した紙テープとして，最
　　も適当なものを，次のア〜エから一つ選び，その符号を書きなさい。ただ
　　し，ア〜エの紙テープの下に示した数値は，最初の打点から，それぞれの
　　線までの距離をはかったものである。

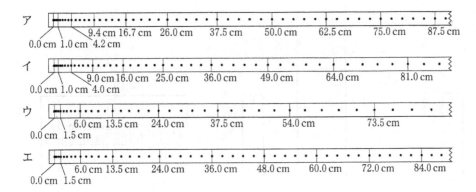

ア
9.4 cm 16.7 cm 26.0 cm 37.5 cm 50.0 cm 62.5 cm 75.0 cm 87.5 cm
0.0 cm 1.0 cm 4.2 cm

イ
9.0 cm 16.0 cm 25.0 cm 36.0 cm 49.0 cm 64.0 cm 81.0 cm
0.0 cm 1.0 cm 4.0 cm

ウ
6.0 cm 13.5 cm 24.0 cm 37.5 cm 54.0 cm 73.5 cm
0.0 cm 1.5 cm

エ
6.0 cm 13.5 cm 24.0 cm 36.0 cm 48.0 cm 60.0 cm 72.0 cm 84.0 cm
0.0 cm 1.5 cm

理科解答用紙

受検番号

[5] (1) (2) (3) ①②

[6] X Y (1)① (2)② a b c (3)③

[7] (1)① (2)② (3) (4)

[8] (1)② ③ cm/s 運動 (2)

[1] (1)① (2)② ％

[2] (1) (2) (3) (4)

[3] (1) (2)① Ω ② Ω (3) J W

[4] (1) g (2) 発生した気体の質量の合計 (g) 1.50 1.00 0.50　加えた石灰石の質量の合計 (g) 0 0.50 1.00 1.50 2.00 2.50 3.00 (3) cm³ (4) g

＜社会＞　　時間　50分　　満点　100点

〔1〕　次の地図1～3を見て，あとの(1)～(6)の問いに答えなさい。ただし，地図1～3の縮尺は
それぞれ異なっている。

地図1

地図2
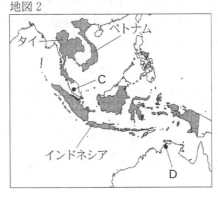

地図3

(1)　地図1～3について，次の①，②の問いに答えなさい。

①　地図中の都市A～Eのうち，北緯40度付近に位置する秋田市と，ほぼ同じ緯度に位置する
都市はどれか。A～Eから一つ選び，その符号を書きなさい。

②　地図中の都市A～Eのうち，日本が2019（平成31）年3月6日のとき，日本の標準時との
時差が12時間の都市はどれか。A～Eから一つ選び，その符号を書きなさい。

(2)　地図1で示したギリシャで多くみられる住居とその説明として，最も適当なものを，次のア
～エから一つ選び，その符号を書きなさい。

ア　　　　　　　　　　イ　　　　　　　　　　ウ　　　　　　　　　　エ

（羊毛でつくられた家）　（木造の高床式の家）　（土でつくられた家）　（石づくりの家）

(3)　地図1で示したハノーファー近郊など，ヨーロッパで広く行われてきた，小麦やライ麦など
の栽培と家畜の飼育とを組み合わせた農業を何というか。その用語を書きなさい。

(4)　右の写真は，地図2で示したタイに住む多くの人々が信仰して
いる宗教の活動のようすを示したものである。この宗教は何か。
最も適当なものを，次のア～エから一つ選び，その符号を書きな
さい。

ア　キリスト教　　イ　イスラム教
ウ　仏教　　　　　エ　ヒンドゥー教

(5)　地図3で示したブラジルについて述べた文として，正しいものを，次のページのア～エから
一つ選び，その符号を書きなさい。

　　ア　経済を発展させるために，開発により熱帯林が切りひらかれ，森林面積が減少している。
　　イ　工業化をめざして沿海部に経済特区がつくられ，「世界の工場」とよばれるようになっている。
　　ウ　サンベルトとよばれる地域では，情報通信産業や航空宇宙産業が発展している。
　　エ　やぎや羊などの家畜とともに，草や水を求めて移動しながら生活する遊牧が行われている。

(6)　次の表は，前のページの地図1～3で示したフランス，インドネシア，ベトナム，チリについて，それぞれの国の人口，一人当たり国民総所得，主な輸出品目と金額を示したものである。このうち，ベトナムに当てはまるものはどれか。表中のア～エから一つ選び，その符号を書きなさい。

	人口（千人）	一人当たり国民総所得（ドル）	主な輸出品目と金額（百万ドル）					
			第1位		第2位		第3位	
ア	65,233	37,412	機械類	97,287	航空機	53,352	自動車	44,007
イ	96,491	2,059	機械類	66,922	衣類	23,005	はきもの	13,476
ウ	18,197	13,397	銅	14,912	銅鉱	12,844	野菜・果実	6,681
エ	266,795	3,605	石炭	14,512	パーム油	14,365	機械類	13,700

（「世界国勢図会」2018/19年版による）

〔2〕　右の地図を見て，次の(1)～(4)の問いに答えなさい。

(1)　次の表は，地図中の気象観測地点である福井，松本，名古屋の1月と8月の気温と降水量の月別平年値を示したものであり，表中のA～Cは，これらの三つの地点のいずれかである。A～Cに当てはまる地点の組合せとして，正しいものを，下のア～カから一つ選び，その符号を書きなさい。

	気温（℃）		降水量（mm）	
	1月	8月	1月	8月
A	4.5	27.8	48.4	126.3
B	−0.4	24.7	35.9	92.1
C	3.0	27.2	284.8	127.6

（「理科年表」平成30年版による）

　　ア　〔A　福井，　B　松本，C　名古屋〕　　イ　〔A　福井，　B　名古屋，C　松本〕
　　ウ　〔A　松本，　B　福井，C　名古屋〕　　エ　〔A　松本，　B　名古屋，C　福井〕
　　オ　〔A　名古屋，B　福井，C　松本　〕　　カ　〔A　名古屋，B　松本，　C　福井〕

(2)　右の表は，茨城県，岐阜県，静岡県，山梨県の，それぞれの県の山地面積，果実産出額，野菜産出額，製造品出荷額等を示したものであり，表中のア～エは，これらの四つの県のいずれかである。このうち，茨城県に当てはまる

	山地面積（km²）	果実産出額（億円）	野菜産出額（億円）	製造品出荷額等（億円）
ア	1,444	127	1,890	114,481
イ	5,650	304	637	161,289
ウ	3,820	484	124	21,488
エ	8,258	53	334	51,501

（「データでみる県勢」2018年版による）

ものを，表中のア～エから一つ選び，その符号を書きなさい。

(3)　右の地形図は，蓼科山周辺の山間地を表す2万5千分の1の地形図である。この地形図を見て，次の①，②の問いに答えなさい。

① 地形図中の⑦，④，⑨，④は，登山経路を示しており，それぞれの矢印は進行方向を示している。次の文は，⑦～④の経路のうち，いずれかの特徴について説明したものである。この説明に当てはまる経路として，最も適当なものを，地形図中の⑦～④から一つ選び，その符号を書きなさい。

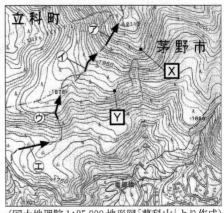

(国土地理院 1:25,000 地形図「蓼科山」より作成)

> 始めはゆるやかな登りだが，途中から急な登りになっている。

② 地形図中の地点Xと地点Yの標高差は約何mか。最も適当なものを，次のア～オから一つ選び，その符号を書きなさい。

　　ア　約75m　　イ　約100m　　ウ　約150m　　エ　約200m　　オ　約300m

(4)　右のグラフは，平成29年の東京都中央卸売市場におけるキャベツの出荷上位3県の，月別出荷量を示したものである。このグラフから読みとることができる，群馬県のキャベツの出荷の特徴を，他の二つの県と比較し，「気候」という語句を用いて書きなさい。

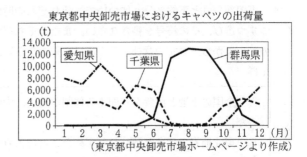

東京都中央卸売市場におけるキャベツの出荷量

(東京都中央卸売市場ホームページより作成)

〔3〕　社会科の授業で研究発表をするため，ある班は，我が国の政治や社会について調べ学習を行い，調べたことを次の表にまとめた。この表を見て，あとの(1)～(6)の問いに答えなさい。

時　代	政治や社会のようす
a 飛鳥時代 奈良時代	・ 戸籍や大宝律令がつくられ，国の新しいしくみが定められる。 ・ 　　f　　が出され，一定の条件のもとで，新しく切りひらいて田畑にした土地をいつまでも私有することが認められる。
b 平安時代	・ 地方の政治は国司に任され，班田収授が行われなくなる。
c 鎌倉時代	・ 米や麦の二毛作が行われるようになり，農業生産力が高まる。
d 室町時代	・ 村ごとに惣とよばれる自治組織がつくられる。
安土桃山時代	・ 豊臣秀吉により全国が統一され，g 太閤検地と刀狩が行われる。
e 江戸時代	・ 幕府や藩により，大きな新田が開発され，米の生産量が増える。

(1)　下線部分aについて，この時代に起きたできごととして，最も適当なものを，次のページのア～エから一つ選び，その符号を書きなさい。

　ア　遣唐使とともに唐にわたった最澄と空海が，仏教の新しい教えを我が国に伝えた。

　イ　聖徳太子が，仏教や儒教の教えを取り入れた十七条の憲法を定めた。

　ウ　極楽浄土へ生まれ変わることを願う浄土信仰（浄土の教え）が，各地に広まった。

　エ　鑑真が，遣唐使にともなわれて苦難の末に来日し，唐の仏教の教えを伝えた。

(2)　下線部分bについて，次のX～Zの文を年代の古い順に並べたものとして，正しいものを，下のア～カから一つ選び，その符号を書きなさい。

　X　白河天皇は，位をゆずって上皇となってからも政治を行う，院政をはじめた。

　Y　桓武天皇は，坂上田村麻呂を征夷大将軍に任命し，東北地方へ朝廷の勢力を広げた。

　Z　藤原氏は，朝廷の主な役職を一族で占め，道長と頼通の時に摂関政治の全盛期を迎えた。

　ア　X→Y→Z　　　イ　X→Z→Y　　　ウ　Y→X→Z

　エ　Y→Z→X　　　オ　Z→X→Y　　　カ　Z→Y→X

(3)　下線部分cについて，この時代の世界のできごとを述べた文として，正しいものを，次のア～エから一つ選び，その符号を書きなさい。

　ア　モンゴル帝国は，中央アジアからヨーロッパの東側を含む広い領域を支配した。

　イ　スペインやポルトガルは，キリスト教を広めることなどをめざし，新たな航路を開拓した。

　ウ　新羅は，唐と結んで百済と高句麗をほろぼし，唐の勢力を追い出して朝鮮半島を統一した。

　エ　ムハンマドは，唯一の神アッラー（アラー）を信仰するイスラム教を始めた。

(4)　下線部分dと下線部分eについて，それぞれの時代のできごとを，下のⅠ群のA～Dから一つずつ選び，その符号を書きなさい。また，それぞれの時代と関係の深い文化財を，下のⅡ群のア～エから一つずつ選び，その符号を書きなさい。

Ⅰ群

A　全国の土地と民衆を支配する体制が整い，大名を統制するため武家諸法度が定められた。

B　東北地方で起きた戦乱をしずめたことにより，源氏は関東の武士との結びつきを強めた。

C　守護大名の山名氏と細川氏の争いに，将軍家の相続争いが結びつき，応仁の乱が起きた。

D　仏教の力で国を守り，不安を取り除こうと考え，国ごとに国分寺と国分尼寺を建てた。

Ⅱ群

　　　ア　　　　　　　　　イ　　　　　　　　　ウ　　　　　　　　エ

(5)　　f　　に当てはまる法令の名称を書きなさい。

(6)　下線部分gについて，これにより，公家や寺社はどのような影響を受けたか。「検地帳」という語句を用いて，50字以内で書きなさい。

〔4〕　右の略年表を見て，次の(1)～(5)の問いに答えなさい。

(1)　年表中のAの時期に，我が国で起きたでき
　　ごととして，正しいものはどれか。次のア～
　　エから一つ選び，その符号を書きなさい。

年代	で　き　ご　と
1867	大政奉還が行われる。
1881	a 国会の開設が約束される。
1904	日露戦争が始まる。
1914	第一次世界大戦が始まる。
1927	b 金融恐慌が起こる。
1951	□ c □ が結ばれる。

（年表の1867～1881にAの括弧，1904～1914にBの括弧）

　　ア　アメリカと日米修好通商条約を結び，5
　　　港を開いて，自由な貿易を認めることとした。
　　イ　殖産興業政策を進め，官営模範工場であ
　　　る富岡製糸場を開設した。
　　ウ　日清（にっしん）戦争で得た賠償金をもとに，八幡製
　　　鉄所を設立し，鉄鋼の生産を始めた。
　　エ　南満州鉄道株式会社を設立し，鉄道のほか，炭鉱や製鉄所なども経営した。

(2)　下線部分aについて，このあと大日本帝国憲法が発布されるまでの間に，政府は，国会の開
　　設に向けてどのような準備をすすめたか。「ヨーロッパ」，「内閣制度」という二つの語句を用い
　　て書きなさい。

(3)　次の文は，年表中のBの時期に，清で起きた辛亥（しんがい）革命について述べたものである。文中の
　　□ X □ に当てはまる人物の名前を書きなさい。また，□ Y □ に当てはまる語句を書きなさい。

> 　　　三民主義を唱えた □ X □ は，清をたおす運動を進めるため，我が国や欧米で活動した。
> 　1911年，軍隊の一部が蜂起したことをきっかけに，多くの省が清からの独立を宣言した。
> 　翌年，南京（なんきん）で □ X □ を臨時大総統として，アジア初の共和国である □ Y □ の建国が宣
> 　言された。こうした中で，清の皇帝は退位し，清は滅亡した。

(4)　下線部分bについて，右の写真は，我が国で起きた金融
　　恐慌のようすを示したものである。次のア～ウは，金融恐
　　慌の前後に我が国で起きたできごとについて述べたもので
　　ある。金融恐慌の前後に起きたできごとを，年代の古いも
　　のから順に並べ，その符号を書きなさい。

　　ア　満州国を独立国として承認しないという国際連盟の決
　　　議に抗議し，国際連盟を脱退した。
　　イ　輸出が輸入を上回る大戦景気となり，国内の工業生産額が大幅に伸びた。
　　ウ　国家総動員法が制定され，政党は解散して大政翼賛会という組織に合流した。

(5)　年表中の □ c □ に当てはまる，吉田（よしだ）茂（しげる）内閣が，アメリカなど48か国と調印し，我が国が独立
　　を回復した条約を何というか。その名称を書きなさい。

〔5〕　社会科の授業で，A～Dの四つの班に分かれて，それぞれテーマを決めて発表を行うこと
　　にした。次のページの資料は，班ごとに作成した資料の一部である。この資料を見て，あとの(1)
　　～(4)の問いに答えなさい。

A班：民主主義の考え方
a多くの人々の参加により物事を決めようとする考え方を民主主義といいます。民主主義の政治を行うためには，人々が自由に意見を出し合って議論できることが必要です。

B班：日本国憲法と国民の権利
日本国憲法では，私たちのb基本的人権を保障しています。また，国の政治のしくみを，c国会は立法権を，内閣は行政権を，裁判所は司法権をそれぞれ担う　　d　　とすることで，国の権力が一つの機関に集中することを防ぎ，国民の自由や権利が守られています。

C班：私たちの暮らしと経済
私たちが安心して豊かに暮らせるように，e消費者を守る制度がつくられています。また，行きすぎた景気の変動に対しては，f景気を安定させる政策が行われます。

D班：地方自治と住民参加
g地方公共団体が行う行政サービスは，私たちの身近な暮らしに深く関わっています。住民の声を生かすために，h直接請求権が認められています。

(1)　A班の資料の下線部分aについて，次のⅠ～Ⅳは，物事を決めるときの考え方のうち，「効率」と「公正」のいずれかを述べた文である。このうち，「公正」について述べた二つの文の組合せとして，正しいものを，下のア～カから一つ選び，その符号を書きなさい。

Ⅰ　無駄を少なくして最大の利益をあげるようにすること。

Ⅱ　すべての参加者が意見表明できるしくみを整えること。

Ⅲ　正当な理由なく不利益を被っている人をなくすように取り組むこと。

Ⅳ　より少ない資源を使って，社会全体でより大きな成果を得ること。

ア　ⅠとⅡ　　イ　ⅠとⅢ　　ウ　ⅠとⅣ　　エ　ⅡとⅢ　　オ　ⅡとⅣ　　カ　ⅢとⅣ

(2)　B班の資料について，次の①～③の問いに答えなさい。

①　下線部分bについて，日本国憲法が規定している教育を受ける権利は，日本国憲法が保障する基本的人権を次の五つに分類した場合，どの権利に属するか。最も適当なものを，次のア～オから一つ選び，その符号を書きなさい。

ア　自由権　　イ　平等権　　ウ　社会権　　エ　参政権　　オ　請求権

②　下線部分cについて，日本国憲法では，予算の議決や内閣総理大臣の指名などにおいて，衆議院と参議院の議決が異なる場合，衆議院の優越が認められている。その理由を，「任期」，「解散」の二つの語句を用いて，50字以内で書きなさい。

③　　d　　に当てはまる，フランスの思想家であるモンテスキューが主張したしくみを何というか。その用語を書きなさい。

(3)　C班の資料について，あとの①，②の問いに答えなさい。

①　下線部分eについて，訪問販売などによって消費者が意にそわない契約をしてしまった場合に，一定の期間内であれば，無条件でその契約を取り消すことを業者に要求できるという制度を何というか。その用語を書きなさい。

②　下線部分fについて，行きすぎた好況のとき，日本銀行が行う政策を説明した文として，最も適当なものを，次のページのア～エから一つ選び，その符号を書きなさい。

ア　インフレーションになるおそれがあるので，増税するなどの財政政策を行う。

イ　インフレーションになるおそれがあるので，国債などを売る金融政策を行う。

ウ　デフレーションになるおそれがあるので，減税するなどの財政政策を行う。

エ　デフレーションになるおそれがあるので，国債などを買う金融政策を行う。

(4)　D班の資料について，次の①，②の問いに答えなさい。

①　下線部分gについて，地方公共団体の歳入のうち，地方税の収入における地方公共団体間の財政格差を減らす目的で国から配分され，地方公共団体が自由に使うことができる財源を何というか。その用語を書きなさい。

②　下線部分hについて，右の表は，有権者が90,000人のF市で，条例の制定や改廃の請求をする場合に，必要な有権者の署名数と，請求先を示したものである。 X と Y に当てはまる数字と用語の組合せとして，正しいものを，次のア～エから一つ選び，その符号を書きなさい。

	必要な有権者の署名数	請求先
条例の制定や改廃	X 以上	F市の Y

ア　[X　1,800，Y　市長]　　イ　[X　1,800，Y　選挙管理委員会]

ウ　[X　30,000，Y　市長]　　エ　[X　30,000，Y　選挙管理委員会]

〔6〕　中学校3年生のTさんは，「国際社会に生きる私たち」というテーマで探究活動を行った。次の文は，探究活動をとおして考えたことをまとめたものの一部である。この文を読んで，下の(1)～(3)の問いに答えなさい。

> 　二度の世界大戦の反省から，世界の平和と安全を維持することを目的に a国際連合が発足し，専門機関や補助機関などが活動しています。しかし，b冷戦の終結が宣言された後も，世界各地で地域紛争が起きており，その背景には，経済の格差や資源をめぐる問題もあることがわかりました。私たちは c新しい技術の開発などをとおして，資源やエネルギーの問題の解決に取り組み，持続可能な社会の実現につながる活動を行うことが必要だと考えます。

(1)　下線部分aについて，国際連合の様々な活動のうち，UNICEFが行っている活動として，最も適当なものを，次のア～エから一つ選び，その符号を書きなさい。

ア　紛争後の平和の実現のために，道路の補修工事，停戦や選挙の監視などの活動をする。

イ　難民を保護して各国に難民の受け入れを求め，生活を改善するための活動をする。

ウ　子ども（児童）の権利に関する条約に基づき，子どもたちの生存と成長を守る活動をする。

エ　自然遺産や文化遺産などの世界遺産の保護や，文化や教育の振興に取り組む活動をする。

(2)　下線部分bについて，第二次世界大戦後の冷戦とは，どのような状態のことか。「アメリカ」，「資本主義陣営」の二つの語句を用いて書きなさい。

(3)　下線部分cについて，穀物から作られるバイオ燃料は，石油にかわる燃料として注目され，研究や開発が進められている。食料用としていた穀物がバイオ燃料に使われた場合，食料用の穀物の生産量と需要が変わらないとすると，食料用の穀物の供給量と価格は，それぞれどのように変化するか。書きなさい。

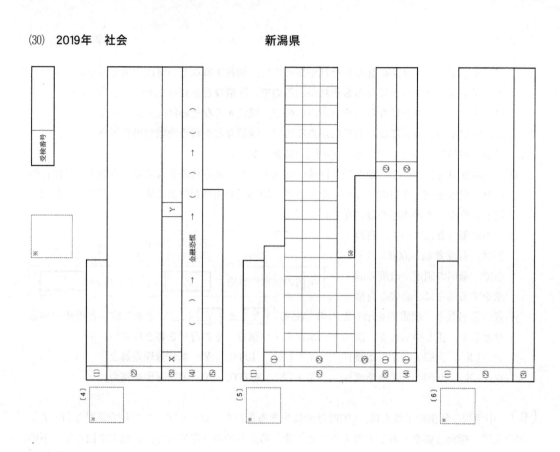

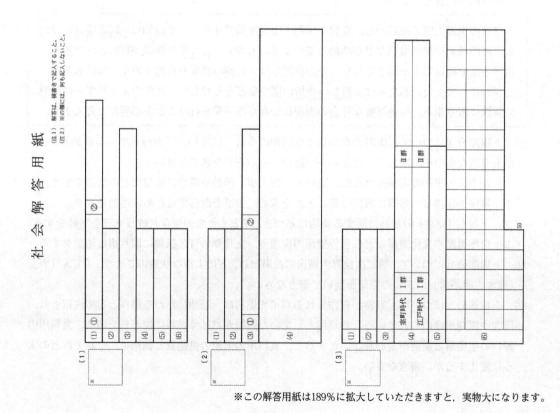

※この解答用紙は189％に拡大していただきますと，実物大になります。

国 語 解 答 用 紙

(注1)　筆始めば、鉛筆または下記ペンを使うこと。
(注2)　※の欄には、何も記入しないこと。

受検番号

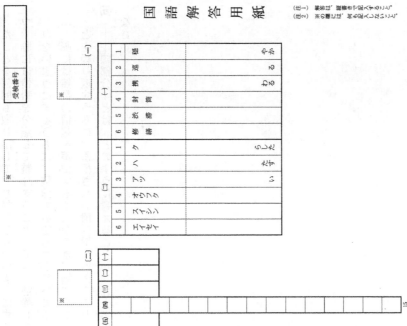

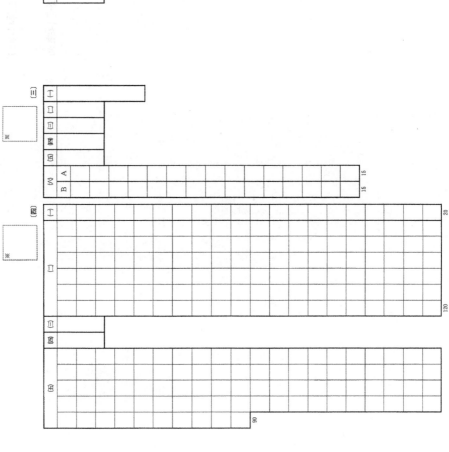

※この解答用紙は192％に拡大していただきますと、実物大になります。

㈤　――線部分⑷とは、どのように考えることか。九十字以内で書きなさい。

ウ　脳には情報を分類して整理することができ、勉強したことを忘れないようにするうちに、整理する能力がより高まること。

エ　脳には無数の情報を蓄積することができ、勉強しては忘れることを繰り返すうちに、蓄積される情報量が増えること。

たことを何回も取り出して、絶対に忘れないようにすること。

知恵とは、一つはこのような側面をもったものだと思う。私はこれを③「知恵の広さ」と呼ぶことにしている。この「知恵の広さ」は勉強しては忘れ、また勉強しては忘れているうちに、自然と脳の中につちかわれていくのである。

知恵がつくられる場所である人間の脳は、また、コンピューターなどと違って、物事を幅をもってみつめ、考えることができるようにできている。つまり寛容な思考態度をとることが人間にはできるのだ。

例えば、コンピューターに映画を見させても、彼は鑑賞することができない。なぜなら、一つ一つのコマがバラバラな画面に見え、そこにある連続した動きがコンピューターには見えないからだ。ところが人間は、一つのコマを見てイメージをはっきり残し、次のコマへ移るまでのきわめて短い間を無視し、前のコマのイメージを持続させて次のコマのイメージと重ねることができる。これは人間の脳がある時は敏感に働き、ある時は鈍感に働き、また刺激に対する反応の余韻を残すという特性をもっているからだが、ともかくも、人間はそのような不連続なものから連続したものを読みとる能力をもっているのだ。

人間の脳にあるこの寛容性は、ものを考える上でも発揮される。その一つは連想である。

文章、特に詩とか格言のようなものを読む時、その中の言葉から連想される異なった言葉を、思いつくまま列記しておくとする。列記された言葉のいくつかを組み合わせて新しい文章をつくってみる。こうしたあとで、もう一度、元の文章を読み直すと、意味の理解が深みと新鮮さをもつものだ。連想は、言葉の意味と感じに幅をもたせてみるという脳の寛容性から生まれる。

また連想の習慣は、いくつかの異なるものの間に共通点を読みとる脳の働きにもつながる。数学の簡単な例でいうと、円と三角形の共通点は、平面を内側と外側の二つに分割するという性質である。コの字には、この性質はない。8の字は、平面を三つに分割する。実際生活でも、議論をまとめる時に、異なった意見の共通点を発見する能力は大変有用である。

このように、人がものを考える時は④幅をもった考え方をするものであり、またそれでこそ、思考は発展性をもって深まっていくのだ。

（広中　平祐「生きること学ぶこと」による）

(注)　前に述べた＝筆者はこの文章の前に「ものを忘れる能力、これはコンピューターやロボットにはない人間の長所、あるいは短所」だと述べている。

※　この文章は、一九八四年に刊行された書籍に収められたものである。

(一)　——線部分(1)について、人間はどのような能力をもつというのが、より正確な表現だと筆者は述べているか。文章中から二十字以内で抜き出して、書きなさい。

(二)　——線部分(2)について、筆者は、「ゆとり」とはどのようなものであると述べているか。百二十字以内で書きなさい。

(三)　文章中の　A　に最もよく当てはまる言葉を、次のア～エから一つ選び、その符号を書きなさい。
ア　おそらく　　イ　めったに
ウ　ちょうど　　エ　ますます

(四)　——線部分(3)は、どのようなことによってつちかわれていくか。その説明として最も適当なものを、次のア～エから一つ選び、その符号を書きなさい。
ア　脳にはものを忘れる能力が備わっており、不要な情報が忘れられて、役に立つ情報の蓄積だけが増えていくこと。
イ　脳には蓄積した情報の蓄積だけを自由自在に取り出す能力があり、記憶し

許せないことだと述べている。

ウ　馬が屋根に登らなかったことで、危険な目に遭わせずに済んだので良かったと述べている。

エ　馬が屋根に登らなかったことで、乗馬の技量が未熟なことが明らかになったと述べている。

(六)　──線部分の「猫の如き馬」について説明した次の文の、[A]、[B]に当てはまる言葉を、文章を踏まえ、それぞれ十五字以内で書きなさい。

「猫の如き馬」について、「一人」の解釈と覓越前守の説明には、相違点がある。「一人」は、[A]馬のことだと解釈しているが、覓越前守は、[B]馬のことだと説明している。

(四)　次の文章を読んで、(一)～(五)の問いに答えなさい。

まず私は、ものを忘れることはコンピューターやロボットなどにはない(1)人間特有の能力だ、と前に述べた。だが、実はそれは正確ないい方ではないのである。人間の脳には百四十億の細胞があって、出来事や知識を無数に蓄積できるようになっているし、事実、蓄積されているのだ。ただコンピューターは記憶したことを自由自在に百パーセント取り出すことができるのに対して、人間の脳は、記憶したことを、ほんのわずかしか取り出すことができない、という相違にすぎない。ともあれ、脳に無数の情報を蓄積しているのは厳然とした事実なので

人間の脳の特性を明らかにするには、猿などの動物のそれと比べるより、やはり脳をもった機械、コンピューターやロボットと比較するのが、一番てっとり早いと思う。

ある。つまり人間は「忘れる」のではなく、「脳に蓄積し取り出せない状態にする」能力をもつといったほうが正確な表現といえる。私はこれを、コンピューターなどにはない、人間の脳のみが有する(2)「ゆとり」だと思う。私がこの場合に使った「ゆとり」は数学的な意味での「ゆとり」である。すなわち、わずかしかない「いつでもすぐ取り出せる」情報に対比して、実は膨大な量の情報が「すぐ取り出せない」形で脳に蓄積されているという、後者の前者に対する比率の大きさを「ゆとり」ということにしている。

人間の脳にあるこの「ゆとり」が、実は知恵というものをつくる要素の一つなのだ。

ここで一つの例をあげる。今かりに、ある文科系の大学生が卒業論文を書く上で、どうしても高校生の頃に習った数学の因数分解を用いなければならない必要が生じたとする。ところが、彼は文科系の学問ばかりしてきたために、いつのまにかすっかり数学の因数分解を忘れてしまっている。どうするか。彼は[A]図書館に直行して調べるか、理科系の友人にたずねてみるか、何らかの手段を講じるに違いない。そして、そのようにちょっとした労をとった彼は、すぐに「ああ、なるほど」とうなずくことができるに違いない。なぜかというと、

彼の頭の中には高校時代に習った因数分解の基礎的な知識が蓄積され眠っているからだ。それゆえ、一度も数学を勉強したことのない人ならば理解するのに長い時間と労力を要するところを、彼は短時間でさほど苦労せずに理解できるのである。

このように、脳に蓄積され取り出せない状態にされていた知識は、永遠に取り出せないものではなく、ちょっとした手間ときっかけをつくれば、容易に取り出すことができるのだ。人間の脳に「ゆとり」があるからこそ、それが可能なのである。

り、殆ど落んとせしを〔アヤウク落馬寸前ノトコロヲ〕、口付の者取押へて漸に免れぬ。思の外のこととなりしかば、③その馬早々に返しけり。

後日に越前対話〔筧越前守ニ会ッテ話ヲシタ時ニ〕の折から、其人④慍を含で云には、曩日〔先日ニ〕猫の如き馬と申さるるにより其心得〔ソウ思ッテイタトコロ〕なりしに、拙々思も依らぬことなりしと其次第を述〔言ウ事ニハ〕ければ、越州云には、即夫故に〔すなはちそれゆゑ〕猫の様なりとは申つれ。猫は常によくかけ廻り、柱を攀じ〔ヨジ登ッタリ〕、塀を踰へ屋根へも登る者なり。其馬、よく似候と存ひしが〔ヨク似テイルト思ッティマシタガ〕⑤屋根へ登らぬがよかりし、との答なれば、其人大に〔驚イテ〕あきれて笑たるまでなりしとなり。

ウ 「一人」は、その馬を譲ってあげましょうと言って、筧越前守の願いを聞き入れた。

エ 「一人」は、その馬をぜひ譲ってほしいと、筧越前守にお願いした。

（三） ──線部分③の「その馬早々に返しけり」の理由として最も適当なものを、次のア～エから一つ選び、その符号を書きなさい。

ア 自分の乗馬の技量に自信があったが、乗ったところ落馬してしまって乗るのが怖くなったから。

イ 自分の乗馬の技量に自信があったが、その馬は乗りこなすのが簡単で期待はずれだったから。

ウ 自分の予想と実際の馬の様子が違っており、自分が欲しいと思っていた馬ではなかったから。

エ 自分の予想と実際の馬の様子とが違っており、自分にはもったいない名馬だと思ったから。

（四） ──線部分④の「慍」とは、誰の、誰に対する気持ちか。最も適当なものを、次のア～エから一つ選び、その符号を書きなさい。

ア 「一人」の、口付の者に対する気持ち。

イ 「一人」の、筧越前守に対する気持ち。

ウ 筧越前守の、「一人」に対する気持ち。

エ 筧越前守の、口付の者に対する気持ち。

（五） ──線部分⑤の「屋根へ登らぬがよかりし」の説明として最も適当なものを、次のア～エから一つ選び、その符号を書きなさい。

ア 馬が屋根に登ったことを、実際に自分も見物したくなるような面白いことだったと述べている。

イ 馬が屋根に登ったことを、馬を乱暴に扱う危険な乗り方であり

（注）　馬場＝乗馬の練習をする場所。

　　　小土手＝土を小高く積み上げて築いた堤。

　　　口付の者＝馬のくつわや手綱を引く人。

（一） ──線部分①の「やうなる」を現代かなづかいに直し、すべてひらがなで書きなさい。

（二） ──線部分②の「其馬譲りくれられと懇望す」の意味として最も適当なものを、次のア～エから一つ選び、その符号を書きなさい。

ア 筧越前守は、その馬を譲ってあげましょうと言って、「一人」の願いを聞き入れた。

イ 筧越前守は、その馬をぜひ譲ってほしいと、「一人」にお願いした。

ら、すべては始まります。そして、喜びもつらさも分かちあうことが

できると相互に理解することを目指すのです。

そう考えると、悲劇の多いオペラも、悲しい文学も、暗い映画も、

それが結局は何のために存在しているかに理解が及びます。私は同じ

人間で、幸福も不幸も分かちあうことができる、私たちは、そしてあ

なたはひとりではない、という人間生存の応援団のようなものなので

す。人間らしく生き、心を表現することが芸術であり、芸術という言

葉は、つまり人間という言葉に置き換えられるのです。

（千住　博「芸術とは何か」による）

（一）文章中の　A　に最もよく当てはまる言葉を、次のア〜エから一
つ選び、その符号を書きなさい。

ア　だから　　イ　しかし　　ウ　つまり　　エ　すると

（二）──線部分⑴の「に」と同じ意味で使われている「に」がある文
を、次のア〜エから一つ選び、その符号を書きなさい。

ア　図書館へ行く道を友人に尋ねる。

イ　食事の前には手をきれいに洗う。

ウ　四季の中では特に春が好きだ。

エ　桜は週末に見ごろになるだろう。

（三）──線部分⑵の「絵画」と、構成（組み立て、成り立ち）が同じ
熟語を、次のア〜オから一つ選び、その符号を書きなさい。

ア　就職　　イ　日没　　ウ　相違　　エ　倉庫　　オ　非常

（四）──線部分⑶について、筆者は、絵や音楽が「ただ描いた、弾い
ただけ」になってしまうのは、どのようなことが足りないためだと
述べているか。適切な部分を、文章中から十五字以内で抜き出し
て、書きなさい。

（五）この文章の内容を説明したものとして最も適当なものを、次のア

〜エから一つ選び、その符号を書きなさい。

ア　芸術とは、良い作品の描き方を指導者から学びながら、客観性
をもった表現を目指す行為だ。

イ　芸術とは、他者との相互理解は不可能だということを前提とし
て、自己表現のみを求める行為だ。

ウ　芸術とは、暗く悲しい作品の中に、不幸と幸福を対比して幸福
の価値を示そうとする行為だ。

エ　芸術とは、様々な表現の手段を使って、何とかして他人と互い
に心を通わせようとする行為だ。

〔三〕　次の古文は、『甲子夜話』の一部で、「筧越前守」（文章中では「越
前」「越州」とも呼ばれている）と「一人」とのやりとりを記した
ものである。この文章を読んで、㈠〜㈥の問いに答えなさい。

筧越前守は滑稽人なり。　面白イ人ダ

一日友人と同坐せしとき一人、畜馬を失ひて馬を求むるが、とか　話ヲシテイタ時ニアル人ガ

く猫の⑴やうなる馬ありかね候と云ふ。　見付カリマセン

越前云ふ、幸に我方に猫の如き馬あり、と。一人、頻に、　自分ノトコロニ

⑵其馬譲りくれられと懇望す。越前約するに、明朝幸せて参　明日ノ朝ソノ馬ヲ引イテ参上

ずべしと云。

翌日、馬来る。其人、馬場に出て、猫の如しと云ふ。　言ッタノヲ頼リニ安心

もなく乗ると駆け出し、縦横に馳廻り小土手を蹄へ立木に突当　アラユル方向ニ走リ回り

〈国語〉

時間　五〇分　満点　一〇〇点

〔一〕次の(一)、(二)の問いに答えなさい。

(一)次の1～6について、──線をつけた漢字の部分の読みがなを書きなさい。

1　彼は穏やかな笑顔を絶やさない。

2　観光名所を巡る旅を楽しむ。

3　ボランティア活動に携わる。

4　手紙を封筒に入れる。

5　高速道路で渋滞が発生する。

6　家の屋根を修繕する。

(二)次の1～6について、──線をつけたカタカナの部分に当てはまる漢字を書きなさい。

1　幼い頃にクらした街を訪ねる。

2　重要な役割をハたす。

3　空がアツい雲に覆われた。

4　家と学校をオウフクする。

5　計画をスイシンする。

6　人工エイセイを打ち上げる。

〔二〕次の文章を読んで、(一)～(五)の問いに答えなさい。

芸術は、他人に教えることができるものです。「芸術は教えられるものではない」と言う指導者がいるとしたら、それは、その指導者自身が芸術についてよくわかっていないのです。

ただし、「良い作品を描くにはどうしたらいいか」は、教えることができません。その人の、何に出合ってきたかという人生の日々、持ち合わせる哲学や性格の問題に関わることだからです。

A 、「どうしたら、もう少し良くすることができるか」という悩みに対しては、アドバイスをすることはできます。客観性を持って、調和が取れていなかったり、何かの形や色が飛び出していたり、つまり不自然な箇所を指摘する行為は可能だからです。

それをきちんと分けたうえで、改めて芸術について考えてみます。

芸術とは、伝達不可能とも思えるイマジネーションを何とかして、他者(1)に伝えていこうとする行為というか、あらゆる手段を使って、他者(1)に伝えていこうとする行為のことです。ですから、料理、文章、(2)絵画、音楽、時には踊ったり、劇を演じたり、映画にしたり、土を捏ねたり、石を削ったりして、いわば見えないものを見えるようにする、聴こえない音を聴こえるようにするのが、芸術家の仕事です。芸術とは、すなわち人と人の心のコミュニケーションのことなのです。わかりあえない他者と何とかわかりあおうと〝絆〟を作っていく行為のことなのです。

ここが押さえられていれば、いかなるジャンル、手段を用いても、とにかく「人と人が仲良くしようとする行為全体に対しての概念が芸術である」という理解が生まれます。人と人のコミュニケーション、つまり人の間と書いて人間という、その基本中の基本の態度のあり方を芸術と言うのです。

ですから、絵や音楽がすべて芸術とは限らないのです。芸術ではない絵や音楽も存在します。相手の側に立って考えることもない、一方的な伝達や告知、これはどんなに絵や音楽の体裁を整えていても、芸術とは言えません。(3)ただ描いた、弾いただけです。私たちは同じ人間で、悲しければ泣き、楽しければ笑うという同じ側に立つ意識か

大切なことはメモしておこうネ！

2019年度

解 答 と 解 説

《2019年度の配点は解答用紙集に掲載してあります。》

＜数学解答＞

〔1〕　(1)　-14　　(2)　$-a+8b$　　(3)　a^4b^8　　(4)　$x=2,\ y=-1$　　(5)　$4\sqrt{5}$

(6)　$x=-7,\ 0$　　(7)　$a=-2$　　(8)　$100\pi\,\mathrm{cm}^3$　　(9)　$\angle x=56$度　　(10)　52.5cm

〔2〕　(1)　(例)姉が弟に3本の鉛筆を渡すと，姉の本数が弟の本数の2倍になるから，$x-3=2$ $(y+3)$…① 弟が姉に2本の鉛筆を渡すと，姉の本数が弟の本数より25本多くなるから，$y-2=x+2-25$…②　①，②を解いて，$x=33,\ y=12$である。　答　$x=33,\ y=12$

(2)　(例)3枚のカードの取り出し方は，(1, 2, 3)，(1, 2, 4)，(1, 2, 5)，(1, 3, 4)，(1, 3, 5)，(1, 4, 5)，(2, 3, 4)，(2, 3, 5)，(2, 4, 5)，(3, 4, 5)の10通りある。このうち，カードに書かれている数の和が9以下であるのは，6通りある。よって，求める確率は，$\dfrac{6}{10}=\dfrac{3}{5}$である。　答　$\dfrac{3}{5}$

(3)　①　$y=\dfrac{4}{x}$　　②　(例)かかった時間がa分であるとき，速さは，$\dfrac{4}{a}$km／分である。かかった時間が20%短くなると，その速さは，$\dfrac{5}{a}$km／分となる。よって，速さは，25%増加した。　答　25%

(4)　右図

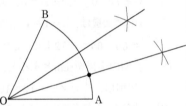

〔3〕　解説参照

〔4〕　(1)　$y=\dfrac{24}{5}$　　(2)　$x-10$cm　　(3)　①　$y=\dfrac{3}{10}x^2$　　②　$y=5x-20$

(4)　(例)△CFP∽△BECである。△BECは，直角三角形で，BC=10cm，BE=6cmだから，EC=8cmとなる。このとき，CF=10−8=2cmであり，FP=$(x-10)$cmと表せるので，$2:(x-10)=6:8$となる。これを解くと，$x=\dfrac{38}{3}$となる。また，$y=5\times\dfrac{38}{3}-20=\dfrac{130}{3}$となる。　答　$x=\dfrac{38}{3},\ y=\dfrac{130}{3}$

〔5〕　(1)　$n=7$のときX$=28$，$n=15$のときX$=55$，$n=76$のときX$=309$　　(2)　①　X$=4n$

②　X$=4n+5$　　(3)　(例)nが1列目のとき，X$=4n+5$であり，nが5列目のとき，X$=4n-5$である。これらは，奇数だから，6の倍数にはならない。nが2列目のとき，X$=4n$であり，nが3列目，4列目のときも，X$=4n$であるから，これらが6の倍数になるのは，nが3の倍数のときである。6以上195以下の自然数のうち，3の倍数は，64個ある。そのうち，5で割った余りが0と1である自然数の26個は適さないので，それらを除く。よって，$64-26=38$個である。　答　38個

〔6〕　(1)　EG　10cm，EC　$10\sqrt{2}$ cm　　(2)　(例)EP$=\dfrac{1}{2}$EG$=5$cmである。よって，△CEPで中点連結定理から，MN$=\dfrac{1}{2}$EP$=\dfrac{5}{2}$cmである。　答　$\dfrac{5}{2}$cm　　(3)　(例)△ENMの底辺をMNとすると，高さは，$\dfrac{1}{2}$AE$=5$cmである。よって，△ENMの面積は，$\dfrac{1}{2}\times\dfrac{5}{2}\times5=\dfrac{25}{4}$cm^{2}である。　答　$\dfrac{25}{4}$cm^2　　(4)　(例)三角すいBENMの底面を△ENMとすると，

高さは，点Bから面AEGCに引いた垂線の長さとなる。これは，点Bから線分ACに引いた垂線の長さと等しい。点Bから線分ACに引いた垂線と，線分ACとの交点をLとすると，垂線BLの長さは，$BL=\dfrac{4}{5}\times6=\dfrac{24}{5}$cmである。よって，三角すいBENMの体積は，$\dfrac{1}{3}\times\dfrac{24}{5}\times\dfrac{25}{4}=10$cm³である。　　答　10cm³

＜数学解説＞

〔1〕　（数・式の計算，連立方程式，平方根，二次方程式，関数$y=ax^2$の変化の割合，体積，円の性質と角度，資料の活用）

(1)　$4-9\times2=4-18=-14$

(2)　$2(a+2b)-(3a-4b)=2a+4b-3a+4b=-a+8b$

(3)　$a^6b^5\div a^2\times b^3=a^6b^5\times\dfrac{1}{a^2}\times b^3=a^4b^8$

(4)　$x+3y=-1\cdots$①，$5x-6y=16\cdots$②とする。①×2＋②　$7x=14$　$x=2$　これを①に代入して，$2+3y=-1$　$3y=-3$　$y=-1$

(5)　$\sqrt{45}+\sqrt{10}\div\sqrt{2}=\sqrt{3^2\times5}+\sqrt{\dfrac{10}{2}}=3\sqrt{5}+\sqrt{5}=4\sqrt{5}$

(6)　$x^2+7x=0$　$x(x+7)=0$　よって，$x=-7,\ 0$

(7)　xの増加量は，$5-1=4$　yの増加量は，$a\times5^2-a\times1^2=24a$　（変化の割合）$=\dfrac{（yの増加量）}{（xの増加量）}=\dfrac{24a}{4}=6a$　$6a=-12$より，$a=-2$

(8)　底面の半径を$r$cmとすると，三平方の定理により，$r^2=13^2-12^2=25$　$r>0$より，$r=5$　よって，体積は，$\dfrac{1}{3}\pi\times5^2\times12=100\pi$（cm³）

(9)　線分ACと線分BDとの交点をEとする。線分ACは円Oの直径だから，$\angle ADC=90°$　よって，$\angle BDC=90°-58°=32°$　$\overparen{BC}$に対する中心角と円周角の関係から，$\angle BOC=2\angle BDC=2\times32°=64°$　したがって，$\angle x+32°=24°+64°$　$\angle x=56°$

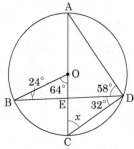

(10)　50を仮の平均とすると，平均値は，$50+\{(-8)\times3+(-4)\times4+0\times6+4\times9+8\times5+12\times2+16\times1\}\div30=50+76\div30=50+2.53\cdots=52.53\cdots$　よって，52.5cm

〔2〕　（連立方程式の応用，確率，比例関数，作図）

(1)　姉が弟に3本の鉛筆を渡すときの関係から，$x-3=2(y+3)\cdots$①　弟が姉に2本の鉛筆を渡すときの関係から，$y-2=x+2-25\cdots$②　①より，$x-2y=9\cdots$①′　②より，$x-y=21\cdots$②′　①′，②′を連立方程式として解く。②′－①′　$y=12$　これを②′に代入して，$x-12=21$　$x=33$　よって，$x=33$，$y=12$

(2)　3枚のカードの取り出し方は，(1, 2, 3)，(1, 2, 4)，(1, 2, 5)，(1, 3, 4)，(1, 3, 5)，(1, 4, 5)，(2, 3, 4)，(2, 3, 5)，(2, 4, 5)，(3, 4, 5)の10通り。このうち，カードに書かれている数の和が9以下となるのは下線をつけた6通り。よって，求める確率は，$\dfrac{6}{10}=\dfrac{3}{5}$

(3)　①　（速さ）$=\dfrac{（道のり）}{（時間）}$より，$y=\dfrac{4}{x}$

　　②　月曜日に歩いた速さは毎分$\dfrac{4}{a}$km　火曜日にかかった時間は，$(1-0.2)a=0.8a=\dfrac{4a}{5}$（分）だから，$4\div\dfrac{4a}{5}=4\times\dfrac{5}{4a}=\dfrac{5}{a}$より，火曜日に歩いた速さは毎分$\dfrac{5}{a}$km　$\dfrac{5}{a}\div\dfrac{4}{a}=\dfrac{5}{4}=1.25$より，25%

増加した。

(4)　(i)　∠AOBの二等分線と$\overparen{AB}$との交点をCとする。　(ii)　∠AOCの二等分線と$\overparen{AB}$との交点をPとする。

〔3〕　(平面図形，合同の証明)

(例)△ABFと△BCEにおいて，正方形ABCDだから，AB＝BC…①　∠BAF＝∠CBE＝90°…②　また，∠ABF＝∠ABC－∠FBC＝90°－∠FBC…③　BF⊥CEだから，∠BCE＝90°－∠FBC…④　③，④より，∠ABF＝∠BCE…⑤　よって，①，②，⑤より，1組の辺とその両端の角がそれぞれ等しいから，△ABF≡△BCE

〔4〕　(関数の利用)

(1)　PQ//DBなので，三角形と線分の比についての定理により，AQ：AB＝AP：AD　AQ：6＝4：10　10AQ＝24　AQ＝$\frac{12}{5}$(cm)　よって，$y＝△APQ＝\frac{1}{2}×AP×AQ＝\frac{1}{2}×4×\frac{12}{5}＝\frac{24}{5}$

(2)　DP＝(点Pの点Aからの道のり)－AD＝$x－10$(cm)

(3)　①　$0<x≦10$のとき，点Pは辺AD上にある。AQ：AB＝AP：AD　AQ：6＝x：10　10AQ＝$6x$　AQ＝$\frac{3}{5}x$　よって，$y＝△APQ＝\frac{1}{2}×AP×AQ＝\frac{1}{2}×x×\frac{3}{5}x＝\frac{3}{10}x^2$

　②　$10<x≦16$のとき，点Pは辺CD上にある。DP＝$(x－10)$cmより，$y＝(四角形ABPD)＝\frac{1}{2}×\{6＋(x－10)\}×10＝5x－20$

(4)　△BECで，三平方の定理により，EC²＝BC²－BE²＝10²－6²＝64　EC＞0より，EC＝8(cm)　よって，CF＝10－8＝2(cm)　△CFPと△BECにおいて，∠CFP＝∠BEC＝90°…(i)　△CFPで，∠FPC＝180°－(90°＋∠PCF)＝90°－∠PCF　3点E，C，Fは一直線上にあるから，∠ECB＝180°－(90°＋∠PCF)＝90°－∠PCF　よって，∠FPC＝∠ECB…(ii)　(i)，(ii)より，2組の角がそれぞれ等しいから，△CFP∽△BEC　FP：EC＝CF：BE　FP：8＝2：6　6FP＝16　FP＝$\frac{8}{3}$(cm)　折り返した図形だから，DP＝FP　$x－10＝\frac{8}{3}$　$x＝\frac{38}{3}$　$x＝\frac{38}{3}$を$y＝5x－20$に代入して，$y＝5×\frac{38}{3}－20＝\frac{130}{3}$

〔5〕　(規則性)

(1)　$n＝7$のとき，X＝2＋12＋6＋8＝28　$n＝15$のとき，X＝10＋20＋14＋11＝55　$n＝76$のとき，X＝71＋81＋80＋77＝309

(2)　①　X＝$(n－5)＋(n＋5)＋(n－1)＋(n＋1)＝4n$　②　X＝$(n－5)＋(n＋5)＋(n＋4)＋(n＋1)＝4n＋5$

(3)　nが1列目のます目にあるとき，X＝$4n＋5＝2(2n＋2)＋1$　nが2，3，4列目のます目にあるとき，X＝$4n$　nが5列目のます目にあるとき，X＝$(n－5)＋(n＋5)＋(n－1)＋(n－4)＝4n－5＝2(2n－3)＋1$　よって，nが1列目，5列目のます目にあるときは，Xは奇数になる。nが2，3，4列目のます目にあって，Xが6の倍数になるのは，Xが3の倍数のときである。つまり，nが3の倍数のときだから，200÷3＝66余り2より，66－2＝64(個)(3と198を除く)　このうち，1列目のます目にある3の倍数6，21，36，…，186の13個と5列目のます目にある3の倍数15，30，45，…，195の13個は除くから，全部で，64－13×2＝38(個)

〔6〕　(空間図形，線分の長さ，面積，体積)

(1)　△EFGで，三平方の定理により，EG²＝EF²＋FG²＝8²＋6²＝100　EG＞0より，EG＝10(cm)

△EGCは直角二等辺三角形より，EC：CG＝$\sqrt{2}$：1　EC＝$\sqrt{2}$×10＝10$\sqrt{2}$（cm）

(2)　2点M，Nはそれぞれ線分CE，CPの中点だから，**中点連結定理**により，MN＝$\frac{1}{2}$EP＝$\frac{1}{2}$×$\frac{1}{2}$×10＝$\frac{5}{2}$（cm）

(3)　2点M，Pはそれぞれ線分EC，EGの中点だから，**中点連結定理**により，MP//CG，MP＝$\frac{1}{2}$CG＝$\frac{1}{2}$×10＝5（cm）　よって，△ENM＝$\frac{1}{2}$×MN×MP＝$\frac{1}{2}$×$\frac{5}{2}$××5＝$\frac{25}{4}$（cm²）

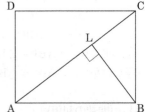

(4)　点Bから面AEGCに垂線BLをひくと，三角すいBENMの体積は，$\frac{1}{3}$×△ENM×BL…（＊）で求められる。点Lは線分AC上にあるから，面ABCDで考えると，2組の角がそれぞれ等しいから，△ABC∽△ALB　CB：BL＝AC：AB　6：BL＝10：8　10BL＝48　BL＝$\frac{24}{5}$（cm）　したがって，（＊）より，$\frac{1}{3}$×$\frac{25}{4}$×$\frac{24}{5}$＝10（cm³）

＜英語解答＞

〔1〕(1) 1 イ　2 ア　3 ウ　4 ウ　(2) 1 エ　2 エ　3 ウ　4 イ　(3) 1 five　2 picture　3 uniform　4 foreign

〔2〕(1) イ　(2) B been　F understood　(3) C kind of classes did　G don't have to be　(4) イ　(5)（例）ベトナムからの生徒の一人が，最初は自分の名前を漢字で書くことが難しかったが，授業の最後には，漢字が書かれた紙を見ないで漢字を書いたこと。　(6)（例）辞書を使って，料理で使う重要な英単語を見つけて，それらをホワイトボードに書いた。　(7) エ

〔3〕(例1) Let's go to library by(bike), Bob. It's sunny today. We can enjoy cycling. We feel good when we ride a bike to the library in a nice weather. And, after borrowing books, we can go to the park and read the books under the tree.　(例2) Let's go to the library by (bus), Bob. The library is not near our house, so it is difficult for us to go to the library by bike. If we take a bus, we get there easily. We can have more time to read books in the library.

〔4〕(1)（例）昔，塩は給料として労働者に与えられ，給料という単語は，塩を給料として与えるという意味のラテン語からきていること。　(2) d　(3) ア　(4)（例）塩分がより多い塩水　(5)（例）何かに興味をもつと，もっと学びたくなり，そうすると，私たちにとって予想外の新しいことを見つけることができるから。　(6) ①（例）Yes, there is.　②（例）The staff members did.　③（例）Because Naomi and her friend talked about their experience at the beach.　(7) エ

＜英語解説＞

〔1〕（リスニング）
放送台本の和訳は，46ページに掲載。

〔2〕　（会話読解：語句補充・選択，語形変化，語句の並べ替え，日本語で答える問題，内容真偽，
　　　現在完了，動名詞，不定詞）

（全訳）　タカシは中学校の生徒です。火曜日に彼は，英語の授業の前にリー先生と話をしていま
す。リー先生は，毎週火曜日にタカシの学校を訪れるALTです。

　　タカシ（以下T）：こんにちは，お元気ですか？／リー先生（以下L）：元気です，ありがとう。
A あなたはどうですか？ ／T：私も元気です，ありがとう。今，私たちは特別な時間を楽しんでい
ます。／L：特別な時間？　もっと私に話をしてください。／T：わかりました。先週，8人の生徒
がベトナムから来ました。／L：それはいいですね。なぜ彼らはこの学校へ来たのですか？／T：
なぜなら，彼らの学校は私たちの姉妹校だからです。去年，私たちの学校の生徒は彼らの学校へ行
きました。今年，彼らは私たちの学校へ来ました。／L：それはいいですね。彼らは，日本にはど
れくらい，B いつづけている ことになるのですか？／T：4日です。彼らは一週間滞在する予定で
す。／L：C あなたは，どの種類の授業を 一緒にうけましたか？／T：昨日，私たちは二つの特別
な授業をうけました。書道の授業と料理の授業です。書道の授業で，私はベトナムの生徒たちに
彼らの名前を片仮名で示し，そしてベトナムの生徒たちはそれらを書きました。その後，一人の生
徒が別のことをしようとしました。／L：その生徒は何をしましたか？／T：彼は私に漢字で彼の
名前を書くように頼みました。だから，私はそれを紙に漢字で書いて，そして紙を彼に渡しまし
た。／L：D あ彼は，漢字を書くことを楽しみましたか？ ／T：はい。彼は楽しそうでした。もち
ろん，最初は，彼にとって漢字を書くことは難しかった。しかし，授業の終わりには，彼はその紙
を見ないで漢字を書きました。私は驚きました。／L：E私にもそれは驚きです。ところで，料理
の授業はどうでしたか？／T：私たちは一緒に手巻き寿司を作りました。私たちの料理の先生のヤ
マダ先生は，寿司の作り方を多くの身振り手振りを使うことで，彼らに伝えました。だから，彼ら
はそれをF 理解しました 。／L：あなたは，ベトナムの生徒たちと英語で話をしましたか？／T：は
い，そうしました。日本の生徒たちとベトナムの生徒たちは，お互いに意思を伝え合おうとしまし
た。しかし，ときどき，私たちは英語でどう言うのか知りませんでした。だから，私の辞書を使う
ことで，私は料理に大切な英語の言葉を見つけました。そしてそれから，私はそれらをホワイトボ
ードに書きました。／L：それはいいアイデアですね。／T：はい，その通りです。書かれた言葉
はとても私に役に立ちました。それらの言葉を使うことで，他の日本の生徒たちもまた，寿司の作
り方を彼らに伝えることができました。私たちは，一緒に料理をすることを楽しみました。書いた
言葉と身振り手振りを使うことで，私たちはお互いに英語で意思を伝え合えて，私はとても楽しか
った。／L：あなたはすばらしい経験をしました。あなたは，新しい経験を恐れてはG いけません 。
／T：私は先生と同じ考えです。ベトナムの生徒たちと話をすることは，とても楽しいことです。
ベトナムの生徒たちは，とても上手に英語を話します。だから，私は英語を一生懸命勉強するこ
とを続けていきます，そして私は彼らにもう一度会うためにベトナムを訪れたい。／L：がんばっ
て！　さあ，この特別な時間をベトナムの生徒たちと一緒に楽しみましょう。

(1)　ア　すみません。　イ　あなたはどうですか？　ウ　ごめんなさい　エ　今日の天気は
　　どうですか？　Aのあとでは，「私も元気です」とタカシが言っているのでイが適当。How
　　about you? は「あなたはどうですか？」という意味で，状態や意見をたずねる場合に使う。

(2)　Bの文では have~? とhave を使っているので現在完了形継続の疑問文。ここの動詞は過去
　　分詞形 been とする。日本についてから，何日ほど経ったのかを尋ねているのである。Fの前
　　の文では「料理のやり方を伝えた」と過去の話をしているので，ここでは understood と過去
　　形にする。

(3)　C：What kind of classes did you have together?　what kind of~で，「どういう

（種類）の」を問う疑問文となる。　G：You don't have to be afraid of new experiences. have to~で「~するべき」。to~は to 不定詞で動詞は原形を使う。don't があるので否定文。

(4)　ア　彼は日本の生徒でしたか？　①　彼は漢字を書くことを楽しみましたか？　ウ　彼は，片仮名を書く前に漢字を書いていましたか？　エ　彼は初めに漢字を容易に書きましたか？　Dのあとでタカシは「はい。彼は楽しそうだった」と言っているのでイが適当。<enjoy＋動詞＋ing> で「~することを楽しむ」。

(5)　下線部 E の前のタカシの発話では，「ベトナムの生徒が，最初は難しかったけれども，授業の終わりには，紙を見ないで漢字を書いたことに驚いた」と言っている。この発話から解答を作成する。

(6)　最後から 3 番目のタカシの発話に，英語がわからなかった時の工夫が書かれているので，この発話から解答を作成する。

(7)　ア　先週の水曜日にベトナムからタカシの学校へ 8 人の生徒たちが来た。　イ　ヤマダ先生は，ベトナムの生徒たちと一緒に手巻き寿司の作り方を学んだ。　ウ　ベトナムの生徒たちは，日本の生徒たちへ英語の勉強のしかたを伝えた。　エ　ベトナムの生徒たちと話をすることは，タカシにとってとても楽しい。　オ　タカシはそこで生徒たちに会うために，リー先生と一緒にベトナムを訪れたい。タカシの最後の発話第2文「Talking with the Vietnamese~」では「ベトナムの生徒たちと話をすることは楽しい」と言っているのでエが適当。

〔3〕　（自由・条件英作文）

（解答例1訳）　（自転車）で図書館へ行きましょう，ボブ。今日は晴れています。私たちはサイクリングを楽しむことができます。天気のよい中で図書館へと自転車に乗る時，私たちは心地よく感じます。そして，本を借りた後，私たちは公園へ行って，木の下で本を読むことができます。

（解答例2訳）　（バス）で図書館へ行きましょう，ボブ。図書館は私たちの家の近くではなく，だから自転車で図書館へ行くことは，私たちにとって難しい。もし私たちがバスに乗るなら，私たちはそこへ容易に着きます。私たちは図書館で本を読むためのより多くの時間をとることができます。

〔4〕　（長文読解：日本語で答える問題，文の挿入，内容真偽，語句の解釈・指示語，英問英答，不定詞，受け身，比較，接続詞）

（全訳）　私はナオミです。私は中学校の生徒です。ある日，私の学校の歴史の先生が私と私の友人に，塩について話をしました。遠い昔，塩は労働者へ彼らの給料として与えられていました。*給料*という言葉は，ラテン語からきています。ラテン語は，給料として塩を与えることを意味しています。私たちは，_A先生の話をおもしろく思いました，そして私たちは塩について研究をすることに決めました。

　私の友人と私は塩についてさらに知りたく，そして私たちは理科の先生の部屋を訪れました。ある理科の先生は私たちに言いました，「体に塩を持ち続けることは，私たちにとって必要なことです。もし，私たちは塩を取ることが多すぎる，または少なすぎる場合，私たちは病気になるでしょう。私たちは，私たちの血液の中に塩を持っています，そして私たちの骨の中にさえ」。私たちは，彼の言葉にとても驚きました。先生は私たちに，塩についての何冊かの本を見せてくれました。私たちは一緒に本を読みました。

　あなたはいつ塩を使いますか？　人々が家で料理をする時，塩は使われます。それはまた，食品工場でいくつかの食品が作られる時に，使われます。しかし，日本で使われる塩全体の約 11 パーセ

ントほどだけが，食品に使われています。塩はまた別のものにも使われています。人々がプラスチック，紙やガラスを作る時に，それは使われています。冬の寒い時，道路が凍り始めます。人々が道路に塩をまく時，道路は凍りません。_B(私は，塩が多くの方法で使われていることに驚きました。)

　塩は，現在工場で作られています，しかし，昔の日本の人々は別の方法で塩を作りました。彼らは，塩を作るために海水を使いました。海水に塩分があります。私たちの夏休みのある日，私の友人と私は，塩を作る方法を見に海岸へ行きました。スタッフのメンバーは，私たちに塩の作り方を見せました。私たちは，それを試してみたくて，そしてそれをやることを決めました。今，私はあなたに私たちの経験を伝えます。海の近くで，私たちは海水を小さなバケツに入れて，そしてそれを大きなバケツへ運びます。_d私たちはさらに海水を得るために，何回もそれをやりました。その後，私たちは海水を砂の上へ撒きました。広い場所に海水を撒くことは，私たちにとって難しかった。スタッフのメンバーは，私たちよりもそれを上手にやりました。何時間もの後，海岸の砂は太陽の下で乾燥しました。次に，私たちは箱にその砂を入れました。新たな海水をそれに入れることで，私たちはより多くの塩分がある塩水を得ました。それから，私たちは_Cそれを何時間も煮ました。私たちは，それを煮ている時，とても暑く感じました。そして，ついに私たちは多くの小さな白いものを得ました。このようにして，私たちは私たちの作りたいものを得ました。

　私にとって塩の研究をすることは興味深かった。私たちに語った私たちの歴史の先生の話は，私に塩について興味をもたせました。私はさらに知りたく，そして私たちは本から塩について学びました。塩を作ることで，私は昔の人たちがどのように塩を作ったのか学びました。伝統的な方法を知ることは興味深かった。何かに興味を持つことは，私たちにとって大切です。もし，私たちは何かに興味をもつと，私たちはもっと学びたくなり，そうするとそれから私たちは私たちにとって予想外の新しいことを見つけることができます。

　9月に，私の友達と私は私たちのクラスメイトの前で発表を実施しました。海岸での私たちの経験について話すことで，私たちは私たちのクラスメイトを私の発表に興味を持たせることができました。私は，私たちの先生の言葉や本から多くを学ぶことができると思います。そして私たちは経験からも多くを学ぶことができると，私は言いたいです。

(1)　下線部Aの「先生の話」は，その前で書かれている「salt(塩)」の言葉の起源について。解答はこの部分からまとめる。

(2)　私たちはさらに海水を得るために，何回もそれをやりました。各空欄の前後の文と合わせると，dに入れれば意味が通る。

(3)　㋐　私は，塩が多くの方法で使われていることに驚いた。　イ　私は，それが安全ではないので塩を食べることができなかったことに驚いた。　ウ　私は，日本で作られるすべての塩が別の国で使われることに驚いた。　エ　私は，工場で塩が食品として使われていないことに驚いた。(B)のある第3段落の初めは「塩をいつ使うか？」で始まり，この段落全体では塩の使い方が書かれている。したがって(B)の文はアが適当。

(4)　itを含む問題文は「それ(it)を煮る」という意味。直前の By putting new seawater ～を見ると「塩分がより多い塩水を得た」と書いてあり，it はこれを指していると考えられる。

(5)　下線部Dの後の文「If we are interested～」に，「重要である理由」が書いてあるので，この文から解答を作る。

(6)　①　(問題文)私たちの体に塩はありますか？　(正答例)はい，あります。yes/no で答える問題。第2段落第4文「We have salt in～」を参照。　②　(問題文)彼女たちが海岸へ行った時，ナオミと彼女の友達よりも上手に砂へ海水を撒いたのはだれですか？　(正答例)スタッフのメンバーがやりました。第4段落第11文「The staff members did～」を参照。

③ （問題文）ナオミと彼女の友達が実施した発表に，クラスメイトはなぜ興味を持ったのですか？　（正答例）なぜなら，ナオミと彼女の友達は，海岸での彼女たちの経験について話をしたからです。第6段落第2文「By talking about our～」を参照。**Why～?** と聞かれているので**Because～**で答える。

(7)　ア　ナオミと彼女の友達は，理科の先生の部屋を訪れた後に給料という単語について学んだ。　イ　遠い昔，塩を得ることはとても簡単だった，だから人々は彼らの給料を得るために多くの塩を作った。　ウ　冬に人々が道路に塩を撒く時，日本のすべての塩の約11パーセントを彼らは使う。　工　ナオミと彼女の友人は，伝統的な方法で塩を作り，そして彼女たちは9月に発表を実施した。　オ　ナオミは，私たちは経験から多くを学ぶことができると思い，だから彼女は本を読むことは重要ではないと考える。第5段落の第4文「By making salt,～」と第6段落の第1文「In September, my friend～」の内容からすると工が適当。

2019年度英語　放送による聞き取り検査

〔放送台本〕

〔1〕　放送を聞いて，次の(1)～(3)の問いに答えなさい。

(1)　これから英文を読み，それについての質問をします。それぞれの質問に対する答えとして最も適当なものを，次のア～工の中から一つずつ選び，その符号を書きなさい。

1　There are twelve months in a year. January is the first month of the year.
　　Question: What is the third month of the year?

2　John is a junior high school student. He likes music. He wants to play the piano as a job in the future.
　　Question: What does John want to be in the future?

3　Look at the cat on the chair. The cat likes to play in the garden. The cat drinks milk under the table, and sleeps under the bed.
　　Question: Where does the cat drink milk?

4　I am Mary. Yesterday, I listened to the radio at 6:30 in the morning, and then I read a newspaper. I practiced judo from 4:00 to 6:00 in the afternoon. After that, I studied English from 8:00 to 9:00.
　　Question: What was Mary doing at 5:00 in the afternoon?

〔英文の訳〕

(1)　1　年には12カ月あります。1月は1年の最初の月です。
　　　　質問：1年で第3の月は何ですか？
　　　　ア　2月　　⑦　3月　　ウ　4月　　エ　5月
　　2　ジョンは中学生です。彼は音楽が好きです。彼は将来仕事としてピアノを弾きたいと思っています。
　　　　質問：ジョンは将来何になりたいですか？
　　　　⑦　ミュージシャン　イ　看護師　　ウ　パイロット　　エ　バスの運転手
　　3　いすの上のねこをみてください。そのねこは庭で遊ぶことが好きです。そのねこは，テーブ

ルの下でミルクを飲みます，そしてベッドの下で寝ます。

質問：ねこはどこでミルクを飲みますか？

ア　いすの上で　　イ　庭で　　㋒　テーブルの下で　　エ　ベットの下で

4　私はメアリーです。昨日，私は午前6時30分にラジオを聞き，そしてそれから私は新聞を読みました。私は午後4時から6時まで柔道の練習をしました。その後，私は8時から9時まで英語を勉強しました。

質問：午後5時にメアリーは何をしていましたか？

ア　彼女はラジオを聞いていた。　　　　イ　彼女は新聞を読んでいた。

㋒　彼女は柔道の練習をしていた。　　　エ　彼女は英語を勉強していた。

〔放送台本〕

(2)　これから英語で対話を行い，それについての質問をします。それぞれの質問に対する答えとして最も適当なものを，次のア～エの中から一つずつ選び，その符号を書きなさい。

1　A:　Look, Ami. It is sunny today. We can see the river over there.

　　B:　Yes, Mike. When we came to this park last month, it was rainy. We didn't see the bridge over there. But we saw flowers then.

　　A:　Oh, a boy and a girl are fishing there. I want to do it.

　　Question:　What did Ami and Mike see last month?

2　A:　Hi, Akira. Shall we study together after school?

　　B:　Hi, Jane. I want to do so, but I have a swimming lesson with my sister after school.

　　A:　OK. See you tomorrow.

　　Question:　What is Akira going to do after school?

3　A:　Hi, Kate. We are going to see a movie this evening. It starts at six. Do you remember it?

　　B:　Yes, Bill. Can you meet me at five?

　　A:　OK, but why do you want to meet me so early?

　　B:　I want to go to the bookstore before seeing a movie. I want you to come with me.

　　A:　That's all right.

　　Question:　Why does Kate want to meet Bill at five?

4　A:　Excuse me. Could you tell me how to get to Minato Station?

　　B:　Sure. Take the train at Chuo Station and get off at Kita Station.

　　A:　Then, which train should I take?

　　B:　Change to the Green Line. Minato Station is the second station from Kita Station.

　　Question:　Which station is Minato Station?

〔英文の訳〕

(2)　1　A：見て，アミ。今日は晴れている。ぼくたちは向こうの川を見ることができる。

　　　　B：はい，マイク。私たちが先月この公園に来た時，雨降りだった。私たちは，向こうの橋が見えなかった。しかし，その時私たちは花を見た。

　　A：ああ，男の子と女の子がそこで釣りをしている。ぼくはそれをやりたい。

　　質問：先月アミとマイクは何を見ましたか？

　　ア　釣りをする少年　　イ　釣りをする少女　　ウ　橋　　㋑　花

2　A：こんにちはアキラ。放課後一緒に勉強をしましょうか？

　　B：こんにちは，ジェーン。ぼくはそうしたい，けれども私は放課後に私の姉［妹］と一緒に水泳のレッスンがあります。

　　A：わかりました。明日会いましょう。

　　質問：放課後アキラは何をするつもりですか？

　　ア　彼は，ジェーンと一緒に勉強するつもり。

　　イ　彼は，彼の姉［妹］と勉強をするつもり。

　　ウ　彼は，ジェーンと水泳のレッスンをするつもり。

　　㋑　彼は，彼の姉［妹］と水泳のレッスンをするつもり。

3　A：こんちは，ケイト。ぼくたちは今晩映画を見に行きます。それは6時に始まります。あなたは，それを覚えていますか？

　　B：はい，ビル。あなたは私に5時に会えますか？

　　A：わかりました，しかしなぜそれほど早くぼくに会いたいのですか？

　　B：私は映画を見る前に本屋へ行きたい。私はあなたに私と一緒に来てほしい。

　　A：いいですよ。

　　質問：なぜケイトはビルと5時に会いたいのですか？

　　ア　なぜなら，彼女はビルと一緒に5時に映画を見たいから。

　　イ　なぜなら，彼女は6時にビルと一緒に本屋へ行きたいから。

　　㋒　なぜなら，彼女は映画の前にビルと一緒に本屋へ行きたいから。

　　エ　なぜなら，彼女は映画の後にビルと一緒に本屋へ行きたいから。

4　A：すみません。ミナト駅への行き方を私に教えてくれますか？

　　B：いいですよ。チューオー駅で電車に乗って，そしてキタ駅で降ります。

　　A：それで，どの電車に私は乗るべきですか？

　　B：グリーン・ラインへ乗り換えてください。ミナト駅はキタ駅から二つ目の駅です。

　　質問：ミナト駅はどの駅ですか？

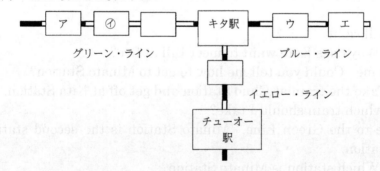

〔放送台本〕

(3)　これから，エリ（Eri）が夏休みに行ったカナダでのサマープログラムについて，英語でスピーチをします。そのスピーチについて，四つの質問をします。それぞれの質問の答えとなるように，次の1～4の　　　　の中に当てはまる英語を1語ずつ書きなさい。

　　　Hello.　I'm going to talk about the summer program I joined in Canada.

Fifteen students came from different countries. I studied at school for three weeks. From Monday to Friday, we had one English lesson every morning. In the afternoon, we went to many places to learn the culture of Canada. On the last day of the grogram, we talked about our cultures by showing something to everyone. I talked about a picture painted by a Japanese man. One student from Australia, Ken, showed the students a beautiful uniform. He said that children used it in the spring festival. This program was good because I studied with many foreign students. Thank you for listening.

〔英文の訳〕
(3)　こんにちは。私はカナダで参加したサマープログラムについて話をするつもりです。さまざまな国から 15 名の生徒が来ました。私は学校で 3 週間勉強しました。月曜日から金曜日まで，私たちは毎日午前中に 1 回の英語のレッスンがありました。午後には，私たちはカナダの文化を学ぶために多くの場所へ行きました。プログラムの最後の日には，私たちはみんなに何かを見せて，私たちの文化について話しました。私は，日本人の男の人が描いた絵について話をしました。オーストラリアからの生徒の一人であるケンは，美しい制服を生徒に見せました。彼は，春のお祭りで子供たちがそれを使うと言いました。私は多くの外国の生徒たちと一緒に勉強したので，このプログラムはよかったです。聞いてくれてありがとう。
質問：1　エリは1週間に何回の英語のレッスンがありましたか？　(解答)彼女は 5回の 英語のレッスンがありました。　2　エリは，最後の日に何について話しましたか？　(解答)彼女は 絵 について話しました。　3　ケンは最後の日に生徒に何を見せましたか？　(解答)彼は春のお祭りで使われる美しい 制服 を見せました。　4　なぜエリにとってこのサマープログラムがよかったのですか？　(解答)なぜなら，彼女は多くの 外国の 生徒と一緒に勉強したからです。

＜理科解答＞

〔1〕　(1)　①　露点　　②　37 %　　(2)　イ
〔2〕　(1)　対照実験　　(2)　オ　　(3)　CO_2
　　　(4)　(例)光が十分に当たるところでは，光合成に使われる二酸化炭素の量の方が，呼吸によって出される二酸化炭素の量よりも多いため，袋Aの中の二酸化炭素が減少する。
〔3〕　(1)　25Ω　　(2)　①　18Ω　　②　0.12W
　　　(3)　36 J
〔4〕　(1)　0.22g　　(2)　図1　　(3)　7.5cm³
　　　(4)　4.4g
〔5〕　(1)　ア　　(2)　イ　　(3)　①　ウ
　　　②　(例)脂肪酸とモノグリセリドは再び脂肪となってリンパ管に入る。その後，リンパ管は血管と合流し，脂肪は全身の細胞に運ばれていく。
〔6〕　(1)　①　X H^+　Y Cl^-　②　イ　③　a 2　b 1
　　　c 2　　(2)　(例)実験2の水溶液は電解質の水溶液であり，実験3の砂糖水は非電解質の

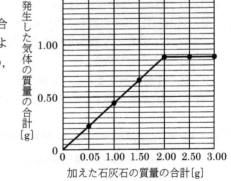

図1

縦軸：発生した気体の質量の合計〔g〕
横軸：加えた石灰石の質量の合計〔g〕

水溶液であったから。

〔7〕　(1)　① 日周運動　② ウ　(2) ウ　(3) エ　(4) ア

〔8〕　(1)　① 図2　② 75 cm/s　③ 等速直線運動　(2) ア

図2

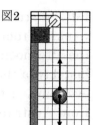

＜理科解説＞

〔1〕　(天気の変化：空気にふくまれる水蒸気の量)

(1)　① 空気中の水蒸気が冷やされて水滴に変わるときの温度を露点という。この実験で用いられた金属のコップは熱をよく伝えるから，水とコップの表面の空気は，ほぼ同じ温度と考えられることから，露点を測定するのに用いられる。

② 湿度$[\%]=\dfrac{\text{空気}1m^3\text{中にふくまれる水蒸気量}[g/m^3]}{\text{その温度での飽和水蒸気量}[g/m^3]}\times100$，である。実験室が気温20℃のときの飽和水蒸気量は，17.3$[g/m^3]$であり，実際に空気1m^3中にふくまれていた水蒸気量は，露点が4℃であることから，6.4$[g/m^3]$である。よって，湿度$[\%]=\dfrac{6.4[g/m^3]}{17.3[g/m^3]}=36.99\cdots[g/m^3]$であり，小数第1位を四捨五入すると，約37$[\%]$である。

(2)　室温が20℃で湿度が60$[\%]$の部屋の空気1m^3中にふくまれる水蒸気量$[g/m^3]=17.3[g/m^3]\times0.6=10.38[g/m^3]$である。加湿器を使う前の実験室の空気1$m^3$中にふくまれていた水蒸気量は6.4$[g/m^3]$なので，加湿器から実験室内の空気200$m^3$中に放出された水蒸気量$[g]=(10.38[g/m^3]-6.4[g/m^3])\times200[m^3]=796[g]$，であり，約800gである。

〔2〕　(植物の体のつくりとはたらき：光合成と呼吸の関係を調べる実験，対照実験)

(1)　比較のために，調べようとする1つの条件以外を同じにして行う実験を対照実験という。

(2)　袋Cは新鮮なホウレンソウの葉が入っているが，袋Dには新鮮なホウレンソウの葉が入っていない。そのほかの条件は，袋Cと袋Dは同じ対照実験であるので，ホウレンソウの葉が呼吸をしていることが確かめられる。

(3)　袋Bには，ヒトの息を吹き込んだ。袋Cには新鮮なホウレンソウが呼吸して発生した気体が入っている。両者とも袋の中の気体を石灰水に通したところ，石灰水が白く濁ったので，気体は，二酸化炭素CO_2である。

(4)　光が十分に当たるところでは，光合成に使われる二酸化炭素の量の方が，呼吸によって出される二酸化炭素の量よりも多いため，袋Aの中の二酸化炭素が減少する。

〔3〕　(電流：回路の電圧と電流と抵抗・電力・熱量)

(1)　オームの法則より，電熱線aの電気抵抗$R_a[\Omega]=\dfrac{V[V]}{I[A]}=\dfrac{0.5[V]}{20[mA]}=\dfrac{0.5[V]}{0.02[A]}=25[\Omega]$，となる。

(2)　① 電熱線cの電気抵抗をR_cとすると，図2は直列回路なので，$30[\Omega]+R_c[\Omega]=\dfrac{V[V]}{I[A]}=\dfrac{2.4[V]}{50[mA]}=\dfrac{2.4[V]}{0.05[A]}=48[\Omega]$，である。よって，$R_c[\Omega]=48[\Omega]-30[\Omega]=18[\Omega]$，である。

② 電熱線bの電気抵抗をR_bとすると，電熱線bの消費する電力$P[W]=V[V]\times I[A]=R_b[\Omega]\times I[A]\times I[A]=30[\Omega]\times0.05[A]\times0.05[A]=0.075[W]$，である。電熱線cの消費する電力$P[W]$

$=V[V] \times I[A] = R_c[\Omega] \times I[A] \times I[A] = 18[\Omega] \times 0.05[A] \times 0.05[A] = 0.045[W]$，である。よって，電熱線bと電熱線cの消費する電力の合計$P[W] = 0.075[W] + 0.045[W] = 0.12[W]$，である。

(3) 電熱線dの電気抵抗$R_d[\Omega] = \dfrac{V[V]}{I[A]} = \dfrac{3.0[V]}{200[mA]} = \dfrac{3.0[V]}{0.2[A]} = 15[\Omega]$，となる。**電熱線dの消費する電力$P[W] = V[V] \times I[A] = R_d[\Omega] \times I[A] \times I[A] = 15[\Omega] \times 0.2[A] \times 0.2[A] = 0.6[W]$**，である。**電熱線bの消費する電力$P[W] = V[V] \times I[A] = V[V] \times \dfrac{V[V]}{R_b[\Omega]} = 3.0[V] \times \dfrac{3.0[V]}{30[\Omega]} = 0.3$** $[W]$，である。電熱線bと電熱線dで発生する熱量の合計$[J] = (0.3[W] + 0.6[W]) \times 40[s] = 36$ $[J]$，である。

〔4〕 （化学変化と物質の質量：気体が発生する化学変化，気体の発生とその性質）

(1) 石灰石にうすい塩酸を加えたときの化学反応式は，$CaCO_3 + 2HCl \rightarrow CaCl_2 + H_2O + CO_2$，であり，発生する気体は二酸化炭素である。Ⅱで発生した二酸化炭素の質量は，$74.00[g] + 0.50$ $[g] - 74.28[g] = 0.22[g]$，である。

(2) (1)と同様に計算して，グラフ上に，（加えた石灰石の質量の合計[g]，発生した気体の質量の合計[g]），(0.50，0.22)，(1.00，0.44)，(1.50，0.66)，(2.00，0.88)，(2.50，0.88)，(3.00，0.88)，の各点を記入する。**加えた石灰石の質量の合計が2.00gまでは，原点を通り各点の最も近くを通る比例の直線を引く。加えた石灰石の質量の合計が2.00gより大きくなると，発生した気体の質量の合計は増加しなくなるので，各点の最も近くを通るX軸に平行な直線を引く。**

(3) 加えた石灰石の質量の合計が2.00gまでは，全部うすい塩酸15.0cm³と反応した。よって，加えた石灰石の質量の合計が3.00gのとき，反応せずに残った石灰石は1.00gであるため，完全に反応させるのにさらに必要な同じ濃度のうすい塩酸は，7.5cm³である。

(4) うすい塩酸75.0cm³と反応する石灰石の質量をxgとすると，$75.0cm^3 : 15.0cm^3 = x g : 2.00g$，であり，$xg = 10.00g$，である。加えた石灰石12.00gのうち，うすい塩酸と反応したのは10.00gであるため，発生する二酸化炭素の質量をygとすると，$2.00g : 0.88g = 10.00g : y g$，$yg = 4.4g$，である。

〔5〕 （動物の体のしくみとそのはたらき：ヒトの消化と吸収）

(1) 胃液には塩酸や消化酵素のペプシンが含まれ，タンパク質を分解する。

(2) 胆汁には消化酵素は含まれないが，脂肪を小さな粒にするなど，脂肪の消化を助ける。

(3) ① アミノ酸は，小腸の柔毛の表面から吸収されて毛細血管に入り，肝臓を通って全身に運ばれる。

② 脂肪が分解されてできた脂肪酸とモノグリセリドは，柔毛の表面から吸収された後，**再び脂肪となってリンパ管に入る。リンパ管はやがて首の下で血管と合流するので，脂肪も血液によって，全身の細胞に運ばれる。**

〔6〕 （化学変化と電池，水溶液とイオン，酸・アルカリとイオン，中和と塩）

(1) ① 塩化水素は，水に溶けると水溶液（塩酸）が電流を通す物質で，電解質である。水溶液中の塩化水素の電離をイオン式で表すと，$HCl \rightarrow H^+ + Cl^-$，である。

② 化学電池に生じた電圧を測定するため，電圧計との接続は並列つなぎである。電圧計の＋端子に接続したとき，電圧が測定できた金属が化学電池の＋極である。

③ 亜鉛の表面では，亜鉛原子1個が電子2個を放出し，亜鉛イオンになる。イオン式を用いて表すと，$Zn \rightarrow Zn^{2+} + 2\ominus$，である。放出された電子は，導線とモーターを通って銅板に流れ

る。銅板の表面では，うすい塩酸中の水素イオン1個が流れてきた電子を1個受け取って水素原子となる。水素原子は2個結びついて水素分子1個となり，気体の水素となる。イオン式と化学式を用いて表すと，$2H^+ + 2\ominus \rightarrow H_2$，である。

(2)　実験2で，うすい塩酸にうすい水酸化ナトリウム水溶液を加えて中性にしたときの化学変化をイオン式と化学式を用いて表すと，$H^+ + Cl^- + Na^+ + OH^- \rightarrow H_2O + Na^+ + Cl^-$，であり，**ビーカー内の水溶液は塩化ナトリウムが電離している状態なので**，電流が流れてプロペラが回転する。実験3の砂糖水は非電解質なので，電流は流れないため，プロペラは回転しない。

〔7〕　(天体の動きと地球の自転・公転：星の日周運動・年周運動，太陽系と恒星：火星)

(1)　①　地球が地軸を中心として西から東へ自転しているために起こる見かけの動きを天体の日周運動という。

②　地球の自転は，1日(24時間)で1回転(360°)であるため，1時間あたり15°の割合で自転する。北の空の星は北極星を中心に反時計回りに回転して見えるため，3時間後に，こぐま座は，ウのように，45°回転して見える。

(2)　火星は地球よりも外側を公転するので外惑星とよばれ，月のような満ち欠けは見られない。

(3)　図3の地球の位置で西の空に太陽が日没後に，南の空に見られる星座はてんびん座である。

(4)　地球は太陽のまわりを西向きに約365日で公転するので，**1日に約1°公転する**。よって，8月1日午前0時頃に南の空に見えたやぎ座は，30日後の8月31日午前0時頃に約30°西に移動して見える。問(1)②より，**地球は1時間あたり15°の割合で自転するので**，やぎ座が8月1日午前0時頃に南の空に見えたのと同じ位置に見えるのは，2時間前の8月30日午後10時頃である。

〔8〕　(力と物体の運動：水平面上の台車の運動，力の規則性)

(1)　①　おもりにはたらく重力とつりあう糸の張力は，作用点がおもりの上面と糸の接点であり，重力の大きさに等しい4目盛りの大きさの上向きの矢印をかく。

②　記録タイマーは1秒間に50回の点を打つため，5打点で0.1秒である。台車の平均の速さ[cm/秒]$=7.5[cm] \div 0.1[秒] = 75[cm/秒]$である。

③　打点CからDまでの5打点ごとの台車の平均の速さは等しい。37.5cmの打点Cからは，**おもりが床について力がはたらかないので**，慣性の法則により等速直線運動になる。

(2)　**糸につけるおもりの質量を小さくしたので，おもりにはたらく重力は実験1より小さくなる。よって，台車にはたらく力は実験1より小さくなるため，台車の速さが増加する割合は実験1より小さくなる**。ウとエは，最初の打点から5打点までの距離が，実験1と同じ1.5cmなので，速さが増加する割合が実験1と同じため，除かれる。上記の問(1)③より，紙テープの長さが37.5cmになると，等速直線運動になるが，実験2も同様に紙テープの長さが37.5cmになると，等速直線運動になる。よって，37.5cmの打点以後の5打点ごとの台車の平均の速さが等しいのはアである。以上より，アが最も適当である。

＜社会解答＞

〔1〕　(1)　①　A　②　E　(2)　エ　(3)　混合農業　(4)　ウ　(5)　ア　(6)　イ

〔2〕　(1)　カ　(2)　ア　(3)　①　⑦　②　ウ　(4)　(例)他の二つの県の出荷量が少ない夏に，群馬県は高地の涼しい気候を利用してキャベツを生産し，多く出荷している。

〔3〕　(1)　イ　　(2)　エ　　(3)　ア　　(4)　室町時代（Ⅰ群）C　　（Ⅱ群）ア
江戸時代（Ⅰ群）A　　（Ⅱ群）エ　　(5)　墾田永年私財法　　(6)　(例)検地帳に
は，土地を実際に耕作している農民が記録され，公家や寺社は，持っていた土地の権利を
失った。

〔4〕　(1)　イ　　(2)　(例)各国の憲法の調査を行うため，伊藤博文らをヨーロッパに派遣し，
内閣制度をつくった。　　(3)　X　孫文　　Y　中華民国　　(4)　(イ)→金融恐慌→(ア)
→(ウ)　　(5)　サンフランシスコ平和条約(サンフランシスコ講和条約)

〔5〕　(1)　エ　　(2)　①　ウ　　②　(例)衆議院の方が，任期が短く解散もあり，国民の意思
をより強く反映させることができると考えられているから。　　③　三権分立(権力分立)
(3)　①　クーリング・オフ　　②　イ　　(4)　①　地方交付税(地方交付税交付金)
②　ア

〔6〕　(1)　ウ　　(2)　(例)アメリカを中心とする資本主義陣営と，ソ連を中心とする社会主
義(共産主義)陣営との対立状態のこと。　　(3)　(例)供給量は減り，価格は上昇する。

＜社会解説＞

〔1〕　(地理的分野─世界地理─地形・人々のくらし・産業・貿易)

(1)　①　北緯40度付近に位置するのは，Aの都市，スペインの首都マドリードである。　②　日
本の標準時子午線は東経135度である。12時間の時差が生じるのは，経線で180度の差があると
きであるから，180度－135度＝45度で，西経45度の経線上にある都市である。正解はEで，リ
オ・デ・ジャネイロである。

(2)　冬は気温10度前後で，一定の雨が降り，夏は気温が30度近く，雨がほとんど降らないのは，
地中海気候の特徴である。ギリシャも地中海性気候であり，夏の高温に対する対策として，石造
りの住居に白い石灰を塗った住居を造った。

(3)　主にヨーロッパ中緯度地域で行なわれている農業で，作物栽培と家畜飼育を有機的に結びつ
けた農業を混合農業という。作物栽培では，飼料作物に重点が置かれ，小麦・ライ麦・大麦など
を輪作する。家畜は牛・豚・羊などが中心である。家畜に自家製飼料を食べさせることで飼料コ
ストが下がる，家畜の堆肥を肥料として利用することで肥料コストが下がる，などのメリットが
ある。

(4)　タイでは，国民の90％以上が仏教を信仰している。国王は仏教徒でなければならないと憲法
に定められているほど，仏教が社会の基礎をつくっている。

(5)　イ　工業化を目指して，沿海部に「経済特区」をつくったのは，中国である。　ウ　サンベ
ルトと呼ばれる地域があり，航空宇宙産業やコンピュータ関連産業などが発達しているのは，ア
メリカである。　エ　家畜とともに草や水を求めて移動する遊牧が行われているのは，モンゴル
など中央アジアである。イ・ウ・エとも別の国に関する説明であり，アがブラジルに関する説明
として正しい。

(6)　ア　この4か国の中で一人当たりの国民総所得が最大なのは，フランスである。　ウ　銅の
生産量・輸出量が世界第1位なのは，チリである。　エ　パーム油はアブラヤシの果実から得ら
れる植物油で，インドネシアが世界第1位の生産量・輸出量である。残るイが，ベトナムであ
る。

〔2〕　(地理的分野─日本地理─気候・地形図の見方・農林水産業)

(1)　C　降雪のため，1月の降水量が最も多いのは，福井である。　B　1月の平均気温が最も低いのは，松本である。残るAが，名古屋である。名古屋が8月の平均気温が最も高い。

(2)　大消費地である東京に近いという利点を生かして近郊農業を盛んに行っているため，野菜産出額が最も多いアが，茨城県である。

(3)　①　始めは等高線間隔が広く，途中から等高線間隔が狭くなっている④が，始めは緩やかな登りだが，途中からは急な登りになっているという説明に該当する。　②　この地形図は，2万5000分の1地形図なので，等高線は10mの間隔になり，XとYの間には，15本の等高線があるので，約150mの標高差となる。

(4)　愛知県と千葉県は，夏には出荷量が低下し，特に7月から9月は出荷量が0になっている。群馬県は，高地の涼しい気候を利用して抑制栽培を行い，他の2県の出荷量が低下する夏の時期に，キャベツを生産し多く出荷している。以上を簡潔にまとめて解答する。

〔3〕（歴史的分野—日本史時代別—古墳時代から平安時代・鎌倉時代から室町時代・安土桃山時代から江戸時代，—日本史テーマ別—政治史・宗教史・社会史・文化史，—世界史—政治史）

(1)　ア　最澄と空海が仏教の新しい教えである密教を我が国に伝えたのは，平安時代前期のことである。　ウ　浄土信仰が各地に広まったのは，平安時代後期のことである。　エ　鑑真が来日し，日本に戒律を伝えたのは，奈良時代中期のことである。ア・ウ・エのどれも時期が異なり，イが正しい。

(2)　X　白河天皇が上皇となって院政を始めたのは，平安時代後期の出来事である。　Y　桓武天皇が坂上田村麻呂を征夷大将軍に任命したのは，平安時代初期のことである。　Z　藤原氏による摂関政治が全盛期を迎えたのは，平安時代中期のことである。年代の古い順に並べるとY→Z→Xとなる。

(3)　イ　スペインやポルトガルが新たな航路を開拓したのは，15世紀のことである。　ウ　新羅が朝鮮半島を統一したのは，7世紀のことである。　エ　ムハンマドがイスラム教を始めたのは，7世紀のことである。イ・ウ・エのどれも時期が異なり，アが正しい。

(4)　室町時代　I群　室町時代の1467年に応仁の乱が起きたので，Cが当てはまる。　II群　室町幕府の8代将軍の足利義政は，写真アの銀閣をつくらせた。　江戸時代　I群　江戸幕府の2代将軍徳川秀忠の時，1615年に武家諸法度元和令が制定されたので，Aが当てはまる。
II群　徳川家康の死後，家康を東照大権現として祀る，日光東照宮がつくられた。写真エは，東照宮の陽明門である。

(5)　8世紀半ばに，三世一身法を大幅に進めるものとして出されたのが，墾田永年私財法である。国司の許可を得るなど，一定の条件を満たせば，開墾した土地は永久に私有できるという内容で，これにより荘園が広まっていった。

(6)　検地帳には，土地を実際に耕作している農民が記録され，年貢を負担することとなった。公家や寺社は，荘園領主として持っていた土地の権利を失った。太閤検地により，荘園制は壊滅したと言われる。

〔4〕（歴史的分野—日本史時代別—安土桃山時代から江戸時代・明治時代から現代，—日本史テーマ別—政治史・法律史・外交史・経済史，—世界史—政治史）

(1)　ア　アメリカと日米修好通商条約を結び，貿易を認めることとしたのは，1858年のことである。　ウ　日清戦争で得た賠償金をもとに八幡製鉄所を設立し，操業を開始したのは，1901年のことである。　エ　日露戦争後のポーツマス条約により，日本が南満州鉄道株式会社を設

立したのは，1905年のことである。ア・ウ・エとも時期が異なり，イが正しい。**富岡製糸場**は，1872年に開業した。

(2)　各国の憲法の調査を行うため，**伊藤博文**らをヨーロッパに派遣し，帰国後，伊藤博文を首班とする**内閣制度**を創設した。

(3)　X・Y　20世紀初めに，**三民主義**を唱えた**孫文**が**辛亥革命**を指導し，清朝を打倒するとともに，2000年来の専制政体を排して，アジアで最初の共和国である**中華民国**を建設した。

(4)　ア　**国際連盟を脱退**したのは，1933年である。　イ　輸出が輸入を上回る**大戦景気**となったのは，第一次世界大戦中の1910年代のことである。　ウ　政党が解散し，**大政翼賛会**に合流したのは，1940年の出来事である。年代の古い順に並べると，(イ)→金融恐慌→(ア)→(ウ)となる。

(5)　日本は，1951年にアメリカなど48か国の西側諸国と**サンフランシスコ平和条約**(サンフランシスコ講和条約)を結び，**独立を回復**した。ソ連など社会主義国との平和条約は結ばれなかったため，片面講和であるとの批判もなされた。

〔5〕　(公民的分野―基本的人権・政治の仕組み・三権分立・消費生活・財政・地方自治，その他)

(1)　時間・費用・労力の面で無駄を省く考え方が「**効率**」である。手続き・機会や結果において公平を期す考え方が「**公正**」である。ここでは，ⅡとⅢが公正の考え方に基づくものである。

(2)　①　**社会権**とは，国に**人間らしい最低限度**の生活を保障してもらう権利。日本国憲法では大きく分けて3種類の社会権を保障している。**生存権**と**教育を受ける権利**と**労働基本権**である。
②　**衆議院の優越**の理由は，6年任期の参議院に比べて，衆議院の方が4年任期と任期が短く，解散・総選挙もあり，**国民の意思**をより強く反映させることができるため，と考えられていることを指摘する。　③　**モンテスキュー**は，国会(立法府)，内閣(行政府)，裁判所(司法府)の三権が互いに**チェック**し合い，権力が集中して濫用され，国民の権利や自由が侵されることがないようにするために**三権分立**(権力分立)を提唱した。

(3)　①　訪問販売や通信販売などのセールスに対して，契約した後に**冷静に考え直す時間**を消費者に与え，一定期間内であれば無条件で契約を解除することができる制度のことを，**クーリング・オフ**という。　②　行きすぎた好景気の時には，**日本銀行は**，銀行に国債などを売る公開市場操作を行い，**一般の銀行が保有する資金量を減らし**，市場に通貨が出回り過ぎないようにする。なお，**増税**をするなどの財政政策をするのは，日銀ではなく**政府**である。

(4)　①　地方公共団体による**経済格差**を埋めるために，国が国税として徴収した税の中から，一定割合を地方公共団体に配分するのが**地方交付税交付金**であり，その用途は地方公共団体が自由に決められる。　②　地方自治における**直接請求**では，条例の制定・改廃を求める場合は，**有権者数の50分の1以上の署名**を，首長に提出することになっている。この場合，有権者は90,000人であるから，その50分の1は1,800人である。

〔6〕　(公民的分野―経済一般・国際社会との関わり)

(1)　アは，**PKO**の説明である。イは，国連難民高等弁務官事務所(**UNHCR**)の説明である。エは，ユネスコ(**UNESCO**)の説明である。ウが，**UNICEF**の説明として正しい。

(2)　アメリカを中心とする資本主義陣営と，ソ連を中心とする社会主義(共産主義)陣営が直接戦火を交えなくても，激しく対立している状態のことを**冷戦**という。1945年の**ヤルタ会談**で始まり，1989年の**マルタ会談**で終結した。

(3)　**バイオ燃料**としての需要が生じた場合，食料用の供給量は減り，需要と供給の関係から，価格は上昇する。

＜国語解答＞

〔一〕　（一）1　おだ（やか）　2　めぐ（る）　3　たずさ（わる）　4　ふうとう
5　じゅうたい　6　しゅうぜん　（二）1　暮（らした）　2　果（たす）
3　厚（い）　4　往復　5　推進　6　衛星
〔二〕　（一）イ　（二）ア　（三）エ　（四）相手の側に立って考えること
（五）エ
〔三〕　（一）ようなる　（二）エ　（三）ウ　（四）イ　（五）ウ
（六）A　（例）安心して乗ることのできるような　B　（例）かけ回り，高い所にも登る
ような
〔四〕　（一）「脳に蓄積し取り出せない状態にする」能力
（二）（例）「ゆとり」とは，人間の脳にすぐ取り出せる情報がわずかしかないことに対す
る，すぐ取り出せない膨大な量の情報が蓄積されている比率の大きさのことであり，取
り出せない状態の知識を容易に取り出すことを可能にするもので，知恵をつくる要素の
一つである。　（三）ア　（四）エ　（五）（例）不連続なものから連続したものを
読みとったり，言葉の意味と感じに幅をもたせて連想をはたらかせて，異なるものの間
に共通点を読みとったりして，寛容な思考態度で物事をみつめ考えること。

＜国語解説＞

〔一〕　（知識－漢字の読み書き）
（一）1　「穏やか」は，静かで落ち着いている様子。　2　「巡」の音読みは「ジュン」で，「巡回」
「巡査」などの熟語を作る。　3　「携わる」は，関係したり仕事をしたりするという意味。
4　「封」には「ホウ」という読みもあるが，入り口をふさいで中のものが出ないようにすると
いう意味のときは「フウ」と読む。　5　「渋滞」は，混雑してなかなか先に進めないこと。
6　「修繕」は，壊れた部分を直すという意味である。
（二）1　「暮」を形の似ている「募」「慕」などと書き間違えないようにする。　2　「果たす」は，
物事を成し遂げるという意味。　3　「厚い」を温度が高いという意味の「熱い」や「暑い」と
混同しないように注意。　4　「往」は行く，「復」は戻るという意味。　5　「推進」は積極的に
進めるという意味である。　6　「衛星」は，同音異義語の「衛生」などと間違えやすいので注
意する。

〔二〕　（随筆－内容吟味，文脈把握，接続語の問題，熟語，品詞・用法）
（一）前の「教えることができません」から推測されることとは反対の「アドバイスをすることは
できます」という内容が後に続いているので，イ「しかし」が当てはまる。
（二）──線部分(1)「他者に」の「に」は格助詞で相手を表す。これと同じものはアの「友人に」
である。イの「きれいに」は形容動詞「きれいだ」の連用形の活用語尾，ウの「特に」は副詞の
一部，エの「週末に」は格助詞だが時を表している。
（三）──線部分(2)の「絵」と「画」は似た意味の漢字である。ア「就職」は後の字が前の字の
目的や対象を表す。イ「日没」は前の字が主語で後の字が述語になっている。ウ「相違」は前の
字が後の字を修飾している。エは「倉」も「庫」も物をしまっておくところという似た意味の
漢字である。オ「非常」は前の「非」が後の字の意味を否定する接頭語になっている。したがっ

　　て，エが同じ構成の熟語である。

(四)　——線部分(3)は「芸術」とは言えない絵画や音楽を表している。「芸術ではない絵や音楽」
　　については，同じ段落の前半に「相手の側に立って考えることもない，一方的な伝達や告知」と
　　説明されている。設問は「どのようなことが足りないためだと述べているか～抜き出して，書き
　　なさい」というものなので，「ない」ことについて書いてある部分を抜き出す。

(五)　筆者は，芸術を「人と人の心のコミュニケーション」と定義し，オペラや文学や映画など
　　様々な芸術は「私は同じ人間で，幸福も不幸も分かちあうことができる」という「人間生存の応
　　援団のようなもの」と説明している。この内容と合致するのはエである。アの「客観性」は本文
　　にない内容。イの「自己表現のみを求める行為」は，筆者が考える芸術ではない。ウは芸術の目
　　的を「幸福の価値」を示すこととしている点が誤りである。

〔三〕　(古文－情景・心情，内容吟味，仮名遣い，古文の口語訳)

〈口語訳〉　筧越前守は面白い人だ。

　　ある日，友人と話をしていたときにある人が，「飼っていた馬を失って(新しい)馬を探している
が，なかなか猫のような馬が見付かりません」と言う。

　　筧越前守が言った，「ちょうどよく自分のところに猫のような馬がいる」と。その人は，何度も，
その馬をぜひ譲ってほしいとお願いした。越前は(馬を譲る)約束をするときに，「明日の朝その馬
を引いて参上させましょう」と言う。

　　翌日，馬が来る。その人は馬場に出て，猫のようだと言ったのを頼りに安心して乗ると(馬は)駆
け出し，あらゆる方向に走り回り小高い土手を越えて立ち木に突き当たり，あやうく落馬寸前のと
ころを馬の手綱を引く人が取り押さえてやっとのことで(落馬を)免れた。予想外のことだったの
で，その馬を早々に(筧越前守に)返した。

　　後日に筧越前守に会って話をした時に，その人が恨みを込めて言うことには，「先日に猫のよう
な馬と申されたのでそう思っていたところ，さてさて思いもよらぬことでした」とそのいきさつを
話したところ，筧越前守が言うことには「それだからこそ猫のようだと申したのです。猫は常によ
く駆け回り，柱をよじ登ったり塀を越えて屋根にも登ったりする者です。その馬は(猫に)よく似て
いると思っていましたが，屋根に登らなくてよかったです」という答えだったので，その人は大変
驚いて笑うほどになったということだ。

(一)　古文の「やう」は「よう」と読むので，「や」を「よ」に直して「ようなる」とする。

(二)　「懇望」は願うという意味であり，懇望したのは「一人」である。筧越前守が馬を持ってい
　　て，「一人」がその馬を欲しがったという関係を説明したエが正解となる。

(三)　「一人」が馬を早々に返したのは「思の外のこと」だったからである。「一人」にとっては
　　「猫の如き馬」が暴走することは予想外であった。正解はウである。「自分の乗馬の技量に自信が
　　あった」ということは読み取れないし，「一人」は落馬寸前だったので，「落馬した」とするアも
　　「乗りこなすのが簡単」とするイも誤りである。人が乗ったとたんに走り回って木にぶつかる馬
　　が「名馬」とは考えられないので，エは不適当である。

(四)　「慍」は「其人」が「越前」に対して言ったものであり，「其人」は「一人」を指しているの
　　で，イが正解となる。この場面に「口付の者」は登場しないし話題にもなっていない。

(五)　——線部分(5)は直訳すると「屋根に登らないことが良かった」となる。筧越前守は馬が屋
　　根に登ると本気で考えていたわけではなく，馬のせいでひどい目に遭ったと恨み言を述べる「一
　　人」をからかっているのである。このことを説明したウが正解。アとイは「屋根に登ったこと」
　　について説明しているので誤り。「一人」の乗馬の技量についての言及はないので，エは不適当

である。

(六)　A「猫の如しと云ひしを恃み**何心もなく乗る**」に注目する。「何心もなく」は「安心シテ」という訳がついている。「一人」は，ペットをかわいがるような気持ちで安心して乗ることができるという意味で「猫のやうなる馬」と言ったのである。　　B　覚越前守は「**猫は常によくかけ廻り，柱を攀じ，塀を踰へ屋根へも登る者なり。**」と言っている。覚越前守は猫の生態から，あちこち駆け回って土手を越えたり木にぶつかったりする暴れ馬を「猫の様なり」と言ったのである。

〔四〕　（論説文－内容吟味，文脈把握，脱文・脱語補充）

(一)　筆者は，──線部分(1)の段落で「人間特有の能力」は実は「忘れる」ことではなく，「『**脳に蓄積し取り出せない状態にする**』能力をもつといったほうが正確な表現といえる」と説明している。

(二)　筆者は，「ゆとり」について「わずかしかない『いつでもすぐ取り出せる』情報に対比して，**実は膨大な量の情報が『すぐ取り出せない』形で脳に蓄積されている**という，後者の前者に対する比率の大きさを『ゆとり』という」「『**ゆとり**』が，実は知恵というものをつくる要素の一つなのだ」「脳に蓄積され取り出せない状態にされていた知識は～容易に取り出すことができるのだ。人間の脳に『ゆとり』があるからこそ，それが可能なのである」と述べている。

(三)　　A　の後の部分は大学生の予想される行動を書いており，文末が「違いない」となっているので，ア「**おそらく**」が当てはまる。

(四)　──線部分(3)の次の文に「この『知恵の広さ』は**勉強しては忘れ，また勉強しては忘れているうちに，自然と脳の中につちかわれていく**」とある。勉強して忘れることを繰り返すうちに，膨大な情報がすぐには取り出せない状態で蓄積されていくのである。このことを説明したエが正解となる。アは「忘れる＝情報がなくなる」，イは「忘れない＝情報がすぐ取り出せる」と捉えており，「すぐに取り出せないが蓄積されている情報」の存在を無視しているので誤り。ウの「分類」「整理」は本文に書かれていない内容である。

(五)　──線部分(3)の後の段落で，筆者は人間の脳をコンピューターと対比して，「**寛容な思考態度**」をとることができると説明している。そのため，人間は映画の鑑賞など「**不連続なものから連続したものを読みとる能力**」をもっている。また，「**言葉の意味と感じに幅をもたせてみるという脳の寛容性**」からは「**連想**」が生まれ，連想の習慣は「**いくつかの異なるものの間に共通点を読みとる脳の働きにもつながる**」のである。この内容を制限字数内で書く。

新潟県公立高等学校（学校独自検査〈筆答検査〉）

2019年度
★★★★★★★★★★★★★★★★★★★★★★

入 試 問 題

2019
年
度

●くわしい解説……11ページ

＜筆答検査Ａ＞　　時間　60分

〔1〕　同じ大きさの，Ｘの文字が書かれたカードとＹの文字が書かれたカードをたくさん用意した。これらのカードを，次のルールに従って，左から横一列に n 枚並べるとき，次の⑴〜⑶の問いに答えなさい。ただし，n は正の整数とする。

ルール
・　左端のカードは，Ｘのカードである。
・　Ｙのカードの隣に，Ｙのカードをおくことはできない。

例えば，下の図のように，$n = 1$，2，3のときは，ルールに従った並べ方が，それぞれ1通り，2通り，3通りある。

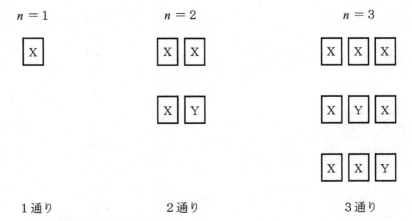

⑴　次の①，②の問いに答えなさい。
　①　$n = 4$ のとき，並べ方は何通りあるか。答えなさい。
　②　$n = 6$ のとき，並べ方は何通りあるか。答えなさい。
⑵　カードが20枚のときの並べ方のうち，右端のカードがＹのカードである並べ方の総数は，n の値がいくつのときの並べ方の総数と等しくなるか。理由をつけて，求めなさい。
⑶　$n = 17$ のとき，左から9枚目のカードがＹのカードで，このカードからみて，カードの文字の配列が左右対称となるカードの並べ方は何通りあるか。理由をつけて，求めなさい。

〔2〕　次の英文を読んで，あとの⑴〜⑶の問いに答えなさい。

　　Do you like reading books?　I like books very much, and I visit the city library near my house every weekend.　Many people come to the library, and they usually borrow books.　Some people stay there for many hours, find books which are new to them and enjoy reading them.

　　I am a member of the library staff at my high school.　When I was reading a newspaper in the library at school, I saw some data in the newspaper. The data showed that elementary school students read more than junior high school students or high school students. The data also showed that half of high school students read no books in a month. I wanted more students to visit our school library. I wanted to know what I could do to make our school library more popular.

When I went to the city library and read a booklet to find the answer, I found a graph in the booklet. From the graph, I learned the ideas of high school students who didn't read books.

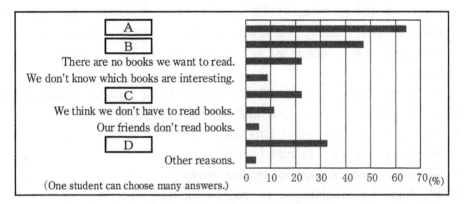

In the graph, we can see the answers to the question "Why do you read no books now?" More than half of the students say they don't read books because they don't have time to read books. The percentage of students who say they are interested in other activities is higher than the percentage of students who say they don't have the habit of reading books. About 20% of the students say that they think it is troublesome to read books. Almost the same number of students say that there are no books they want to read. I also learned another thing from this booklet. Many high school students like reading books and they think it is important to read books in the future. If the library staff give the students a chance to come to the library and open many kinds of books, the students will become interested in reading books.

During summer vacation, my friend and I went to the city library to join an interesting event for students. Each team brought their favorite book and talked about the story to the other teams. Before the performance, the speakers had to decide what to say to make other students interested in their stories. After each performance, everyone talked about the book together for three minutes. After all the performances, all the members chose their favorite books. They wrote message cards about their favorite books and gave the cards to the teams. We enjoyed this event together with other students. I thought, "If I do this in our school, students can share their feelings with each other and they will want to read more books."

There are good points in reading books. We use the Internet at home or at school, and we can learn a lot of things from the Internet. But we sometimes don't know how to get the information we want. When we go to the library, librarians give us advice. <u>We can learn more from the library than from the Internet.</u> I want to make our school library attractive as a member of the library staff. I hope that more students will come to our school library and enjoy reading books.

　　（グラフは，平成28年度文部科学省委託調査 「子供の読書活動の推進等に関する調査研究」より作成）

(注) library staff 図書委員　data データ　booklet 小冊子　answer 答え　graph グラフ
percentage 割合　activity 活動　habit of ~ ing ~する習慣　troublesome 面倒な
performance 発表　speaker 話し手　feelings 感情　librarian 司書
attractive 魅力的な

⑴ グラフ中のＡ～Ｄの ☐ の中には英文が入る。Ａ～Ｄの ☐ の中に入る最も適当なもの
を，次のア～エから，それぞれ一つずつ選び，その符号を書きなさい。

　ア　We are interested in other activities.

　イ　We don't have time to read books.

　ウ　We don't have the habit of reading books.

　エ　We think it is troublesome to read books.

⑵ 筆者は，夏休みに，市の図書館でどのようなイベントに参加したか。また，そのイベントに
参加して考えたことは何か。100字以内の日本語で書きなさい。

⑶ "We can learn more from the library than from the Internet." とあるが，このこ
とについて，あなたはどのように考えるか。理由を含め，10行以内の英文で書きなさい。

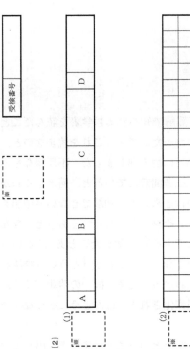

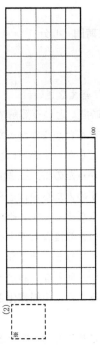

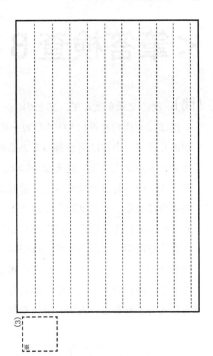

筆 答 検 査 Ａ 解 答 用 紙

（注1）　解答は、横書きで記入すること。
（注2）　※の欄には、何も記入しないこと。

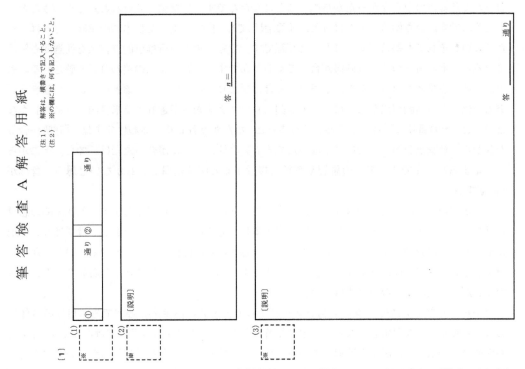

※この解答用紙は189％に拡大していただきますと，実物大になります。

＜筆答検査Ｂ＞　　時間　45分

〔問〕　次の文章を読んで，あとの⑴〜⑶の問いに答えなさい。

　僕は二十代のときに*ハイデガーの『存在と時間』という難解で知られる哲学書を読んだこと
があります。最初は何が書いてあるのか，まったくわからなかった。でも，これを読まないと，
そのときの研究が先に進まないので，三週間ほどかかって必死に読み通しました。不思議なもの
で，スタート時点ではまったく意味がわからなかったのに，三週間読んでいると，何となくわか
るようになる。それは喩えて言うと，見ず知らずの人たちが行き来して，理解できない外国語を
しゃべっている芝居を三週間毎日見せられたような感じです。それくらい長くつきあうと，なん
となく感情移入できる登場人物が出てくる。ひいきの役者もできるし，「聴いたことある」という
伴奏音楽や，なじみの舞台装置も識別できるようになる。そうなると，それが「どういう物語」
なのか，舞台の上では何が問題になっているのか，何となくわかってくる。同一の情報がくりか
えし入力されると，人間の脳はそれを理解できるように再組織化される。ほんとうにそうなんで
す。

　その場合に経験的に確かなのは，身体を媒介させると効率的だということです。声に出して読
む。あるいは「写経」するようにノートをとる。身体を使うと，①脳の再組織化があきらかに加
速される。身体を媒介させればさせるほど，理解は進む。

　僕は*エマニュエル・レヴィナスという人の本をいくつも訳していますが，これもまた読んでも
まったく意味がわからなかったから訳すことにしたんです。変な話ですけれど，そういうことっ
てあるんです。いざ始めてみたけれど，何頁訳しても，自分で訳した日本語の意味がさっぱりわ
からない。それでも毎日訳す。ほとんど写経です。でも，そういう禁欲的な作業を何週間も続け
ていると，ある日気づくと「呼吸が合ってくる」んです。センテンスの終わりが予感される。も
う，そろそろフィニッシュだな，と思ったときにぴたりとピリオドがくるということが起きる。
あるいは，ある名詞が出たときに，この名詞にレヴィナス先生が選好する形容詞は「あれ」かな
と思うと，その通りの形容詞がくる。そうすると，なんかうれしくなるわけですね。「呼吸が合っ
た」から。意味がわかったわけじゃないんですよ。身体のリズムが合っただけ。でも，そこから
しか始まらないんです。未知の思想や感覚に接近する方法は結局それしかないと思う。身体が
*同期する。

　身体が同期すると，自分の身体の内側に自分の知らなかった感覚が生じます。前代未聞の感覚
だけれど，それが「僕の身体で起きている出来事」である以上，言葉にできないはずはない。現
にそうやって自分の身体で起きている出来事を，思考にしろ感情にしろ，赤ちゃんのときから語
彙を増やし，修辞や論理を学んで，言葉にできるようになったわけですからね。赤ちゃんにでき
たことが，大人にできないはずはない。

　だから，レヴィナスのフランス語をなんとかして日本語に置き換える。でも，自分の身体に
しっくりくるような日本語にならないと「気持ちが悪い」。手がかりはそこだけなんです。「気持
ちが悪い」のはたぶん訳文が間違っているからです。でも，それなら「気持ちがいい」文を書け
ばいいのかというと，そういうわけでもない。レヴィナスのように深遠な思想家の場合は，僕程

度の理解力や経験知ではとても及ばないようなレベルの叡智を語っているわけで，そんなに簡単に「わかりやすい日本語」に落とし込めるはずがない。

でも，不思議なもので，そのうちに何かのはずみで「意味はわからないが，気持ちが悪くはない」という文章ができることがある。「意味がわからない」のは知性的にはまだ飲み込めていないからです。でも，「気持ちが悪くはない」というのは，その思念なり感覚なりに，僕が身体的にはすでに同期していることを示しています。「ほら，なんて言ったらいいのかな。ほら，あれ。ああ，喉元まで出かかっているんだけれど……」ということってあるでしょう。身体的には＊把持されているのだけれど，まだ言語化されていない。

自分の知性の水準やスケールを超える知見を自分の言葉で表現しようと望むなら，どうしても，この「もどかしさ」の領域を通過しなければならない。でも，それは発生的にはごくごく自然なことなんです。幼児が言語を獲得してゆくプロセスは，まさにそのような「もどかしさ」の連続だったはずですから。

その逆に，意味はなんとなくわかるけれど，さっぱり身体的に同期しないという場合もあります。まず言葉がある。でも，イメージがない。言葉は知っているけども，何を意味するかがわからない。「言葉余って意足らず」です。

「怒髪天を衝く」とか，「肝胆相照らす」とか，「腑に落ちる」とか，「心頭滅却すれば火もまた涼し」とか，こういうのはまず言葉があって，身体実感はない。ふつうの中学生や高校生が漢文の時間に，「怒髪天を衝く」という言葉を見ても，怒りのあまり髪の毛が逆立って天を衝くなんて，身体実感としてはわからない。

こういう場合はまず言葉がある。「肝胆相照らす」という言葉がまずある。お互いの気持ちがよくわかるという意味だと辞書には書いてある。でも，僕たちは「肝」や「胆」がどこにあるか場所さえ特定できない。それが「相照らす」。内臓をどうやって照らし合うのか。すとんと理解できたときには「腑に落ちる」という言葉を使う。でも，「腑」って何なのか。そこに何が落ちるのか。身体実感がない。「心頭滅却すれば火もまた涼し」というけれど，火に焼かれて死んだことがないので，わかるはずがない。

言葉がまずある。それを習得する。イメージを伴わない用法，身体的な実感に裏打ちされていない語をまず覚える。でも，それは気持ちが悪いわけですよ。容れ物だけがあって，中身がないんですから。だから，そういう身体的実感を伴わない語はだいたいいつも脳内の「＊デスクトップ」に置かれている。気になるから。そして，無意識のうちにそれに合う「中身」を探している。何か未知のものを見るたびに，これはもしかして「自分が言葉だけ知っていて，実物を知らないあれ」ではないかしらと考える。必ずそういうことをしていると思うんです。もちろん無意識に。でも，「これが『あれ』なのかな？」という問いは忘れられることはない。そして，ある日，ものすごく怒ったとき，頭皮がムズムズして，毛穴が少し広がっているような感じがした。そのときに，「あ，これが『怒髪天を衝く』か」と思う。友だちと話していて，わずかな言葉で，すうっと気持ちが通じて，胸が気分よく広がったような感じがしたときに，「あ，『肝胆相照らす』とはこのことか」と思う。そういうふうに，まず用法が先行すると，それを埋める身体実感を探しながら生きてゆくことになる。シンデレラ姫のガラスの靴のように，②容れ物がまずあって，それにぴたりと収まる＊コンテンツを探している。

＊「人こそ見えね秋は来にけり」とか＊「昔はものをおもはざりけり」とか，中学生のときに暗記

させられますけれど，中学生にそれを裏づけるようなしみじみとした実感があるはずがない。＊「あらはれわたる瀬々の網代木」も＊「衣ほすてふ天の香具山」も実物を見たことがない。でも，言葉だけは知っている。見たことのない景色，経験したことのない感動は，まさにその欠落感ゆえに，僕だもの言語的成熟を促します。この「容れ物」に見合う「中身」を自分は獲得しなければならないという成熟に向かう圧のようなものを僕たちはつねに感じることになります。

　言語における創造性というのは，この緊張関係のことではないかと僕は思います。創造性，＊創発性というのは，なんらかの個人的能力のことではなく，この緊張状態のことを言うのではないか。

　「創造的な言語活動」というと，自分のなかから次々と新しいアイディアが浮かんできて，それが作品になってゆく生成的プロセスを思い浮かべますけれど，実際に起きていることはもっと複雑なんじゃないでしょうか。

　言葉だけがあって，身体実感が伴わない。その逆に，③身体実感はあるが，言葉にならない。この絶えざる不均衡状態から言葉は生まれてくる。むしろ，そこからしか言葉は生まれてこない。だから，創造的な言語活動とは，この「絶えざる不均衡」を高いレベルに維持することではないか，僕はそんなふうに思うのです。　　　　　　　　（内田　樹「街場の文体論」による）

　（注）　ハイデガー＝ドイツの哲学者。　　エマニュエル・レヴィナス＝フランスの哲学者。

　　　　　同期する＝一致する。　　把持＝しっかりと手に持つこと。

　　　　　デスクトップ＝パソコンを起動した時に作業の基本となる画面。　　コンテンツ＝中身。内容。

　　　　　「人こそ見えね秋は来にけり」「昔はものをおもはざりけり」「あらはれわたる瀬々の網代木」「衣ほすてふ天の香具山」＝それぞれ，「百人一首」に収められた和歌の一部分。

　　　　　創発性＝先行する条件からは予測や説明のできない，新しい特性を生み出すような性質。

⑴　下線部分①の「脳の再組織化」とは，どのようなことか。50字以内で書きなさい。

⑵　下線部分②の「容れ物がまずあって，それにぴたりと収まるコンテンツを探している」とは，どのようなことか。80字以内で書きなさい。

⑶　下線部分③について，筆者は，言葉が生まれてくる途上に，「身体実感はあるが，言葉にならない」という不均衡状態があると述べている。このことについて，あなたはどのように考えるか。身近な例をあげて，150字以内で書きなさい。

筆答検査B解答用紙

(注1) 解答は、横書きで記入すること。
(注2) ※の欄には、何も記入しないこと。

受検番号

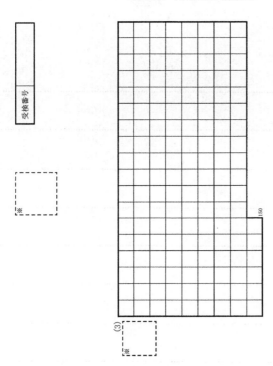

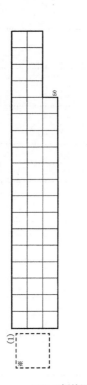

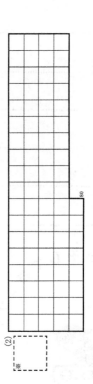

※この解答用紙は189％に拡大していただきますと，実物大になります。

大切なことはメモしておこうネ！

2019年度

解　答　と　解　説

＜筆答検査A解答例＞

〔1〕　(1)　①　5(通り)　　②　13(通り)　　(2)　($n=$)18　　〔説明〕　左から20枚目にある，右端のカードがYのカードであるので，左から19枚目のカードの文字はXである。これより，左から18枚目のカードの文字は，X，Yのどちらでもよいから，左端から18枚目までの18枚のカードは，ルールに従って並べることができる。よって，$n=18$である。

(3)　21(通り)　　〔説明〕　17枚のカードを，左から9枚目のカードがYのカードで，このカードからみてカードの文字の配列が左右対称となるように並べ，下の図のように，並んでいる17枚のカードを左から順に1，2，…，16，17とすると，1のカードはXのカードだから，17のカードもXのカードであり，9のカードはYのカードなので，8，10のカードはXのカードである。

1	2		7	8	9	10	11		16	17
X		…		X	Y	X		…		X

　8のカードがXのカードなので，7のカードは，X，Yのカードのどちらでもよいから，1から7までの7枚のカードは，ルールに従って並べられている。また，上の図の，1から7までのカードの並べ方を一つ決め，その並べ方と逆順に17から11までのカードを並べると，文字の配列が左右対称となるように並べることができるので，1から7までの7枚のカードの並べ方が何通りあるかを考えればよい。$n=7$のときの並べ方を数えると21通りとなる。よって，並べ方は21通りある。

〔2〕　(1)　A　イ　　B　ア　　C　エ　　D　ウ

(2)　各チームが発表した本について全員で話した後，それぞれが好きな本を選び，その本を紹介したチームにカードを渡すイベントに参加した。学校で行えば，生徒が共感し合い，もっと本を読みたくなるだろうと考えた。

(3)　I think we can learn more from the library than from the Internet. When we use the Internet to find information we want, we have to write the word on the computer. If we don't know the word, we can't look for it. But, when we walk in the library, we can see many kinds of books and open them. By reading them, we can find the information we want, and we can also learn different things which are new to us.

＜筆答検査A解説＞

〔1〕　(数学：場合の数)

(1)　それぞれの並べ方を書き出してみる。

　　　$n=4$のときの並べ方は，XXXX，XXXY，XXYX，XYXX，XYYXの5通り。

　　　$n=5$のときの並べ方は，XXXXX，XXXXY，XXXYX，XXYXX，XXYXY，XYXXX，XYXXY，XYXYXの8通り。

　　　$n=6$のときの並べ方は，XXXXXX，XXXXXY，XXXXYX，XXXYXX，XXXYXY，XXYXXX，XXYXXY，XXYXYX，XYXXXX，XYXXXY，XYXYXX，XYXYXY，XYXYXYの13通り。

(2)　カードが20枚で右端のカードがYのとき，ルールより**19枚目のカードは必ずX**である。XはX，Y両方の隣に置くことができるので，18枚目のカードはX，Yの両方になることができる。よって，20枚のときの最後がYの数と，18枚のときの総数が等しくなる。

(3)　ルールをきちんと把握したうえで，置くカードが確定する部分から考えていく。また，$n=7$のときの並べ方は以下の通りである。

XXXXXXX，XXXXXXY，XXXXXYX，XXXXYXX，XXXXYXY，XXXYXXX，XXXYXXY，XXXYXYX，XXXYXYX，XXYXXXX，XYXYXYX，XXYXYXX，XXYXYXX，XXYXYXY，XYXXXXX，XYXXXXY，XYXXXYX，XYXXYXX，XYXYXXX，XYXYXXY，XYXYXYX

〔2〕　（英語：長文読解，英作文）

(1)　第4段落2文目には「半分以上の生徒が，本を読む時間がないから読書をしない，と答えている」とある。よって，60パーセント以上を示すAのグラフに当てはまるのはイである。また，第4段落4文目に，「およそ20パーセントの生徒が本を読むのは面倒だと思う，と答えている」とある。A〜Dの中で最も20パーセントに近い値を示しているのはCのグラフなので，Cに当てはまるのはエ。第4段落第3文目には「他の活動に興味があると答えた生徒の割合は，本を読む習慣がないと答えた生徒の割合よりも高い」とある。残ったBとDのグラフを比べると，Bの方が割合が高いのでBに当てはまるのはア，Dに当てはまるのはウ。

(2)　第5段落冒頭に「During summer vacation」とあるので，筆者が夏休み中に参加したイベントについて，第5段落以降に述べられているとわかる。第5段落第2文目から第6文目にかけて，図書館で行われたイベントの詳細が述べられている。また，筆者がイベントに参加して考えたことは，第5段落最終文に書かれているので，これらを100字以内で簡潔にまとめる。

(3)　第6段落では，「わたしたちは，家や学校でインターネットを使い，インターネットから多くのことを学ぶことができる。しかし，ときどきどのように欲しい情報を手に入れればよいかわからないことがある。図書館に行けば，司書がアドバイスをくれる。インターネットから学ぶよりも，より多くのことを図書館で学ぶことができるのだ」と筆者は語っている。解答例では，筆者と同様に「インターネットで学ぶよりも図書館で学ぶほうがよい」という意見と，そのように考える理由を述べている。必ずしも筆者と同じ立場から述べる必要はないので，書きやすい立場から書くとよい。理由は具体的に書くように心がけよう。また，文字数指定はないが，解答欄に収まるように10行以内の文章で書く。

（英文和訳）

　本を読むのは好きですか。わたしは本を読むことがとても好きです，そしてわたしは毎週末自宅近くの市立図書館に行きます。たくさんの人が図書館にきて，たいてい本を借ります。何時間も図書館に滞在して，自身にとって目新しい本を見つけて，それらを読むことを楽しむ人もいます。

　わたしは高校の図書委員の一人です。学校の図書館で新聞を読んでいたとき，わたしはいくつかのデータを見ました。そのデータは，小学生が中学生や高校生よりも読書をしていることを示していました。また，そのデータは高校生の半分が1か月に一冊も本を読まないことも示していました。わたしは，より多くの生徒に学校の図書館に来てもらいたいと思いました。わたしは，学校の

図書館をより人気にするために，何ができるか知りたいと思いました。

　市立図書館に行って，答えを見つけるために小冊子を読んでいたとき，わたしは一つのグラフを見つけました。グラフからは，読書をしない高校生の考えがわかりました。

　グラフでは，「あなたは現在，なぜ本を読まないのですか。」という質問に対する回答を見ることができます。半分以上の生徒が，本を読む時間がないから読書をしないと答えています。他の活動に興味があると答えた生徒の割合は，本を読む習慣がないと答えた生徒の割合よりも高いです。およそ20パーセントの生徒が本を読むのは面倒だと思う，と答えています。ほとんど同じ人数の生徒が読みたい本がない，と答えています。また，わたしはこの小冊子から，他のことも学びました。多くの高校生が読書好きで，将来本を読むことは大切であると考えています。もし，図書委員が生徒に図書館を訪れる機会を与え，多くの種類の本を利用できるようにすれば，生徒たちは読書に興味をもつようになるでしょう。

　夏休み中，友人と私は生徒向けの面白いイベントに参加するために市立図書館へ行きました。それぞれのチームがお気に入りの本を持参して，他のチームに向けてストーリーについて話しました。発表の前に話し手は他の生徒たちにストーリーに関心を持たせるために，何を話すか決める必要がありました。それぞれの発表の後に，3分間みんなでその本について話し合います。すべての発表の後に参加者全員がお気に入りの本を選びます。お気に入りの本についてメッセージカードを書き，そのチームにカードを渡します。わたしたちは，他校の生徒たちと一緒にこのイベントを楽しみました。わたしは「もしこれをわたしたちの学校でやれば，生徒たちはお互いに共感し合えるし，みんながもっと本を読みたくなるだろう」と思いました。

　読書にはよい点があります。わたしたちは，家や学校でインターネットを使い，インターネットから多くのことを学ぶことができます。しかし，ときどきどのように欲しい情報を手に入れればよいかわからないことがあります。図書館に行けば，司書がアドバイスをくれます。インターネットから学ぶよりも，より多くのことを図書館で学ぶことができるのです。わたしは，図書委員として自分の学校の図書館を魅力的なものにしたいです。より多くの生徒が学校の図書館に足を運び，読書を楽しんでくれることを願っています。

＜筆答検査B解答例＞

〔問〕　（1）　難解なことであっても，脳に同一の情報としてくりかえし入力されると，意味が理解できるようになること。　（2）　言葉として習得したが，身体的実感の裏打ちがない語があると，無意識のうちに，何か未知のものを見るたびに，その語の意味と一致する身体的実感を探しているということ。　（3）　私は剣道部に所属していた。2年生になり，剣道で大切な心構えを1年生に教える際，どう伝えればよいのか考えたが，なかなか表現できなかった。その時，「礼に始まり礼に終わる」という言葉を聞き，自分でも納得したし，言いたいことを伝えることができた。言葉にならない段階を経て得た言葉は，深く心に刻まれると思う。

＜筆答検査B解説＞

〔問〕　（国語：文章読解，作文）

（1）「脳の再組織化」について，下線部分①の前段落で具体的に述べられている。筆者は自身の経

験と「理解できない外国語をしゃべっている芝居」という比喩を用いて，難解であるために最初は「まったく意味がわからなかった」ことでも，「同一の情報がくりかえし入力されると，人間の脳はそれを理解できるように再組織化される」と述べている。筆者の経験や比喩などの具体的な要素は省いて簡潔に説明しよう。

(2)　下線部分②のような抽象的な文章の説明が求められたときには，**本文中でわかりやすく言い換えている箇所を探す**とよい。ここでは，下線部の前段落である第11段落で，「身体的な実感に裏打ちされていない語をまず覚える」ことを「容れ物だけがあって，中身がない」と表現している。つまり「容れ物」とは，習得したけれど身体的な実感に裏打ちされていない言葉を指し，「中身」は「身体的実感」のことを指すと推測できる。(注)から，「コンテンツ」は「中身」という意味であることがわかるので，下線部②は「身体的実感に裏打ちされていない言葉がまずあって，それにぴたりと収まる身体的実感を探している」と言い換えられる。さらに筆者は，「無意識のうちに」「何か未知のものを見るたびに」，これが言葉の身体的な実感ではなかろうか，と考えるようになる，と述べている。また，8，9，10段落から，意味はわかるが「身体実感」のない語を話題にしていることが読み取れる。これらの要素を踏まえてまとめる。

(3)　下線部③について，具体例をあげつつ自身の意見を述べる問題である。ここでいう身近な具体例は，身体的実感はあっても，それを言葉で表現できなかった段階を経て，何らかのきっかけで，その身体的実感を表す言葉を見つけるまでのエピソードを例としてあげるのとよい。「身体実感はあるが，言葉にならない」とはどういうことなのか具体的に本文中で述べられていないため注意が必要である。また，(2)を参考にするとわかりやすい。解答例では，剣道部の後輩に心構えを教えたときの出来事について書かれている。自分の中で実感としてある「剣道で大切な心構え」を実際に人に伝えようとするときに，しっくりくる表現が見当たらなかったが，「礼に始まり礼に終わる」という言葉を聞いて納得した，というエピソードをあげている。解答例の他にも，言葉にできないほど美しい景色を見た経験など，日常の中で言葉では表せなかった感情や感動をめぐるエピソードを例としてあげるとよい。

解答用紙集

〇月×日△曜日　天気（合格日和）

◆ご利用のみなさまへ

＊解答用紙の公表を行っていない学校につきましては、弊社の責任において、解答用紙を制作いたしました。

＊編集上の理由により一部縮小掲載した解答用紙がございます。

＊編集上の理由により一部実物と異なる形式の解答用紙がございます。

人間の最も偉大な力とは、その一番の弱点を克服したところから生まれてくるものである。──カール・ヒルティ──

※データのダウンロードは 2024 年 3 月末日まで。

東京学参株式会社

※ 122%に拡大していただくと，解答欄は実物大になります。

数 学 解 答 用 紙

(注1)　解答は，横書きで記入すること。
(注2)　※の欄には，何も記入しないこと。

〔1〕

※

(1)		(2)		(3)	
(4)	$x =$ 　　　 , $y =$	(5)		(6)	
(7)	$\angle x =$ 　　　　度	(8)			

〔2〕

※

(1)

〔求め方〕

答　＿＿＿＿＿＿＿＿

(2)

〔証明〕

(3)

ℓ ＿＿＿＿＿＿＿＿＿＿＿＿

A •

m ＿＿＿＿＿＿＿＿＿＿＿＿

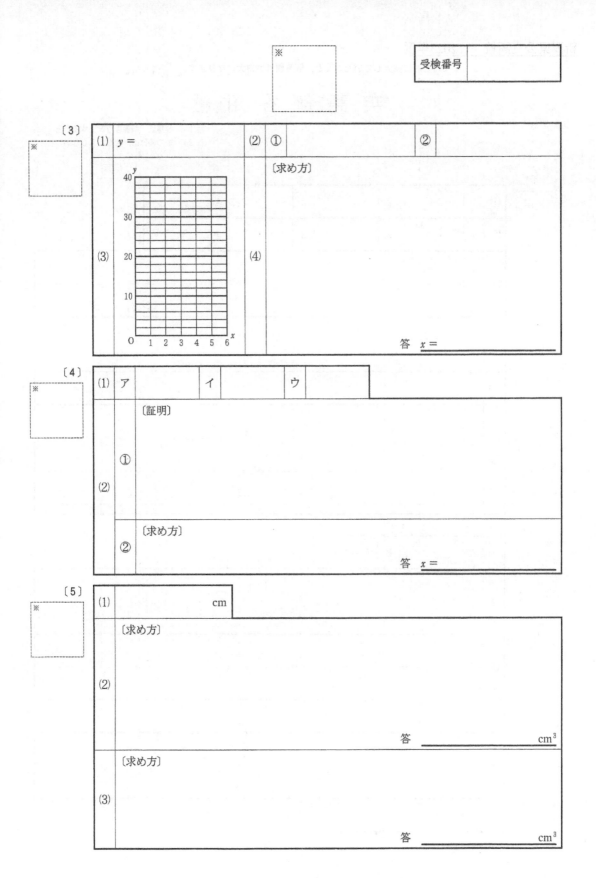

※ 122％に拡大していただくと，解答欄は実物大になります。

英 語 解 答 用 紙

（注1）　解答は，横書きで記入すること。
（注2）　※の欄には，何も記入しないこと。

〔1〕

※

(1)	1		2		3		4	
(2)	1		2		3		4	

(3)	1	
	2	

〔2〕

※

(1)	
(2)	
(3)	

〔3〕

※

(1)	A		E	

(2)	

(3)	C	
	G	

(4)	

(5)	

(6)	

〔4〕

(1)	
(2)	
(3)	
(4)	

(5)	①	
	②	
	③	

(6)

Hello, Fred.

Thank you for your e-mail and the interesting article.

Your friend, Hikari

※ 123％に拡大していただくと，解答欄は実物大になります。

理 科 解 答 用 紙

(注1)　解答は，横書きで記入すること。
(注2)　※の欄には，何も記入しないこと。

〔1〕

※

(1)		(2)	
(3)	(　　　)→(　　　)→(　　　)→(　　　)	(4)	g
(5)		(6)	

〔2〕

※

(1)	

(2)	①		②	
	③	(　　　)→(　　　)→(　　　)→(　　　)		

〔3〕

※

(1)	①	X　　　　　　　Y　　　　　　　Z		
	②	食塩　　　　　　　g　水　　　　　　　g		
(2)	①		②	
(3)				

〔4〕

※

(1)	
(2)	
(3)	
(4)	
(5)	
(6)	

〔5〕

※

(1)		(2)		(3)	
(4)	X　　　　　cm　Y　　　　　cm				

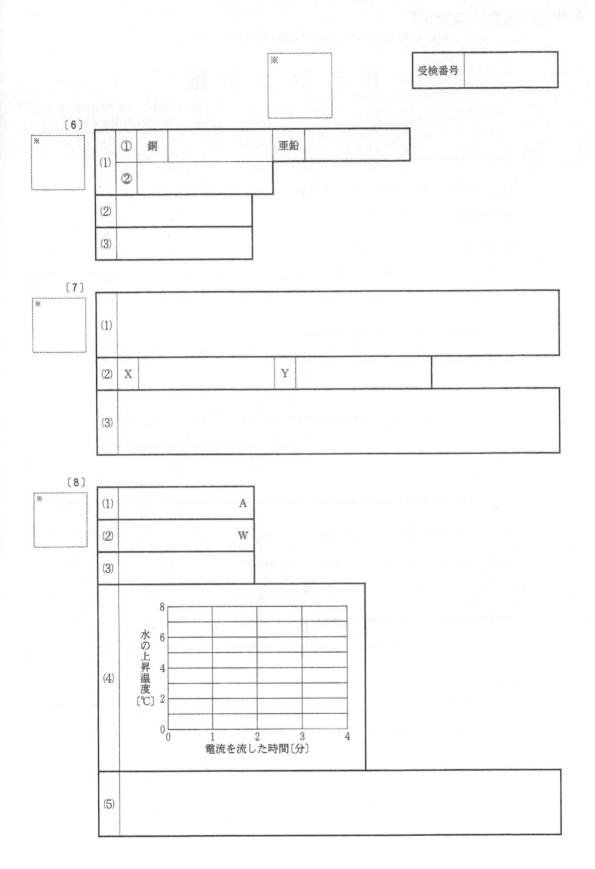

受検番号 ☐

〔6〕

(1)	①	銅		亜鉛	
	②				
(2)					
(3)					

〔7〕

(1)			
(2)	X	Y	
(3)			

〔8〕

(1)		A
(2)		W
(3)		

(4)

水の上昇温度〔℃〕

縦軸: 0, 2, 4, 6, 8
横軸: 0, 1, 2, 3, 4
電流を流した時間〔分〕

(5)

－2023～6－

※119%に拡大していただくと，解答欄は実物大になります。

社 会 解 答 用 紙

(注1)　解答は，横書きで記入すること。
(注2)　※の欄には，何も記入しないこと。

〔1〕

※	(1)			
	(2)			
	(3)			
	(4)			
	(5)	a		c

〔2〕

※	(1)		
	(2)		
	(3)	①	②
	(4)	符号	
		理由	

〔3〕

※	(1)		
	(2)	①	
		②	
	(3)		
	(4)	①	
		②	

〔4〕

※

(1)		
(2)		
(3)	X	Y
(4)		
(5)		
(6)		

〔5〕

※

(1)	①		②
(2)	①		②
	③		
(3)	①		
		50	
	②		③
(4)	①		
	②		③

〔6〕

※

(1)	( ) → ( ) → ( )	
(2)	①	
	②	
		55

※114%に拡大していただくと，解答欄は実物大になります。

※

受検番号

※　　　〔二〕

※　　　〔一〕

国語解答用紙

(五)	(四)	(三)	(二)	(一)	

〔二〕

5	4	3	2	1
ルイジ	セイミツ	セツゲン	イキオ	ス
			い	う

〔一〕

5	4	3	2	1
喫緊	貢献	到達	鮮	惜
			やか	しむ

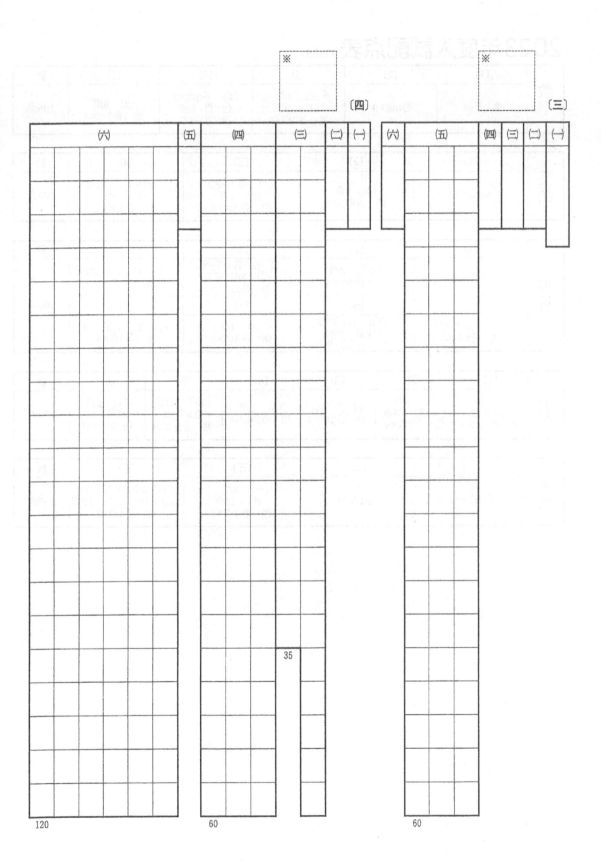

〔四〕

※

〔三〕

※

(六)					(五)	(四)		(三)	(二)	(一)	(六)		(五)		(四)	(三)	(二)	(一)

35

120　　　　　　　　　　　60　　　　　　　　　　　　　60

－ 2023 ～ 10 －

2023年度入試配点表(新潟県)

数学	〔1〕	〔2〕	〔3〕	〔4〕	〔5〕	計
	各4点×8	各6点×3	(3) 4点 (4) 5点 他 各3点×3	(1) 各2点×3 (2)① 6点 (2)② 4点	(2) 6点 他 各5点×2	100点

英語	〔1〕	〔2〕	〔3〕	〔4〕	計
	各3点×10	(3) 6点 他 各3点×2	(1) 各2点×2 (2) 4点 他 各3点×6	(1)・(2)・(4) 各4点×3 (6) 8点 他 各3点×4	100点

理科	〔1〕	〔2〕	〔3〕	〔4〕	計
	各3点×6	(2)③ 3点 他 各2点×3	(1)① 各1点×3 (1)② 3点(完答) 他 各2点×3	(1)・(4) 各2点×2 他 各3点×4	
	〔5〕	**〔6〕**	**〔7〕**	**〔8〕**	100点
	(4) 3点(完答) 他 各2点×3	(1)① 各1点×2 (1)② 2点 他 各3点×2	(3) 4点 他 各3点×3	(1)・(2) 各2点×2 他 各3点×3	

社会	〔1〕	〔2〕	〔3〕	〔4〕	〔5〕	〔6〕	計
	(1)・(2) 各3点×2 他 各2点×4	(2) 3点 (4)理由 5点 他 各2点×4	(4)① 5点 他 各2点×5	(5) 5点 他 各2点×6	(3)①・(4)① 各5点×2 他 各2点×9	(1) 2点 (2)① 3点 (2)② 5点	100点

国語	〔一〕	〔二〕	〔三〕	〔四〕	計
	各2点×10	各3点×5	(一) 2点 (五) 12点 他 各4点×4	(三) 5点 (四) 8点 (五) 4点 (六) 12点 他 各3点×2	100点

※ 122％に拡大していただくと，解答欄は実物大になります。

数 学 解 答 用 紙

(注1)　解答は，横書きで記入すること。
(注2)　※の欄には，何も記入しないこと。

〔1〕

※

(1)		(2)		(3)	
(4)		(5)	$x =$	(6)	
(7)	$\angle x =$ 　　　度	(8)			

〔2〕

※

(1)　〔求め方〕

答　$n =$ _____

(2)　〔求め方〕

答　_____

(3)

P.

A ——————————————— B

〔3〕

※

(1)	
(2)	毎秒　　　　　　m

(3)　〔求め方〕

答　$a =$ _____

(4)	ア		イ		ウ	

受検番号

〔4〕

※

(1)	ア		イ		(2)		cm²

(3)

〔証明〕

(4)

(5)

〔証明〕

〔5〕

※

(1)		cm

(2)

〔求め方〕

答　　　　　　cm

(3)

〔求め方〕

答　　　　　　cm²

※ 122%に拡大していただくと，解答欄は実物大になります。

英 語 解 答 用 紙

(注1)　解答は，横書きで記入すること。
(注2)　※の欄には，何も記入しないこと。

〔1〕

※

(1)	1		2		3		4	
(2)	1		2		3		4	

(3)	1	
	2	

〔2〕

※

(1)	

(2)	a	
	b	

〔3〕

※

(1)	A		D	

(2)	B	
	G	

(3)	

(4)	

(5)	

(6)	

〔4〕

※

(1)		
(2)		
(3)		
(4)		

(5)	①	
	②	
	③	

(6)	Hello, 〔　　　　　〕. I'm ＊＊＊.

※ 123％に拡大していただくと，解答欄は実物大になります。

理 科 解 答 用 紙

(注1)　解答は，横書きで記入すること。
(注2)　※の欄には，何も記入しないこと。

〔1〕

※	(1)		(2)		(3)	
	(4)		(5)		(6)	

〔2〕

※	(1)	X		Y	

(2)		

(3)	①	丸形の種子の遺伝子の組合せ	
		しわ形の種子の遺伝子の組合せ	
	②		

(4)	丸形の種子の数：しわ形の種子の数　＝　　　　　：ｓ

〔3〕

※	(1)	
	(2)	N
	(3)	
	(4)	Pa

〔4〕

※	(1)	
	(2)	
	(3)	①	℃
		②	

〔5〕

※	(1)	
	(2)	①	X	Y
		②	

※

〔6〕

※

(1)		(2)	
(3)		(4)	
(5)			

〔7〕

※

(1)	①	mA
	②	Ω
(2)		mA
(3)		W
(4)	( )→( )→( )→( )

〔8〕

※

(1) ①

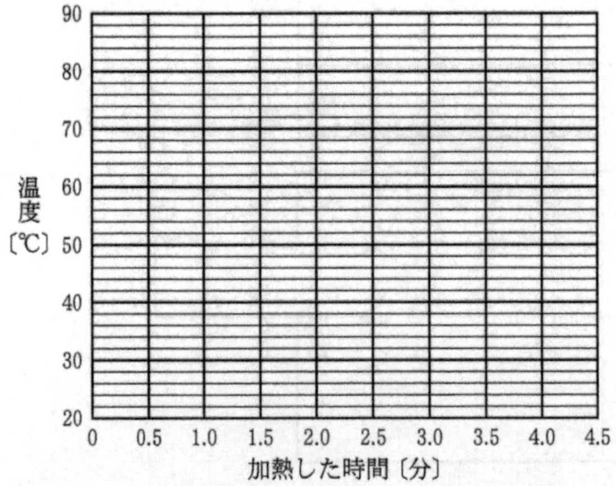

温度〔℃〕／加熱した時間〔分〕

| (1) | ② | 沸点 | ℃ |
| | | 理由 | |

| (2) | ① | g/cm³ | ② | | ③ | |

※119%に拡大していただくと，解答欄は実物大になります。

社 会 解 答 用 紙

（注1）　解答は，横書きで記入すること。
（注2）　※の欄には，何も記入しないこと。

〔1〕

※

(1)	
(2)	（　　　　）緯（　　．　　）度　　（　　　　）経（　　　　）度
(3)	
(4)	
(5)	

〔2〕

※

(1)		
(2)		
(3)	①	
(4)	①	
	②	

(3) ②

〔3〕

※

(1)		
(2)		
(3)	①	
	②	
(4)	①	②
	③	

〔4〕

※

(1)	X		Y	
(2)				
(3)	①	( ) → ( ) → ( )		
	②			
(4)				

〔5〕

※

(1)	①			②	
(2)	①				
	②	a ( )議席	b ( )議席		
		c ( )議席	d ( )議席		
	③				
(3)	①			②	
	③				
(4)	①			②	

〔6〕

※

(1)				
(2)	X			
	Y			40

※ 114％に拡大していただくと，解答欄は実物大になります。

※

受検番号	

※　　　〔二〕

(五)	(四)	(三)	(二)	(一)

※　　　〔一〕

国 語 解 答 用 紙

		〔二〕						〔一〕		
5	4	3	2	1	5	4	3	2	1
ダンカイ	ギアン	キョウメイ	ココロ	コマ	陳列	抑揚	描写	漂	奪
			みる	かく				う	われる

（注1）　解答は、縦書きで記入すること。
（注2）　※の欄には、何も記入しないこと。

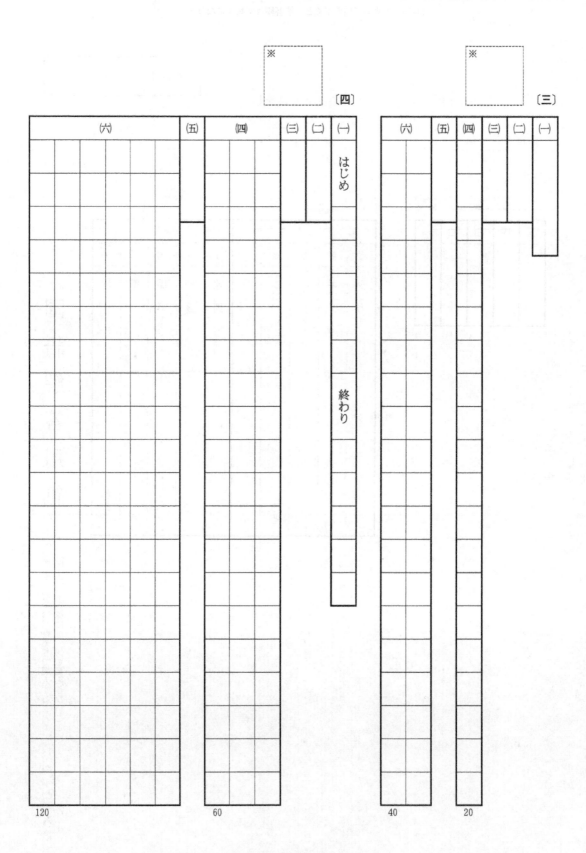

〔四〕 ※

〔三〕 ※

（一）
はじめ

終わり

（二）

（三）

（四）

（五）

（六）

60

120

（一）

（二）

（三）

（四）

（五）

（六）

20

40

2022年度入試配点表 (新潟県)

数学	〔1〕	〔2〕	〔3〕	〔4〕	〔5〕	計
	各4点×8 ((8)完答)	(3) 5点 他 各6点×2	(3) 6点 他 各4点×3 ((4)完答)	(1) 各1点×2 (2) 2点 (3) 4点 (4) 3点 (5) 6点	(1) 4点 他 各6点×2	100点

英語	〔1〕	〔2〕	〔3〕	〔4〕	計
	各3点×10	(2)b 6点 他 各3点×2	(1) 各2点×2 (5) 4点 他 各3点×6	(2)〜(4) 各4点×3 (6) 8点 他 各3点×4	100点

理科	〔1〕	〔2〕	〔3〕	〔4〕	計
	各3点×6	(1) 各1点×2 (2)・(3)① 各2点×2((3) ①完答) 他 各3点×2	(1)・(2) 各2点×2 他 各3点×2	(3)② 3点 他 各2点×3	
	〔5〕	〔6〕	〔7〕	〔8〕	100点
	(1)・(2)② 各3点×2 他 各2点×2	(1)・(2) 各2点×2 他 各3点×3	(3)・(4) 各3点×2 他 各2点×3	(1)② 各2点×2 他 各3点×4	

社会	〔1〕	〔2〕	〔3〕	〔4〕	〔5〕	〔6〕	計
	(5) 5点 他 各3点×4 ((2)完答)	(1)・(4)② 各2点×2 他 各3点×4	(3)① 5点 他 各2点×6	(2) 5点 (4) 3点 他 各2点×4	(2)②・③・(3)③ 各3点×3 他 各2点×7 ((2)②完答)	(2)Y 5点 他 各2点×3	100点

国語	〔一〕	〔二〕	〔三〕	〔四〕	計
	各2点×10	各3点×5	(一) 2点 (二)・(三) 各4点×2 (六) 10点 他 各5点×2	(四) 8点 (五) 3点 (六) 12点 他 各4点×3	100点

※ 125％に拡大していただくと，解答欄は実物大になります。

数 学 解 答 用 紙

(注1)　解答は，横書きで記入すること。
(注2)　※の欄には，何も記入しないこと。

〔1〕

※

(1)		(2)		(3)	
(4)		(5)	$x =$	(6)	

| (7) | $\angle x =$ 　　　　度 | | | | |

| (8) | ① | | ② | 　　　m 以上　　　　m 未満 | |

〔2〕

※

(1)　〔求め方〕

答　＿＿＿＿＿＿

(2)　〔求め方〕

答　＿＿＿＿＿＿

(3)

〔3〕

※

| (1) | |

| (2) | ① | $b =$ | | ② | |

(3)　〔求め方〕

答　＿＿＿＿　分　　　＿＿＿＿　秒後

受検番号

〔4〕

(1) _____ cm

① _____ ② _____

③ 〔証明〕

(2)

④ 〔求め方〕

答 _____ cm

〔5〕

(1) _____ cm

(2) 〔証明〕

(3) 〔求め方〕

答 _____ 倍

※123％に拡大していただくと，解答欄は実物大になります。

英 語 解 答 用 紙

(注1)　解答は，横書きで記入すること。
(注2)　※の欄には，何も記入しないこと。

〔1〕

		1		2		3		4	
(1)	1		2		3		4		
(2)	1		2		3		4		

(3)	1	
	2	

〔2〕

(1)	

I want to take part in Volunteer Activity (　　　).

(2)	

〔3〕

(1)	A		B	
(2)	C	
	D	
(3)	
(4)	
(5)	
(6)	

受検番号

〔4〕

※

(1)	
(2)	
(3)	
(4)	①
	②
	③
(5)	
(6)	

※123%に拡大していただくと，解答欄は実物大になります。

理 科 解 答 用 紙

(注1)　解答は，横書きで記入すること。
(注2)　※の欄には，何も記入しないこと。

〔1〕

※	(1)		(2)		(3)	
	(4)		(5)		(6)	倍

〔2〕

※	(1)					
	(2)	① X		Y	②	
		③				

〔3〕

※	(1)	① X		Y		Z
		②				
		③ 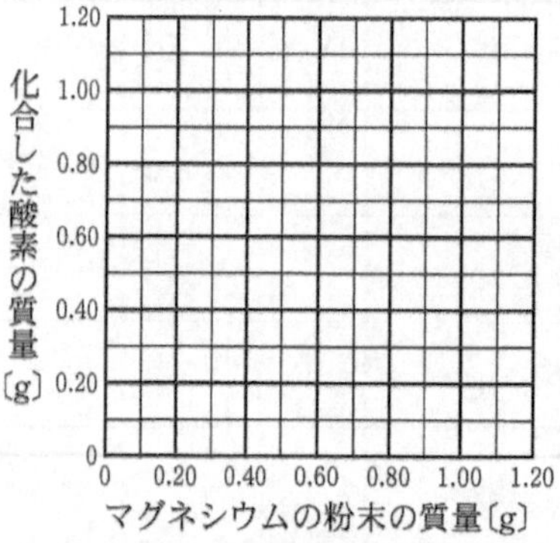				

	(2)		g

〔4〕

※	(1)	①		②	
	(2)	①			
		②			

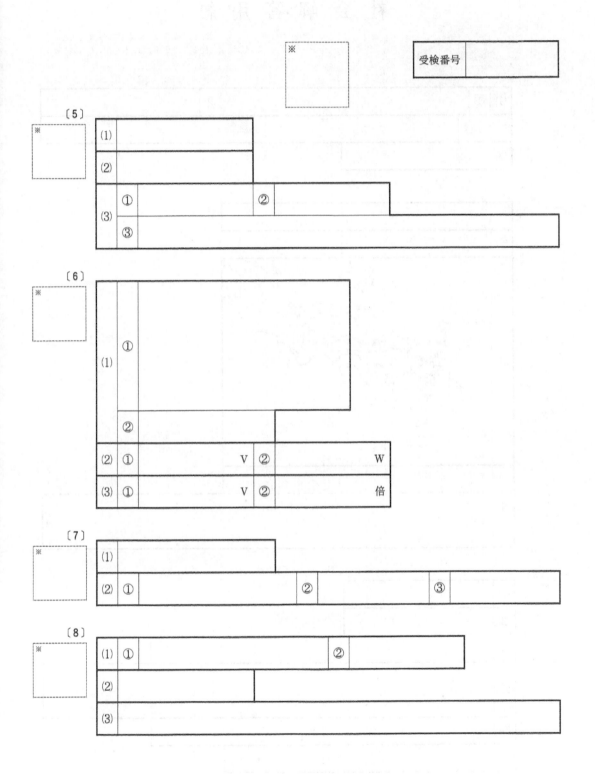

※

受検番号

〔5〕

※

(1)

(2)

(3) ① ②

③

〔6〕

※

(1) ①

②

(2) ① V ② W

(3) ① V ② 倍

〔7〕

※

(1)

(2) ① ② ③

〔8〕

※

(1) ① ②

(2)

(3)

※ 122％に拡大していただくと，解答欄は実物大になります。

社 会 解 答 用 紙

(注1)　解答は，横書きで記入すること。
(注2)　※の欄には，何も記入しないこと。

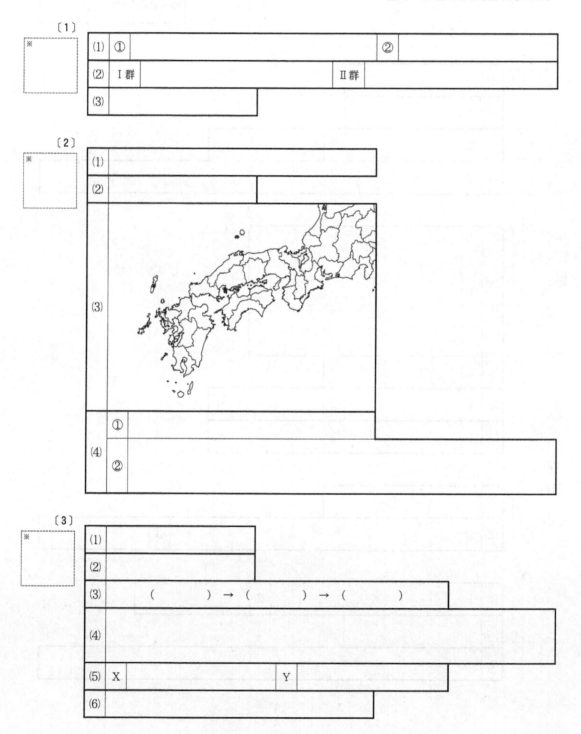

〔1〕

※	(1)	①		②	
	(2)	Ⅰ群		Ⅱ群	
	(3)				

〔2〕

(1)
(2)
(3)
(4) ①
②

〔3〕

(1)
(2)
(3) 　　　（　　　　　）→（　　　　　）→（　　　　　）
(4)
(5) X 　　　　　　　　　　　Y
(6)

受検番号

〔4〕

※

(1)	①	
	②	（　　　）　→　（　　　）　→　日露戦争　→　（　　　）
(2)		
(3)		
(4)		

〔5〕

※

(1)	①	
	②	
(2)	①	
	②	
	③	
(3)	符号	
	理由	
(4)	①	
	②	

〔6〕

※

(1)	
(2)	
(3)	

40

※116％に拡大していただくと，解答欄は実物大になります。

※

受検番号

※　〔二〕

※　〔一〕

国 語 解 答 用 紙

		〔二〕					〔一〕		
5	4	3	2	1	5	4	3	2	1
コウリツ	トウケイ	ヤクワリ	イトナ	ミキ	脳裏	披露	均衡	帯	緩
			む					びる	む

(五)	(四)	(三)	(二)	(一)

(注1)　解答は、縦書きで記入すること。
(注2)　※の欄には、何も記入しないこと。

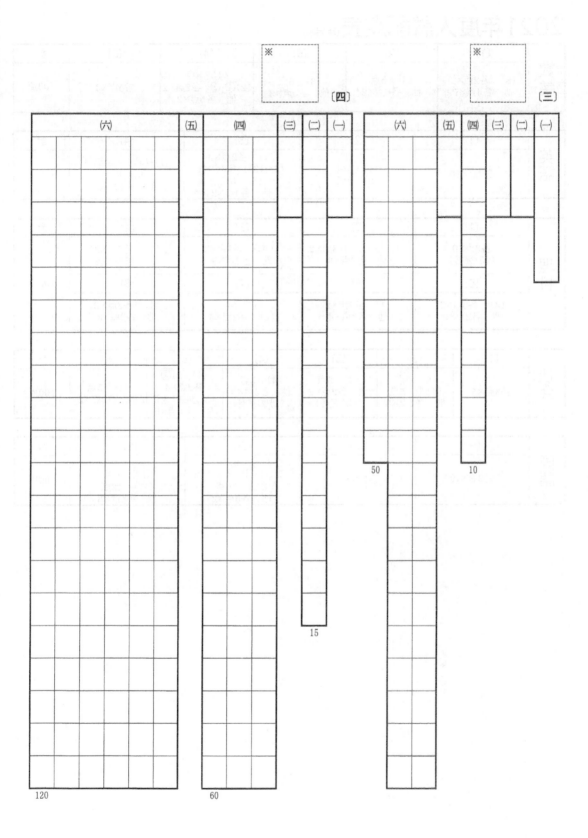

2021年度入試配点表（新潟県）

数学	〔1〕	〔2〕	〔3〕	〔4〕	〔5〕	計
	(8) 各2点×2 他 各4点×7	(3) 5点 他 各6点×2	(3) 6点 他 各4点×3	(1) 4点 (2)①・② 各2点×2 他 各5点×2	各5点×3	100点

英語	〔1〕	〔2〕	〔3〕	〔4〕	計
	各3点×10	(1) 4点 (2) 8点	(1) 各2点×2 (2)・(3) 各3点×3 (5) 5点 他 各4点×2	(1)・(4) 各3点×4 (6) 8点 他 各4点×3	100点

理科	〔1〕	〔2〕	〔3〕	〔4〕	計
	各3点×6 ((5)完答)	(1)・(2)③ 各3点×2 他 各2点×3	(1)① 各1点×3 他 各3点×3	(1) 各2点×2 (2) 各3点×2	
	〔5〕	〔6〕	〔7〕	〔8〕	100点
	(3) 各3点×3 他 各2点×2	(1) 各2点×2 他 各3点×4	(1) 3点 (2) 各2点×3	(1) 各2点×2 他 各3点×2	

社会	〔1〕	〔2〕	〔3〕	〔4〕	〔5〕	〔6〕	計
	各3点×5	(3) 3点 (4)② 5点 他 各2点×3	(4) 5点 他 各2点×6 ((3)完答)	(4) 5点 他 各3点×4 ((1)②完答)	(1),(2)② 各2点×4 (3)理由 5点 他 各3点×5	(3) 5点 他 各2点×2	100点

国語	〔一〕	〔二〕	〔三〕	〔四〕	計
	各2点×10	各3点×5	(一) 2点 (二)・(三) 各4点×2 (六) 10点 他 各5点×2	(一) 3点 (四) 8点 (六) 12点 他 各4点×3	100点

2020年度　新潟県

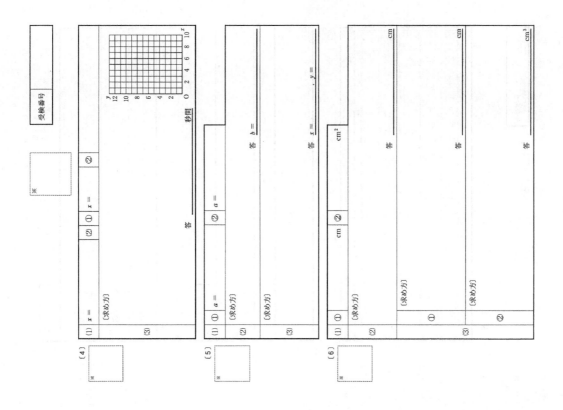

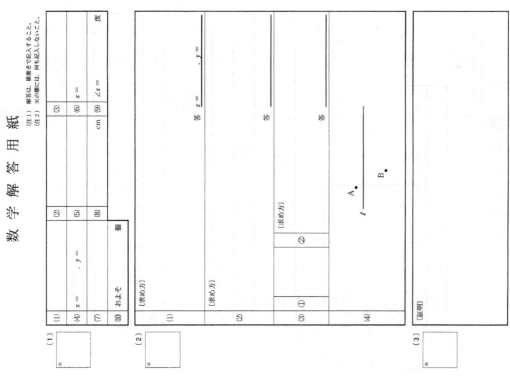

数　学　解　答　用　紙

(注1) 解答は，横書きで記入すること。
(注2) ※の欄には，何も記入しないこと。

※この解答用紙は189％に拡大していただきますと，実物大になります。

英 語 解 答 用 紙

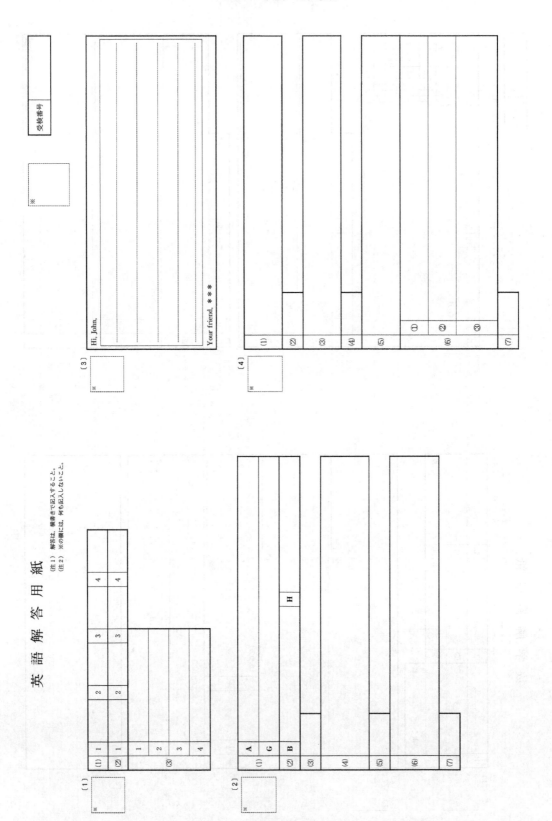

受検番号

（注1）解答は、横書きで記入すること。
（注2）※の欄には、何も記入しないこと。

※この解答用紙は189％に拡大していただきますと、実物大になります。

2020年度　新潟県

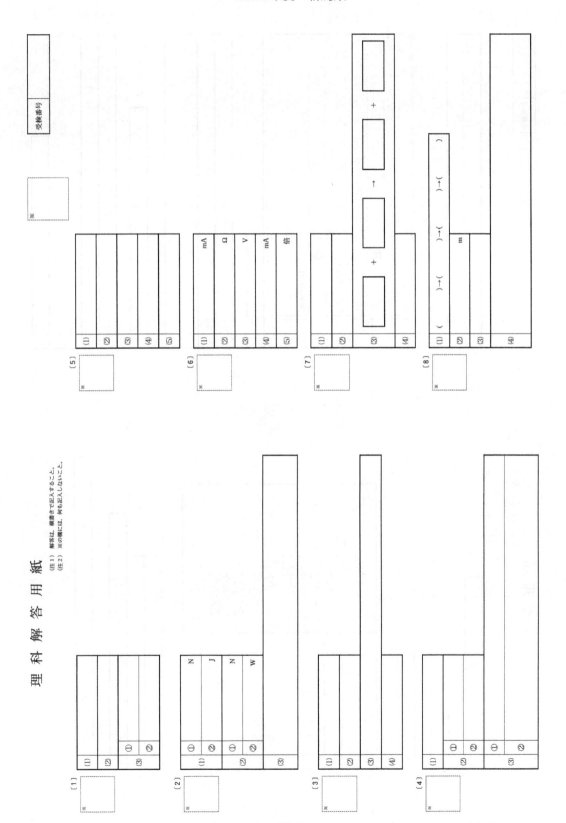

理 科 解 答 用 紙

(注1) 解答は，横書きで記入すること。
(注2) ※の欄には，何も記入しないこと。

※この解答用紙は189％に拡大していただきますと，実物大になります。

2020年度　新潟県

社会解答用紙

（注1）解答は、横書きで記入すること。
（注2）※の欄には、何も記入しないこと。

受検番号

※

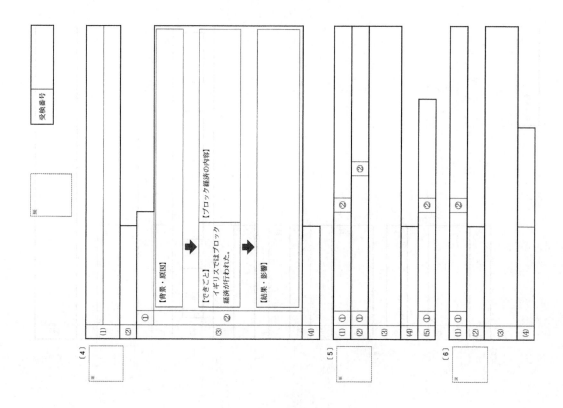

[4]

(1)

(2)

(3) ①

② [背景・原因]　→　[できごと]　イギリスではブロック経済が行われた。　→　[結果・影響]

[ブロック経済の内容]

(4)

※

[5]

(1) ①　②

(3)

(4)

(5) ①　②

※

[6]

(1) ①

(2) ②

(3)

(4)

※

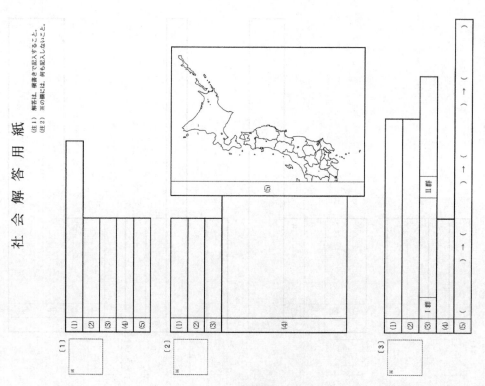

[1]

(1)

(2)

(3)

(4)

(5)

※

[2]

(1)

(2)

(3)

(4)

(5)

※

[3]

(1)

(2)

(3) I群　II群

(4)

(5) （　）→（　）→（　）→（　）

※

※この解答用紙は189％に拡大していただきますと，実物大になります。

国語解答用紙

（注1）　解答は、横書きで記入すること。
（注2）　※の欄には、何も記入しないこと。

受検番号

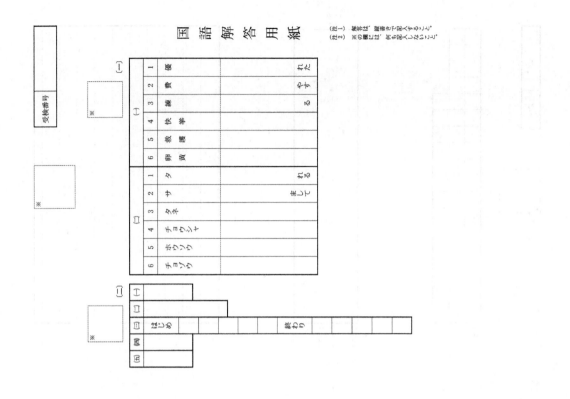

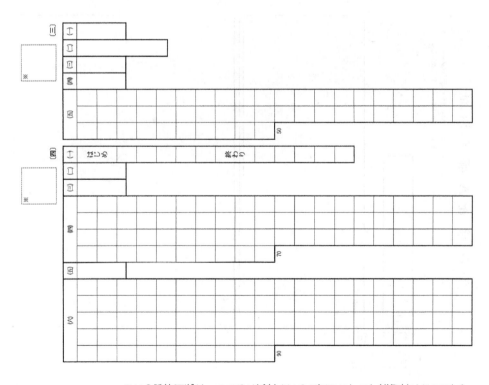

※この解答用紙は154％に拡大していただきますと、実物大になります。

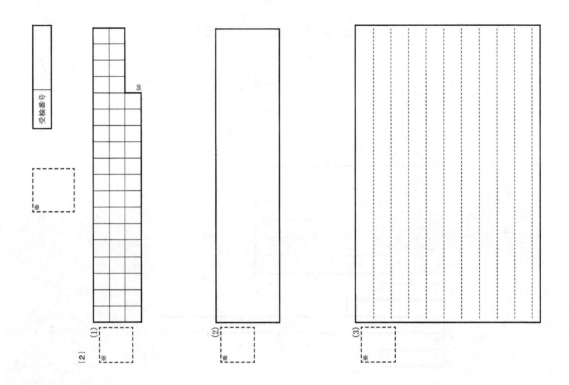

筆答検査Ａ解答用紙

(注1) 解答は，横書きで記入すること。
(注2) ※の欄には，何も記入しないこと。

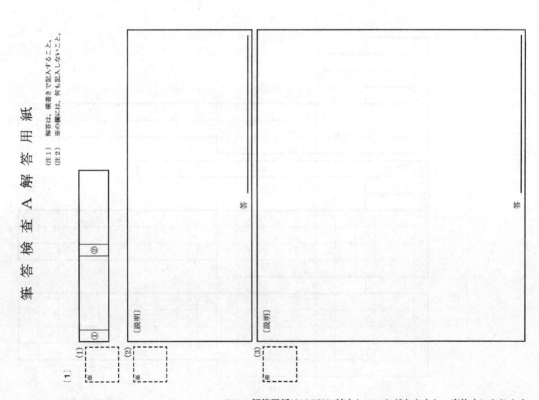

※この解答用紙は185％に拡大していただきますと，実物大になります。

筆答検査Ｂ解答用紙

（注1）解答は，横書きで記入すること。
（注2）※の欄には，何も記入しないこと。

受検番号

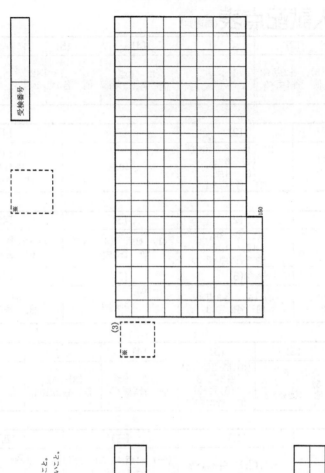

(3)

(1)

(2)

※この解答用紙は185％に拡大していただきますと，実物大になります。

2020年度入試配点表 <small>(新潟県)</small>

数学	〔1〕	〔2〕	〔3〕	〔4〕	〔5〕	〔6〕	計
	各3点×10	(3) 各2点×2 他 各4点×3	6点	(3) 6点 他 各3点×3	(1) 各3点×2 他 各5点×2	(1) 各3点×2 (2) 3点 (3) 各4点×2	100点

英語	〔1〕	〔2〕	〔3〕	〔4〕	計
	(1) 各2点×4 他 各3点×8	(2)・(3) 各2点×3 (4) 6点 (6) 4点 他 各3点×4	10点	(1)・(3)・(5) 各4点×3 他 各3点×6	100点

理科	〔1〕	〔2〕	〔3〕	〔4〕	計
	各3点×4	(2)② 3点 (3) 4点 他 各2点×3	(1) 2点 (3) 4点 他 各3点×2	(1)・(3)① 各2点×2 他 各3点×3	
	〔5〕	〔6〕	〔7〕	〔8〕	100点
	(4)・(5) 各2点×2 他 各3点×3	(4)・(5) 各3点×2 他 各2点×3	各3点×4	(4) 4点 他 各3点×3	

社会	〔1〕	〔2〕	〔3〕	〔4〕	〔5〕	〔6〕	計
	各3点×5	(4) 5点 (5) 各3点×2 他 各2点×3	(3)Ⅰ群・Ⅱ群,(5) 各3点×3 ((5)完答) 他 各2点×3	(3)② 9点 他 各2点×5	(3) 5点 他 各2点×7	(3) 5点 他 各2点×5	100点

国語	〔一〕	〔二〕	〔三〕	〔四〕	計
	各2点×12	(三),(五) 各3点×2 他 各2点×3	(一) 4点 (二) 2点 (五) 12点 他 各6点×2	(四) 8点 (六) 10点 他 各4点×4	100点

2019年度　新潟県

数 学 解 答 用 紙

（注1）解答は、横書きで記入すること。
（注2）※の欄には、何も記入しないこと。

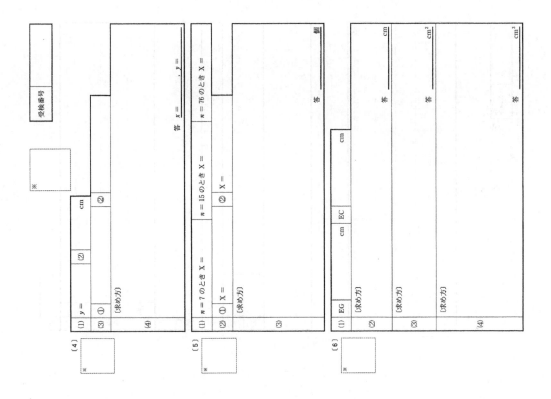

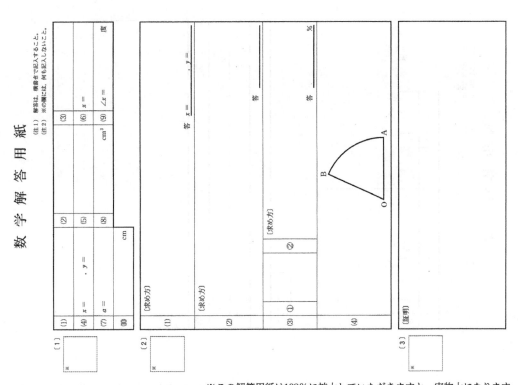

※この解答用紙は192％に拡大していただきますと，実物大になります。

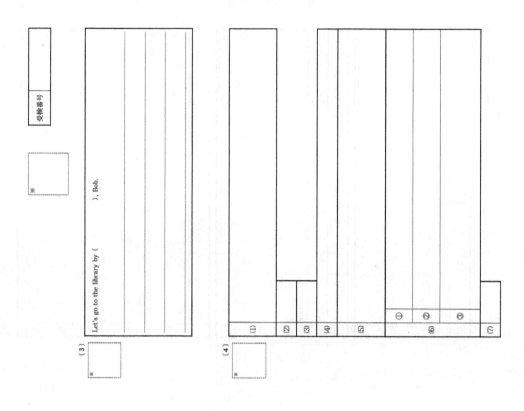

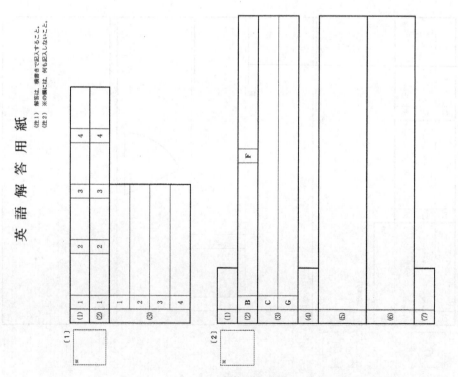

英　語　解　答　用　紙

（注1）解答は，横書きで記入すること。
（注2）※の欄には，何も記入しないこと。

※この解答用紙は192％に拡大していただきますと，実物大になります。

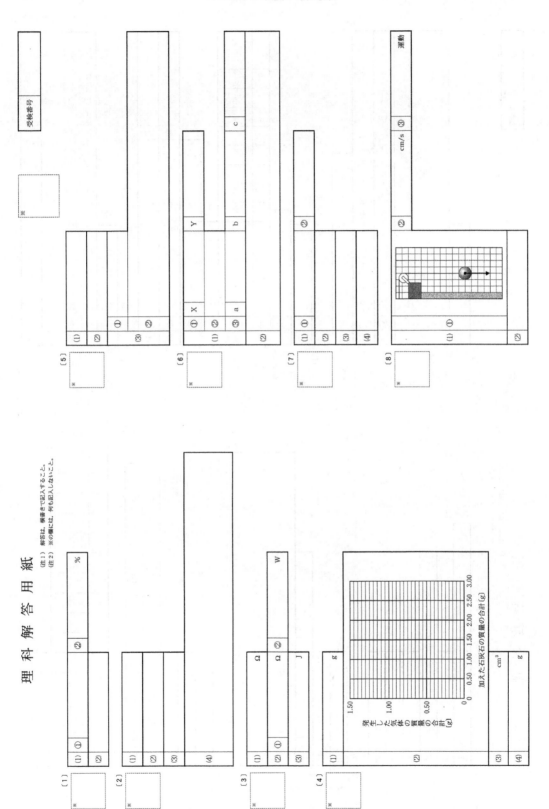

2019年度　新潟県

理科解答用紙

(注1) 解答は、横書きで記入すること。
(注2) ※の欄には、何も記入しないこと。

受検番号

※この解答用紙は189％に拡大していただきますと，実物大になります。

受検番号

※

社会解答用紙

(注1)　解答は、横書きで記入すること。
(注2)　※の欄には、何も記入しないこと。

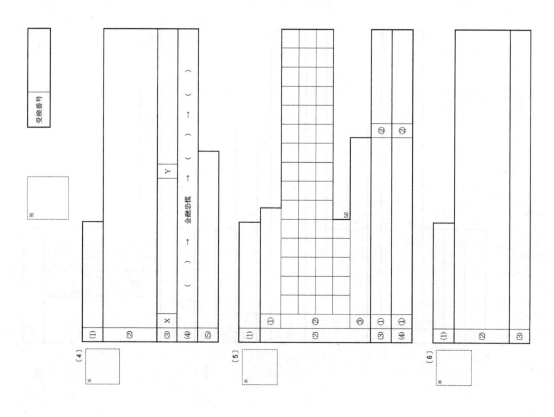

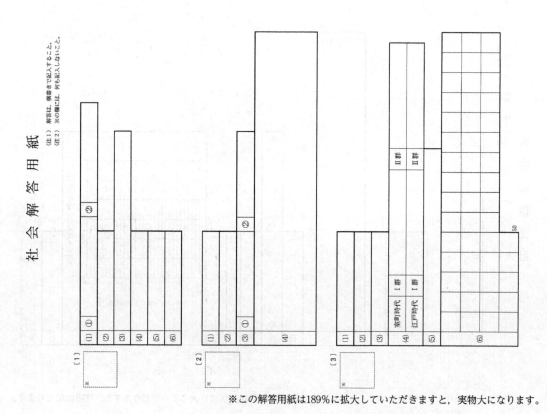

※この解答用紙は189%に拡大していただきますと，実物大になります。

国 語 解 答 用 紙

（注1）　解答は、横書きで記入しなさい。
（注2）　※の欄には、何も記入しないこと。

受検番号

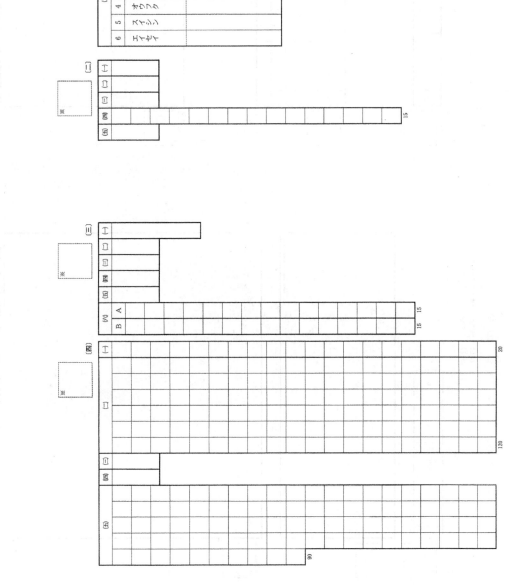

〔一〕

（一）	1	穏	やか
	2	還	る
	3	携	わる
	4	封筒	
	5	渋滞	
	6	修繕	
（二）	1	タ	らした
	2	ヘ	たず
	3	アツ	い
	4	オウフク	
	5	ストハン	
	6	エイセイ	

〔二〕

（一）	
（二）	
（三）	
（四）	（15）
（五）	

〔三〕

（一）	
（二）	
（三）	
（四）	
（五）	
（六）	A （15）
	B （15）

〔四〕

（一）	（20）
（二）	（120）
（三）	
（四）	
（五）	（90）

※この解答用紙は192％に拡大していただきますと、実物大になります。

2019年度　新潟県

筆答検査Ａ解答用紙

受検番号

（注1）解答は，横書きで記入すること。
（注2）※の欄には，何も記入しないこと。

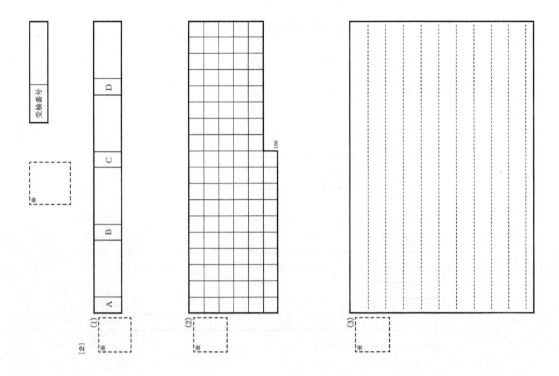

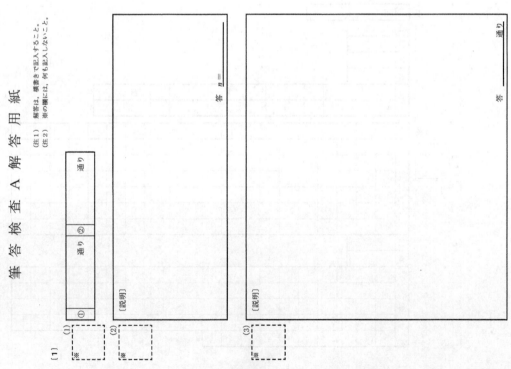

※この解答用紙は189％に拡大していただきますと，実物大になります。

筆答検査Ｂ解答用紙

(注1) 解答は、横書きで記入すること。

(注2) ※の欄には、何も記入しないこと。

受検番号

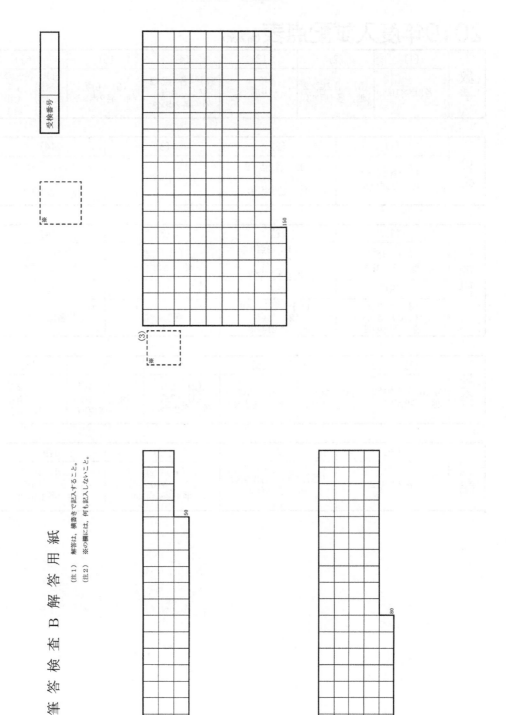

(3)

(1)

(2)

※この解答用紙は189%に拡大していただきますと，実物大になります。

2019年度入試配点表 _(新潟県)

数学	〔1〕	〔2〕	〔3〕	〔4〕	〔5〕	〔6〕	計
	各3点×10	(3) 各2点×2 他 各4点×3	6点	(3) 各3点×2 (4) 6点 他 各2点×2	(3) 6点 他 各2点×5	(1) 各2点×2 (2) 3点 (3) 4点 (4) 5点	100点

英語	〔1〕	〔2〕	〔3〕	〔4〕	計
	(1) 各2点×4 他 各3点×8	(2) 各2点×2 (5) 6点 他 各3点×6	10点	(1) 4点 (5) 5点 他 各3点×7	100点

理科	〔1〕	〔2〕	〔3〕	〔4〕	計
	(2) 4点 他 各3点×2	(3) 2点 (4) 5点 他 各3点×2	(3) 4点 他 各3点×3	(4) 4点 他 各3点×3	
	〔5〕	〔6〕	〔7〕	〔8〕	100点
	(3)① 3点 (3)② 5点 他 各2点×2	(1)③ 各1点×3 (2) 3点 他 各2点×3	各3点×5	各3点×4	

社会	〔1〕	〔2〕	〔3〕	〔4〕	〔5〕	〔6〕	計
	(5)・(6) 各3点×2 他 各2点×5	(4) 5点 他 各3点×4	(6) 5点 他 各2点×8	(2) 5点 (4) 3点 他 各2点×4	(2)② 5点 (2)③ 3点 他 各2点×6	(1) 2点 (2) 5点 (3) 3点	100点

国語	〔一〕	〔二〕	〔三〕	〔四〕	計
	各2点×12	(四),(五) 各3点×2 他 各2点×3	(一) 2点 (六) 各6点×2 他 各4点×4	(二) 12点 (五) 10点 他 各4点×3	100点

MEMO

大切なことはメモしておこうネ！

大切なことはメモしておこうネ!

東京学参の
中学校別入試過去問題シリーズ

＊出版校は一部変更することがあります。一覧にない学校はお問い合わせください。

公立中高一貫校「適性検査対策」問題集シリーズ

総合編　作文問題編　資料問題編　数と図形編　生活と科学編　実力確認テスト編

私立中・高スクールガイド

THE 私立

私立中学&高校の学校生活がわかる！

東京学参の
高校別入試過去問題シリーズ

*出版校は一部変更することがあります。一覧にない学校はお問い合わせください。

東京ラインナップ

- **あ** 愛国高校(A59)
  青山学院高等部(A16)★
  桜美林高校(A37)
  お茶の水女子大附属高校(A04)
- **か** 開成高校(A05)★
  共立女子第二高校(A40)
  慶應義塾女子高校(A13)
  国学院高校(A30)
  国学院大久我山高校(A31)
  国際基督教大高校(A06)
  小平錦城高校(A61)★
  駒澤大高校(A32)
- **さ** 芝浦工業大附属高校(A35)
  修徳高校(A52)
  城北高校(A21)
  専修大附属高校(A28)
  創価高校(A66)★
- **た** 拓殖大第一高校(A53)
  立川女子高校(A41)
  玉川学園高等部(A56)
  中央大高校(A19)
  中央大杉並高校(A18)★
  中央大附属高校(A17)
  筑波大附属高校(A01)
  筑波大附属駒場高校(A02)
  帝京大高校(A60)
  東海大菅生高校(A42)
  東京学芸大附属高校(A03)
  東京実業高校(A62)
  東京農業大第一高校(A39)
  桐朋高校(A15)
  都立青山高校(A73)★
  都立国立高校(A76)★
  都立国際高校(A80)★
  都立国分寺高校(A78)★
  都立新宿高校(A77)★
  都立墨田川高校(A81)★
  都立立川高校(A75)★
  都立戸山高校(A72)★
  都立西高校(A71)★
  都立八王子東高校(A74)★
  都立日比谷高校(A70)★
- **な** 日本大櫻丘高校(A25)
  日本大第一高校(A50)
  日本大第三高校(A48)
  日本大第二高校(A27)
  日本大鶴ヶ丘高校(A26)
  日本大豊山高校(A23)
- **は** 八王子学園八王子高校(A64)
  法政大高校(A29)
- **ま** 明治学院高校(A38)
  明治学院東村山高校(A49)
  明治大付属中野高校(A33)
  明治大付属中野八王子高校(A67)
  明治大付属明治高校(A34)★
  明法高校(A63)
- **わ** 早稲田実業学校高等部(A09)
  早稲田大高等学院(A07)

神奈川ラインナップ

- **あ** 麻布大附属高校(B04)
  アレセイア湘南高校(B24)
- **か** 慶應義塾高校(A11)
  神奈川県公立高校特色検査(B00)
- **さ** 相洋高校(B18)
- **た** 立花学園高校(B23)

桐蔭学園高校(B01)
東海大付属相模高校(B03)★
桐光学園高校(B11)
- **な** 日本大高校(B06)
  日本大藤沢高校(B07)
- **は** 平塚学園高校(B22)
  藤沢翔陵高校(B08)
  法政大国際高校(B17)
  法政大第二高校(B02)★
- **や** 山手学院高校(B09)
  横須賀学院高校(B20)
  横浜商科大高校(B05)
  横浜翠陵高校(B14)
  横浜清風高校(B10)
  横浜創英高校(B21)
  横浜隼人高校(B16)
  横浜富士見丘学園高校(B25)

千葉ラインナップ

- **あ** 愛国学園大附属四街道高校(C26)
  我孫子二階堂高校(C17)
  市川高校(C01)★
- **か** 敬愛学園高校(C15)
- **さ** 芝浦工業大柏高校(C09)
  渋谷教育学園幕張高校(C16)★
  翔凜高校(C34)
  昭和学院秀英高校(C23)
  専修大松戸高校(C02)
- **た** 千葉英和高校(C18)
  千葉敬愛高校(C05)
  千葉経済大附属高校(C27)
  千葉日本大第一高校(C06)★
  千葉明徳高校(C20)
  千葉黎明高校(C24)
  東海大付属浦安高校(C03)
  東京学館高校(C14)
  東京学館浦安高校(C31)
- **な** 日本体育大柏高校(C30)
  日本大習志野高校(C07)
- **は** 日出学園高校(C08)
  八千代松陰高校(C12)
- **や** 八千代松陰高校(C12)
- **ら** 流通経済大付属柏高校(C19)★

埼玉ラインナップ

- **あ** 浦和学院高校(D21)
  大妻嵐山高校(D04)★
- **か** 開智高校(D08)
  開智未来高校(D13)★
  春日部共栄高校(D07)
  川越東高校(D12)
  慶應義塾志木高校(A12)
  埼玉栄高校(D09)
- **さ** 栄東高校(D14)
  狭山ヶ丘高校(D24)
  昌平高校(D23)
  西武学園文理高校(D10)
  西武台高校(D06)
- **た** 東京農業大第三高校(D18)

は 武南高校(D05)
本庄東高校(D20)
- **や** 山村国際高校(D19)
- **ら** 立教新座高校(A14)
- **わ** 早稲田大本庄高等学院(A10)

北関東・甲信越ラインナップ

- **あ** 愛国学園大附属龍ヶ崎高校(E07)
  宇都宮短大附属高校(E24)
- **か** 鹿島学園高校(E08)
  霞ヶ浦高校(E03)
  共愛学園高校(E31)
  甲陵高校(E43)
  国立高等専門学校(A00)
- **さ** 作新学院高校
  (トップ英進・英進部)(E21)
  (情報科学・総合進学部)(E22)
  常総学院高校(E04)
  中越高校(R03)*
  土浦日本大高校(E01)
  東洋大附属牛久高校(E02)
- **な** 新潟青陵高校(R02)*
  新潟明訓高校(R04)*
  日本文理高校(R01)*
- **は** 白鷗大足利高校(E25)
- **ま** 前橋育英高校(E32)
- **や** 山梨学院高校(E41)

中京圏ラインナップ

- **あ** 愛知高校(F02)
  愛知啓成高校(F09)
  愛知工業大名電高校(F06)
  愛知産業大工業高校(F21)
  愛知みずほ大瑞穂高校(F25)
  暁高校(3年制)(F50)
  鶯谷高校(F60)
  栄徳高校(F29)
  桜花学園高校(F14)
  岡崎城西高校(F34)
- **か** 岐阜聖徳学園高校(F62)
  岐阜東高校(F61)
  享栄高校(F18)
- **さ** 桜丘高校(F36)
  至学館高校(F19)
  椙山女学園高校(F10)
  鈴鹿高校(F53)
  星城高校(F27)★
  誠信高校(F33)
  清林館高校(F16)★
- **た** 大成高校(F28)
  大同大大同高校(F30)
  高田高校(F51)
  滝高校(F03)★
  中京高校(F63)
  中京大附属中京高校(F11)★
  中部大春日丘高校(F26)★
  中部大第一高校(F32)
  津田学園高校(F54)

東海高校(F04)★
東海学園高校(F20)
東邦高校(F12)
同朋高校(F22)
豊田大谷高校(F35)
- **な** 名古屋高校(F13)
  名古屋大谷高校(F23)
  名古屋経済大市邨高校(F08)
  名古屋経済大高蔵高校(F05)
  名古屋女子大高校(F24)
  日本福祉大附属高校(F17)
  人間環境大附属岡崎高校(F37)
- **は** 光ヶ丘女子高校(F38)
  誉高校(F31)
- **ま** 三重高校(F52)
  名城大附属高校(F15)

宮城ラインナップ

- **さ** 尚絅学院高校(G02)
  聖ウルスラ学院英智高校(G01)★
  聖和学園高校(G05)
  仙台育英学園高校(G04)
  仙台城南高校(G06)
  仙台白百合学園高校(G12)
- **た** 東北学院高校(G03)★
  東北学院榴ヶ岡高校(G08)
  東北高校(G11)
  東北生活文化大高校(G10)
  常盤木学園高校(G07)
- **は** 古川学園高校(G13)
- **ま** 宮城学院高校(G09)★

北海道ラインナップ

- **さ** 札幌光星高校(H06)
  札幌静修高校(H09)
  札幌第一高校(H01)
  札幌北斗高校(H04)
  札幌龍谷学園高校(H08)
- **は** 北海高校(H03)
  北海学園札幌高校(H07)
  北海道科学大高校(H05)
- **ら** 立命館慶祥高校(H02)

★はリスニング音声データのダウンロード付き。

高校入試特訓問題集シリーズ

- 英語長文難関攻略30選
- 英語長文テーマ別難関攻略30選
- 英文法難関攻略20選
- 英語難関徹底攻略33選
- 古文完全攻略63選
- 国語融合問題完全攻略30選
- 国語長文難関徹底攻略30選
- 国語知識問題完全攻略13選
- 数学の図形と関数・グラフの融合問題完全攻略272選
- 数学難関徹底攻略700選
- 数学の難問80選
- 数学 思考力―規則性とデータの分析と活用―

都道府県別
公立高校入試過去問
シリーズ

- 全国47都道府県別に出版
- 最近数年間の検査問題収録
- リスニングテスト音声対応

公立高校入試対策
問題集シリーズ

- 目標得点別・公立入試の数学
- 実戦問題演習・公立入試の英語(実力錬成編・基礎編)
- 形式別演習・公立入試の国語
- 実戦問題演習・公立入試の理科
- 実戦問題演習・公立入試の社会

2305A

〈リスニング問題の音声について〉

本問題集掲載のリスニング問題の音声は、弊社ホームページでデータ配信しております。

現在お聞きいただけるのは「2024年度受験用」に対応した音声で、2024年3月末日までダウンロード可能です。弊社ホームページにアクセスの上、ご利用ください。

※本問題集を中古品として購入された場合など、配信期間の終了によりお聞きいただけない年度がございますのでご了承ください。

新潟県公立高校　2024年度
ISBN978-4-8141-2857-0

発行所　東京学参株式会社
　　　　〒153-0043　東京都目黒区東山2-6-4
　　　　URL　　https://www.gakusan.co.jp

編集部　E-mail　hensyu@gakusan.co.jp
※本書の編集責任はすべて弊社にあります。内容に関するお問い合わせ等は、編集部
　まで、メールにてお願い致します。なお、回答にはしばらくお時間をいただく場合がござい
　ます。何卒ご了承くださいませ。

営業部　TEL　　03 (3794) 3154
　　　　FAX　　03 (3794) 3164
　　　　E-mail　shoten@gakusan.co.jp
※ご注文・出版予定のお問い合わせ等は営業部までお願い致します。

2023年7月28日　初版